Uni-Taschenbücher 461

UTB
FÜR WISSEN
SCHAFT

Eine Arbeitsgemeinschaft der Verlage

Wilhelm Fink Verlag München
Gustav Fischer Verlag Jena und Stuttgart
Francke Verlag Tübingen und Basel
Paul Haupt Verlag Bern · Stuttgart · Wien
Hüthig Verlagsgemeinschaft
Decker & Müller GmbH Heidelberg
Leske Verlag + Budrich GmbH Opladen
J. C. B. Mohr (Paul Siebeck) Tübingen
Quelle & Meyer Heidelberg · Wiesbaden
Ernst Reinhardt Verlag München und Basel
Schäffer-Poeschel Verlag · Stuttgart
Ferdinand Schöningh Verlag Paderborn · München · Wien · Zürich
Eugen Ulmer Verlag Stuttgart
Vandenhoeck & Ruprecht in Göttingen und Zürich

Rolf Sprandel

Verfassung und Gesellschaft im Mittelalter

Mit 12 Abbildungen

5., überarbeitete Auflage

Ferdinand Schöningh
Paderborn München Wien Zürich

Rolf Sprandel, Jahrgang 1931, studierte von 1951–1957, hauptsächlich in Freiburg bei Gerd Tellenbach, mittelalterliche Geschichte. Die Assistentenzeit im Deutschen Historischen Institut in Paris 1957–1961 brachte den Kontakt mit der französischen Sozialgeschichtsforschung, der berühmten Schule der Annales. Die Stationen der Dozenten- und Professorenlaufbahn waren Freiburg, Hamburg und Würzburg. Die bisherigen Arbeiten des Verfassers erstreckten sich von der frühmittelalterlichen Adelsgeschichte über die kirchliche Rechtsgeschichte, die Verfassungsgeschichte süddeutscher Landschaften, die spätmittelalterliche Chronistik bis zur Wirtschaftsgeschichte des Mittelalters.

Die Deutsche Bibliothek – CIP-Einheitsaufnahme

Verfassung und Gesellschaft im Mittelalter / Rolf Sprandel. –
5., überarb. Aufl. – Paderborn; München; Wien; Zürich:
Schöningh, 1994
   (UTB für Wissenschaft; Uni-Taschenbücher; 461)
   ISBN 3-8252-0461-8 (UTB)
   ISBN 3-506-99389-5 (Schöningh)
NE: UTB für Wissenschaft / Uni-Taschenbücher

Gedruckt auf umweltfreundlichem, chlorfrei gebleichtem Papier (mit 50 % Altpapieranteil)

5., überarbeitete Auflage 1994

© 1975 Ferdinand Schöningh, Paderborn
(Verlag Ferdinand Schöningh, Jühenplatz 1, D-33098 Paderborn)
ISBN 3-506-99389-5

Printed in Germany.
Herstellung: Ferdinand Schöningh, Paderborn
Einbandgestaltung: Alfred Krugmann, Freiberg am Neckar

UTB-Bestellnummer: ISBN 3-8252-0461-8

Inhaltsverzeichnis

    Analogien und Parteinahmen – Das Mittelalter um seiner
    selbst willen – Landesgeschichte – Personenbetrachtung –
    Wirtschaftliche Bedingungen – Mentalität und Verfassung –
    Sozialwissenschaftliche Interessen

    Der Wandel eines Gefüges von Ordnungen – Verhaltensre-
    geln mit Sanktionen und Prämien – Verfahren für Sanktio-
    nen – Neue Gesetze – Aufzeichnung von Gesetzen

    Vorbemerkungen – Sippe – Erbrecht – Haus – Kompetenzen
    der Sippe oder des Verwandtenkreises

    Zwei Typen – Ausdehnung – Aufbau einer Reitertruppe –
    Abgaben und Dienste – Gerichtliche Kompetenz einer
    Grundherrschaft – Eigenkirchen

    Romanische Stadtgemeinden – Germanen und Slawen:
    Fluchtburgen, handhafte Tat, Genossenschaftskirchen

    Gefolgschaften – Lehenswesen – Schutzverhältnis von Kauf-
    leuten – Gilden – Judengemeinden – Gebetsverbrüderungen,
    Mönchsbruderschaften

Abkürzungen

DA	Deutsches Archiv für Erforschung des Mittelalters
HZ	Historische Zeitschrift
MGH	Monumenta Germaniae historica
PL	Migne, Patrologia latina
VSWG	Vierteljahrschrift für Sozial- und Wirtschaftsgeschichte
ZGO	Zeitschrift für die Geschichte des Oberrheins
ZRG	Zeitschrift der Savigny-Stiftung für Rechtsgeschichte

Vorwort zur 5. Auflage

Das 1975 zuerst erschiene Werk wird hiermit in einer erneuerten Fassung vorgelegt. Die didaktische Form der Darbietung wird, obwohl schon immer mein Anliegen, verbessert. Die Forschung der letzten 20 Jahre wird eingearbeitet. In diesen Jahren ist die in den Fünfziger Jahren begründete „herrschende Lehre" (S. 30) in den Hintergrund getreten. Die Schwergewichte haben sich auf überlieferungsorientierte Studien, Monographien über regionale Institutionen und im ganzen auf das Spätmittelalter verlagert. Dem wurde Rechnung getragen, so daß das zusammenhängende Gebilde von Verfassung, wie es 1975 entworfen wurde, dadurch weiter geklärt und differenziert erscheint.

Rolf Sprandel

I. Was ist Verfassung?

1. Die Forschung

Der französische Philosoph *Montesquieu* veröffentlichte 1748 sein berühmtes Buch *L'esprit des lois*. Darin vertritt er die Ansicht, daß Gesetze notwendige Beziehungen seien, die aus der Natur der Dinge flössen. Alle Wesen haben ihre Gesetze, die Tiere wie die Menschen. Die wahre Verfassung des Menschen habe einen naturrechtlichen Charakter und enthalte Forderungen an die gegebenen politischen und sozialen Zustände. Zu den Forderungen gehöre die Freiheit von Willkürherrschaft und die Gewaltenteilung. Solche und andere Forderungen würden am besten durch die Erhaltung oder Wiederherstellung von aristokratischen Zwischengewalten, wie es sie im Mittelalter gab, als Bollwerk der Freiheit gegenüber dem modernen Absolutismus verwirklicht werden. Die genaue Gegenposition vertrat der Zeitgenosse Abbé *Dubos* in seinem etwas früher – 1734 – erschienenen Buch *Histoire critique de l'etablissement de la monarchie française dans les Gaules*: das angebliche Recht der adeligen Herrschaft geht auf eine illegitime Usurpation des 9. und 10. Jh. zurück. Als rechtgemäß läßt sich allein die Kontinuität zwischen dem Imperium Romanum und den französischen Königen bezeichnen. Die Form der französischen Monarchie der Gegenwart ist durch das ganze Mittelalter hindurch nachweisbar.
Im Laufe der folgenden Jahrzehnte wurden die A n a l o g i e n u n d d i e P a r t e i n a h m e n bei der Beschäftigung mit der mittelalterlichen Verfassungsgeschichte zurückhaltender. In Deutschland wurden sie vor allem in der Mitte des 19. Jh. unter dem Einfluß *Leopold von Rankes* stark zurückgedrängt. 1844 erschien der erste Band einer bis heute sehr viel benutzten *Deutschen Verfassungsgeschichte* des Ranke-Schülers *G. Waitz.* Trotz aller Zurückhaltung wird auch in diesem Werk wieder und weiterhin der Versuch gemacht, aus der Betrachtung der mittelalterlichen Verfassungsverhältnisse eine Hilfe für die Probleme der Gegenwart zu gewinnen. *Waitz* meint u. a. „das alte Recht, die alte Freiheit" der Germanen sei im Laufe der Verfassungsgeschichte nicht verloren gegangen.

„Gewisse Grundzüge hafteten oder traten, wenn eine Zeitlang zurückgedrängt, mit neuer Kraft wieder hervor. Eine Teilnahme des Volkes bei der Weisung des Rechtes, . . . ein Anteil an der Bestellung der Obrigkeiten, . . . das sind die Grundlagen staatlicher Ordnung bei den Germanen, die in allem Wechsel und Wandel der folgenden Zeit nicht zerstört worden sind." (S. 369 f.) Zu der in solchen Ausführungen erkennbaren liberalistischen Parteitendenz kam eine deutsch-nationale Komponente hinzu. *Waitz* sah in der mittelalterlichen Ordnung eine Auflösung des fränkischen Reiches, das ihm auch in seinem Ostteil als Paradigma nationaler Einigung galt. Die Verfassungsgeschichte von *Waitz* hat ein einführendes Kapitel über „Lebensweise und Charakter des Volkes". Abgesehen davon ist der Verfassungsbegriff sehr eng gefaßt. Es schließt z. B. den Kultus aus. Die wichtigste Basis der Darstellung der Verfassung des Karolingerreiches im 3. und 4. Buch sind die Kapitularien, schriftliche Gesetze und Verwaltungsanordnungen, „auf denen die Ordnung des ganzen Reiches beruhte" (III S. 620). Später waren es gerade die Kapitularien, die z. B. *F. L. Ganshof* bewogen, einen Aufsatz mit dem Titel zu schreiben: „*L'echec de Charlemagne*"[1]. Eines der Beispiele dafür, wie die auf die Kapitularien gestützte Verfassungsgeschichtsschreibung unsicher geworden ist, stellt das Capitulare de Villis dar. Über diese immer wieder hin und her interpretierte Anordnung über die Verwaltung von Krondomänen sagte ein neuer Bearbeiter: „Am Capitulare de Villis ist so ziemlich alles umstritten."[2] Ein zweites Beispiel stellen die Grafen dar, die von *Waitz* präzise als Träger des karolingischen Verfassungsbaus dargestellt wurden, an denen sich aber die neuere Forschung ganz zerstritten hat.[3]
In der nachkarolingischen Zeit, wo die Kapitularien fehlen, geriet *Waitz* mit seiner Verfassungsvorstellung in eine spürbare Unsicherheit. Er schreibt selbst: „Der Mangel an gesetzlichen Ordnungen, dazu die Seltenheit rechtlicher Aufzeichnungen überhaupt, lassen weniger fest in

---

[1] Academie des Inscriptions et Belles-Lettres. Comptes rendus des Séances 1947.
[2] C. Brühl (Hg.), Capitulare de Villis (1971) S. 7.
[3] Vgl. den Forschungsüberblick bei H. K. Schulze, Die Grafschaftsverfassung der Karolingerzeit in den Gebieten östlich des Rheins. Schriften zur Verfassungsgeschichte 19 (1973).

dieser Periode als in jeder anderen deutscher Geschichte mit rechter Bestimmtheit erkennen, was Recht und Verfassung war." (V S. 6 f.) Die *Waitz* nachfolgenden Verfassungshistoriker des ausgehenden 19. und beginnenden 20. Jh., wie *Roth, Sohm* und *H. Brunner*, kamen von hier aus zu einer ausgesprochen negativen Einschätzung der Feudalstruktur des nachkarolingischen Mittelalters. Dabei wurden auch sie von zeitgenössischen staatsrechtlichen Begriffen als Ordnungskategorien beeinflußt. Feudalherrschaft wurde in die Nähe von illegitimer, unstaatlicher Privatherrschaft gerückt. *G. v. Below*, dessen *Deutscher Staat des Mittelalters* 1914 erschien, baute dann eine Brücke, die aus dieser Einengung herausführen sollte, indem er die Fiktion anbot, karolingische Staatlichkeit sei zersplittert an die mittelalterlichen Feudalherrschaften tradiert worden.

Es wurde ebenso wichtig für die weitere Entwicklung der Verfassungsgeschichtsforschung, daß schon zwei Jahrzehnte vorher, 1895 durch *U. Stutz* eine Erweiterung der mittelalterlichen Verfassungsvorstellungen um das Kirchenrecht erfolgt war. Stutz gibt sein Buch *Geschichte des kirchlichen Benefizialwesens* zwar als Darstellung zum Kirchenrecht, sein Anliegen ist aber zu zeigen, „daß das beneficium ecclesiasticum nichts anderes war, als das gemeine nichtvasallitische beneficium (= ausgeliehene Land) des weltlichen fränkisch-langobardischen Rechtes . . ., weil fast jedes niedere Gotteshaus zu einer Kirche geworden war, über die ein Herr unter der Form des Eigentums eine sowohl vermögensrechtliche als auch publizistisch-spirituelle Herrschaft ausübte." Als Beispiel für andere wichtige Beiträge zur Ausweitung der Verfassungsgeschichte in das Kultische hinein sei das 1924 erschienene Buch des Franzosen *Marc Bloch* über die wundertätigen Könige *Les rois thaumaturges, Étude sur le caractère surnaturel attribué à la puissance royale* genannt.

F. Kern war es, der zuerst lehrte, daß es im Mittelalter einen Rechtsbegriff gab, der sich wesentlich von einem in der Neuzeit gewohnten unterscheidet. Bisher kannte man die Unterscheidung zwischen Naturrecht und positivem Recht. In einem 1919 in der HZ erschienenen Aufsatz wurde gezeigt, daß es im Mittelalter noch etwas anderes, etwas drittes gab, das alte und gute Recht. Zu dieser Erkenntnis kam *Kern* vor allem durch die Beobachtung, daß im mittelalterlichen Sprachgebrauch *ius* und *iustitia* meistens zusammenfallen. Dieser Sprachgebrauch läßt erkennen, daß die Trennung zwischen Naturrecht bzw. göttlichem

Recht und positivem Recht wenigstens im früheren Mittelalter nicht beachtet wurde. Des weiteren fallen im Sprachgebrauch häufig *ius* und *privilegium*, d. h. also das allgemeine Recht und das Vorrecht, die subjektive Berechtigung des einzelnen zusammen. Schließlich war dieses allgemeine Recht auch weitgehend identisch mit der Gewohnheit, den herrschenden Regeln, den faktischen Verhältnissen, soweit sie eingespielt waren und kein Unrechtsgefühl weckten.

*

Eine solche Ausweitung des Verfassungs- und Rechtsbegriffes des Mittelalters hatte Konsequenzen. Im Rahmen einer an dem Mittelalter um seiner selbst willen interessierten Forschung des 20. Jh. traten Phänomene, die bei der Neuzeitforschung eher das Thema der Sozialgeschichte und der Soziologie waren, gegenüber Verfassungsfragen in den Vordergrund. Die Adelsherrschaft des Mittelalters mit ihren über das Private und Wirtschaftliche weit hinausgehenden Gehalten und mit den Regelmäßigkeiten, in denen sie in Erscheinung trat, wurde in Studien von *O. v. Dungern* untersucht. Diese Studien setzten schon 1908, also vor den Veröffentlichungen *Kerns*, mit dem Buch über den *Herrenstand im Mittelalter* ein, gingen aber danach weiter, z. B. in dem Buche *Adelsherrschaft im Mittelalter* von 1927. Trotz solcher Arbeiten wollte auch diese Forschung nicht auf den Verfassungs- und Rechtsbegriff verzichten. Von der Ausweitung des Rechtsbegriffs ausgehend, setzte sich die Detailforschung zum Ziel, Phänomene herauszuarbeiten, die die Eigenartigkeit und Fremdartigkeit des mittelalterlichen Verfassungsrechts dartaten. Dabei kamen Phänomene, wie das Lehnrecht oder das Fehderecht, zutage, die von der Neuzeit her gesehen, gewissermaßen rittlings auf der Scheidelinie zwischen Recht und Nichtrecht saßen. Das Lehnrecht umfaßte die Beziehungen zwischen königlichen, kirchlichen oder adeligen Herren untereinander auf der Basis der Landleihe des einen Herrn an den anderen. Diese Beziehungen waren von Regelmäßigkeiten durchzogen, aber gleichzeitig wieder von Landschaft zu Landschaft in einem unterschiedlichen Prozeß der Veränderung begriffen, der davon abhing, wie Macht eingesetzt, Interessen vertreten wurden und wie die Ereignisse abliefen. Die Anwendung des Rechtsbegriffs auf solche Phänomene setzte eine Distanzierung vom modernen Rechtsdenken voraus, die selbst so gründliche Kenner wie *H. Mitteis* nicht voll durchhielten. Für *Mitteis* war der Leihezwang die rechtliche Verpflichtung des deutschen Königs, Fürstenlehen, die durch Tod oder anderes in seine Hand zurückgefallen waren, binnen Jahr und Tag wieder auszugeben.[4] Neuere Forschungen haben demgegenüber gezeigt, daß dieses Ausgeben heimgefallener Lehen nur eine Gewohnheit war, die sich durch das Zusammenwirken verschiedener Normen der Reichsverfassung, vor allem wegen des dynastischen Interesses ausbildete, das alle deutschen Könige vor das Reichsinteresse stellten, und das sich im Unterschied zu Frankreich nicht mit dem Reichsinteresse deckte, weil Deutschland ein Wahlreich war.[5] Dieses dynastische Interesse bewog die Könige, so weit möglich heimgefallene Lehen an Mitglieder der eigenen Familie wieder auszuleihen. Daraus entstand etwas, das den Anschein einer rechtlichen Verpflichtung gewann.

An dem Fehderecht entwickelte *0. Brunner* in seinem 1939 erschienenen Buch *Land und Herrschaft* seine Vorstellungen von Verfassung und Recht im Mittelalter. Die Fehde hat einen prozessualen Charakter. In ihr wird in legitimer und geregelter Weise Gewalttätigkeit ausgeübt, um einen Rechtsstreit zu entscheiden. Das Fehderecht könnte man als Vorform moderner Kriegskonventionen bezeichnen, wenn es nur schriftlich oder gewohnheitlich als einheitliches, zusammenhängendes Recht fixiert worden wäre. Dieses geschah mit Teilen des Fehderechts im regionalen, landrechtlichen Rahmen. Sonst gab es Regeln, deren Nichtbeachtung zum friedlosen Räuber abstempelte. Aber diese Regeln waren elastisch und Macht und Interesse konnten jemanden zum Räuber machen, der sich selbst im Recht sah.

Die Erforschung des Mittelalters um seiner selbst willen wurde im starken Maße von den erhaltenen Gegenständen angeregt und wandte sich denn auch besonders früh dem Studium dieser Gegenstände zu. Unter den Gegenständen mit rechtlicher Relevanz sind besonders die Urkunden zu nennen. Von meist ebenfalls französischen Vorläufern im 17. und 18. Jh. abgesehen, kommt der Gründung der École des Chartes in Paris 1821 wegweisende Bedeutung zu. Unter dem Vorbild dieser

---

[4] H. Mitteis, Der Staat des hohen Mittelalters (1953[4]) S. 259. Ders., Lehnrecht und Staatsgewalt (Nachdruck 1958) S. 441 f.
[5] W. Goez, Der Leihezwang (1962).

Schule wurde 1854 das Österreichische Institut für Geschichtsforschung gegründet, dessen Arbeit noch mehr als die französische Schule
die Urkunden als Quellen der Verfassungsgeschichte erkannte und aus-
wertete. Ähnlich alt ist die Beschäftigung mit Siegeln und Wappen. Sie
war aber lange Zeit weit weniger bedeutend und bekam erst in neuerer
Zeit im Rahmen einer umfassenden Erforschung von Herrschaftszeichen einen neuen Stellenwert. *P. E. Schramm* hat in seinem 1954/1956
erschienenen Buch *Herrschaftszeichen und Staatssymbolik* darauf hingewiesen, daß man mit diesen eigentümlichen Objekten besonders gut das
mittelalterliche Verfassungs- und Rechtsleben zur Anschauung bringen
kann. In welcher Hinsicht gehören die Herrschaftszeichen zu Recht
und Verfassung? Der Besitzer solcher Zeichen ist der legitime Inhaber
der Herrschaft. Der Umgang mit den Herrschaftszeichen gibt den
Handlungen ihrer Träger eine besondere Bedeutung. Die Beachtung
oder Nichtbeachtung solcher Handlungen hat andere Folgen für die
Betroffenen als die gewöhnlicher Handlungen. Der Umgang mit Herrschaftszeichen sichert Erfolg und Gerechtigkeit einer Herrschaft in den
Augen der Menschen.

*

Neben dem Interesse am Mittelalter um seiner selbst willen, ist die
Forschung des 20. Jh. auch von Eindrücken aus ihrer Gegenwart
beeinflußt worden. Auch diese Eindrücke halfen dazu, den engen
Verfassungsbegriff des 19. Jh. aufzulockern. An erster Stelle ist sicherlich die Landesgeschichte zu nennen. In Deutschland war schon
vor dem Ersten Weltkrieg das Institut für geschichtliche Landeskunde
in Bonn tätig. Landesgeschichte wurde dort in Verbindung mit Volkskunde getrieben und kam zu der Entdeckung von Dorfformen, Flurformen, Hausformen, Dialektformen, bäuerlichem Erbrecht, Leihe-
formen u. a. Alle diese Erscheinungen haben einen mehr oder weniger
starken Rechtscharakter. Verbreitungskarten der Formen wurden ge-
zeichnet, die Zeit ihrer Entstehung teilweise ergründet. Bei der Betrachtung über dahinterstehende Motive werden dann Kategorien ein-
geschoben, wie „die Eigentümlichkeit der nordisch-germanischen
Welt" oder die „Strahlkraft des mittelmeerischen Stadtkulturkrei-

ses"[6]. Den Höhepunkt erlebte diese Forschungsrichtung noch vor dem Zweiten Weltkrieg. Das Vokabular lebte nach dem Zweiten Weltkrieg teilweise weiter, wurde aber durch differenziertere Interpretationsschemata ergänzt. Die Verhaftung an einen Zeitgeist tritt auch heraus in Titeln wie „Die Schweiz im politischen Kräftespiel des merowingischen, karolingischen und ottonischen Reiches."[7] Hier geht es nicht darum, die Regeln eines Spieles zu ergründen und insofern Verfassungsgeschichte zu treiben, sondern um das Aufeinanderstoßen von Kräften, die die Verfaßtheit einer Landschaft verändern. Es geht um politische Ursachen im Verfassungswandel. Die Kräfte, die dabei angesprochen werden, behalten etwas Irrationales. Man spricht von „Kräften der Weltpolitik, die sich neu ordnen" oder von den „Kräften des Hochadels, die sich beruhigen" – oder nicht beruhigen.[8]

Ein anderer Weg, um an die Verfassung des Mittelalters näher heranzukommen, war die Betrachtung der politisch bedeutsamen Personen und ihrer Aktivitäten. Diese Betrachtung führte dazu, einen aus dem 19. Jh. in das Mittelalter zurückprojizierten zu engen Begriff der Königswahl auszuweiten. Statt Wahl sprach man von „geleiteter Teilnahme an der Erhebung eines Fürsten" oder von „fortgesetzter Wahl, einer nach und nach erfolgenden Anerkennung des Königs durch die dazu Verpflichteten"[9]. Personenbetrachtung erlaubte die Vertiefung der Frage, „ob der deutsche Stammesadel 887 (bei der „Wahl" König Arnulfs) bereits ein Bewußtsein der Zusammengehörigkeit gehabt habe, ja deutsches Volkstum und deutsches Reich damals im Bewußtsein schon lebendig gewesen seien"[10], und führte zu dem Ergebnis, daß solche Ereignisse eher die Bildung eines Zusammengehörigkeitsbewußtseins gefördert hätten als von ihm verursacht wurden. Begriffe wie Stammesadel, Zusammengehörigkeitsbewußtsein, Volkstum usw. zwangen dann dazu,

---

[6] B. Huppertz, Räume und Schichten bäuerlicher Kulturformen in Deutschland (1939) S. 49 und 59.

[7] ZGO N. F. 50 (1937). Vgl. auch Th. Mayer, Die historisch-politischen Kräfte im Oberrheingebiet im Mittelalter. Ebendort N. F. 52 (1939); H. Büttner und J. Dietrich, Weserland und Hessen im Kräftespiel der karolingischen und frühen ottonischen Politik. Westfalen 30 (1952).

[8] H.Büttner, Heinrichs I. Südwest- und Westpolitik (1964) S. 92.

[9] H. Mitteis, Die deutsche Königswahl (1938).

[10] G. Tellenbach, Zur Geschichte Kaiser Arnulfs HZ 165 (1942).

die Personenforschung auszuweiten, den Blick auf viele Personen möglichst großer Gruppen zu richten. Dabei kommen dann alle möglichen Gleichartigkeiten und Regelmäßigkeiten im Handeln der Zugehörigen solcher Gruppen in den Blick. Eines der wichtigeren Ergebnisse dieser Forschungsrichtung ist es, daß die Grund- und Gefolgschaftsherren der Karolingerzeit noch kein dynastisches Bewußtsein hatten, sondern sich meistens als Gruppe um einen König zusammentaten. Später wurden andere Integrationsmöglichkeiten wichtig, auch etwa eine klösterliche Reformbewegung, um die sich solche Herren gruppierten, und seit dem ausgehenden 11. Jh. die Dynastie mit der Burg als objektivem Substrat.[11]

Die Erforschung von w i r t s c h a f t l i c h e n B e d i n g u n g e n der Verfaßtheit des gesellschaftlichen Lebens ist im 20. Jh. nicht nur das Anliegen einer marxistischen Geschichtsforschung im engeren Sinn gewesen. Schon 1918 veröffentlichte *A. Dopsch* seine *Wirtschaftlichen und sozialen Grundlagen der europäischen Kulturentwicklung*. Unter Grundlagen verstand er jedoch nicht so sehr wirtschaftliche Faktoren, wie Produktionstechnik und Wirtschaftsgeographie, sondern Verfassungsformen, die der Wirtschaft nahe stehen, wie Bodenverteilung, Zins- und Dienstpflicht usw. Immerhin erörtert er auch den Zusammenhang zwischen Agrarverfassung (Grundherrschaft) und der Dreifelderwirtschaft, also einer Agrartechnik. *Dopsch* betonte stark alle Momente, die sich für eine Kontinuität der Zivilisation von der Antike zum Mittelalter anführen lassen. Knapp 20 Jahre später erschien das Buch von *H. Pirenne: Mahomet et Charlemagne* 1937 mit der bekannten Gegenthese einer großen Unterbrechung zwischen Antike und Mittelalter. Hier wurden nun eigentliche wirtschaftliche Faktoren nach vorn gestellt und die Ursache einer Diskontinuität eben auch in verfassungsrechtlicher Hinsicht in der Unterbrechung der Handelsbeziehungen zwischen Westeuropa und dem östlichen Mittelmeer, der Unterbrechung der Belieferung Westeuropas mit Zivilisationsgütern gesehen.

Pirenne stand in Verbindung mit den Annales, einer in Paris erscheinenden sozial- und wirtschaftshistorischen Zeitschrift, die zum Inbegriff einer Schule geworden ist. Zu den wichtigsten Programmpunkten die-

---

[11] H. Jakobs, Der Adel in der Klosterreform von St. Blasien (1968); K. Schmid, Zur Problematik von Familie, Sippe und Geschlecht, Haus und Dynastie beim mittelalterlichen Adel. ZGO N. F. 66 (1957).

ser Schule gehört die Herausarbeitung des Basischarakters von Wirtschaft, insbesondere Wirtschaftsgeographie für die Geschichte. 1922 schrieb *L. Febvre* das Buch: *La terre et l'évolution humaine*, in dem er sich gegen geographischen Determinismus wehrt und die Konzeption eines Dialogs der menschlichen Gruppe mit ihrem geographischen Milieu vertritt. Das Milieu bietet Möglichkeiten, die auf die verschiedenste Weise vom Menschen ausgenutzt werden. Die Regionen sind nach den zunehmenden Möglichkeiten zu ordnen. Zu den Arbeiten, in denen das Dialogkonzept beispielhaft verwirklicht wurde, gehört jene von *A. Boutruche, La crise d'une société. Seigneurs et paysans du Bordelais pendant la guerre de cent ans* 1948. Der staatliche Zusammenhang zwischen der Gascogne und England wurde durch das Interesse am Weinhandel von der einen zur anderen Küste stark gestützt. Umgekehrt wurde der Weinbau durch die staatliche Bindung gefördert. Technische Veränderungen als Ursache für Veränderungen der Sozialstruktur sind der Gegenstand eines Buches von *Lynn White Jr., Medieval Technology and social Change* von 1962. Darin wird u. a. die Bedeutung des Steigbügels für die Entstehung des Feudalismus herausgestellt.

Die Ergründung des Feudalismus gehört auch zu den wichtigsten Themen der mittelalterlichen Verfassungsgeschichte einer marxistischen Forschung im engeren Sinn, wie sie besonders in den ehemaligen Ostblockländern getrieben wurde. Abgesehen von jenen Diskussionen, denen es nur um die richtige Anwendung dogmatischer Begriffe geht, schien sich die Ansicht herauszuschälen, daß der mittelalterliche Feudalismus weniger auf wirtschaftliche Bedingungen, wie wir sie eben kennengelernt haben, zurückzuführen ist, als vielmehr auf das Vorbild „in der feudalisierten Spätantike, ... welche der okzidentalen Gesellschaft außerdem das Christentum, ihre Ideologie und Latinität vermittelte"[12]. Der Kern des Feudalverhältnisses ist die Landleihe. Die Landleihe schließt – im Anschluß an Marx – eine besondere Einstellung gegenüber Grund und Boden ein. Feudalismus wäre danach also kollektive Einstellung, Mentalität, wenn auch eine Mentalität, die sich besonders mit der wirtschaftlichen Produktion befaßt.

Die Erforschung der Zusammenhänge von Mentalität und Verfas-

---

[12] E. Müller-Mertens, Zur Feudalentwicklung im Okzident und zur Definition des Feudalverhältnisses. Zeitschrift für Geschichtswissenschaft 14 (1966) S. 73.

s u n g wurde von verschiedenen Seiten angestrebt. Politische Ideenge-
schichte des Mittelalters als Teil einer allgemeineren Ideen- und Geistes-
geschichte ist der Gegenstand von Büchern von *Kern, Tellenbach und
Erdmann*. Eine Gefahr dieser Forschungsrichtung war es immer, eine
Hypostasierung (Vergegenständlichung) von Ideen vorzunehmen. *F.
Kern* schreibt z. B. in seinem Buch *Gottesgnadentum und Widerstandsrecht im frühen Mittelalter* von 1914: „Man gewahrt, wie der germanische und der kirchliche Staatsgedanke von verschiedenen Ebenen ausgehen und sich feindlich begegnen." Von den Ideen weg wurde aber auch
immer wieder der Blick auf ihre Träger gerichtet. Dabei wurden die
Ideen einzelner in einem dialogischen Verhältnis zu den Ideen breiterer
Kreise oder als deren Repräsentant gesehen. Schon wenn sich solche
Forschung anonymen Zeugnissen zuwendet, zeigt sie, daß sie sich nicht
mit den Ideen von Individuen, sondern von Richtungen, bzw. Gruppen
beschäftigt. So handelt etwa *G. Tellenbach* in seinem Buch *Libertas.
Kirche und Weltordnung im Zeitalter des Investiturstreits* von 1936 über
den rätselhaften Anonymus von York, der als Repräsentant einer
Gruppe eine bestimmte Interpretation des Verhältnisses von Staat und
Kirche gibt. Noch deutlicher wird die Hinwendung zu kollektiven
Einstellungen in dem Buch von *C. Erdmann* über die *Entstehung des
Kreuzzugsgedankens* von 1935 und seinen Forschungen zur politischen
Ideenwelt des Frühmittelalters von 1951. Darin beschäftigt er sich mit
Symbolen, etwa Fahnen, wie dem *vexillum Sancti Petri* oder weitumlau-
fenden Begriffen, wie dem *miles Christi*.
Der nächste Schritt, der sowohl innerhalb solcher Forschungen als auch
innerhalb anderer Richtungen, wie etwa der Frömmigkeitsgeschichte
oder der Stadtgeschichte, gemacht werden konnte, war die Interpretation von Normen, schriftlichen Statuten oder Gewohnheiten als kristal-
lisierter Mentalität. Ein bedeutendes Beispiel aus dem zuletzt genannten
Bereich ist eine Arbeit von *F. Lütge*. In ihr wird aus dem Bereich der
städtischen Satzungen die Preistaxe herausgegriffen und deren Verfügung „als Einschreiten gegen Mißstände" interpretiert, das „als obrigkeitliche Verpflichtung empfunden wurde"[13].

---

[13] F. Lütge, Die Preispolitik in München im hohen Mittelalter. Jahrbücher für
Nationalökonomie und Statistik 153 (1941). Wiederabdruck in: Ders., Studien
zur Sozial- u. Wirtschaftsgeschichte (1963).

Eine ganz neue Forschungsrichtung ist mit den Stichworten Kriminalität und Strafrecht zu bezeichnen, zwei Stichworten, die neuzeitlich sind und in das Mittelalter übersetzt werden wollen. Dabei stellt man etwa folgende Fragen: Was heißt es, leben unter Bedingungen, die nicht dadurch geprägt werden, daß das Gewaltmonopol beim Staat ist? Man hat auch gelernt, Justizquellen statistisch durchzusehen, und ist dabei auf „ordre des valeurs" gekommen, die den „corps social" im Mittelalter bestimmten.[14] Solche Forschungen gehen über die ältere Erforschung der Fehde (o. S. 15) hinaus, indem sie auch die nicht rechtsförmige Gewaltanwendung als Systemregulierung begreifen und darüber hinaus in Ausschnitten die ganze mehr oder weniger rechtsförmige Normen- und Werteordnung inhaltlich in ihrer Andersartigkeit gegenüber heute zur Anschauung bringen.

*

Unsere bisherige Betrachtung hat gezeigt: Die dem 20. Jh. verpflichteten Erkenntniswege werden weniger naiv begangen als die des 19., garantieren deswegen größere Objekttreue der Erkenntnis, haben deswegen aber auch zugleich geringere Relevanz der Erkenntnis für Gegenwartsfragen in der Folge. Sie nähern sich in dieser Hinsicht jenen Richtungen an, die mit dem Mittelalter um seiner selbst willen beschäftigt sind. Es ist die Frage, ob man diese Einschränkung übersteigen kann. Dafür bietet sich der Versuch an, die Verfassungsgeschichte mit einem sozialwissenschaftlichen Interesse zu betreiben und gleichzeitig ihre Einordnung in das System der Begriffe und Fragen einer zusammenhängenden Wissenschaft von der Gesellschaft vorzunehmen. Diese Wissenschaft enthält ihre eigenen erkenntnistheoretischen und wissenschaftstheoretischen Probleme, auf die hier nicht weiter eingegangen werden kann. Man überführt Ergebnisse, die über „das eigentümliche und fremde Mittelalter" erarbeitet wurden, in die Vertrautheit einer bestimmten Wissenschaftssprache. Kennzeichen, in einem gewissen Sinne Vorteil, dieser Methode ist es, daß die Darstellung nicht abhängig wird von einer jeweiligen außerwissenschaftlichen Gegenwart, von ei-

---

[14] C. Gauvard, „De grace especial". Crime, État et Sociétè en France à la fin du Moyen Age (1991).

nem räumlich und zeitlich gefärbten Erlebnis, sondern daß die Begrenzung ausschließlich in der Künstlichkeit des ganzen Wissenschaftssystems liegt.

Der Versuch würde auch für die mittelalterliche Verfassungsgeschichte heute nicht zum ersten Mal unternommen werden. Der große Vorgänger darin ist *M. Weber* (1864–1920), der die Lehre von den Idealtypen formulierte. Besonders zu nennen ist sein 1921/22 posthum erschienenes Werk *Wirtschaft und Gesellschaft*. Idealtypen sind abstrakte Begriffe, nach denen sich die Erscheinungen der Gesellschaftsentwicklung ordnen lassen, so daß sich die eine Erscheinung dem einen Idealtyp mehr annähert, die andere dem anderen. *Weber* kam auch zu der Entdeckung eines empirisch wahrnehmbaren Trends zunehmender Rationalität und ersetzte dadurch hypothetisch postulierte Fortschrittsvorstellungen des 19. Jh. Für das Mittelalter wurde seine *Geschichte der Handelsgesellschaften* von 1889 am wichtigsten.

Neben das Operieren mit Idealtypen, die nach den Etappen eines umfassenden Evolutionsprozesses geordnet werden, tritt nun die systemtheoretische Methode, die von einer neueren soziologischen Schule befruchtet wurde. Danach lassen sich Staatsverfassungen, Gesellschaftsordnungen usw. als Systeme oder Teilsysteme von zusammenhängenden Normen begreifen, die spezifische Leistungen für die Menschen, die sie tragen, zu erbringen haben, die sich in einem Prozeß zunehmender Spezialisierung und Differenzierung befinden und dabei mehr Komplexität (Umweltbeherrschung) und Reflexivität (Selbststeuerungsvermögen) gewinnen. Die mittelalterliche Verfassungsgeschichte ist in der Lage, ein langes Stück dieses Prozesses zur Anschauung zu bringen.

Unsere Darstellung geht angesichts der skizzierten Forschungslage gewissermaßen einen mittleren Weg. Sie versucht das reiche Material, das über die mittelalterliche Verfassung in jahrhundertelanger Forschung gesammelt wurde, unter Fragen zusammenzufassen, die dieses Material für eine neue Gesellschaftswissenschaft brauchbar machen. Gleichzeitig soll es so viel von seiner Ursprünglichkeit behalten, daß es auch für andere Interessen verwendbar bleibt.

2. Die Quellen

Die Verfassungsgeschichte wird hier als Wandel eines Gefüges von Ordnungen verstanden. Ordnungen sind Systeme von zusammenhängenden Normen. Unter Normen verstehen wir alles, was das gruppenweise Leben von Menschen dauerhaft regelt: Gewohnheiten, Werte, Statuten, Vorschriften, Gesetze, Institutionen, Ämter, Grenzen u. a. Schon im Frühmittelalter lebten die Menschen nicht nur in einer Ordnung, sondern in einem Gefüge von Ordnungen, deren Zusammenwirken sie in sich integrieren mußten. In der Anlage dieses Gefüges gibt es Unterschiede zwischen dem Mittelalter und der früheren Neuzeit auf der einen Seite und der neueren Zeit auf der anderen Seite. Die Forschung hat diesen Unterschied herausgearbeitet. In der neueren Zeit finden wir die schriftlich fixierten umfassenden Verfassungen großer kompetenzstarker Ordnungen, die sich als Staaten begreifen und die von einer polar ihnen gegenübergestellten Gesellschaft vielfach als Zwangsanstalten begriffen werden. Davor gab es eine solche Gegenüberstellung nicht, sondern das mittelalterliche Gefüge ist eher unter dem Bilde der Verschachtelung von kleineren Rechtsgemeinschaften mit Teilkompetenzen zu verstehen.

Von einer neueren Theorie der Norm her (*Luhmann*) ist man jedoch nicht mehr gehalten, den Unterschied zwischen Mittelalter und neuerer Zeit so scharf zu sehen wie bisher. Jede Gemeinschaft, jede Gruppe, auch alles, was sich in der Gesellschaft, also gegenüber der Staatsverfassung in der neueren Zeit bildet, ist strukturiert. Auch Rechtsnormen sind Strukturen, Zeugnisse allerdings einer evolutionären Differenzierung, die hochkomplexen Gemeinschaften Dauer gibt. Zwischen solchen Rechtsnormen und anderen Strukturen lassen sich Übergänge feststellen. Soziale Strukturen beruhen auf generalisierten Verhaltenserwartungen in zwischenmenschlichen Beziehungen, und selbst bei elementarsten Beziehungen mischen sich oft kognitive (lernbereite, anpassungsbereite) Erwartungen und normative Erwartungen, Erwartungen, die ein gewisses Rechtsbewußtsein und damit eine gewisse Existenz von Recht und Verfassung einschließen.

Eine von dort ausgehende Verfassungsgeschichte muß auch solche Strukturen einbeziehen, die sich nicht deutlich als Rechtsnormen zu erkennen geben. Sie muß bei den Gruppen ansetzen und danach fragen,

welcher Art ihre Struktur ist. Wenn man die Strukturen stufenweise
klassifiziert und eine schriftlich fixierte, positive, d. h. abänderbare,
systematisch geordnete umfassende Verfassung als die oberste Stufe
bezeichnet, kann man vielleicht folgende Vorstufen unterscheiden: I.
Das mündliche oder schriftliche Tradieren von Verhaltensregeln,
deren Nichteinhaltung Sanktionen und deren Einhaltung Prämien
erwarten läßt. II. Einrichtung von Verfahren, die diese Sanktionen ver-
hängen und Institutionen (z. B. Gerichte) mit Rollen (z. B. Richtern),
die diese Verfahren anwenden. III. Differenzierung von veränderlichen
und unveränderlichen Normen. IV. Verknüpfung einer schriftlichen
Fixierung mit der Gültigkeit von Recht.

Eine Verfassungsgeschichte, die also nicht von vornherein „die seinswis-
senschaftliche Beschreibung des Außerrechtlichen" ausschließt[15], hat
vor sich die gesamte Quellenüberlieferung der Epoche. Ein besonderes
Interesse haben natürlich jene Quellen, die in einem Zusammenhang
mit der Ausdifferenzierung von Recht und Verfassung stehen. Wir wollen uns im Folgenden einen ersten Überblick über die Arten dieser
Quellen verschaffen und dabei nach den eben genannten Stufen vorgehen.

I. Zu der ersten Stufe gehört die ganze Fülle herrschaftlicher Verzeichnisse von Gütern und Rechten, die von Generation zu Generation tradiert, den Herren und ihren Funktionären helfen sollen, die Güter und
Rechte ertragreich zu verwalten. Normen unterschiedlicher Stärke enthalten die vor allem aus dem 14. und 15. Jh. in Italien überlieferten
kaufmännischen Uşancenbücher. In diesen Büchern berichten ältere
Kaufleute für ihre Erben und Nachfolger über Gewohnheiten, die Kaufleute an den verschiedenen Plätzen Europas zu beachten haben. Zu
derselben Quellenart gehören Rezeptbücher von der Mappe Clavicula
des 8. Jh. bis zu den Herbarien und Lapidarien des ferneren Mittelalters,
die nicht technisch im modernen Sinn waren, sondern Handwerkliches,
Religiöses und Rechtliches zusammenschlossen. Weiterhin sind Formelsammlungen für Urkunden und Briefe, in denen ja nicht nur stilisti-

---

[15] Zitiert nach K. Kroeschell, Haus und Herrschaft im frühen deutschen Recht
(1968) S. 46. Grundsätzlich auch F. Graus, Verfassungsgeschichte des Mittelalters. HZ 243 (1986) bes. S. 586 ff.

sche, sondern auch inhaltliche Regeln für Verträge und Privilegien tradiert wurden, zu erwähnen. Diese Quellen hängen zusammen mit den allgemeineren Traktaten über Redekunst und über das Briefeschreiben, die zum Teil aus der Antike, etwa von Martianus Capella abgeschrieben wurden, genauso wie einige der erwähnten Rezeptebücher. Zu anderen Berufen gehören die Lehrbücher über die heraldische Kunst und das Turnierwesen, die Anleitungen für kirchliche Inquisitoren oder Kollektoren. Moralische Normen enthalten Lehrbücher für Könige und Fürsten, wie die Fürstenspiegel oder die Erziehungsbücher für Adelige, wie das der Dhuoda oder der ungarische Libellus de institutione morum von etwa 1015. In einem weiteren Sinn gehören die geistlichen Predigtsammlungen und die ganze kirchliche Moralliteratur hierher.

II. Verhaltensregeln mit Sanktionen enthalten auch die sogenannten Privataufzeichnungen des mittelalterlichen Straf-, Schuld-, Familienrechts, wie der Sachsen-, Franken- und Schwabenspiegel des 13. Jh. Den gleichen Charakter haben einige der Volksrechte des 6.–9. Jh., so die Lex Romana Raetica Curiensis, wahrscheinlich aus dem 8. Jh. für Raetoromanen, und die Lex Francorum Chamavorum. Letztere enthält Antworten auf Rechtsbefragungen, die an einen Teil der Franken von Maas und Niederrhein gerichtet wurden. In Frankreich wurden die Coutumes mehrerer Landschaften aufgeschrieben, so die des Beauvaisis 1288 von Philippe de Beaumanoir. In den nordischen Reichen sind im 13. Jh. wohl auf Thing-Versammlungen in einer offizielleren, aber auch nicht eigentlich gesetzgeberischen Weise Rechte aufgeschrieben worden. Im Vorwort der schwedischen Upplandslagen heißt es: „Wir wollen folgen in diesem Recht unseren Vorvätern." Weiterhin gehören hierher die Seerechtsaufzeichnungen, wie die Rôles d'Oléron oder das Consolat del Mar von Barcelona. Die Kirchenrechtssammlungen eines Regino von Prüm, eines Burkhard von Worms, eines Ivo von Chartres enthalten neben anderen Bestandteilen nicht formell in Geltung gesetztes Recht, wie Mahnungen und Anweisungen aus der Kirchenväterliteratur, deren Nichtbefolgung teilweise Sanktionen der Kirche, wie etwa den Ausschluß aus Kirche mit den entsprechenden Folgen für das Leben nach dem Tode nach sich zog. Einen erheblichen Einfluß auf die Normenentwicklung hatten die im 11. Jh. wiederentdeckten umfangreichen Handschriften des römischen Rechtes. Der Inhalt dieser Handschriften wurde von Pavia und mehr noch von Bologna aus in Verbindung mit Glossen in Glossenhandschriften verbreitet. Die bedeutendste dieser Handschriften war die Glossa ordinaria des Accursius, der 1263 starb.

Zahlreiche der eben genannten Quellen bezeugen das Vorhandensein von Verfahren, in denen Sanktionen zur Anwendung kommen. Einen unmittelbaren Niederschlag dieser Verfahren stellen die Rechnungen dar, die aus spätmittelalterlichen Territorialherrschaften und Städten überliefert sind und in denen das Aufkommen von Buß- und Strafgeldern bezeugt wird. Außerdem sind Register konfiszierter Güter erhalten. Nicht selten sind solche Rechnungen vermischt mit Abrechnungen über andere Einnahmen, aber es gibt auch Spezialrechnungen.

Die Quellen, die über Verfahren für Sanktionen berichten, berichten auch meistens über Institutionen, die solche Verfahren anwenden, allerdings mit unterschiedlicher Ausdifferenzierung. Einen unmittelbaren Niederschlag der Arbeit dieser Institutionen stellen die Gerichtsregister dar, deren früheste aus England kommen und etwa 1154 beginnen. Die französischen Reihen beginnen 1254. Die Gerichtsregister halten die Urteile der Gerichte, manchmal auch Begründungen und Begleitumstände in chronologischer Reihenfolge fest.

III. In der Antike gab es die Unterscheidung zwischen Naturrecht, göttlichem und menschlichem, gesetztem Recht. Im früheren Mittelalter ging diese Differenzierung zum Teil verloren und damit wurde die Möglichkeit der Gesetzgebung eingeschränkt. Immerhin hatten Könige und Kaiser von ihrer religiös-kirchlichen Verantwortung her die Möglichkeit, im Sinne der christlichen Überlieferung schlechte, insbesondere heidnische Gewohnheiten zu ändern und neue Gesetze zur Erfüllung der christlichen Gebote in veränderten Zeiten zu machen. Die wichtigsten Zeugnisse sind die karolingischen Kapitularien. Hier sind die Gesetze verknüpft mit konkreten Anordnungen an Beamte und Gefolgsleute, aus denen sie gewissermaßen hervorgewachsen sind. Die Anordnungsbefugnis von Amts wegen war die als solche ausdrücklich bewußte Banngewalt der Könige. Die Könige nahmen damals in dieser Hinsicht in Kirche und Staat eine Ausnahmestellung ein. Trotzdem fühlten sich auch andere zur Gesetzgebung berufen. So stellten z. B. die Verfasser der sogenannten Pseudoisidorischen Dekretalen im 9. Jh. aus der Masse älterer kirchlicher Rechtsüberlieferungen eine sehr subjektive Auswahl zusammen und brachten sie in die Form erfundener Papst-Dekretalen, die bis in das 1. Jh. zurückreichen, während die ältesten echten Dekretalen erst aus dem späten 4. Jh. stammen. Indem sie für ihre Sammlung die Verfasserschaft des im Mittelalter hochberühmten Bischofs Isidor v. Sevilla aus dem 7. Jh. vorspiegelten, versuchten sie dafür eine höhere Autorität zu gewinnen, zogen sich aber schon von Zeitgenossen den Vorwurf der Fälschung zu.

Jedermann im Mittelalter hatte Möglichkeiten, konkrete Rechte, z. B. Besitzrechte, wegzugeben oder durch Tausch zu verändern. Die Urkundenbücher der Klöster enthalten vom 8. Jh. an lange Serien von Urkunden, die Hoch und Niedrig ausgestellt haben. Urkunden, in denen der rechtliche Status einer Einrichtung verändert wurde, nennt man Privilegien. Sie wurden nur von herrscherlichen Persönlichkeiten, die meist auch richterliche Funktionen bekleideten, ausgestellt. Die Königs- und Papstprivilegien, die von der fränkischen Zeit an durchgehen, und die z. B. die Übertragung von Marktrechten oder die Lösung eines Klosters aus der Diözesangewalt eines Bischofs enthalten, erweitern sich im 12. Jh. um Bischofs- und Fürstenprivilegien. Im 11. und 12. Jh. tauchte dann im kirchlichen Bereich eine neue Möglichkeit auf, umfassende Gesetze zu erlassen, die dem Willen, die Kirche auf dem heilsgeschichtlichen Wege durch die *diversitas temporum* zu führen, entsprachen.[16] Der Papst war bis zum 15. Jh. der oberste und zeitweise der einzige Gesetzgeber der Kirche. Seine Gesetze sind in den Dekretalensammlungen überliefert. Die Könige und Kaiser steigerten den Gesetzgebungswillen im 12. und 13. Jh., als sie genauere Kenntnisse von den römischen Kaisern gewonnen hatten und ihnen entsprechen zu können glaubten. Kaiser Friedrich II. schickte 1220 eigene Gesetze an die Juristen von Bologna und befahl, sie in den Codex Justinianus, also in die Rechtssammlung des römischen Kaisers Justinians aus dem 6. Jh. einzufügen. Es blieb allerdings umstritten, welcher Herrscher sich auf welchen Gebieten der Gesetzgebung als Nachfolger der römischen Kaiser fühlen durfte. Eine gleichbedeutende oder noch bedeutendere Möglichkeit der Gesetzgebung im hohen und späten Mittelalter war die Einung, die Vereinbarung, sowohl zwischen Herrscher und Abhängigen als auch zwischen Gleichrangigen. Ein großer Teil z. B. des in den Städten geltenden Rechts beruhte auf einer solchen Einung, d. h. auf einem Be-

---

[16] MGH Epistolae selectae II, 1, Register Gregors VII. II, 55 a.

schluß der Ratsversammlung, dem die Bürgergemeinde beitrat oder dem sich jeder einzelne, der in die Bürgergemeinde eintrat, freiwillig unterwarf.

Zur Ausdifferenzierung von Gesetzgebungsinstitutionen im Sinne der modernen Gewaltenteilung ist es im Mittelalter nicht gekommen. Die Ständeversammlungen in Territorialstaaten waren vielleicht Ansätze dazu, aber ihre Beschlüsse hatten, soweit ihnen Gesetzesbedeutung zukam, weitgehend den Charakter von Vereinbarungen mit den Territorialfürsten. Einige Register von Beschlüssen solcher Ständeversammlungen sind erhalten. Die englischen beginnen 1278, die der niederländischen Generalstände 1427, die bayerischer Landtage 1429.

IV. Konstitutiv für die Geltung von Gesetzen war lange Zeit und in einigen Bereichen über das Mittelalter hinaus die formvolle mündliche Verkündung des Gesetzes. Die A u f z e i c h n u n g d e s G e s e t z e s war eine Gedächtnisstütze. Ein Bedürfnis nach formaler Gesetzesgeltung ist im Mittelalter unabhängig von der Möglichkeit, neue Gesetze zu schaffen, ununterbrochen bezeugt. Schon die zitierten Volksrechte, von den westgotischen angefangen, sind zu einem größeren Teil altes Recht, in einer Art Weistum gefunden und aufgeschrieben, und haben unverändert durch die Verfügung eines Herrschergesetzes Kraft erlangt. Die Weistümer des Spätmittelalters sind meist Aufzeichnungen der Normen des dörflichen Bereiches, die teils von den Bauern selbst zusammengestellt wurden, dann aber eine herrschaftliche Legalität erhielten. Die Schriftform dürfte auch in diesen Fällen nicht unerläßlich für die Gesetzeskraft gewesen sein. Eine größere Bedeutung hatte die Schrift dann, wenn die Gültigkeit von Gesetzen von ihrer Registrierung abhängig gemacht wurde, wie in dem eben zitierten Befehl Kaiser Friedrichs II. an die Juristen von Bologna. 1328 legte das Parlament in Paris Register an, in die alle Ordonnances eingetragen werden mußten, um dadurch Gültigkeit zu erlangen.

Die Schriftform hatte für die Normstiftung schon früher eine große Bedeutung bei dem Privileg und bei dem zweiseitigen Vertrag. Bei dem letzteren wirkten sich die Gültigkeitsvorschriften des spätrömischen Rechts aus, bei beiden auch das große Ansehen der Schriftlichkeit, das ihr vor allem die Kirche zu geben bestrebt war, um dadurch friedliche Waffen zum Schutze ihr günstiger konkreter Normen in der Hand zu haben. Die Gültigkeit der vertragsartigen Einzelakte, wie Kauf, Tausch und Schenkung, die sich auf Land und Leute bezogen, wurde mehr und mehr durch die Urkundenform gesichert. Die schon oben erwähnte Fälschertätigkeit hat sich besonders in diesem Bereich urkundlicher Rechtsergänzung und -änderung ausgebreitet und beweist damit indirekt die hohe, aber auch zugleich unkritisch formale Geltung der Schriftlichkeit.

Schließlich ist zu erwähnen, daß es eine allgemeine kaiserliche und päpstliche Gesetzgebung gab, die an bestimmte Formen schriftlicher Privilegien gebunden war, die man Bullen – nach der Verschließung mit Blei- oder Goldsiegeln – nannte.

Das ganze Mittelalter hindurch behielten, wenn auch im abnehmenden Maße, das unschriftliche, aber formgebundene Verfahren und der oft damit verbundene Symbolgegenstand bei der Begründung von Recht ihre Bedeutung. Sie konnten sowohl ergänzend neben schriftlichen Verfahren als auch alternativ zu ihnen stehen. Die symbolischen Verfahren dienten besonders der Ausdifferenzierung von Recht und machten es sanktionsfähig.

Dem Historiker entgeht dieser Bereich der Rechtsbegründung in einem großen Teil. Er ist auf eine bescheidene Realien-Überlieferung in den Museen wie Rechtsstäbe, Rechtsstatuen auf Marktplätzen (Rolande) sowie auf gelegentliche Schilderung der symbolischen Verfahren in Chroniken und anderen Quellen angewiesen.

II. Die Ordnungen des früheren Mittelalters

1. Haus, Familie, Verwandtschaft

Einige Vorbemerkungen mögen den Bemühungen um ein Gesamtbild der Verfassung im Frühmittelalter gelten. Das Frühmittelalter beginnt im 5. Jh., wo die germanischen Stämme im Begriffe waren, auf dem Boden des ehemaligen Imperium Romanum ihre Reiche zu gründen und wo sich auch über den Gebieten der Germanen, Kelten und Slawen außerhalb des römischen Reiches das Dunkel der Vorzeit allmählich lichtet. Von den Romanen, Germanen, Kelten und Slawen hat sich die Forschung am meisten mit den Germanen beschäftigt. Die Quellen über die Slawen sind viel schlechter als jene über die Germanen. Die Romanen haben in der Völkerwanderungszeit große Verluste erlitten, trotzdem erhebliche Einflüsse ausgeübt, sind im ganzen aber mit ihrer Kultur und Verfassung von den Germanen aufgesogen worden. Das verhältnismäßig kleine Gebiet der keltischen Iren hat eine Reihe von Quellen des Frühmittelalters hinterlassen, die das von den Germanen gewonnene Bild auf eigentümliche Weise bestätigen und ergänzen.

Die gegenwärtige Situation der Verfassungsgeschichtsforschung des Frühmittelalters ist durch die Nachwirkungen einer zusammenhängenden Lehre gekennzeichnet, die etwa in den fünfziger Jahren entwickelt wurde und insbesondere mit den Namen von *Th. Mayer, W. Schlesinger* und *K. Bosl* verbunden ist. Nach dieser Lehre gab es einen Uradel, einen Kreis von Männern mit Eigenschaften, die aus einer unergründlich fernen Zeit ererbt waren, u. a. mit Recht auf Herrschaft. Die Verfassung wurde durch adelige und sonstige Sippenverbände, durch Gefolgschaften, die ein großer Herr um sich scharte und die aus adeligen und freien Männern bestanden, und durch Grundherrschaften mit Knechten und unfreien Bauern bestimmt. Außerdem gab es Verfassungsämter, wie das Grafen- und *dux*amt, die weitgehend vom römischen Reich übernommen waren, gab Königsfreie, die spätrömischen Wehrsiedlern auf Fiskalland nachfolgten, und es gab landschaftlich zusammenhängende

Adelsgruppen, die immer ein eigenes Gewicht gegenüber allen Reichsbildungen und Königtümern besaßen. Schließlich gehört zu dieser Lehre die Vorstellung von der Einheitlichkeit und Originalität des Germanentums, die sich auch auf die Großreichsbildungen auswirkte, wie schon auf jene der merowingischen Franken, eine Reichsbildung, die weite Teile Mittel- und Westeuropas umspannte.

Man wird sagen können, daß jeder dieser Sätze durch den einen oder anderen Kritiker entschieden in Frage gestellt worden ist.[1] Überzeugenden Fortschritten der Forschung steht u. a. die lückenhafte Quellenlage entgegen, die immer wieder zwingt, Hypothesen einzufügen, von denen eine genauso gut wie die andere ist. Man wird wohl in vielen Hinsichten bei alternativen Hypothesen stehenbleiben müssen und auch nicht vermeiden können, daß der eine Forscher dieser Hypothese, der andere jener die größere Evidenz zubilligt. Nur indirekte Fortschritte sind von der Archäologie zu erwarten, die allein noch und zwar unentwegt neue Quellen zutage fördert, diese aber ohne die schriftlichen Quellen nicht zum Sprechen bringen kann. Andere Fortschritte sind vielleicht von der im Gange befindlichen Personengeschichtsforschung zu erwarten.

Auch alle quellenkritischen Beobachtungen sollte man sorgfältig beachten. Dabei sollte man sich nicht auf die Unterscheidung „echter" und „falscher" Heiligenviten und Urkunden beschränken, sondern von den Kapitularien (s. o. S. 12) her sollte man davor gewarnt sein, echte zeitgenössische Geschichtsschreibung und Urkunden wenigstens hinsichtlich ihrer Begrifflichkeit naiv als Wirklichkeitszeugnis zu verwenden. In der Tat ist die neuere Beschäftigung mit frühmittelalterlicher Verfassungs- und Sozialgeschichte durch eine konzentrierte und minutiöse Beschäftigung mit Einzelquellen, wie etwa bestimmten Volksrechten, einzelnen Kapitularien, grundherrschaftlichen Verzeichnissen und Chroniken gekennzeichnet. Außerdem sollte man an die Hypothesenbildung im Hinblick auf Systematik und Geschlossenheit manchmal etwas strengere Anforderungen stellen. Geht es uns doch um die Ge-

---

[1] Ansätze einer Diskussion finden sich u. a. bei W. Schlesinger, Randbemerkungen zu drei Aufsätzen über Sippe, Gefolgschaft und Treue, in: Alteuropa und die moderne Gesellschaft. Festschrift für Otto Brunner (1963) S. 11–59, wo Arbeiten von K. Kroeschell, F. Graus und H. Kuhn besprochen werden.

winnung von Vorstellungen von Ordnungen, in denen Menschen leben konnten, und nicht nur um den Nachweis von Phänomenen, wie Adel und Graf, mit denen wir einige Assoziationen verbinden können. Deswegen werden die folgenden Ausführungen nicht von solchen, vielleicht geläufigeren Begriffen ausgehen, sondern von Fragen nach den Ordnungen und werden versuchen, in der Beantwortung auch alternative Hypothesen anzudeuten.

*

Haus, Familie und Verwandtschaft bezeichnen die engsten Gemeinschaftsformen des mittelalterlichen Menschen. Während die erste Bezeichnung auf das räumliche Zusammenwohnen hinzielt, meinen die beiden folgenden eine gemeinsame Abstammung oder Verschwägerung und heben dabei einen engeren und einen weiteren Kreis heraus. Es ist naheliegend und wird auch durch viele Quellen gestützt, daß man die in einem Hause zusammenwohnenden Verwandten eine Familie nennt. Dann würde die Verwandtschaft im weiteren und eigentlichen Sinn mehrere Familien und Häuser umfassen. Für diese Verwandtschaft wird auch der Begriff Sippe verwandt. Sicherlich hatten Familie und Verwandtschaft für Romanen und Germanen am Anfang des Mittelalters unterschiedliche Bedeutung. Die Unterschiede sind bereits daran erkennbar, daß die Romanen zweinamig waren, also Familiennamen hatten, und die Germanen einnamig. Nur bei Romanen gab es Familien mit Namen und Tradition. Im Laufe des 6. Jh. scheinen sich aber in den meisten Gegenden die romanischen Verhältnisse den germanischen angeglichen zu haben, wie vor allem das Namenmaterial der vornehmen Familien Galliens zu erkennen gibt.[2] Nur in bestimmten Randgegenden scheinen die alten Strukturen Fortdauer gehabt zu haben. Die kontinuierliche Reihe der zweinamigen venezianischen Dogen setzt im 7. Jh. ein.
Während die Familie wahrscheinlich eine größere Bedeutung bei den Romanen hatte, dürfte die Verwandtschaft im Sinne der S i p p e bei den Germanen bedeutender gewesen sein. Für die Sippenverfassung gibt es die beiden Möglichkeiten der agnatischen und cognatischen Sippen. Die agnatische Sippe umfaßt alle auf einen gemeinsamen Vorfahren

---

[2] K. F. Stroheker, Der senatorische Adel im spätantiken Gallien (1948).

zurückgehenden männlichen Nachkommen, also nur Blutsverwandte, die cognatische auch Verschwägerte. Bei einer cognatischen Sippe dürfte eine eindeutige Abgrenzung des Verwandtenkreises sehr schwierig, ja kaum möglich sein. Auch die agnatische Sippe ist den dynamischen Tendenzen der so oder so formulierten Heiratsregeln ausgesetzt. Hauptsächlich gibt es die Unterscheidung zwischen der Gewohnheit sippenendogamer und sippenexogamer Ehen. Die sippenendogame Ehe ist bei den Germanen als Regel nicht bezeugt. Wenn man sie bei ihnen für möglich hält, dann geht man dabei mehr von der Analogie zu anderen primitiven Völkern aus als von der Beobachtung der germanischen Überlieferung. Die sippenexogame Ehe legt einen agnatischen Sippenbegriff nahe. Allerdings muß man voraussetzen, daß die Frauen bei der Verehelichung aus ihrem Sippenverband ausscheiden. Noch weitergehend könnte man voraussetzen, daß die Frauen überhaupt keine direkten Sippenmitglieder sind, sondern der einen oder anderen Sippe nur durch die Männer, denen sie zugehören, verbunden sind, so durch die Väter und nach der Verehelichung durch die Männer. Zu diesen Heiratsregeln würden die germanischen Begriffe der Muntehe und der Kaufehe passen. In der Friedelehe, einer Nebenehe mit einer Freien, behält die Frau die Zugehörigkeit zu ihrer Vatersippe. Man muß wohl mit Polygamie bei den Germanen wie bei den keltischen Iren rechnen, wo diese deutlicher bezeugt ist.[3]

Wenn uns jedoch der Schriftsteller Tacitus aus der römischen Kaiserzeit richtig unterrichtet, hätte es damals wenigstens bei den Germanen, die in Berührung mit den Römern standen, schon andere Eheformen gegeben. Der agnatische Sippenbegriff mußte vor allem dann kritisch werden, wenn sich die indirekte Zugehörigkeit der Frau zur Sippe, d. h. also zur unmittelbaren menschlichen Gemeinschaft, wegen einer Veränderung der Einschätzung der Frau nicht mehr durchhalten ließ. Der agnatische Sippenbegriff mußte außerdem ganz fallengelassen werden, wenn ein landfremder oder sonst sippenloser Mann heiratete. Dann kam eine muntfreie Ehe zustande. Der Mann trat in die Sippe der Frau ein. Weiterhin gab es besonders in Zeiten des Männermangels, etwa nach Kriegen, die Erbtochterehe. Wenn ein Mädchen der Erbe eines größeren

[3] R. Köstler, Raub-, Kauf- und Friedelehe bei den Germanen. ZRG Germ. Abt. 63 (1943). K. Hughes, Early Christian Ireland: Introduction to the Sources (1972) S. 47 f.

Komplexes war, wurde dadurch eine Aufwertung bewirkt, die den Begriff der agnatischen Sippe sprengte und eine doppelte Verwandtschaft entstehen ließ, die cognatische Sippe.

Die katholische Kirche hat im Mittelalter ein sehr weitgehendes Verbot der Verwandtenehe aufgestellt. Dieses Verbot entspricht dem Gebot einer exogamen Ehe. Es entstammt nur im Ansatz einer hebräischen oder römischen Tradition, wurde erst, nachdem sich die Kirche über die germanischen Völker ausgedehnt hatte, ausformuliert.[4] Weiterhin ist darauf hinzuweisen, daß sich in den germanischen Volksrechten vom 6.–9. Jh. verschiedentlich Verwandtschaftsabgrenzungen finden, die im Zusammenhang mit dem Erbrecht und der Bestimmung der Erbfähigkeit formuliert worden sind. In einigen Volksrechten werden die Verwandten der Vaterseite als Erben bevorzugt, bzw. die Verwandten der Mutterseite werden ganz ausgeschlossen. Andere Volksrechte kennen diese Bevorzugung nicht. Sie zählen gleichmäßig die Verwandtschaftsgrade in der väterlichen und in der mütterlichen Verwandtschaft. Man hat wohl zu Recht vermutet, daß hinter solchen Erbschaftsabgrenzungen das Königtum mit seinem Interesse für eine Begrenzung der Verwandtschaft zugunsten eines königlichen Erbrechts stand.[5] Aber die Leichtigkeit, mit der sich diese Verwandtschaftsbegriffe fixieren ließen und mit der sich vor allem das kirchliche Verwandteneheverbot durchsetzen ließ, lassen wohl darauf schließen, daß die germanischen Verhältnisse in einer gewissen Weise darauf vorstrukturiert waren, d. h. bei bestimmten Teilen der Germanen hat die agnatische Sippe noch im Frühmittelalter eine Bedeutung gehabt. Allerdings ging die Kirche über die agnatische Sippe hinaus und bezog die Verschwägerung in ihre Eheverbote ein.[6]

Die Germanen hatten für eine Gewohnheit exogamer Ehe, soweit sie ihr überhaupt folgten, natürlich ganz andere Motive als die Kirche. Die Kirche griff gegebene Gelegenheiten auf, um aus einer grundsätzlichen asketischen und ehefeindlichen Neigung heraus die Ehemöglichkeiten

---

[4] W. v. Hörmann, Quasiaffinität. Entwicklungsgrundlage der Lehre der lateinischen Kirche (1906).

[5] H. Siegel, Die germanische Verwandtschaftsberechnung mit besonderer Beziehung auf die Erbfolge (1853) S. 41 f.

[6] Vgl. auch R. Weigand, Kirchenrechtliche Verständnishintergründe des Kiliansmartyriums. Würzburger Diözesangeschichtsblätter 5 (1989) S. 245–259.

einzuschränken. Sie machte dieses mit Hilfe von Gesetzen, deren Übertretung den Ausschluß aus der Kirche zur Folge hatte. Bei den Germanen war die sippenendogame Ehe sicherlich nicht verboten, die sippenexogame brachte aber den Vorteil der Bereicherung der eigenen Sippe durch freundschaftliche Kontakte mit einer anderen. Im ganzen bewegen wir uns mit diesen Fragen auf einem hypothetischen Boden und auch die Möglichkeit, daß bereits überall im beginnenden Mittelalter cognatische Verwandtschaftsbegriffe herrschend waren, kann nicht ausgeschlossen werden. Unter cognatischen Verwandtschaftsbegriffen konnten kleine und große Verwandtenkreise, Verwandtenkreise mit scharfer Grenze oder mit fließenden Übergängen, Verwandtenkreise, die sich überschnitten, nebeneinander leben. Die Integrationsmomente dürften dann jedesmal andere gewesen sein.

*

Für die Zusammenhänge von Haus und Familie wurde das Erbrecht wichtig. Wir müssen hier wieder zwei alternative Möglichkeiten ins Auge fassen: nämlich die Unteilbarkeit von Haus und Hausgut und die Teilbarkeit. Beide Möglichkeiten wurden ebenso in Gebieten romanischer wie germanischer Rechtstradition verwirklicht. Das Testament des römischen Rechts dürfte mehr die Teilung als die geschlossene Vererbung gefördert haben. Richten wir den Blick auf die ausgedehnteren germanischen Gebiete. Die Unteilbarkeit hatte die Konsequenz, daß beim Tod des Besitzers seine Kinder mit Ausnahme eines, etwa des ersten Sohnes, besitzlos blieben, oder daß wenigstens die Söhne zu gesamter Hand erbten. Ersteres könnte zur gesellschaftlichen Abspaltung von Jungmannschaften, kriegerischen Weihebünden geführt haben.[7] Letzteres, nämlich die germanische Brüdergemeinschaft, ist vielfältig bezeugt. Die Brüdergemeinschaft setzt eine Benachteiligung der Frauen im Erbrecht voraus, die nach den schriftlich überlieferten Volksrechten zu urteilen, schrittweise abgebaut wurde. Wo das Erbrecht der Brüdergemeinschaft galt, erbte der älteste Sohn den Hausherrenstuhl. Die Familie, die im Hause wohnte, wurde größer oder kleiner in dem

---

[7] A. H. Price, Differentiated Germanic Social Structures. VSWG 55 (1969) S. 433–448; dazu auch u. S. 68.

Maße, wie die Töchter nach draußen heirateten oder wie Söhne und
Brüder Frauen hereinholten. Wenn einer der Brüder starb, wuchs sein
ideeller Besitzanteil seinen Brüdern zu. Seine Kinder erbten keinen
eigenen Besitz. Der am längsten lebende Bruder vererbte die Hausherrschaft an seinen ältesten Sohn oder, wenn er keine Söhne hatte, an den
ältesten Neffen. In einem wirtschaftlich ungünstigen Fall konnte ein
großer Verwandtenkreis gezwungen sein, in einem Haus mit ganz unterschiedlichen Besitzrechten zusammenzuleben. Neben den Tendenzen zur Aufwertung der Frau war es sicherlich das ungerechte Los der
Söhne vorverstorbener Brüder, das die Brüdergemeinschaft in Frage
stellte. Wenn man die Brüdergemeinschaft fallen ließ, konnte man entweder zu einer Besitzgemeinschaft des engeren Verwandtenkreises
übergehen, oder man mußte die Teilung von Haus und Hausgut unter
den Kindern des Erblassers ins Auge fassen. Aus den germanischen
Volksrechten der fränkischen Zeit wissen wir, daß es einen engeren und
weiteren Erbenkreis gab. Den ersteren bildeten Eltern, Geschwister und
Kinder. Man nimmt an, daß diese erbrechtliche Unterscheidung auf
eine gewisse Vermögensgemeinschaft des engeren Verwandtenkreises
zurückgeht.

Eine Teilung war sicherlich leichter im Hinblick auf den Boden, der zu
einem Haus gehörte, als im Hinblick auf das Haus selbst. Wenn der
Grundbesitz groß genug war, konnte man von der Gesamtfläche einen
Teil abschneiden und dem jüngeren Bruder es zumuten, darauf ein
neues Haus zu bauen. Im alemannischen Raum der Karolinger Zeit z. B.
ist die Teilung von Erbgütern unter Brüdern bezeugt. Im Titel 55 des
alemannischen Volksrechtes heißt es: „Wenn aber zwei Schwestern nach
dem Tode des Vaters ohne Bruder zurückgelassen werden und die väterliche Erbschaft an sie gelangt und eine einen ihr ebenbürtigen Freien
heiratet, die andere aber entweder einen Königskolonen oder einen
Kirchenkolonen heiratet, erhalte jene, die den ihr ebenbürtigen Freien
heiratet, den Grundbesitz ihres Vaters. Das andere Vermögen aber sollen sie gleichmäßig teilen. Jene aber, die den Kolonen heiratet, trete
nicht in einen Anteil am Grundbesitz ein (*non intret in porcionem de
terra*), weil sie keinen ihr Ebenbürtigen heiratete." Eine solche Quellen-
stelle bezeugt, daß im 8. Jh. im alemannischen Raum auch bereits die
Töchter die Möglichkeit hatten, Grundbesitz zu erben, wenn die Söhne
fehlten, und ihn unter sich zu teilen, soweit nicht standesrechtliche

Fragen, die mit der Eheschließung in Verbindung standen, dem entgegen waren.

Das Interesse und der Druck der Brüdersöhne kommen in einem der wenigen erhaltenen Dekrete merowingischer Könige zum Ausdruck. In einem Kapitular König Childebert II. von 596 heißt es: „Kinder von Söhnen und Töchtern sollen die Güter des Großvaters zusammen mit den Onkeln und Tanten erben, wie wenn ihr Vater oder ihre Mutter lebend wären."[8] Man wird ein solches Zeugnis nicht als ein Gesetz im modernen Sinne mit einer entsprechenden Geltung werten, aber als Zeugnis der Tendenz, eine bisher geltende Rechtsgewohnheit umzuändern. Die Bestimmung von 596 bezieht sich nicht mehr direkt auf die Brüdergemeinschaft, sondern auf die Möglichkeit, daß auch bei Erbteilungen Enkel übergangen werden, sofern noch Söhne und Töchter leben.

Eine solche Berücksichtigung von Enkeln mußte zu einer äußersten Zersplitterung von Erbgütern führen. Erbaufsplitterungen waren wirtschaftlich und sozial problematisch. Sie wurden korrigiert durch das Aussterben von Familien, die Teilgüter besaßen. In solchen Fällen kam das Erbrecht weiterer Verwandtenkreise zur Geltung, so daß Güter, die in einer früheren Generation geteilt waren, wieder zusammenfanden. Das bekannteste Beispiel für Entwicklungen des Auseinander- und wieder Zusammengehens bildet das fränkische Reich sowohl unter den Merowingern wie unter den Karolingern, das von der Königsfamilie nach der Art einer Grundherrschaft vererbt wurde. Vielfach dürften die Vorgänge bei den Hausgütern und Grundherrschaften jedoch noch verwickelter gewesen sein als bei der Reichsgeschichte. Oft werden nur Teile eines ursprünglichen Komplexes wieder zusammengekommen sein. Dafür haben möglicherweise Erbtöchter Teile eines anderen Hausgutes zu einem neuen Komplex hinzugebracht. So entstand aus einst geschlossenen Hausgütern Streubesitz mit einem Haupthaus und mehreren Nebenhäusern in kleineren Besitzbezirken. In die Nebenhäuser konnte der Haus- und Grundherr Unfreie oder besitzlose Verwandte als Wirtschafter einsetzen.

*

---

[8] MGH Kapitularien I S. 15.

Welche Kompetenzen waren mit Haus, Familie und Verwandtschaft verbunden? Das H a u s war seit frühester Zeit der Raum, der den Menschen das Überdauern gegenüber den Naturgewalten sicherte. Das religiös-magische Verständnis der Naturgewalten in primitiver Mentalität beeinflußte auch das Verhältnis zum Haus. In gewissermaßen verharmloster Form sind die Reste dieses alten Hausverhältnisses weit über das Mittelalter hinaus erhalten geblieben, also in einer Zeit, in der die alte Bedeutung des Hauses ganz und gar geschwunden ist (s. u. S. 153–182). Wir erfahren, daß Herd, Dach, Tisch und Tür besondere Bedeutung hatten.[9] Man holte sich die gesteigerte Kraft, die man in Tieren vermutete, herbei, um das Haus zu schützen, indem man nachgeschnitzte Pferdeköpfe auf das Dach setzte. Tote, von denen man sich Schutz versprach, wurden unter der Schwelle begraben.[10] Zusätzlich wurde das Haus durch einen Zaun mit totem Holz oder einen Hag mit lebenden Hölzern geschützt. Auch diesen Umzäunungen haftete eine magische Schutzkraft an. Die altnordische Hexe heißt *tunripa*, Zaunreiterin. Das Haus war der Rahmen und die Basis des gemeinschaftlichen Wirtschaftens. Das Land, das zu einem Haus gehörte und das mit ihm zusammen den *mansus*, die *huba* oder die *hide* bildete, wurde *terra unius familiae* genannt. Die Familie, an die hierbei gedacht wurde, war unterschiedlich groß. Sie erstreckte sich von der Kleinfamilie im modernen Sinn bis zur Brüdergemeinschaft und anderen größeren verwandtschaftlichen Besitzgemeinschaften. Schon aus Landbeschreibungen der Karolingerzeit wissen wir, daß infolge von Erbteilungen mehrere familiäre Betriebseinheiten in einem Hause wohnten. Sofern also nach einer Erbteilung keine neuen Häuser gebaut wurden, löste sich die Einheit Haus-Familie auf. Auch dort, wo die Einheit von Haus und Familie gewahrt blieb, entsprach die Größe des *mansus* sicherlich oft nicht der Größe der Familie. D. h. es war eine kleine Familie auf einem großen *mansus* oder eine große Familie auf einem kleinen. Trotzdem scheint es theoretische Normvorstellungen gegeben zu haben, die sich an den optimalen natürlichen Bedingungen ausrichteten. Danach war ein *man-*

---

[9] L. Weiser, Das Bauernhaus im Volksglauben. Mitteilungen der anthropologischen Gesellschaft in Wien 56 (1926) S. 1–15.
[10] B. Arrhenius, Tür der Toten. Sach- und Wortzeugnisse zu einer frühmittelalterlichen Gräbersitte in Schweden. Frühmittelalterliche Studien IV (1970).

sus oder eine *huba* das Land, das ein Pflug oder ein Ochsenpaar in einem Jahr bearbeiten konnte und umfaßte 120 Tagwerk.[11]
Wenn das zum Haus gehörige Gut für den Lebensunterhalt der Bewohner des Hauses nicht ausreichte, gab es die Möglichkeit, durch Dienstleistungen oder durch eine gewisse handwerkliche Produktion zusätzliche Lebensmittel zu erwerben. Nirgendwo im frühmittelalterlichen Europa fehlte die Geldwirtschaft ganz, aber diese Möglichkeit war besonders in jenen Gegenden des Mittelmeerraumes gegeben, wo von der Antike her der Markthandel noch verhältnismäßig gut funktionierte. Im Mittelmeergebiet darf man an einigen Stellen eine gewisse Kontinuität städtischer Lebensformen annehmen. Dort werden weder die magischen Vorstellungen noch die agrarwirtschaftlichen Normbilder so mit dem Haus verbunden worden sein, wie in den anderen Gegenden Europas.

Die Bedeutung des Hauses für die Rechtsordnung und die Friedenswahrung wurde von der römisch-rechtlichen und der germanisch-rechtlichen Tradition in vielen Hinsichten ähnlich begründet. In beiden Rechtstraditionen gab es die hausherrliche Gewalt, die sich gleicherweise über die Frau, die Nachkommen und die Unfreien erstreckte. Allerdings wirkte es sich aus, daß sich das römische Recht im Zeichen einer starken staatlichen Rechtswahrung entwickelte, während für die Germanen wahrscheinlich das Haus der festeste Rechtsbezirk überhaupt war. Die Römer unterschieden zwischen einer Hauszucht für Vorgänge im Inneren des Hauses, Straftaten von Hausbewohnern außerhalb des Hauses, die ganz unter die staatliche Strafgerichtsbarkeit fielen, und der Haftung des Hausherrn für die Hausbewohner in privatrechtlicher Hinsicht gegenüber Dritten. Während der römischen Kaiserzeit wurde die zuerst genannte Hauszucht in bestimmte Grenzen gebracht. Die Tötung des Sklaven wurde untersagt. Nur die versehentliche Tötung bei anderen Züchtigungsmaßnahmen wurde nicht als Vergehen betrachtet. Die Volksrechte lassen erkennen, daß es im germanischen Bereich eine solche Einschränkung zunächst nicht gab. Außerdem gab es für die Straftaten der Hausbewohner außerhalb des Hauses

---

[11] G. Duby, L'Économie rurale et la vie des campagnes dans l'occident médieval (1962) S. 89.

keine öffentliche Gerichtsbarkeit, sondern für sie haftete der Hausherr genauso wie für den privatrechtlichen Schaden, den seine Abhängigen Dritten zufügten. Nach den Volksrechten zu urteilen, hätten sich die Germanen in den Völkerwanderungsstaaten schneller oder langsamer der römischen Rechtslage angepaßt. Die Frage, wieweit das peinliche Verfahren gegen Sklaven, die außerhalb des Hauses Straftaten vollbrachten, Absicht blieb oder verwirklicht wurde, wird man jedoch wohl nicht sicher entscheiden können, da der Staatsaufbau der Germanen unfertig blieb. Der Einfluß der christlichen Kirche ging eigentümlicher Weise dahin, die Kompetenz des Hauses einzuschränken und eine gewisse Emanzipation der Hausbewohner gegenüber dem Hausherrn zu unterstützen. So wurde z. B. ein westgotischer König in der 2. Hälfte des 7. Jh. veranlaßt, in seinen Gesetzen den Sklaven sogar eine beschränkte Zeugnisfähigkeit vor den öffentlichen Gerichten einzuräumen. Darin wird man nur dann eine Vermehrung von Gerechtigkeit sehen dürfen, wenn man in dieser Hinsicht den Gerichten außerhalb des Hauses mehr zutraut als der Hausjustiz. Uneingeschränkt ließ die Kirche dem Hausherrn die Hausjustiz gegenüber seiner Frau, sofern er diese beim Ehebruch antraf. Im Gesetzbuch des langobardischen Königs Rothari (§ 212) aus der Mitte des 7. Jh. heißt es: „Wenn jemand einen anderen bei der eigenen Frau in der Umarmung antrifft, sei es ein Freier oder Knecht, so darf er sie alle beide töten. Tötet er sie, so kann man ihn darüber nicht belangen."

Die frühmittelalterliche Vorstellung, daß mit dem Raum hinter dem Hauszaun ein besonderer Frieden verbunden sei, ist offenbar weniger aus der mittelmeerischen, als aus der germanischen Rechtstradition heraus entstanden. Der Fremde, der in diesen Raum ungastlich eindrang, unterlag der Hausjustiz. Vergehen innerhalb des fremden Hauses wurden schwerer bewertet als andere. Nach dem römischen Strafrecht hatten die staatlichen Strafverfolgungsorgane einen ungehinderten Zugang zu den Privathäusern. Im germanischen Bereich war es anders. Ein königlicher Beamter z. B. hatte keinen Zutritt zu einem Haus, in das sich ein Verbrecher geflüchtet hatte. Diese Vorstellungen scheinen in den Mittelmeerraum übertragen worden zu sein. Jedenfalls ist die Urkunde eines Königs von 958 für Genua so zu verstehen. In ihr heißt es: „Wir befehlen, daß kein Herzog, Graf usw. in die Häuser der Leute aus Genua mit Gewalt eindringt, dort Abgaben erhebt oder ein anderes

Unrecht begeht."[12] Wie sehr im germanischen und in dem von dorther beeinflußten mittelalterlichen Rechtsdenken das Haus identisch war mit dem Recht und dem Frieden, die ein Mensch hatte, zeigt sich daran, daß es in einigen Gegenden Europas die Strafe der Hauszerstörung gab. Für Vergehen, wie Totschlag oder Notzucht, wurde dem Täter das Haus wüst gemacht. Diese Strafe sollte wohl weniger eine Sachschädigung als eine Friedloslegung sein.[13]

*

Gegenüber den verhältnismäßig festen Konturen von Haus und Familie bleiben die Kompetenzen der Sippe oder des Verwandtenkreises undeutlich. Es gibt Quellen, die auf eine große Bedeutung der Sippe in rechtlicher, wirtschaftlicher und gesellschaftlicher Hinsicht deuten. Die Gesamtlage der Quellen erlaubte aber auch den gegenteiligen Schluß einer verhältnismäßigen Bedeutungslosigkeit der Sippe für die Verfassungsverhältnisse im früheren Mittelalter. Wahrscheinlich ist die Bedeutung der Sippen mithineingezogen in den Übergang von der agnatischen in die cognatische Sippe und in die Probleme der Abgrenzung und der Identifizierung, denen die cognatische Sippe ausgesetzt war. Der Chronist Paulus Diaconus bezeugt, daß die Langobarden in Friaul nach Verwandtengruppen siedelten. Etwas Ähnliches ist für die Alemannen aus deren Volksrecht zu entnehmen.[14] Dabei wird man an personell deutlich abgegrenzte Gruppen denken müssen. Wieweit diese dann im Wechsel der Generationen erhalten blieben, ist eine andere Frage. Das fränkische Volksrecht der Lex Salica spricht von Eidhilfe, Bußgeldleistung und Bußgeldempfang durch Verwandte, auch von der Lösung des Verwandtschaftsverhältnisses. Von den gegebenen Verhältnissen her darf es als wahrscheinlich gelten, daß die so oder so geformte Verwandtschaft bei der Streitschlichtung zwischen Mitgliedern des Kreises auftrat und hier und dort auch eine gewisse Aufsicht über die

---

[12] L. Schiaparelli, I diplomi di Ugo e di Lotario, di Berengario II e di Adalberto. Fonti per la Storia d'Italia 38 (1924), S. 325 ff.
[13] E. Fischer, Die Hauszerstörung als strafrechtliche Maßnahme im deutschen Mittelalter (1957).
[14] Paulus Diaconus, Historia Langobardorum II, 9. – Lex Alamannorum Titel 81.

Hausjustiz ausübte. Wieweit solche Tätigkeiten in traditionellen Formen abliefen, ist wieder eine Frage, die nicht entschieden werden kann.

Die nordischen Sagen des Hochmittelalters, die gern für die Aufhellung der germanischen Verhältnisse im frühen Mittelalter herangezogen werden, berichten uns von der Beistandspflicht der Verwandten aus einer religiös verstandenen Solidarität heraus. Allerdings verband sich diese Solidarität nicht mit einem festen Sippenbegriff, sie umschloß größere oder kleinere Gruppen. Die Solidaritätspflichten erstreckten sich auch auf entfernt wohnende Verwandte und waren das Motiv immer wieder bezeugter Fürstenheiraten im Rahmen politischer Bündnisse. Ein weiteres Zeugnis dafür, daß die Verwandtenkreise unterschiedlicher Abgrenzung eine fortdauernde Bedeutung hatten, sind die frühmittelalterlichen Verbrüderungsbücher von Klöstern. In diese Bücher wurden die Namen von Leuten eingetragen, die mit den Mönchen eines Klosters eine Gebetsverbrüderung eingehen wollten.[15] Hier finden wir nun immer wieder, wie sich Gruppen von Verwandten gemeinsam in ein solches Buch eintragen. Der eingetragenen Verwandten gedachten die Mönche gemeinsam in ihrem Gebet. Ein solcher Bucheintrag war sicherlich eine gewisse Objektivierung der Verwandtschaft. Aber zwischen dieser Objektivierung und der Institution eines Sippengerichtes etwa mit einem festen Sippenkreis bestand ein großer Unterschied.

Die Bedeutung einer Sippe oder Verwandtschaft dürfte in starkem Maße von den gesamten gesellschaftlichen Verhältnissen abgehangen haben: von der Stärke oder Schwäche einer Staatsgewalt, von der Dichte und dem Alter der Besiedelung einer Landschaft, von der Mobilität des Grundbesitzes, usw. In dieser Hinsicht gab es große Unterschiede zwischen den romanisch und germanisch geprägten Gebieten. Im römischen Strafrecht der Kaiserzeit spielte die Verwandtschaft keine Rolle. Sehr wohl kannten die Romanen die Verwandtschaft als Basis politischer und ökonomischer Begünstigung. Von dieser Gewohnheit her kamen auch die künstlichen Verwandtschaftsbildungen römischer Kaiser mit auswärtigen Fürsten zustande, von denen „die Familie der Könige" des byzantinischen Kaisers im Frühmittelalter noch ein Nachklang

---

[15] K. Schmid, Religiöses und sippengebundenes Gemeinschaftsbewußtsein in frühmittelalterlichen Gedenkbucheinträgen. DA 21 (1965) S. 18–81.

ist.[16] Ob bei den Romanen nach dem Zusammenbruch des römischen Staatswesens die Verwandtschaft ersatzweise weitere Funktionen übernommen hat, bleibt unklar. Zerreißproben für den normativen Gehalt von Verwandtschaftsbindungen waren Konkurrenzkämpfe um ein Amt zwischen Verwandten. Vor allem von der merowingischen Königsfamilie wissen wir, wie schwach in diesem Fall das Verwandtschaftsband war.

2. Die Grundherrschaft

Im frühen Mittelalter begegnen uns Grundherrschaften von z w e i Ty p e n. Der erste Typ wird als Rentengrundherrschaft bezeichnet. Grundherrn besitzen Streubesitz, von dem sie Natural- und Geldrenten beziehen. So tritt uns etwa die adelige Grundherrschaft in Mainfranken in den Schenkungsurkunden an das Kloster Fulda entgegen. Das Kloster Fulda hat dann den Besitz örtlich akkumuliert und daraus nach Möglichkeit eine Grundherrschaft des zweiten Typs gemacht. Über das Aussehen einer solchen Grundherrschaft unterrichtet uns z. B. das Inventar des Hofes Staffelsee, der dem Bischof von Augsburg gehörte, im beginnenden 9. Jh. „Wir fanden auf der Insel, die Staffelsee genannt wird, einen Fronhof mit Herrenhaus. Zu demselben Fronhof gehören 740 Tagewerk Ackerland, an Wiesen so viel, wie 610 Fuder Heu ergibt. Es gibt dort eine Textilwerkstätte (genitium), in der 24 Frauen arbeiten. Es gibt eine Mühle. Zu demselben Hof gehören 23 ausgegebene freie Hofstellen (mansi ingenuiles), 6 von ihnen zinsen jede pro Jahr 14 Scheffel Getreide und 4 Ferkel. Der Hofbesitzer leistet jährlich 5 Wochen Frondienste, pflügt 3 Tagewerk, schneidet 1 Fuder Heu. Von den übrigen sind es 6, von denen jede 2 Tagewerke ackert, sät und einfährt, sowie 2 Wochen Frondienst leistet. Je 2 geben als Heersteuer 1 Ochsen, wenn sie nicht ins Feld ziehen. Jede leistet Reiterdienst, wohin auch immer es befohlen wird. 5 Hofstellen gibt es, die jährlich 2 Ochsen geben und Reiterdienst leisten."[17]

---

[16] F. Dölger, Die „Familie der Könige" im Mittelalter. Hist. Jahrb. 60 (1940) S. 397–420.
[17] MGH Kapitularien I S. 251 f.

Grundherrschaften auch diesen Typs gab es schon im spätrömischen Reich. Sie wurden von zwei Normkomplexen getragen: 1. bestand die Möglichkeit gegen einen Pachtzins im modernen Sinn Land auszuleihen, 2. gab es die Institution der Freilassung. Sklavenbesitzer hatten in den verschiedenen Situationen das Interesse, Sklaven frei zu lassen. Die Freigelassenen gewannen keine Vollfreiheit, blieben in einem gewissen Abhängigkeitsverhältnis von ihrem bisherigen Besitzer. Ökonomisch ließ sich diese Zwischenlage der Halbfreiheit am besten dadurch bewältigen, daß man den Freigelassenen ein Stück Land gab, auf dem sie selbständig wirtschaften konnten, von dem aus sie aber Abgaben und Dienste an die Herrschaft leisten mußten. Diese Normen korrespondierten mit einer Möglichkeit, die aus der germanischen Rechtstradition gegeben war. Aus einer Hausherrschaft konnte, wie wir schon wissen, eine Herrschaft über mehrere Häuser entstehen und von dorther ist es zu verstehen, daß Normvorstellungen der Hausherrschaft sich auf eine Herrschaft über mehrere Häuser ausdehnten. Abgaben- und dienstpflichtige Bauern unfreien und freien Standes befanden sich in der Munt eines Grundherrn.

Die meisten und die größten Grundherrschaften der Herren germanischer Herkunft waren sicherlich nicht durch Erbschaft zusammengekommen. Einerseits rückten die germanischen Eroberer, die Könige und ihre Gefolgsleute, in große romanische Grundherrschaften, solche des Staates und des Adels, ein, andererseits kamen große Komplexe durch Schenkung zusammen. Die Könige schenkten an ihre Gefolgsleute und alle, große und kleine Leute, schenkten an die Kirche. Im früheren Mittelalter ist nun eine erhebliche Zunahme der Grundherrschaften zu Lasten einerseits landwirtschaftlicher Großbetriebe, wie sie in der Antike etwa mit Sklavenkolonnen betrieben wurden, und andererseits kleiner freier Bauernstellen zu beobachten. Diese Verschiebung ist erstens darauf zurückzuführen, daß die Freilassung von Sklaven vornehmlich unter christlich-kirchlichem Einfluß zunahm. Zweitens ist auch der Eintritt zahlreicher Freier aus Armut und Not in die Schutzherrschaft eines größeren Herrn bezeugt. Solche Freien kamen in einen ähnlichen Stand wie die freigelassenen Sklaven und deswegen bot sich auch für sie an, daß sie früher oder später mit einem Stück Land in grundherrschaftliche Abhängigkeit ausgestattet wurden.

*

Die Ausdehnung der Grundherrschaft beider Typen scheint rascher und vollkommener in den Gebieten des ehemaligen römischen Reiches als in anderen Gebieten erfolgt zu sein. Die Frage, wie viele Reste von Gruppen kleiner freier Bauern erhalten blieben, wird ebenso unterschiedlich beantwortet, wie die Frage nach der Ausdehnung der Grundherrschaft vor der fränkischen Zeit. Durch das Erbrecht und die Erbteilungen war fortgesetzt die Möglichkeit gegeben, daß in Gebieten, die durch Grundherrschaften geprägt wurden, wieder der kleinbäuerliche Besitz in den Vordergrund trat.

Von dorther muß man es für möglich halten, daß dieselben Männer und ihre Nachkommen ebenso von einem Herrenleben zu einem Bauernleben absteigen, wie sie von einem Bauernleben zu einem Herrenleben aufsteigen konnten. Dem stellt sich nun in der Forschung die Ansicht entgegen, daß es Leute mit einem ererbten Anrecht zu adeliger Herrschaft gab, das sie durch Besitzvermehrung oder Besitzverlust allein nicht gewinnen oder verlieren konnten.[18] Diese Ansicht stützt sich u. a. auf einige Volksrechte, wie das ältere alemannische und das sächsische, in denen Adelige erwähnt werden, bei deren Tötung man z. B. eine höhere Buße zahlen muß als bei der Tötung anderer Menschen. In anderen Volksrechten, wie etwa den wichtigen fränkischen, fehlen solche Hinweise. In den Kapitularien werden unterschiedliche Pflichten im königlichen Heer mit der unterschiedlichen Größe eines Grundbesitzes verbunden. Aus solchen Zeugnissen hat man den Schluß gezogen, daß es keine erbliche Adelsqualität gab. Es ist möglich, daß in dieser Hinsicht unterschiedliche Strukturen in den einzelnen Landschaften bestanden. Man kann sie vielleicht durch Überschichtungsvorgänge erklären.

Der Chronist Widukind von Corvey, der in der 2. Hälfte des 10. Jh. eine Sachsengeschichte verfaßte, schreibt in dieser Chronik über die Eroberung des Sachsenlandes durch die Sachsen: „Nachdem die Sachsen also das Land erobert hatten, genossen sie vollen Frieden und Ruhe, die ein Freundschaftsbund mit den Franken sicherte. Einen Teil der Äcker teilten sie unter die Freunde, die ihnen zu Hilfe gekommen waren, und die

---

[18] Z. B.: W. Störmer, Früher Adel. Studien zur Geschichte der politischen Führungsschicht . . . vom 8. bis 11. Jh. (1973). H. Grahn-Hoek, Die fränkische Oberschicht im 6. Jahrhundert (1976) glaubt nicht an die Kontinuität eines fränkischen Uradels im 6. Jahrhundert.

Freigelassenen auf. Die Überlebenden des unterworfenen Volkes verurteilten sie zu Tributzahlungen. Daher gliedert sich der Sachsenstamm bis heute in drei Stände und Rechtsgruppen – abgesehen vom Stand der Unfreien." (I, 14) In anderen Quellen wird davon berichtet, daß im Sachsenland die Edelinge, die Freien und die Laten miteinander wohnten. Daraus könnte man entnehmen, daß nur die Sachsen, also die Angehörigen des Eroberervolkes, Edelinge waren und daß nur sie in der Lage waren, Grundherrschaften mit tributpflichtigen Freien und Halbfreien, also mit Angehörigen einer Vorbevölkerung zu besitzen. Eine solche Sozialordnung schließt nicht aus, daß die Edelinge zu bloßen Bauern absteigen und daß die Freien, der Mittelstand, wenigstens mit Unfreien eine größere Grundherrschaft aufbauten.

Eine andere Möglichkeit der Erklärung von Unterschieden bietet sich dadurch, daß der Adel im alemannischen Volksrecht zwar in einer älteren Redaktion (7. Jh.), aber nicht mehr in einer jüngeren (8. Jh.) genannt wird. Hier – und auch bei den Bayern – gab es offenbar in vorfränkischer Zeit einige Familien herausgehobener Bedeutung, deren Kontinuität durch ein uns unbekanntes Substrat gesichert wurde. Diese Familien mit ihrer spezifischen Kontinuität scheinen bei den Alemannen spätestens durch die karolingischen Eroberungen aufgehoben worden zu sein. Bei den Bayern hat vielleicht sogar eine sehr kleine Zahl von Familien dieser Art die Einbeziehung in das karolingische Reich überdauert. Worauf auch die Kontinuität der Familien beruhte, sicherlich hatten sie ausgedehnte Grundherrschaften. Bei der Auflösung dieser Familien dürften wenigstens Teile der Grundherrschaften als geschlossene Komplexe in die Hände von Nachfolgern, insbesondere des Königs und der Kirche übergegangen sein.

*

Vorgänge, die mit dem Aufbau des fränkischen Reiches und mit der funktionalen Differenzierung innerhalb des Reiches zusammenhängen, führten dazu, daß die frühmittelalterliche Grundherrschaft noch eine Komponente erhielt, die bisher nicht erwähnt wurde. Vor allem das 8. Jh. erlebte den Aufbau einer Reitertruppe, die sich von früheren Bauernheeren durch die Spezialisierung und durch die aufwendige Ausrüstung unterschied und die, in quantitativer Hinsicht vor allem, das haussässige Gefolge größerer Herren früherer Zeit übertraf.[19] Die Versorgung dieser Reitertruppe wurde dadurch ermöglicht, daß der König und die Kirche aus ihren Grundherrschaften Dienstgüter aussonderten. Die Dienstgüter unterschieden sich durch die Größe und die Art der Dienste von den abhängigen Bauernhöfen der Grundherrschaft. Die Dienste beruhten im wesentlichen im Kriegsdienst zu Pferde für den Grundherren, d. h. im Falle von Kirchengütern für den König, dem die Kirche ihrerseits zu Diensten verpflichtet war. Im früheren Mittelalter bekamen hauptsächlich Freie auf diese Weise Land von Grundherren. Unfreie oder Halbfreie wurden nach Empfang eines derartigen Dienstgutes den anderen gleichgestellt.[20]

Die Herren, vor allem die Könige, kämpften für die Ansicht, daß der Besitz eines Dienstgutes an die korrekte Erfüllung der Pflichten durch den Dienstmann gebunden war. In einem abweichenden Fall sollte das Gut an den Herren zurückfallen. Grundsätzlich sollte das Gut nur bis zu dem Tode des Dienstmannes ausgegeben werden. Für die Durchhaltung beider Grundsätze kämpften die Könige z. B. in ihren Kapitularien. Trotzdem setzten sich vor allem im 9. Jh. durch das Interesse der Dienstmänner die entgegengesetzten Gewohnheiten durch. Die Könige waren gezwungen, in vielen Situationen durch eine einzelne Privilegierung oder durch ein generelles Übereinkommen mit Gruppen von Dienstmännern die Erblichkeit zuzugestehen. Dadurch trat früher oder später eine Aussonderung dieser Dienstgüter aus der ursprünglichen Grundherrschaft ein und es entstanden neue Grundherrschaften.

Dienstgüter und Dienstmänner gehören zu der umfassenderen Gruppe von Lehensgütern und -leuten. Neben den Rittern waren auch Priester und in Italien wenigstens im 10. Jh. auch Kaufleute und Notare unter den Empfängern von Lehensgütern. Sie alle hatten gemeinsam, daß sie im Unterschied zu den abhängigen Bauern ihre Güter nicht selbst bewirtschafteten, sondern durch freie oder unfreie Verwalter, die auf ihren Höfen saßen. In dem Maße wie sich die Grundherrschaften dieser „coltivatori indiretti" verselbständigten, entstanden Grundherrschaften des anderen Typs: nämlich solche, denen der Fronhof-Mittelpunkt, der

---

[19] Die technischen Aspekte bei: Lynn White, Jr., Medieval Technology and Social Change (1962).
[20] Vgl. die Arbeiten von H. Mitteis (o. S. 15) und F. L. Ganshof, Was ist das Lehnswesen? (deutsch 1961), die nur eine Klasse von vassi kennen.

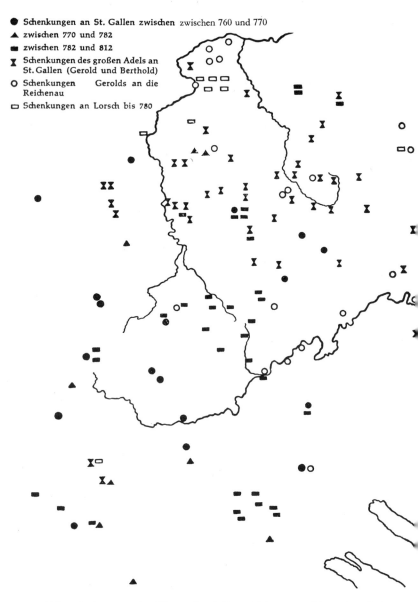

Abb. 1 Besitzungen der Klöster St. Gallen, Reichenau und Lorsch zwischen Neckar und Bodensee. (R. Sprandel, Das Kloster St. Gallen in der Verfassung des karolingischen Reiches, Forschungen zur Oberrheinischen Landesgeschichte, Band 7, Freiburg 1958)

Herrenhof mit einer Eigenwirtschaft fehlte. Die Herrenrechte reduzier-
ten sich hier auf Natural- und Geldrenten und die Bewirtschafter der
Höfe befanden sich schon im früheren Mittelalter in einer sozialen
Aufwärtsbewegung, die sie wieder den freien Bauern anglich.

*

Grundherrschaften bildeten sich und zerfielen unter der Wirksamkeit
von Erbteilungen und Verlehnungen wieder. In dem Auf und Ab der
Entwicklung kamen zeitweise außerordentlich große Güterkomplexe
in der Hand des Königs oder großer Adelsfamilien zusammen. Kon-
stanter war die Entwicklung bei den großen Bistümern und Klöstern,
für die ja die Erbteilung als Ursache des Zerfalls von Grundherrschaften
wegfiel (Abb. 1). Die großen und vielfältig strukturierten Grundherrschaften wurden für den Grundherrn durch Güterverzeichnisse, Urbare
oder Polypticha überschaubar gemacht. Diese Verzeichnisse enthielten
die gewohnheitsmäßigen Pflichten der Abhängigen gegenüber dem
Herrn. Z. B. hatte das Kloster Prüm im 9. Jh. 42 Fronhöfe mit im
ganzen 2118 Bauern, die auf Hufen saßen. Die ganze Grundherrschaft
war in 3 Oberhöfe unterteilt. Um den größten, den von Prüm selbst,
waren 30 Höfe gruppiert, zu denen Salland, Land in unmittelbarer
Bewirtschaftung, von 750 Hektar Acker, 38 Hektar Wiesen, 100 Wein-
berge und 1277 Bauern mit ihren Hufen gehörten.
Die Abgaben und Dienste dieser Bauern, die ganze Rechtsordnung
der Grundherrschaft, wie sie zu einem Teil in den Güterbeschreibungen
festgehalten wurde, wurden legitimiert durch ihre Herkömmlichkeit.
Es gab trotzdem die Möglichkeit für die Herrschaft zu ändern und zu
organisieren. Diese Möglichkeiten basierten auf dem Eigentumsgedan-
ken und auf den Vorstellungen einer ausgeweiteten Hausherrschaft.
Eines der bedeutsamsten Zeugnisse dafür, daß die Herrschaften die
Absicht hatten, von dieser Möglichkeit Gebrauch zu machen, ist das
Capitulare de Villis (s. o. S. 12). Wie man auch immer zu dem Doku-
ment steht, als Zeugnis agrarpolitischer Intentionen der karolingischen
Könige um 800 wird man es sicher nehmen dürfen. Es wird darin u. a.
vorgeschrieben, was auf den Böden, die in Eigenregie sind, produziert
werden soll. Auch die abhängigen Bauern werden genannt. Es fehlen
zwar konkrete Festsetzungen einzelner Dienste und Abgaben, aber der

Wille, solche Festsetzungen vorzunehmen, wird ausgedrückt. So heißt es z. b. in dem § 50 des Capitulare: „Ein jeder Hofverwalter möge darauf achten, wie viele Fohlen in einem Stall sind und wie viele Pferdewärter eingeteilt werden. Diese Pferdewärter, die Freie sind und in dem grundherrschaftlichen Bezirk ein beneficium besitzen, mögen von dem beneficium leben. Das gleiche gilt von den Knechten, die Höfe besitzen. Diejenigen, die keine Höfe besitzen, sollen vom herrschaftlichen Hof eine provenda, ein Unterhaltsdeputat, bekommen."

Das Capitulare gibt auch Zeugnis davon, daß herrschaftliche Anordnungen einer gewissen Legitimation bedurften. In den ersten beiden Paragraphen heißt es, daß das Krongut ausschließlich den Bedürfnissen des königlichen Hofes zu dienen habe und daß die *familia* gut bewahrt werden muß und von niemandem in Armut gebracht werden darf. Andere Kapitularien bezeugen, daß trotzdem solche herrschaftlichen Anordnungen auf Widerstand stießen. In einem Capitulare von 864 wird darüber geklagt, daß Hintersassen königlicher und kirchlicher Grundherrschaften zwar die seit altersher geforderten Dienste leisten, Mergelfuhren aber verweigerten, da diese bisher nicht gefordert wären. Auch Fluchtbewegungen, Herrschaftswechsel von Hintersassen sind in diesem Zusammenhang bezeugt. Die Einführung von Mergelfuhren beruhte vielleicht auf landwirtschaftlichen Neuerungen, nämlich neuen Düngungsmethoden.[21] Andere landwirtschaftliche Neuerungen verbanden sich mit dem im Frühmittelalter zahlreich bezeugten Aufbau von wassergetriebenen Getreidemühlen. Diese Neuerung war weniger auf die Zustimmung von Hintersassen angewiesen. Sie erlaubte vielmehr, die Anspruchnahme menschlicher Arbeitskraft einzuschränken.[22] Das Funktionieren der frühmittelalterlichen Grundherrschaft beruhte auf dem labilen Gleichgewicht zwischen herkömmlichen Rechtsgewohnheiten und der herrschaftlichen Verfügungsmöglichkeit.

Die Aufgaben der Grundherrschaft waren in erster Linie wirtschaftlicher Art und hatten die doppelte im Capitulare de Villis ausgedrückte

---

[21] S. Epperlein Herrschaft und Volk im karolingischen Imperium. Forschungen zur Mittelalterlichen Geschichte 14 (1969) bes. S. 25.
[22] M. Bloch, Avènement et conquête du moulin à eau, in: Mélanges historiques (1963) S. 800–821. Ergänzend jetzt: D. Lohrmann, Travail manuel et machines hydrauliques avant l'an mil, in: J. Hamesse/C. Muraille-Samaran (Hg.), Le travail au moyen âge (1990) S. 35–47.

Zielrichtung des Unterhalts der Herrschaft und der *familia* im weitesten Sinn, also aller Herrschaftsangehörigen. Es gab einige Regeln, nach denen die Grundherrschaft für diese Zwecke organisiert wurde. Die fortschrittlichsten dieser Regeln wurden in einigen großen Grundherrschaften der Kirche und des Königs verwirklicht. Dazu gehört die z. B. in der Grundherrschaft von Saint-Germain-des-Prés deutlich bezeugte Dreifelderwirtschaft, d. h. die Einteilung aller Äcker in 3 Gruppen, von denen die eine im jährlichen Wechsel mit Sommergetreide, die andere mit Wintergetreide bestellt und die dritte als Brache gelassen wird. Eine andere Regel war die Pflege besonderer herrschaftlicher Reservate, wie etwa von Wäldern, die dann zur Benutzung für eigene Zwecke auch den Hintersassen gegen besondere Gebühren freigegeben wurden.

Drittens kam es schließlich bei Grundherrschaften, die sich in getrennten Komplexen über weite Räume erstreckten, zur Ausbildung von Monokulturen. Das Kloster Fulda hatte in Friesland Höfe und Dörfer, die auf die Wolltuchproduktion spezialisiert waren, in Hessen entsprechend solche, die auf die Eisenproduktion spezialisiert waren. Spezialgüter des Königs für Eisen gab es in den Alpen, die Salzgewinnung und die Olivenproduktion wurde in Monokulturen organisiert. Weiterhin werden spezialisierte Weingüter erwähnt. Um diese Spezialgüter für die Grundherrschaft im ganzen ausnutzen zu können, mußten Transportdienste organisiert werden. Das Kloster Corbie in Nordfrankreich hatte 140 Abhängige, denen ausschließlich Transportdienste auferlegt waren. Einen besonderen Bedarf an Transportleistungen nicht nur für wirtschaftliche, sondern auch für diplomatische und militärische Zwecke hatte der König. Die Transportanforderungen erstreckten sich auch auf die Stellung von Transportmitteln, wie Pferden, und auf die Beherbergung. Die Königsfreien, eine Art Halbfreier, scheinen zwar nicht ausschließlich auf Transportleistungen spezialisiert gewesen zu sein, aber die Pflicht gehabt zu haben, bei anfallenden Notwendigkeiten Transportleistungen zu übernehmen. Diese Personengruppe, die mit der königlichen Grundherrschaft in Verbindung stand, erfüllte damit Funktionen, die vor der Karolingerzeit offenbar von allen zu einer Königsherrschaft gehörenden Bevölkerungskreisen erwartet wurden. Die Karolinger scheinen solche Leistungsanforderungen auf einen engeren Kreis von Abhängigen konzentriert zu haben.

*

Die Frage nach der gerichtlichen Kompetenz einer Grundherrschaft ist schwierig. Man muß mehrere Möglichkeiten ihrer Beantwortung erwägen, die wahrscheinlich räumlich und zeitlich eine
unterschiedliche Bedeutung hatten. Zunächst gilt es zu unterscheiden
zwischen Grundherrschaften mit und ohne Immunität. Rentengrund-
herrschaften in Streulage dürften keine Immunität genossen haben. Bei
den anderen Grundherrschaften geht die Immunität schon in die Spätantike zurück. Sie bedeutete eine mehr oder weniger umfassende Befreiung von der staatlichen Gerichtsbarkeit. Im früheren Mittelalter muß
man 3 Formen der Immunität erwägen: (1.) Die volle Delegation der
staatlichen Gerichtsbarkeit an Organe des Grundherrn, (2.) die Grundherrschaft wird als die erweiterte Hausherrschaft des Grundherrn verstanden und der Grundherr hat auch die entsprechende gerichtliche
Kompetenz, oder (3.) die Grundherrschaft ist in die staatliche Gerichtsbarkeit einbezogen, die staatlichen Gerichtsorgane haben aber nicht das
Recht, den grundherrlichen Boden zu betreten, sondern der Grundherr
muß gegebenenfalls Strafverfolgte ausliefern. Die erste Form scheint
sich erst in nachkarolingischer Zeit ausgebildet zu haben. Die dritte
Form der Immunität entspricht den Beobachtungen, die bei der sehr
zerstreut gelegenen Grundherrschaft des Klosters St. Gallen im alemannischen Raum gemacht werden konnten.[23] In diesen beiden Fällen von
Immunität muß man voraussetzen, daß die Häuser der Hintersassen,
auch die der abgeschichteten Unfreien, eigene kleine Hausherrschaften
mit der entsprechenden gerichtlichen Kompetenz der Hausherrn darstellten. Die entgegengesetzte Voraussetzung ist notwendig bei der
zweiten Form von Immunität, nämlich der Ausdehnung hausherr-
schaftlicher Vorstellungen vom Grundherrenhaus auf die ganze Grundherrschaft. An so etwas scheint ein Kapitular des merowingischen Königs Chlothar II. von 614 anzuspielen. Darin heißt es in § 14: „Die
Güter von Kirchenpriestern und Armen müssen von den öffentlichen
Funktionären, wenn sie angegriffen werden, verteidigt werden, bis es zu
einer Gerichtsverhandlung kommt, unbeschadet aber der Immunität,
die etwa einer Kirche oder Mächtigen oder irgend jemandem verliehen
worden sein kann, pro pace et disciplina facienda, um den Frieden oder

---

[23] K. H. Ganahl, Studien zur Verfassungsgeschichte der Klosterherrschaft St.
Gallen (1931).

die Disziplin herzustellen."[24] Eine solche Immunität erstreckte sich offenbar über Menschen, die nicht waffenfähig waren. Die Ausübung von Funktionen, die mit der einen oder anderen Form von grundherrlicher Gerichtsbarkeit verbunden waren, war *agentes, actores, advocati* u. a. überlassen, Funktionären, die schon aus der spätrömischen Grundherrschaft bekannt sind. Es waren Freie – vielleicht sogar gelegentlich Unfreie – die wohl in der Regel mit einem Dienstgut ausgestattet wurden wie die königlichen und kirchlichen Reiterkrieger. Der Ausdruck *advocatus* oder Vogt setzte sich für kirchliche Grundherrschaften mehr und mehr durch.

*

Die Grundherrschaft hatte im früheren Mittelalter neben der wirtschaftlichen und der gerichtlichen auch eine kultische Kompetenz. Bis an das Ende der Karolingerzeit ging eine große Welle der Landschenkungen, ja auch der Selbstübergaben von Bauern zugunsten von kirchlichen, insbesondere klösterlichen Grundherrschaften durch alle Landschaften, in denen es die christliche Kirche gab. Die Zinsleistungen an einen kirchlichen Grundherren wurden als Leistungen gegenüber Gott verstanden, die das ewige Seelenheil des ursprünglichen Schenkers und im Reflex sicherlich auch des jeweiligen Leistenden sicherten. Bezeichnenderweise wurde manchmal in eine Schenkung die Klausel aufgenommen, daß das geschenkte Gut nicht einem weltlichen Mann zu Lehen gegeben werden dürfe, da dann offenbar der fromme Zweck gefährdet wurde. Die kirchlichen Grundherren waren auch die wesentlichen Träger des Eigenkirchenwesens. E i g e n k i r c h e n waren Kirchen, die nicht zur Vermögensmasse der Kirche gehörten, die durch den jeweiligen Diözesanbischof verwaltet wurde, sondern die einem Grundherrn gehörten, der den Priester einsetzte und über die Einkünfte der Kirche verfügte (vgl. o. S. 13). Dieses Eigenkirchenwesen gab es schon in der Spätantike. Es wurde nach dem Zusammenbruch des römischen Reiches bestimmend für die kirchliche Versorgung der Menschen. Die Gesetzgebung kirchlicher Synoden hat das Eigenkirchenwesen zugleich eingeschränkt und legalisiert. So heißt es z. B. in einer Synode von 794

---

[24] MGH Kapitularien I, S. 20–23.

im 54. Kanon: „Über die Kirchen, die von freien Leuten errichtet werden: Es ist gestattet, sie zu verschenken und zu verkaufen, nur darf die Kirche nicht zerstört werden, sondern die kirchlichen Funktionen müssen täglich ausgeübt werden." Ein Aachener Kapitular von 819 setzt fest: „Es ist beschlossen worden, daß ohne Ermächtigung und Genehmigung der Bischöfe Priester nicht an beliebigen Kirchen eingesetzt oder vertrieben werden dürfen. Wenn aber Laien den Bischöfen Kleriker von bewährter Lebensführung und Bildung vorstellen, damit sie geweiht und in den Kirchen eingesetzt werden, sollen diese nicht unter irgendeinem Vorwand ablehnen."

Es gab also auch Kirchen, die weltlichen Grundherren gehörten. Hintersassen von Grundherren ohne Eigenkirche mußten die Eigenkirche eines benachbarten Grundherren besuchen. Bezeugt sind Eigenkirchen, die von mehreren – wohl kleineren – Grundherren gegründet und besessen wurden. Es scheint, als sei das ganze Niederkirchenwesen nur eigenkirchlich verstanden worden. Die kirchenrechtliche Tradition wurde am besten dort gewahrt, wo es dem Diözesanbischof gelang in seiner Diözese Eigenkirchen zu besitzen. Es gab Bischöfe, die dieses bewußt und konsequent anstrebten. Der Bischof von Augsburg aus der 2. Hälfte des 10. Jh. z. B. veranlaßte weltliche Kirchengründer, ihm den Boden der Kirche und der dazugehörigen Ländereien zu übereignen. Er setzte danach den Gründer und dessen Nachkommen als Vögte für die Kirche ein, als Vögte also in einem Teilbereich der bischöflichen Herrschaft.[25] Wenn die Grundherrschaft, zu der die Eigenkirche gehörte, keine oder eine nur sehr schwache Immunität besaß, konnten auch königliche Funktionäre, Grafen oder Vizegrafen den Schutz einer solchen Kirche übernehmen. Diese Regelung ist vor allem im westlichen Frankenreich häufig bezeugt.[26]

Viele Adelige der Merowinger Zeit fanden nach ihrem Tode Verehrung als Heilige und Klostergründer. Für die Heiligenviten von der Merowinger Zeit bis in das Hochmittelalter ist es ein zwingender Topos, dem

---

[25] L. Sprandel-Krafft, Eigenkirchenwesen, Königsdienst und Liturgie bei Bischof Ulrich von Augsburg. Zeitschrift des Historischen Vereins für Schwaben (1973) S. 9–38.

[26] F. Senn, L'institution des avoueries ecclésiastiques en France (1903) mit bibliographischen Ergänzungen: Revue histor. de droit (1927) S. 147–154.

Heiligen, der geschildert wird, eine adelige Herkunft zuzuschreiben.[27] Adelige Herren, deren Äußerungen überliefert sind, wie Bischof Gregor von Tours aus dem 6. Jh., rühmen sich, von einem Märtyrer abzustammen.[28] Der merowingische Dichter Venantius Fortunatus preist einen Herzog Launebod, der an der Stelle in Toulouse, wo der Missionar Saturninus das Martyrium erlitt, eine Kirche errichtete. „Der Mann, den sein erhabenes Geschlecht wegen der Abkunft von machtvollen Herren schon mit Glanz umgab, vermehrte seine Ehre, indem er Gott verehrte."[29]. Alle diese Zeugnisse weisen darauf hin, daß der adelige Herrscher in der Vorstellung der Zeit eine sakrale Überhöhung erfuhr. Wir brauchen die Frage nicht zu erörtern, ob hierin germanische Religiosität in christlichem Gewande nachlebt oder ob nicht auch die primitive Religiosität spätantiken Christentums diese Möglichkeiten einer Heiligung irdischer Machtverhältnisse kannte, jedenfalls erhielt dadurch die frühmittelalterliche Grundherrschaft eine große Festigkeit.

3. Nachbarschaftsordnungen

Nachbarschaftsordnungen sind im Mittelalter von Anfang an bezeugt. Sie ergaben sich aus Zwängen, die durch das Zusammenleben auf einem begrenzten Raum und durch die gemeinsame Konfrontation mit der Natur in diesem Raum und mit Fremden gegeben waren. Sie enthielten Normen des gemeinsamen Handelns und Regelungen zwischen Häusern oder Hausherrn, die nicht in einer herrschaftlichen Beziehung standen. Sie gingen nicht aus einer verwandtschaftlichen Beziehung hervor, obwohl sie praktisch mit einer solchen zusammentreffen konnten. Nachbarschaftsordnungen sind als sicherlich lange geltendes Gewohnheitsrecht in die Volksrechte aufgenommen worden und erhielten eine erhöhte formale Geltung dadurch, daß sie Bestandteile eines vom König erlassenen Gesetzes wurden.

---

[27] F. Graus, Volk, Herrscher und Heiliger im Reich der Merowinger. Studien zur Hagiographie der Merowingerzeit (1965) S. 361 ff.
[28] K. Hauck, Geblütsheiligkeit, in: Liber Floridus. Festschrift P. Lehmann (1950) S. 194.
[29] MGH Auctores antiquissimi IV S. 36 f.

Man muß zwischen solchen Nachbarschaftsordnungen unterscheiden, die aus der spätantiken Stadtkultur West- und Südeuropas herkommen und solchen, die mit der Ansiedlung von Germanen in rein agrarischen Gegenden zusammenhängen. Die Langobarden trafen in Oberitalien Ortschaften verschiedener Größe an und siedelten in ihnen. In dem Gesetzbuch des Königs Rothari § 19 heißt es: „Wenn jemand, um Unrecht zu rächen, einen mit bewaffneter Hand überfällt oder mit Gefolge bis zu 4 Leuten in einen vicus eindringt, da soll der Anführer wegen unerlaubter Eigenmacht den Tod erleiden oder doch 900 Schillinge erlegen, halb an den König halb an den, dem er die Schmach antat."[30] Aus dieser Stelle haben einige Forscher die Vermutung abgeleitet, daß die Langobarden die Vorstellung eines Ortschaftsfriedens, der sonst in germanischen Volksrechten nicht bezeugt wird, von den einheimischen Romanen übernommen haben. Der Ortschaftsfrieden hatte offenbar Ähnlichkeit mit dem sonst bekannten Hausfrieden. Die Funktion des Hauszaunes wurde durch eine Stadtmauer oder eine Dorfummauerung ausgefüllt. Die Bewohner einer Stadt kamen offenbar fortdauernd zu Gemeindeversammlungen zusammen, bei denen etwa die Lasten für den Unterhalt der Mauer verteilt wurden.

Es ist gleichzeitig aufgefallen, daß die langobardischen Volksrechte nur einen unbedeutenden Bezug auf Romanen als Nachbarn der Langobarden nehmen. Andere Forscher haben daraus den Schluß abgeleitet, daß die Romanen, vor allem ihre höheren Schichten, in den Kämpfen der Völkerwanderungszeit weitgehend ausgerottet wurden. Der erwähnte Ortschaftsfriede wäre ein Sonderfriede, wie er für verschiedene Bezirke nicht nur des Hauses, auch nach germanischen Rechtsvorstellungen möglich war.

Aber es gibt in der weiteren Entwicklung des langobardischen Rechtes andere Zeugnisse romanischen Rechtseinflusses, so daß die Reste romanischer Bevölkerung immerhin so bedeutend gewesen sein müssen, daß sie derartige Einflüsse vermitteln konnten. Notare und Richter werden im 9. Jh. genannt.[31] Für die letzteren ist zwar eine Einsetzung

[30] Vgl. F. Beyerle (Hg.), Die Gesetze der Langobarden (1947) S. 12.
[31] Vgl. z. B. V. Fainelli, Codice diplomatico Veronese. Monumenti storici pubbl. d. r. Deput. di storia patria per le Venezie N. S. I (1940) Nr. 146 u. 273. H. M. Schwarzmaier, Lucca und das Reich bis zum Ende des 11. Jh. (1972) bes. S. 273 f. und 278.

durch die germanischen Herrscher denkbar, für die ersteren ist aber doch eine gewisse Kontinuität im Rahmen eines romanischen Milieus wahrscheinlich. Diese Alternative bietet sich auch für die Richter. Es ist durchaus denkbar, daß es bedeutende romanische Bevölkerungsgruppen gab, die fortgesetzt mit ihren eigenen Richtern in den Städten lebten und unter denen römisches Recht angewandt wurde. Auch die Ordnungen solcher romanischer Bevölkerungsgruppen in den Städten müßte man als Nachbarschaftsordnung auffassen. Im 10. Jh. werden die *consuetudines* von Städten in Oberitalien bezeugt.[32] In ein Ortschaftsrecht mündete die Entwicklung ein, sei es daß sie bis dahin mehr germanisch oder mehr romanisch bestimmt gewesen ist. In Verona z. B. wird in derselben Zeit ein *consilium seniorum*, ein örtliches Repräsentativorgan, genannt.

In Gallien ist im 6. Jh. deutlicher als in Oberitalien eine r o m a n i s c h e S t a d t g e m e i n d e mit Institutionen gerichtlicher und finanzieller Art bezeugt. In einem Urkundenformular aus Angers wird davon gesprochen, daß gemäß Gewohnheitsrecht die *curia publica* auf dem Markt ihre Sitzungen abhält. So deutlich diese Zeugnisse sind, so sicher ist es auch, daß von hier keine Kontinuität zu den mittelalterlichen Stadtgemeinden Frankreichs führt. Auch hierin liegt also ein Unterschied zu Italien, wo immerhin die Möglichkeit der Kontinuität gegeben ist.

*

Wir wenden uns nunmehr den im agrarischen Bereich siedelnden Germanen zu. Die verwandtschaftliche Siedlungsorganisation kam wohl, wenn überhaupt, immer nur für eine vorübergehende Phase in Frage. Im übrigen war die herrschaftliche, insbesondere die schon erörterte grundherrschaftliche, Organisationsform wohl die wichtigste. Aber manchmal waren die Grundherrschaften so weit, daß sie in sich Raum für andere Ordnungen ließen und manchmal waren sie so klein oder zerstreut, daß sie sich oder ihre Abhängigen mit Anderen zu Ordnungen zusammenfügen mußten. Die eine Möglichkeit wäre dann, daß diese übergreifende Ordnung ihrerseits wiederum herrschaftlicher Art

---

[32] V. Cavallari, II processo di Raterio ed il placito di Risano. Studi storici Veronesi VI–VII (1955/1956) S. 45–49.

war, sei es eine Stammesherrschaft, eine Fürsten- oder Königsherrschaft, oder daß sie ein genossenschaftliches Gepräge trug. Letzteres ist
sicherlich im § 45 der Lex Salica (65-Titel Text) bezeugt. Hier heißt es:
„Wenn jemand zu einem anderen in die villa ziehen will und einige die
in der villa wohnen ihn aufnehmen wollen und auch nur einer unter
ihnen ist, der widerspricht, habe jener infolgedessen keine Erlaubnis
zuzuziehen." An anderen Stellen der Lex Salica wird gesagt, daß die
Nachbarn die Erbschaft antreten, wenn die eigentlich erbberechtigten
Verwandten ausgestorben sind. Außerdem nutzen sie gemeinsam Wie-
se, Wasser, Weg und Wald. Danach kann nicht bezweifelt werden, daß
es bei den Franken außerhalb von Grundherrschaften oder über diese
hinweg Nachbarschaftsordnungen gab, die wohl in erster Linie wirtschaftliche Aufgaben hatten. Es bleibt eine offene Frage, inwieweit sie
sich räumlich ausdehnten und ob sie angesichts der vielen Möglichkeiten von Herrschaftsbildung ein dauerhaftes oder nur ein ephemeres
Gebilde waren.
Die Germanen gerade Mitteleuropas siedelten vielfach auf schmalen
Ackerflächen inmitten von Wald, Heide und Sumpf (Abb. 2). Diese sich
durch Rodung und Urbarmachung langsam ausdehnenden Siedlungs-
kammern wurden unter dem Namen eines Gaues, *pagus*, begriffen.
Solange ein solcher Gau noch klein war und nicht etwa von einem
Herren beherrscht wurde, dürften sich gerade in ihm Nachbarschaftsordnungen ausgebildet haben. In Urkunden des Klosters St. Gallen ist
erkennbar, daß im alemannischen Raum in der 2. Hälfte des 9. Jh. die
Bewohner eines Gaues, *pagenses*, nach ihrem Rechtsbewußtsein gemeinsam und ausschließlich die Nutzung der umliegenden Wälder und
Wiesen hatten. Urkunden berichten von vertraglichen und schiedsrich-
terlichen Vorgängen der Aufteilung und Abspaltung.
Wieweit gingen die Aufgaben der Nachbarschaftsordnungen über den
wirtschaftlichen Bereich hinaus? Die Archäologie hat eine Reihe von
Burgen sowohl des germanischen als auch des slawischen Siedlungsge-
bietes als Gauburgen oder Fluchtburgen angesprochen. Dadurch
wären Schutzfunktionen von Nachbarschaftsordnungen bezeugt. Aber
bei fast allen Burgen schwankt die Deutung und ihre Interpretation als
Herrschaftsburg ist immer möglich. Sicherlich konnten auch Herr-
schafts- und Fluchtburgen kombiniert werden. Auch in diesen Fällen
war es nicht eine Nachbarschaftsordnung, die die militärische Organi-

sation regelte. Die Ambivalenz des Zeugnisses teilen viele Burgen mit den in schriftlichen Quellen hier und dort erwähnten Gaugerichtsstätten, den Gauthings. Sind es Institutionen einer nachbarschaftlichen Selbstverwaltung oder die Gerichtshöfe einer Herrschaft, sei es eines Gaukönigs oder eines aus Gauen zusammengesetzten größeren Reiches? Denkbar ist es, daß bei Reichsbildungen vorgegebene Gaugerichte oder Nachbarschaftsgerichte zu herrschaftlichen Gerichten umgeformt werden.

Auf einer sehr alten Tradition scheint das in den mittelalterlichen Rechtsquellen bezeugte Verfahren nach h a n d h a f t e r Ta t zu beruhen. Das diesem Verfahren zugrundeliegende Rechtsdenken erlaubte es Nachbarn, einen Unrechtstäter, welchen Standes auch immer, der auf frischer Tat ertappt wurde, unschädlich zu machen. Während im angelsächsischen Recht noch jeder handhafte Dieb erschlagen werden durfte, beschränkten die kontinentalen Volksrechte das Tötungsrecht am Handhafttäter auf den nächtlichen Diebstahl. Die übrigen Handhafttäter durften festgenommen und dem Thing vorgeführt werden. In gewissen Fällen konnten die Nachbarn ein Notgericht konstituieren.

Viele Gaue und Nachbarschaften hatten in vorchristlicher Zeit bei Germanen und Slaven sicherlich eine kultische Funktion. Der sächsische Chronist Thietmar von Merseburg berichtet uns noch im beginnenden 11. Jh. von den slawischen Liutizen: „Jeder Gau dieses Landes hat seinen Tempel und sein besonderes von den Ungläubigen verehrtes Götzenbild" (VI 25). Man glaubt, daß besonders in Skandinavien bei der Christianisierung die kultische Funktion von Gauen erhalten geblieben sei. Die an Thingkreise sich anschließenden genossenschaftlichen Tempelverbände der Fylker und ihrer Unterabteilungen in Westnorwegen, sowie die Harden in Ostnorwegen wurden die Grundlagen für die christlichen Gemeinden mit ihren Fylkes- und Hardenkirchen als g e n o s s e n s c h a f t l i c h e n K i r c h e n.[33] Auf Gaukirchen scheinen auch Paragraphen des bayerischen und alemannischen Volksrechts hinzuweisen. Das Pfarrerwahlrecht durch die Gaubewohner konnte sich auf alte Nachbarschaftsordnung stützen, entsprach aber gleichzeitig der Tradition des katholischen Kirchenrechts und hatte darin eine andere, eine

---

[33] K. Haff, Das Großkirchspiel im nordischen und niederdeutschen Recht des Mittelalters. ZRG Kan. Abt. 63–65 (1943–1947).

Abb. 2 Die historische und heutige Waldausbreitung in Deutschland. (A. Helbok, Grundlagen der Volksgeschichte Deutschlands und Frankreichs, Berlin, Leipzig, 1938)

	heutiger Wald
	Waldfrei
	einstiger Wald
	Gletscher und Kahlge-birge
	Sumpf u. Gewässer

gez. v. St. Rainer

begrenztere Bedeutung als im heidnischen Kultus.[34] Überhaupt muß man sagen, daß sich die kultische Funktion von Gau und Nachbarschaft, soweit es sie überhaupt gab, mit der Christianisierung erheblich veränderte. Soweit zwischen den grundherrschaftlichen Eigenkirchen noch Platz für eine genossenschaftliche Kirche blieb, wurde diese voll integriert in das System der katholischen Kirche.

4. Gefolgschaften und Bruderschaften

Gefolgschaften und Bruderschaften sind eigentümliche Sozialbeziehungen, die durch Analogie zur Verwandtschaft geprägt werden. Teilweise werden sie ganz bewußt als künstliche Verwandtschaften geschaffen, teilweise besitzen sie eine unbewußte Ähnlichkeit zu Verwandtschaftsbeziehungen. Im Unterschied zu allen bisher erörterten Ordnungen sind sie durch die Freiwilligkeit gekennzeichnet, mit der sie geknüpft werden. Ob die Freiwilligkeit der Anknüpfung während des Bestehens eines Gefolgschafts- oder Bruderschaftsverhältnisses immer erhalten bleibt, ob man diese Verhältnisse ebenso leicht lösen, wie man sie knüpfen kann, ist eine Frage, die bezweifelt werden darf. Mit dem Prinzip der Freiwilligkeit hängen der Gegenseitigkeitsgedanke und der Austauschcharakter zusammen, die ebenfalls den Gefolgschafts- und Bruderschaftsverhältnissen anhaften. Beim Gefolgschaftsverhältnis spricht man von Herrenpflichten, die sich u. a. auf den Schutz und die Ernährung des Gefolgsmannes erstrecken und von Mannespflichten, die in der Dienstbarkeit für den Herren liegen. Beide Pflichten korrelieren miteinander.

Auf die Gefolgschaft bei Germanen wirft die Germania des Tacitus aus dem 1. nachchristlichen Jahrhundert ein Licht. Dort heißt es im 13. Kapitel: „Junge adelige Männer schließen sich anderen Älteren und bereits bewährten an und es ist für sie keine Schande unter Gefolgsleuten aufzutreten. Auch kennt die Gefolgschaft selbst Abstufungen, die sich nach dem Urteil des Gefolgsherrn richten. Groß ist die Rivalität der Gefolgsleute um den ersten Platz bei ihrem Herrn, während die Ge-

---

[34] D. Kurze, Pfarrerwahlen im Mittelalter. Forschungen zur kirchlichen Rechtsgeschichte und zum Kirchenrecht 6 (1966).

folgsherren darum wetteifern, wer die meisten und mutigsten Gefolgsleute hat. Es bedeutet Ansehen und Macht, immer von einer großen
Schar auserlesener Jünglinge umgeben zu sein." Daran schließt sich das
14. Kapitel: „Zahlreiche Jünglinge suchen aus eigenem Antrieb Stämme
auf, die gerade einen Krieg führen, wenn der Stamm, in dem sie geboren
sind, durch langen Frieden und Muße erschlafft. Dem Volk ist nämlich
Ruhe verhaßt und sie kommen leichter in Kampfzeiten zu Ruhm, auch
wird ein großes Gefolge nur durch Gewaltanwendung und Krieg zusammengehalten. Sie fordern nämlich von der Freigebigkeit ihres Gefolgsherrn ein Streitroß und eine den blutigen Sieg verheißende Lanze.
Im übrigen gelten Tischgemeinschaft und reichliche, wenn auch unkul-
tivierte Gastereien als Vergütung. Die Mittel für solche Freigebigkeit
werden durch Krieg und Raubzüge erworben."
Zustände, wie sie Tacitus schildert, dürften auch in der Völkerwanderungszeit und für die Normannen z. B. sogar in der Karolingerzeit
geherrscht haben. Man muß aber die beiden Möglichkeiten unterscheiden, daß das Gefolgschaftswesen nur in Ausnahmezuständen, die durch
Krieg und Wanderung gekennzeichnet sind, anzutreffen war oder daß es
sich auch unter friedlichen und seßhaften Germanen und Slawen aus-
breitete. Für die zweite Möglichkeit spricht es wohl, daß unter den
Urkundenmustern, die aus der Merowinger Zeit erhalten sind, auch
eine Formel ist, die das Abschließen eines Vertrages von Seiten eines
Freien, der sich in ein Muntverhältnis begibt, behandelt. Es heißt dort:
„Wer sich in die Gewalt eines anderen ergibt. An den großmächtigen
Herren soundso ich der soundso. Da es allen wohlbekannt ist, daß ich
nichts habe, womit ich mich nähren und bekleiden kann, habe ich mich
an Eure Mildtätigkeit gewandt und aus freiem Willen die Entscheidung
getroffen, daß ich mich in Eure Munt übergeben oder kommendieren
muß. Dies habe ich getan, allerdings unter der Voraussetzung, daß Ihr
mich mit Nahrung und Kleidung unterstützen und mir helfen müßt in
dem Maße, wie ich Euch zu dienen und mir damit ein Anrecht zu
erwerben vermag. Dementsprechend muß ich, solange ich lebe, im
freien Stand Euch Dienst und Gehorsam leisten und habe keine Möglichkeit mich zu meinen Lebzeiten Eurer Gewalt und Gunst zu entziehen, sondern muß zu meinen Lebzeiten unter Eurer Gewalt und Eurem
Schutz bleiben. Daher sind wir übereingekommen, daß jeder von uns
soundso viel Schilling Buße zahlen muß, wenn er sich diesen Vereinba-

rungen entziehen sollte und daß diese Abmachung unumstößlich in Kraft bleibt."[35].

Dieses Urkundenformular zeigt die Freiwilligkeit, die Verwandtschaftsähnlichkeit und die Gegenseitigkeit des Gefolgschaftsverhältnisses. Die schriftliche Formulierung eines Gefolgschaftsvertrages ist sicherlich nicht ursprünglich germanisch, sondern steht damit in einem Zusammenhang, daß auch die Romanen in der Spätantike Gefolgschaftsverhältnisse kannten, sicherlich in dem Maße, wie andere Organisationsformen ihre ordnende Kraft verloren. Eine Rechtsgarantie durch übergeordnete Gewalten dürfte das Gefolgschaftsverhältnis kaum irgendwo gehabt haben. Die Einhaltung von Gefolgschaftsverträgen wurde durch das Rechtsempfinden der Partner und Dritter gesichert, das natürlich bei konkreten Problemen zu unterschiedlichen Norminterpretationen führen konnte.

*

Die Beurteilung der Ausdehnung der frühmittelalterlichen Gefolgschaft hängt damit zusammen, ob man der Ansicht ist, daß das mittelalterliche L e h e n s w e s e n aus der Gefolgschaft hervorgewachsen ist oder nicht. Tatsächlich besitzt das Lehenswesen, wie es von der Mitte des 8. Jh. ab begegnet, eine gewisse Ähnlichkeit mit dem Gefolgschaftswesen. In einem Kapitular Ludwig des Frommen von 815, das sich mit Flüchtlingen aus Spanien beschäftigt, heißt es u. a.: „Dieselben Spanier sollen wissen, daß ihnen von uns die Erlaubnis erteilt ist, sich in der üblichen Form in die Vasallität unserer Grafen zu kommendieren. Und wenn einer von ihnen ein Lehen von dem erhalten hat, dem er sich ergeben hat, soll er wissen, daß er dafür seinem Lehensherrn solchen Dienst leisten muß, wie unsere Vasallen von ähnlichen Lehen ihren Lehensherrn zu leisten pflegen."[36] Es lag sicherlich nahe, daß die Herrn kriegerischer Gefolgschaften bei der Niederlassung ihrer Unterstützungs- und Ausstattungspflicht gegenüber den Gefolgsleuten nachkamen, indem sie an jene Land ausliehen. Insofern gab es sicherlich innerhalb des Gefolgschaftswesens eine Tendenz, dieses in ein Lehenswesen

---

[35] MGH Formulare S. 158.
[36] MGH Kapitularien I S. 261 f.

umzugestalten. Andererseits konnte man sicherlich auch ein Lehensband knüpfen, ohne von einer Gefolgschaft auszugehen. Die frühmittelalterliche Grundherrschaft bot unter ihren verschiedenen Organisationsformen auch die Möglichkeit, Land gegen Dienste auszuleihen und dem Leihene者 die indirekte Bewirtschaftung zu gestatten, d. h. die Möglichkeit der Ausleihe von ausgeliehenem Lande. Rein im Rahmen der grundherrschaftlichen Organisation ließ sich bereits das Ergebnis einer differenzierten Arbeitsteilung erzielen, das u. a. die Freistellung von spezialisierten Kriegern, von Reiterkriegern, ermöglichte.

Nun hat man weiterhin darauf hingewiesen, daß das im Mittelalter für den Lehensmann gebräuchlichste Wort *vassus* ist. *Vassus* geht auf das keltische *gwas* zurück, das Jüngling und Diener bedeutet. Dadurch treten wieder die galloromanischen Vorbilder des Lehenswesens und der Gefolgschaft ans Licht. Außerdem taucht die Möglichkeit auf, daß sich das Lehenswesen aus der Hausherrschaft, aus der Abschichtung von unfreiem Hausgesinde entwickelt hat. Man wird wohl sagen können, daß das Lehenswesen von der großen Ähnlichkeit der Entwicklungstendenzen sowohl in der Hausherrschaft als auch in der Grundherrschaft und in der Gefolgschaft profitierte. Alle Entwicklungstendenzen führten in die gleiche Richtung: Die Konstituierung von Gruppen spezialisierter Reiterkrieger unterschiedlicher Herkunft, aber mit einem so gehobenen Ansehen, daß sie auch gegenüber gewöhnlichen freien Bauern einen Vorrang genossen, und die leihweise Ausstattung dieser Kriegerscharen mit Landstücken.

Das Lehenswesen erwies sich sehr rasch als ein ausgesprochen dynamisches Ordnungsgefüge. Man wird im wesentlichen drei Entwicklungstendenzen unterscheiden können. Erstens ist die Tendenz zu beobachten, den Lehensgedanken auf Substrate auszudehnen, die abstrakter als der Boden sind. Schon in der Karolinger Zeit wurden Ämter, die in die Verfassung einer übergreifenden Reichsordnung gehören, und sogar Kirchenämter im Rahmen eines Lehensverhältnisses von einem Herren an einen Mann ausgeliehen. Der Begriff *honor* bezeichnete ein Lehenssubstrat, in dem Grund und Boden und Ämter ununterschieden zusammengefaßt waren. Im einzelnen kommen wir darauf zurück, wenn wir von den Ämtern als Bestandteilen übergreifender Ordnungen sprechen. Die zweite Tendenz ist die Neigung von Lehensmännern, ihre *honores* auf ihre Nachkommen zu vererben. Die Ausbildung einer solchen

Rechtsvorstellung lag schon durch die Analogie der Landleihe an grundherrliche Bauern nahe. Auch diese Bauern vererbten in der Regel ihre abhängigen Höfe in der Familie. Die Gefolgschaftsordnung war demgegenüber wohl fließender, das jeweilige Gefolgschaftsverhältnis mehr auf eine bestimmte konkrete Aktion bezogen gewesen. Gefolgschaftsbindungen konnten rascher geknüpft und gelöst werden. Für die Lehensherren stellte sich die Frage, ob die Garantie einer ausgewogenen Gegenseitigkeit erhalten blieb, wenn Lehensleute einen erblichen Anspruch auf ihre Lehensgüter hatten. Deswegen waren es sicherlich besondere Machtkonstellationen, z. B. die Schwäche bestimmter weithin sichtbarer Herrengestalten, wie etwa der Könige, die die Erblichkeit des Lehenswesens förderten. Seit der 2. Hälfte des 9. Jh. ist das Streben der Lehensleute nach Erblichkeit der Lehen im Karolingerreich auf breiter Linie feststellbar. 868 schreibt der Erzbischof Hinkmar von Reims in einem Brief an seinen König: „Wenn ein Bischof für Kriegsdienste Benefizien vergibt, soll er sie entweder den Söhnen von Vätern geben, die der Kirche gute Dienste geleistet haben, falls sie geeignet sind, würdige Nachfolger ihrer Väter zu werden, oder anderen, die im Stande sind, dem Kaiser zu geben, was des Kaisers ist, und Gott, was Gottes ist."[37] In einem Kapitular von 877 ordnete derselbe französische König, der diesen Brief erhielt, nämlich Karl der Kahle, an, daß die Söhne in die Lehen von Vasallen eingewiesen werden sollen, die mit ihm auf den bevorstehenden Italienzug ziehen und nicht zurückkehren würden.[38] Nur durch diese Garantie konnte er offenbar erreichen, daß die Vasallen ihn auf dem Italienzug begleiteten. Man wird aber nicht sagen können, daß die Erblichkeit von Lehen durch irgendein Staatsgesetz eingeführt worden sei, sondern durch die Veränderung des Rechtsdenkens.

Die dritte Tendenz, die hier zu erwähnen ist, wurde ebenfalls im starken Maße von den Interessen der Lehensleute vorangetrieben. Im ausgehenden 9. Jh. ist es zum ersten Mal bezeugt, daß Lehensleute Lehensgüter von mehreren Herren haben können. Dieser Brauch scheint allerdings zunächst auf Frankreich beschränkt geblieben zu sein. Er bedeutete für den Lehensmann einen Pflichtenkonflikt, wenn seine verschiedenen Lehensherrn untereinander in Auseinandersetzung gerieten. Dieser

---

[37] Migne PL 125 Spalte 1050.
[38] MGH Kapitularien II S. 362.

Pflichtenkonflikt konnte darin entschieden werden, daß sich der Lehensmann auf die Seite dessen stellte, von dem er das größere Lehen hatte. Es konnte aber auch sein, daß sich das gerade akute Machtverhältnis auswirkte und der Lehensmann dem mächtigeren Herrn unabhängig von der Größe des von ihm erhaltenen Lehens folgte. Dadurch wurde die Brauchbarkeit des Lehensverhältnisses für den Herrn begrenzt, labil, ja in vielen Situationen nahezu aufgehoben. Bei einer Entwicklung der Machtverhältnisse, die in einer andauernden Weise zugunsten herausragender Lehensherrn verlief, entstand in der Mitte des 11. Jh. zuerst in Frankreich eine Rechtsfigur, die in einer neuen Weise das Lehensverhältnis für den Herrn brauchbar machte: die Ligesse. Wenn ein Lehensverhältnis auf der Basis der Ligesse abgeschlossen wurde, hatte es im Konfliktfall vor jedem anderen Lehensverhältnis Vorrang.

Im früheren Mittelalter beschränkte sich die Kompetenz der Lehensherrschaft auf wirtschaftliche und militärische Fragen. Eine Ausdehnung der Kompetenz etwa auf die Gerichtsbarkeit ist nicht zu beobachten. Nur die Streitigkeiten, die sich aus dem Lehensverhältnis selbst ergaben, dürften, da sie nicht zu den Materien übergeordneter Gerichte gehörten, von den Parteien in einer mehr oder weniger normierten Weise selbst geregelt worden sein. Die Ausdifferenzierung besonderer Verfahren, die sich mit Lehensstreitigkeiten beschäftigen, gehört den Wandlungsprozessen des Hochmittelalters an.

Bevor wir zu den Bruderschaften übergehen, müssen wir noch eine Sonderform weniger der Lehensherrschaft als mehr der Gefolgschaft erwähnen. Wir meinen das S c h u t z v e r h ä l t n i s, in das K a u f l e u t e zu Herrschern traten. Wir kennen solche Schutzverhältnisse besonders von Königen, es ist aber zu vermuten, daß auch andere, z. B. Bischöfe, Schutzherrn von Kaufleutekreisen waren. Die Schutzverträge konnten schriftlich abgeschlossen werden, und in den Formelsammlungen der Karolingerzeit ist das Muster eines Schutzbriefs erhalten, dem offenbar eine Urkunde des Königs Ludwig des Frommen zugrunde liegt. Es heißt darin: „Es ist bekannt, daß unsere hier anwesenden Getreuen im Jahre 828 zu unserem Palast in Aachen gekommen sind und sich uns vorgestellt haben. Wir haben sie sehr gern durch entsprechende Erklärung unter unseren Schutz genommen und wünschen von nun an, so Gott es will, sie zu beschirmen. Sie sollen daher fortan jedes Jahr oder

jedes zweite Jahr Mitte Mai zu unserem Palast kommen. Jeder soll
bestrebt sein, bei unserer Schatzkammer seine Abgaben aus seinem und
unserem Geschäft getreulich abzuliefern und diese unsere Vollmacht
vorzuweisen . . . Es soll ihnen erlaubt sein, den Interessen unseres Hofes
treu zu dienen."[39] Man hat darauf hingewiesen, daß im Frühmittelalter
die Kaufleute unfreie Abhängige waren. Aber neben diesen Abhängigen
gab es sicherlich auch freie Kaufleute, die, wie genannte Urkunde zeigt,
sich in einem gefolgschaftsähnlichen Verhältnis zu einem Herren befanden. Ein Teil der Kaufleute war Juden, für die ähnliche Urkundenfor-
meln erhalten sind. Die Leistungen des Herrn beschränkten sich im
wesentlichen auf die Ausstellung eines Schutzbriefes, der Freiheit von
Abgaben und anderen Belästigungen und Einschränkungen durch Organe des Herrn bewirken sollte. Die Privilegierten stellten als Gegenlei-
stung einen Teil ihrer kaufmännischen Tätigkeit in den Dienst der
Versorgung des herrscherlichen Hofes. Ein solches Gefolgschaftswesen
setzte zweierlei voraus: 1. den Zusammenbruch eines in sich selbst
ruhenden und die Märkte versorgenden Handelssystems und 2. den
Aufbau eines größeren Reiches mit Organen, die den reisenden Kaufleuten entweder helfen oder schaden konnten. Die Vorteile, die ein
regionaler Herrscher Kaufleuten, die sich in seinem Schutz befanden,
bieten konnte, waren entsprechend beschränkter.

*

Wenigstens bei kriegerischen Gefolgschaften wurde das Verhältnis
durch eine Eidesleistung gefestigt. Darin lag eine wichtige Gemeinsamkeit zwischen dieser Gefolgschaft und der zweiten hier zu besprechen-
den verwandtschaftsähnlichen Sozialform, der Bruderschaft. Bei der
Bruderschaft tritt der Eid noch stärker in den Vordergrund als in der
Gefolgschaft, deswegen heißt sie manchmal sogar *coniuratio*. Eine Vorform könnten auch germanische Weihebünde unverheirateter Männer
sein, die auf Grund des Erbrechts und der Knappheit von Siedelland
besitzlos waren und sich durch Kriegszüge oder freiwillige Abgaben
ernährten. Unter gewählten Führern näherten sie sich in der Form den
Gefolgschaften an. In Verbindung mit der Institution der Raubehe

---

[39] MGH Formulae S. 314 f.

konnten sie in besonderen Situationen der Kern einer neuen Stammesbildung werden.

Später tritt die Bruderschaft in verschiedenen Variationen auf. Es gibt
Bruderschaften von Königen und anderen hohen Herrn, wie die merowingische Schwurfreundschaft, die als militärisch-politisches Bündnis
aufzufassen ist und große räumliche Distanz der Partner zuläßt.[40] In der
Karolingerzeit sind Schwurgemeinschaften des ländlichen Volkes vor
allem durch die gegen sie gerichteten Verbote der Kapitularien bezeugt.
Die Motive der Schwurgemeinschaften werden im Religiösen gesehen:
in der Pflege nachlebender heidnischer Kulte, im Kampf gegen Verherr-
schaftungstendenzen und auch im Kampf gegen den Zugriff der Reichs-
gewalt, der besonders die Verbote hervorgerufen hätte. Ausdrücklich
bezeugt ist aber noch ein weiteres Motiv. In westfränkischen Annalen
heißt es zu 859: „Die Dänen verwüsteten das Land jenseits der Schelde.
Das gemeine Volk zwischen Seine und Loire verschwor sich untereinander und leistete den Dänen tapferen Widerstand. Da aber die Verschwörung unvorsichtig betrieben wurde, so konnten die Verschworenen von
unseren Großen leicht getötet werden." Hier vermischte sich offenbar
der Kampf gegen äußere Feinde mit dem Widerstand gegen innere Ver-
herrschaftungstendenzen.

Besonders Leute auf der Wanderschaft schlossen sich in Schwurgemeinschaften zusammen. In der Lex Salica sind Zeltgemeinschaften bezeugt.
Später treten dann die kaufmännischen G i l d e n hervor. Nach den
Kapitularien duldeten die Karolinger Vereinigungen zur Verhinderung
von Brand und Schiffbruch. Aber auch diese Vereinigungen durften
nicht eidlich gefestigt werden. Die Verbote gegen solche und andere
eidliche Vereinigungen mußten unwirksam bleiben, so lange die Be-
dürfnisse, denen die Vereinigungen dienen sollten, nicht durch andere
Organisationen erfüllt wurden. Man wird deswegen trotz der Verbote
damit rechnen müssen, daß sich die bäuerlichen und mehr noch die
kaufmännischen Schwurgemeinschaften, Gilden, kräftig ausbreiteten.
Der Geschichtsschreiber Albert von Metz schreibt im beginnenden
11. Jh. von den Kaufleuten von Tiel im Rheinmündungsgebiet: „Es sind
harte Menschen, die fast gar nicht an Zucht gewöhnt sind, Rechtshändel

---

[40] W. Fritze, Die fränkische Schwurfreundschaft der Merowingerzeit. ZRG
Germ. Abt. 71 (1954) S. 74–125.

entscheiden sie nicht nach dem Gesetz, sondern nach freiem Ermessen und behaupten, dies sei ihnen vom Kaiser zugestanden und durch Privileg bestätigt . . . Schon am frühen Morgen pflegen sie den Umtrunk und je lauter einer dort abscheuliche Reden führt, um das ungebildete Volk in Gelächter ausbrechen zu lassen oder es zum Weintrinken zu animieren, um so größeres Lob wird ihm von jenen zuteil. Aus diesem Grund schießen sie nämlich auch gemeinsames Geld zusammen, teilen dieses wiederum auf und geben den Einzelnen Anteile, damit sie (durch Handelsgeschäfte noch mehr) Gewinn daraus ziehen. Damit bestreiten sie zu gewissen Zeiten des Jahres auch beliebige Zechgelage und an den würdigsten Festtagen geben sie sich gewissermaßen feierlich der Trunkenheit hin.“[41] Diese parteiische Stellungnahme eines Chronisten läßt erkennen, daß die Kaufleutegilden auch Handelsgemeinschaften bildeten, daß sie durch Gelage integriert wurden, die mit dem Kultus zunächst im Heidnischen, später im Christlichen zusammenhingen und daß sie eine eigene Rechtsordnung unter sich ausbildeten.

In Italien werden im Frühmittelalter *ministeria*-Gemeinschaften von Kaufleuten, Schiffern und Handwerkern genannt. Die einen Forscher sehen in diesen *ministeria* fortdauernde spätrömische Berufskorporationen, die anderen glauben, daß sich Gruppen von Gewerbetreibenden nach der Art jener Kaufleute, die die Schutzprivilegien von den Königen erhielten, in Anlehnung an königliche und andere *palatia* zu Gruppen zusammenfügten. Wie auch immer die Herkunftsfrage zu beantworten ist, die Bedeutung der Organisationen in ihrer Zeit wird einhellig beurteilt. Die Aufgaben der Organisationen waren auf den wirtschaftlichen Bereich beschränkt. Nach dem Zusammenbruch der weiträumigen spätrömischen Wirtschaftsordnung strebten die Organisationen danach, in dem Raum ihrer jeweiligen Herrschaft bestimmte Privilegien, Monopolprivilegien, auszunutzen, um dafür Lasten für die Versorgung des Herrschaftsmittelpunktes zu tragen.

Nicht voll vergleichbar mit den gerade erwähnten Kaufleuteorganisationen sind die J u d e n g e m e i n d e n , die im Frühmittelalter kontinuierlich in den süd- und westeuropäischen Städten bezeugt sind. Die Judengemeinden haben mit den Kaufleuteorganisationen die Tätigkeit ihrer Mitglieder und die Unterstellung einzelner oder ganzer Gruppen unter

---

[41] MGH Scriptores IV S. 718 f.

den Schutz eines Herrn, besonders eines Königs, gemeinsam. Die Judengemeinden bestehen aus Familien, in denen die Zugehörigkeit zum jüdischen Glauben und damit die Isolierung aus der christlichen Umwelt erblich sind. Der integrierende Mittelpunkt der Judengemeinden ist die Synagoge, die Basis des Gemeinschaftslebens das Alte Testament der Bibel und der in den ersten nachchristlichen Jahrhunderten auf der Basis der Bibel unter den Juden Babylons ausgearbeitete Talmud. Die Kompetenz der Gemeindeordnungen erstreckt sich auf den kultischen Bereich, eine gewisse Sozialfürsorge und danach in abgeschwächtem Maße auch auf schuldrechtliche und strafrechtliche Fragen. Im Prinzip beanspruchten die Herren der Länder, in denen die Judengemeinden lebten, die Gerichtsbarkeit über die Juden. Aber man wird annehmen dürfen, daß Streitfälle, in die keine Christen verwickelt waren und die unter Christen kein besonderes Aufsehen hervorgerufen hatten, von den Juden unter sich stillschweigend geregelt wurden. Besondere Rollen der Führung der Gemeinde oder auch der Entscheidung von Rechtsfragen haben die Gemeindeordnungen nicht entwickelt. Es gab Rabbiner, gelehrte ältere Männer, deren Gutachten für kultische und andere Fragen zugrunde gelegt wurde. *Responsa*-sammlungen herausragender Rabbiner sind vom 10. Jh. ab überliefert.

Zum Abschluß der Ausführungen über Bruderschaften müssen wir uns noch den geistlichen Bruderschaften im Rahmen der christlichen Kirche zuwenden. Neuere Forschungen haben uns gelehrt, daß es unangemessen ist, so scharf zwischen weltlichen und geistlichen Bruderschaften, Konventen und ähnlichem, zu trennen, wie es bisher üblich war. Die Zusammengehörigkeit dieser beiden Arten von Bruderschaften ist vor allem dadurch bezeugt, daß es Bruderschaften gab, die weltliche und geistliche Personen umfaßten. Solche Bruderschaften sind in Verbrüderungsbücher eingetragen worden, die bei Klöstern geführt wurden. Ein Verbrüderungseid scheint nicht geleistet worden zu sein. Aber neben dem Bucheintrag wurden auch Bruderschaftsurkunden nach festen Formen abgefaßt und andere Zeremonien der Bruderschaftsbegründung entwickelt. Das Hauptziel der gemischten Bruderschaften war das gemeinsame Gebet füreinander. Gleichzeitig gab man wertvolle weltliche Gaben an die Klöster, in deren Verbrüderungsbuch man sich eintragen ließ. Mit allem verband sich wahrscheinlich das Zusammentreffen an bestimmten Feiertagen. Es gab auch rein geistliche, aber weite

Räume umgreifende, Gebetsverbrüderungen. Die berühmteste
davon ist der Totenbund von Attigny von 762, dem 22 Bischöfe, 5
Abtbischöfe und 17 Äbte beitraten.[42] Für die Mönchsbruderschaf-
ten war im frühen Mittelalter im wesentlichen die Regel des Benedikt
von Nursia, der im Jahre 557 verstarb, maßgebend. Diese Regel wurde
zuerst im Kloster Montecassino angewandt. Daneben wurden in einem
zeitlich und räumlich begrenzten Umfang auch die Regeln anderer
Klosterstifter, wie Caesarius von Arles und Columbanus, angewandt.
Die Mönche bezeichneten ihre Gemeinschaften als *fraternitates*, obwohl
an ihrer Spitze jeweils ein Abt stand, ein *pater monasterii*, dem man zu
Gehorsam verpflichtet war. Deswegen war die Mönchsgemeinschaft
mehr einer Familie nachgebildet als die bisher aufgeführten Bruderschaften. Manchmal wurden Kinder in einem unmündigen Alter von
ihren Eltern einem Kloster übergeben. Häufiger aber lag dem Eintritt in
die Bruderschaft eine freie Entscheidung zugrunde, die durch eine dem
Eid nachgebildete Profeß besiegelt wurde. Die klösterliche *fraternitas*
war eine den Menschen in allen Hinsichten umgebende und erfüllende
Gemeinschaft. In gerichtlicher Hinsicht gab es ein gewisses Aufsichts-
recht des übergreifenden Systems der Kirche, vertreten durch den zuständigen Bischof oder den Papst. In wirtschaftlicher Hinsicht war zwar
den Mönchen durch die Regel des Benediktus eine Pflicht zur Handar-
beit auferlegt, aber der fromme Eifer der Laien hatte bei vielen Klöstern
eine so umfängliche Grundherrschaft zusammenkommen lassen, daß
sich die Arbeit der Mönche auf grundherrliche Verwaltungsarbeit beschränkte. Im übrigen war das Ziel der Mönchsgemeinschaft die Pflege
des Kultus in einem weiten Wortsinn, so daß gelehrte und künstlerische
Betätigungen darin enthalten waren.

Schon vor Beginn des Mittelalters war bei vielen Bischofskirchen eine
Klerikergemeinschaft eingerichtet worden, die den Mönchsgemein-
schaften nachgebildet war. Seit dem 8. Jh. wurde für sie eine Regel des
Bischofs Chrodegang von Metz maßgeblich, die sich an das Vorbild der
Benediktiner Regel anlehnte[43]. Auf Wunsch des fränkischen Kaisers
Ludwig des Frommen erließ 816 eine kirchliche Synode eine neue Kleri-

---

[42] K. Schmid und J. Wollasch, Die Gemeinschaft der Lebenden und Verstorbenen
in Zeugnissen des Mittelalters. Frühmittelalterliche Studien I (1967).
[43] W. Schmitz, Regula Canonicorum (1889).

kerregel, die sich noch mehr mönchichem Vorbild anpaßte und auch für Klerikergemeinschaften bestimmt war, die sich an Kirchen bildeten, die keinem Bischof unterstanden.

Nach dem Vorbild der *schola cantorum*, die es seit dem 7. Jh. in Rom gab, wurden in karolingischer Zeit an vielen Bischofskirchen und Klöstern *scholae* eingerichtet, in denen Kinder wie in einem Internat lebten und durchaus nicht nur im Gesang ausgebildet wurden. Ein Teil dieser Kinder trat später in den geistlichen Stand, andere verließen die geistliche Anstalt wieder.[44] Schließlich seien die Kirchenmatikel erwähnt, offizielle Listen, in die Witwen und auch Arme oder sonstwie schutzbedürftige Laien eingetragen wurden, um von der Kirche unterstützt zu werden, ihr zugleich aber für gewisse Dienste zur Verfügung zu stehen. In der Karolingerzeit wurden die Matrikel mehr und mehr durch Xenodochien (kirchliche Fremdenheime) und Diakonien, d. h. Kirchen mit Amts- und Wohnräumen sowie Magazinen zur Betreuung interner und externer Bedürftiger verdrängt.

5. Reichsverfassungen

Wenn wir nun den Blick auf staatsähnliche Ordnungsgebilde richten, die den Rahmen von Grundherrschaften, Nachbarschaften, Gefolgschaften oder Genossenschaften übersteigen, so treffen wir in der Spätantike neben dem römischen Reich auf germanische und slawische Stammesstaaten oder Reiche, die entweder zentralistisch oder föderativ strukturiert sind. Die genannten außerrömischen Staatsgebilde gab es auch im Frühmittelalter, etwa in der Karolinger Zeit jenseits der Grenzen des karolingischen Reiches in Nord- und Osteuropa, sowie mit den Einschränkungen, die durch die Christianisierung gegeben waren, auch auf den angelsächsischen Inseln. Der Biograph des heiligen Lebuin schreibt am Ende des 9. Jh. über die alte Verfassung der Sachsen, die etwa 2 Generationen vorher erst in das karolingische Reich einverleibt worden waren und erst dabei ihre alte Verfassung verloren hatten: „Die alten Sachsen hatten keinen König, sondern Fürsten, die in den einzelnen Gauen eingesetzt waren. Es war Sitte, daß sie einmal im Jahr eine allgemeine Ratsversammlung mitten in Sachsen am Weserfluß an

---

[44] P. Riché, Éducation et culture dans l'occident barbare (1973[3]).

einem Orte, der Marklo heißt, abhielten. Dort pflegten alle Gaufürsten zusammenzukommen und auch aus jedem Gau 12 ausgewählte Adelige, ebensoviele Freie und ebensoviele Halbfreie. Sie erneuerten dort die Gesetze, entschieden die wichtigsten Rechtsfälle und setzten in gemeinsamer Beratung fest, was sie in dem Jahr unternehmen wollten, sei es im Krieg, sei es im Frieden."[45]. Über 100 Jahre später schreibt Thietmar v. Merseburg von den slawischen Liutizen, die ebenfalls eine Föderation aus mehreren in Gauen siedelnden Kleinstämmen darstellen: „Unter ihnen besitzt die Burg Riedegost einen besonderen Vorrang. Von ihr nehmen sie Abschied, wenn sie in den Krieg ziehen, sie wird geehrt mit gebührenden Geschenken bei der glücklichen Heimkehr. Nicht steht über allen, die zusammen Liutizen heißen, ein besonderer Herrscher. Wenn sie in ihrer Volksversammlung Fragen erörtern, müssen alle einmütig der Ausführung eines Unternehmens zustimmen. Widerspricht ein Landsmann in der Volksversammlung solchen Beschlüssen, dann erhält er Stockschläge, und wenn er gar außerhalb sich offen widersetzt, verliert er entweder sein Hab und Gut durch Einäscherung und völlige Verwüstung oder büßt vor der Versammlung je nach seinem Range durch eine bestimmte Geldsumme." (Chronicon VI, 25).

Für Stämme der einen oder anderen Größe und der einen oder anderen Verfassungsform besitzen ethnische Besonderheiten, wie der Dialekt, kultische Eigenheiten u. a. eine integrierende Bedeutung. Sie sind gewissermaßen die Außenhalte für ein Z u s a m m e n g e h ö r i g k e i t s b e w u ß t s e i n der Gruppe. Zu den am häufigsten als ethnisch kennzeichnend empfundenen Bestandteilen einer Stammeskultur gehört die Tracht. Germanische Stämme haben – selbst im Mittelmeerraum – ihre Tracht häufig lange bewahrt. Bei einzelnen Stämmen, wie bei den Langobarden, war sie religiös begründet. Den Wert der Tracht als ethnisches Merkmal für die Germanen bezeugen Angaben über einzelne römische Kaiser, die germanische Tracht anlegten, um ihren barbarischen Truppen zu schmeicheln. So ist es erklärlich, wenn eine ganze Reihe von germanischen Stämmen sich nach ihrer Tracht benennt: Langobarden, Friesen (= Lockige), Chatten (die mit dem Hut) usw. Die Haartracht tritt unter den Bestandteilen der Tracht besonders häufig als ethnisches Kennzeichen auf. Die Beschreibung der Haartracht gehört nicht ohne

---

[45] MGH Scriptores 30 S. 793.

Grund zum fast ständigen Inventar der antiken Ethnographie. Die von dorther beeinflußte Geschichtsschreibung des früheren Mittelalters unterstützte das Bewußtsein und die Pflege von ethnischen Eigenheiten. So heißt es in einer kleinen liturgischen Wunderbeschreibung, die in der Mitte des 9. Jh. in Fulda entstanden ist, von den Sachsen: „Sie waren auch umsichtig besorgt um ihre Eigenart und Vorrangstellung und da sie sich nicht leicht durch eheliche Verbindungen mit anderen oder gar unterlegenen Völkern befleckten, gelang es, aus ihrem Volk ein unvermischtes ohne seinesgleichen zu machen. Darum haben sie auch fast alle dieselbe Gestalt und Leibesgröße und dieselbe Haarfarbe, wenigstens soweit das bei einem so großen Volk möglich ist."[46] Diese Sätze sind zum Teil wörtlich aus der Germania des Tacitus abgeschrieben.

Neben dem Schema der gemeinsamen Eigenschaften deuteten sich Kleinstämme und Großstämme im früheren Mittelalter als Abstammungsgemeinschaften, als ausgeweitete Verwandtschaftskreise. Autochthone Bewußtseinsbildungen wurden auch hierbei durch die lateinische Sprache und die antike Ethnographie unterstützt. Lateinische Bezeichnungen für stammesartige Gebilde deuten auf Abstammungsgemeinschaft: *natio, gens* u. a. Die Normen, nach denen die Stämme leben, sind sowohl auf die Pflege ethnischer Besonderheiten als auch auf die Erfüllung von quasi verwandtschaftlichen Pflichten ausgerichtet. Die Normen eines Stammesgebildes und der rudimentären Gebilde wie Gefolgschaften und Bruderschaften dürften sich in einer gewissen Konkurrenz befunden haben. Im Frühmittelalter haben sich aber die übergreifenden Ordnungen bei der Rechts- und Friedenswahrung gegenüber den letzteren weitgehend durchgesetzt. Ein Vorteil der kleinen und großen Reiche gegenüber den anderen Gebilden war es, daß sie ihre Normen mit abgestuften und genau umgrenzten Sanktionen verbinden konnten und vor allem Rollen ausbildeten, die diese Sanktionen durchzusetzen hatten. Die Aufgabe eines Königs, eines Fürsten und deren Organe war es im wesentlichen, die Einhaltung von Recht und Frieden nach Innen und Außen zu überwachen. Soweit Teilsysteme -etwa Weihebünde (s. o. S. 68) – die gleiche Aufgabe erfolgreich wahrnahmen, lag es nahe, daß sie aus dem Reichs- oder Stammesverband ausschieden.

*

---

[46] Translatio S. Alexandri. MGH Scriptores 2 S. 675.

Die wichtigsten Reiche des beginnenden Mittelalters waren die germanischen Völkerwanderungsstaaten auf ehemals römischem Boden, das
Karolinger Reich und dessen Nachfolgereiche. Alle diese Reiche wurden von K ö n i g e n regiert, deren Stellung irgendwie von der Kirche
unterstützt wurde. Diese Unterstützung steigerte sich bis zur Erhöhung
des Königs zum Kaiser durch eine päpstliche Krönung. 681 wird zum
ersten Mal die Salbung eines – westgotischen – Königs durch Bischöfe
bezeugt. Das Vorbild der Kaiserkrönung Karl des Großen 800 durch
den Papst wirkte sich im 9. Jh. auch auf das Königtum aus und führte zu
Königskrönungen (Abb. 3). In liturgischen Regelbüchern vom 10. Jh. ab
sind auch die Ordnungen überliefert, nach denen Kaiser und Könige
gekrönt werden sollten. Wir zitieren aus dem ältesten Kaiserkrönungs-
ordo, der wahrscheinlich aus Mainz stammt und vor 960 verfaßt wurde:
„Hier beginnt der Ordo romanus zur Segnung des Kaisers, der die
Krone empfängt. 1. Das Versprechen des Kaisers: Im Namen Christi
verspreche und gelobe ich der Kaiser vor Gott und dem Apostel Petrus,
daß ich Schützer und Verteidiger dieser heiligen römischen Kirche in
allen Notwendigkeiten sein werde, soweit ich dabei von Gott unterstützt werde und gemäß meinem Wissen und Können. 2. Das erste
Gebet spricht der Bischof von Albano: . . . 8. Der Papst steht vor dem
Altar und legt dem Kaiser das Diadem auf das Haupt, indem er sagt: 9.
Nimm das Zeichen des Ruhms im Namen des Vaters, des Sohnes und
des Heiligen Geistes, damit du den alten Feind und die Berührung mit
allen Lastern vermeiden kannst. Du mögest die Gerechtigkeit lieben
und barmherzig leben, damit Du von unserem Herrn Jesus Christus
selbst im Kreise der Heiligen des ewigen Reiches die Krone emp-
fängst . . .“[47]
Eine sakrale Legitimation hatten auch die Könige oder Großfürsten der
Germanen, bevor sie in das Römerreich einrückten, jener die außerhalb
blieben, sowie der Slawen. In der für Böhmen wichtigen Legende des
heiligen Wenzel aus dem 10. Jh. heißt es u. a.: Jeder, der sich gegen
seinen Herrn auflehnt, gleicht Judas. Zum Nachweis quasi sakraler
Herrschererhöhung im slawischen Bereich läßt sich auch die mythische
Abstammungslegende der böhmischen Fürsten, der Přemysliden, anführen. Über sie berichtet der Chronist Cosmas von Prag um 1100.

[47] MGH Fontes Iuris Germanici Antiqui IX, Ordines Coronationis Imperialis
S. 2 f.

Abb. 3 Fränkischer Herrscher wird durch Hand Gottes gekrönt. Buchmalerei aus Sakramentar des 9. Jh. (Paris, BN Lat. 1141, fol. 2 nach L'empire earolingienne, Paris 1968, Abb. 140)

Im übrigen war die Basis aller dieser Könige und Großfürsten neben einer eigenen Haus- und Grundherrschaft entweder ein gefolgschafts- ähnliches Verhältnis zu anderen Haus-, Grund- oder Gefolgsherrn oder eine Thingversammlung, auf der ein König eingesetzt, bzw. abgesetzt wurde. Bei der Interpretation der Beziehungen des Fürsten zu den anderen Großen in dem jeweiligen Reich gibt es zwei Alternativen, die sich mit den beiden Ausdrücken *fideles* und *vassi* verbinden, die beide in den Quellen für die Stellung der Großen in dem jeweiligen Reich ge- braucht werden. Einige Forscher glauben, daß diese Beziehungen be- sonderer Art waren, gewissermaßen der Staatlichkeit der Reichsherr- schaft Rechnung trugen, während die anderen keine Unterschiede zur normalen Gefolgschaft sehen.[48] Mit einer Thingversammlung, die Kö- nige ein- und absetzte, muß man z. B. bei den Burgundern im ausgehen- den 4. Jh. rechnen. Von ihnen schreibt der römische Historiker Ammia- nus Marcellinus (XXVIII, 14): „Allgemein wird bei den Burgundern der König Hendinos genannt. Er muß nach alter Sitte sein Amt niederlegen, wenn das Kriegsglück sich gegen ihn erklärt hat oder der Boden eine reichliche Ernte verweigert hat, wie auch die Ägypter dergleichen Un- glücksfälle ihren Herrschern zuzuschreiben pflegen. Der Oberpriester heißt bei ihnen Senistus. Er hat sein Amt auf Lebenszeit und ist nicht jenen Zufällen unterworfen wie Könige.“[49]
Überall konnte eine Dynastiebildung eintreten. Leichter erfolgte sie bei Königen, die sich auf Gefolgschaften stützten. Ausgeschlossen war sie auch nicht bei den anderen. Dann wurde das Wahlrecht der Volksver- sammlung eingeschränkt oder abgeschafft. Eine Dynastiebildung ist bei den Merowingern und Karolingern zu beobachten. Bei den Karolingern wurde die Dynastie durch die Kirche sanktioniert. 754 nahm der Papst Stephan in St. Denis bei Paris die feierliche Salbung des fränkischen Königs Pippin vor. Er weihte den König samt seiner Gemahlin und den

---

[48] F. L. Ganshof (o. S. 47) S. 175 f., sieht keine Unterschiede; er folgt F. Lot, Fidèles ou Vassaux? (1904); anders C. Brühl, Fodrum, Gistum, Servitium regis (1968) S. 229.
[49] Nach der von A. H. Price, Die Nibelungen als kriegerischer Weihebund. VSWG 61 (1974) S. 199–211 geäußerten Vermutung ist die doppelte Spitze der Burgunder ein Zeugnis dafür, daß hier einmal der Weihebund der besitzlosen Männer (unter dem Senistus) und der übrige Stamm (unter Hendinos) in einer dauerhaften Verbindung geblieben sind.

beiden Söhnen. Er verpflichtete die Großen unter Androhung der Exkommunikation, niemals in aller Zukunft aus einem anderen Geschlecht einen König zu wählen, sondern stets nur aus dem, das jetzt durch die göttliche Gnade erhöht und durch die Hand des Stellvertreters der Apostel bestätigt und geweiht worden sei.[50]

Wir wissen schon von Sachsen und Slawen, daß es bei föderativen Reichsgebilden eine Art Hierarchie der Thingversammlungen geben konnte. In den Gauen waren kleinere Things und die Vertreter der Gaue kamen zu einer größeren Versammlung zusammen. Wenn nun größere föderative Gebilde, wie sie etwa die Alemannen und auch die Franken darstellten, unter eine monarchische Gewalt gerieten, konnte es sein, daß zwar die übergeordnete Reichsversammlung ihre Funktionen verlor oder doch stark veränderte, daß aber die Gauthings wenigstens mit bedeutenden gerichtlichen Kompetenzen weiterlebten. Nach den Volksrechten und nach den Urkunden müssen wir gerade für die Alemannen und die Franken solche Gauthings annehmen. Natürlich war die Fortdauer solcher Gerichtsversammlungen abhängig davon, wie schnell sich große Grundherrschaften mit Immunitätsgerichtsbarkeit ausdehnten.

Der entscheidende Unterschied zwischen einer gewöhnlichen Gefolgschaft und einer Königs- oder Fürstenherrschaft ist die sakral geförderte Institutionalisierung der Königs- oder Fürstenstellung. Während sich eine Gefolgschaft wohl in der Regel auflöste, sobald der Gefolgsherr starb, forderte das Königsamt bei dem Tode des Inhabers einen Nachfolger, wie das Haus, dessen Hochsitz verwaist war, einen neuen Hausherrn herbeirief. Als König Konrad II. 1025 die Regierung antrat, hörte er, daß die Leute in Pavia den Königspalast zerstört hätten. Nach dem Bericht des Biographen Konrads, Wipo, verteidigten sie sich, indem sie sagten: „Wen haben wir beleidigt? Unserem Kaiser haben wir die Treue bewahrt bis zum Ende seines Lebens. Nachdem er gestorben war, hatten wir keinen König. Wir können mit Recht nicht angeklagt werden, das Haus unseres Königs zerstört zu haben." Darauf antwortete Konrad: „Wenn der König auch umkommt, das Königreich bleibt bestehen, so

---

[50] Clausula de unctione Pippini. MGH Scriptores rerum merovingicarum I (1885) S. 465. In dieser 767 entstandenen Quelle werden unter „Geschlecht" die Nachkommen Pippins und seiner Frau Bertrada verstanden, also auch andere Karolinger ausgeschlossen.

wie das Schiff bleibt, wenn der Steuermann fällt." (Gesta Chuonradi
c. 7).

Von einigen Reichen, wie dem der Westgoten, wissen wir, daß das
Königtum zwar auf einer gefolgschaftlichen Basis beruhte, trotzdem
aber keine dauerhafte Dynastiebildung eintrat. In solchen Fällen entwickelte sich – ebenfalls von der Kirche gefördert – eine Art Wahlver-
fahren, das in einer Versammlung seinen Ort hatte, die im Königshof
stattfand und deren Teilnehmerkreis nicht fixiert war, sondern sich nach
der Bedeutung der Personen und zufälliger Anwesenheit bestimmte.[51]
Gemäß den Vorstellungen der Vererbung von Herrscherheil hatten die
mit dem verstorbenen König Verwandten eine größere Aussicht gewählt
zu werden. Einen von ihnen zu wählen war zwar nicht Vorschrift,
versprach aber Vorteile für das Reich.

Wenn eine Dynastiebildung eingetreten war, verstärkte sich die Analo-
gievorstellung von der Königsherrschaft als einer Haus- oder Grundherrschaft. Eine Königsherrschaft im Besitze einer Dynastie konnte
geteilt werden wie eine Haus- oder Grundherrschaft. Das gilt insbesondere vom Reich der Merowinger und der Karolinger. Erst in karolingischen Nachfolgereichen entwickelte sich seit etwa 900 eine Unteilbar-
keitsvorstellung. Eine Voraussetzung dafür war es, daß der dynastische
Gedanke durch Wahl- oder Anerkennungsvorgänge wieder eingeschränkt wurde, durch Vorgänge, wie es sie schon bei den Westgoten im
6. und 7. Jh. gegeben hatte, die aber jetzt stärker in Regeln gefaßt
wurden. Dabei sind Unterschiede zwischen der westfränkischen und
der ostfränkischen Entwicklung festzustellen. Im Westfrankenreich beschränkten sich die Wahlen auf eine gewisse Teilnahme der Großen des
Reiches an den Auseinandersetzungen zwischen zwei um den Königsthron rivalisierenden Dynastien, den Karolingern und den Kapetingern.
Außerdem mußten hier die Könige bei der Krönung Versprechungen
gegenüber den geistlichen und weltlichen Großen ablegen. Im 11. Jh.
verfestigte sich dann wieder das dynastische Recht der Kapetinger.

Im Ostfranken- und späteren deutschen Reich ist es demgegenüber bei
einer Kombination von Wahl- und Erbrecht geblieben. Die Hauptele-
mente der Regeln, die sich für den Herrscherantritt ausbildeten, waren
Wahl, Krönung und Umritt. 911 und 919 überwog das Wahlprinzip, 936

---

[51] D. Claude, Adel, Kirche und Königtum im Westgotenreich (1971).

dann das Erbprinzip, aber auch das Wahlrecht blieb sichtbar. Kurz vor seinem Tode 936 hielt Heinrich I. einen Hoftag ab, auf dem er mit den Großen *de regni statu* beriet. Es kam dem König auf eine erneute Zustimmung der Großen zu der bereits erfolgten Designation seines Sohnes Otto an. 5 Wochen nach dem Tode Heinrichs fand in Aachen die Wahl Ottos statt. Sie begann damit, daß die Herzöge und andere hervorragende weltliche Große den neuen König auf einen Thron setzten und ihm durch Handreichung und Treueid huldigten. Darauf führte der Erzbischof von Mainz den König in die Kirche und stellte ihn dem Volke vor, als den „von Gott erwählten, vom Herrn Heinrich einst designierten und nun von allen Fürsten zum König gemachten Otto" (so der Chronist Widukind von Corvey). Das Volk wurde aufgefordert, der Wahl, wenn sie ihm gefalle, zuzustimmen. Das Volk akklamierte daraufhin mit erhobener Hand und lauten Heilrufen. Unterdessen wurde der König zum Altar geführt, auf dem die königlichen Insignien bereitlagen. Mit ihrer Übergabe begann die kirchliche Weihe, die in der Salbung und Krönung gipfelte. Alle Handlungen wurden von den Erzbischöfen von Mainz und Köln gemeinsam ausgeführt. An die Weihe schloß sich eine zweite Thronsetzung an, danach wohnte der König einer feierlichen Messe bei. Es folgte ein Krönungsmahl, bei dem Herzöge symbolisch Hofdienste leisteten. Unter dem zweiten Nachfolger Otto des Großen, unter Otto III., ist dann der Umritt hinzugekommen und danach mit dem Herrschaftsantritt des deutschen Königs verbunden geblieben. Der Umritt wird als ein tropfenweises Einsammeln von Anerkennung und Huldigung durch die Großen im Reich gedeutet.

*

Königtum und Thingversammlung waren nicht die einzigen Reichsinstitutionen. Regionale Ämter, die man zum Teil als die konturenschwachen Weiterbildungen aus den Resten der römischen Reichsverfassung, zum Teil für Übertragungen von Hausämtern aus der Hausherrschaft des Königs auf die Reichsverfassung auffaßt, kommen hinzu. Unter der westgotischen Herrschaft wurde das Amt eines *iudex provinciae* besetzt. Dieser *iudex* war kein Heerführer, dürfte aber doch mit einer gewissen militärischen Gewalt ausgestattet gewesen sein, um den König gegenüber germanischen Thinggerichten, romanischen Stadtge-

richten und Immunitätsgerichten vertreten zu können. Dieses Amt
könnte der Ansatzpunkt für ein merowingisches *dux*-Amt gewesen sein,
um so mehr auch der gotische *iudex* gelegentlich in den Quellen schon
dux genannt wird. Allerdings war der merowingische *dux* auch, wenn
nicht vorwiegend, Heerführer. Wenn das *dux*-Amt aus einem spätrömischen Verfassungsamt herzuleiten ist, mußte seine Kontinuität in dem
Maße problematisch werden, wie andere Elemente des römischen Verfassungsrechts und der römischen Zivilisation schrumpften und abgeschafft wurden. Der westgotische *iudex provinciae* hatte z. B. ein *offi-
cium*, bei dem *gesta* geführt und *acta* angelegt wurden. Auch mit einer
vom spätrömischen Staat herkommenden Besteuerung hatte dieses Amt
zu tun. Derartige Einrichtungen waren im Merowinger Reich viel rascher einem Abbau ausgesetzt als im Westgotenreich.
Sicherlich nimmt niemand in der Forschung für das fränkische Reich
eine regionale Gliederung an, die vergleichbar wäre einem modernen
Staatsaufbau mit Landräten und Regierungspräsidenten. Dennoch gehen die Meinungen über die fortdauernde Bedeutung eines *dux*-Amtes
auseinander. Gegen diese Bedeutung ist anzuführen, daß das *dux*-Amt
fast ausschließlich von Geschichtsschreibern erwähnt wird, die sich in
einer terminologischen Tradition spätrömischer Chronistik befinden,
die eine exakte Schilderung verfassungsrechtlicher Institutionen und
Vorgänge nicht begünstigt.
Es ist allerdings denkbar, daß allen, die in der Tradition antiker Bildung
standen, das Ideal eines *cursus honorum* vorschwebte. Das beste Zeugnis
dafür ist ein spätmerowingischer anonymer Ämtertraktat: De gradus
Romanorum, in dem an bevorzugter Stelle auch das *dux*-Amt genannt
wird.[52] Ein solches Ideal könnte nicht nur die chronikalische Literatur,
sondern auch das Selbstverständnis der Organe des Königs beeinflußt
haben. Für und gegen die Bedeutung des *dux*-Amtes zugleich spricht es,
daß es in seinem Inhalt offensichtlich mit einem anderen Amt des
Merowinger Reiches konvergierte, das sehr viel deutlicher und breiter
bezeugt ist, nämlich dem *comes-civitatis*-Amt.
Der *comes-civitatis*, der bei den Ost- und Westgoten wie bei den Merowingern genannt wird, dürfte ein ähnlicher Funktionär wie der *iudex*

---

[52] G. Baesecke, De gradus Romanorum, in: Festschrift für R. Holtzmann
(1933).

provinciae für einen kleineren Raum, möglicherweise nur in bezug auf das romanische Stadtgericht eines *civitas*-Mittelpunktes, gewesen sein. Im Langobardenreich wurde der ostgotische *comes-civitatis* durch einen *dux* ersetzt. Im Merowinger Reich gab es *duces*, die mehrere *civitates* zusammenfaßten, sei es daß unter ihnen *comites* tätig waren oder nicht. Es gab aber auch *duces*, die eine einzige civitas, wie jene von Le Mans, zu verwalten hatten.[53] Auch der *comes-civitatis* dürfte von dem Abbröckeln der romanischen Stadtkultur in Gallien im 6. Jh. betroffen worden sein, denn er war mit dieser Stadtkultur eng verbunden, wie z. B. frühmerowingische Urkundenmuster, die Formelsammlungen von Angers zeigen. Nun taucht schon fast gleichzeitig mit dem *comes-civitatis* in Quellen, die auf die Franken im engeren Sinn bezogen sind, wie vornehmlich der Lex Salica, ein *grafio* auf. Der *grafio* ist ein Beamter, der wahrscheinlich aus der königlichen Hausherrschaft und Dienstmannschaft hervorgegangen ist und der im Auftrage des Königs bei den Thingversammlungen der Franken für die Durchsetzung des dort gesprochenen Rechts zu sorgen hat. Er hatte also ähnliche Funktionen wie der *comes-civitatis* gegenüber Romanen, wenn auch letzterem wahrscheinlich ein Gerichtsvorsitz zukam, was für den *grafio* nicht gilt.

Eine Frage, die unterschiedlich beantwortet wird, aber wohl auch nur geringere Bedeutung besitzt, ist es, ob die in karolingischen Kapitularien und Urkunden reichlich bezeugten Grafen mit regionalen Aufgaben das Amt des *comes-civitatis* fortsetzten oder an den *grafio* anknüpfen. Im Unterschied zu dem *comes-civitatis* hatten die karolingischen Grafen östlich des Rheins und in weiten Strecken Nordfrankreichs ihren Verwaltungssitz nicht in einem städtischen *civitas*-Mittelpunkt. Sie scheinen ihre Verwaltungstätigkeit statt nach solchen Mittelpunkten, nach den germanischen Siedlungs- und Gerichtsgauen ausgerichtet zu haben. Terminologisch läßt sich vor allem im 7. Jh. ein inflationärer Gebrauch des *comes*-Titels beobachten. Erst in der Karolinger Zeit scheint wieder eine gewisse Strenge und Amtlichkeit in den Gebrauch dieses Titels hineingekommen zu sein. Weiterhin ist zu beobachten, daß zahlreiche *civitates* Mittelgalliens nicht etwa kontinuierlich aus den Händen eines *comes-civitatis* in die eines karolingischen Grafen überge-

---

[53] R. Sprandel, Grundbesitz und Verfassungsverhältnisse in einer merowingischen Landschaft: die Civitas cenomannorum, in: Adel und Kirche. Festschrift für Gerd Tellenbach (1968) S. 33.

hen, sondern daß dazwischen eine jahrzehntelange bischöfliche *civitas*-Herrschaft liegt. Allerdings ist der karolingische Graf Gerichtsvorsitzender, wie es der *comes-civitatis* gewesen war. Man nimmt an, daß der *grafio* wohl noch im 7. Jh. zu dem Range eines *comes-civitatis* aufgestiegen ist. Dieser Prozeß hängt mit einer Verschmelzung der Milieus zusammen, in denen die beiden Beamten vorher gelebt haben, der Entstehung einer gallo-fränkischen Mischgesellschaft, die besonders durch die Sprachentwicklung sichtbar wird.[54]

So unterschiedlich die merowingische Vorgeschichte des karolingischen Grafen beurteilt wird, man ist einhellig der Meinung, daß man in diesem Grafen ein Kernstück der Verfassungsplanung, eines großangelegten Versuches der Reichsorganisation, durch die Karolinger, insbesondere durch Karl den Großen, sehen muß. Bei der Frage nach der genauen Zielrichtung dieser Planung und nach dem Ausmaß ihrer Verwirklichung gehen die Meinungen wieder auseinander. Die einen sehen in dem Grafen vornehmlich einen Mann, der Königsgut und Königsleute zu verwalten, zu betreuen und im Bedarfsfall für den König verfügbar zu machen hat. Dieser Meinung sind vor allem jene Forscher, die das kleinbäuerliche Element im Karolingerreich für außerordentlich gering halten und die in der Grundherrschaft die bestimmende Größe sehen. Andere meinen, daß der Graf besonders dazu bestimmt war, die kleineren Freien, die sich über das ganze Reich verteilten, zu schützen und zu betreuen. Daneben hätte er die Aufgabe des Kirchenschutzes und der Kontrolle des Königsgutes gehabt. Diese Forscher können sich auf zahlreiche Kapitularienstellen stützen. Die Meinungen gehen allerdings unter ihnen darüber auseinander, wieweit es den Karolingern gelungen ist, den Plan zu verwirklichen. Die einen meinen, die Urkunden verraten ein hohes Maß an Verwirklichung, die anderen sehen gerade in den Urkunden den Beweis des Gegenteils. Den Ausgangspunkt der Beweisführung bilden für die einen und die anderen die Urkunden des Klosters St. Gallen, die in einer *sub-comite*-Formel Namen von Grafen nennen und ihren Wirkungsraum erschließen lassen. Diese Urkunden lassen es sicherlich möglich erscheinen, daß alte Gaue Amtsbezirke von Grafen

---

[54] R. E. Keller, The Language of the Franks. Bull. John Rylands Library 47 (1964/1965). Vgl. außerdem den Sammelband: Siedlung, Sprache und Bevölkerungsstruktur im Frankenreich, hg. v. F. Petri. Wege der Forschung 49 (1973).

waren. Aber in personeller Hinsicht gab es offenbar ein lebhaftes Hin und Her. Längere kontinuierliche Amtsperioden treten kaum hervor.[55] Kommunikationsschwierigkeiten, Eigenmächtigkeiten und Widersprüchlichkeiten in den Detailanordnungen dürften den Verfassungsplan hier mehr, dort weniger gestört haben. Es gibt schließlich gute Argumente dafür, daß in einigen Gegenden verschiedenartige Grafschaften aufgebaut wurden, also Grafschaften, die im wesentlichen mit der Königsgutverwaltung zu tun hatten, neben anderen.

Fränkische *duces* oder Herzöge wurden von den Merowingern auch östlich des Rheins eingesetzt. Sie assimilierten sich aber dort institutionell schnell mit den germanisch-slawischen Stammesfürsten des mitteleuropäischen Raumes. Sie gewannen also eine gewisse Konkurrenzstellung zum fränkischen und später deutschen König, auch wenn sie dessen Gefolgs- oder gar Lehensleute waren. Sie bauten, soweit möglich, eine eigene königsähnliche Stellung auf. Für das alemannische Herzogtum wird man annehmen dürfen, daß es sich auf die Gebiete östlich des Rheins und die heutige Nordschweiz beschränkte. Die Alemannen im Elsaß dürften nicht dazu gehört haben, sondern unter einem eigenen *dux* einen Bezirk nach der Art der merowingischen Comitate gebildet haben.[56]

Die ostrheinischen Herzöge wurden von den Karolingern im beginnenden 8. Jh. zunächst ausgeschaltet oder doch in der Bedeutung stark gemindert, konnten aber in der auslaufenden Karolingerzeit um 900 ihre Politik der Selbständigkeit wieder aufnehmen. Zu den drei alten Stammesgebilden der Bayern, Alemannen (= Schwaben) und Sachsen (mit den Thüringern) kam als analoge Neubildung ein ostfränkisches Herzogtum hinzu. Karolingische Verwandtschaft, kumulierte Grafenämter und Grundherrschaften führten überall, auch in Sachsen, zum Aufstieg von Herzogsfamilien. Mit Ausnahme des bayerischen Herzogs gelang es ihnen aber nicht wieder, eine Raumherrschaft wie die früheren Stammesherzöge zu erringen. Vor allem die Kirchenfürsten, aber neben ihnen auch andere Große, blieben in den jeweiligen Gebieten

---

[55] M. Borgolte, Geschichte der Grafschaften Alemanniens in fränkischer Zeit. Vortr. u. Forsch. Sonderband 31 (1984) mit der älteren Literatur.
[56] F. Vollmer, Die Etichonen, in: Studien und Vorarbeiten zur Geschichte des großfränkischen und frühdeutschen Adels. Forschungen zur oberrheinischen Landesgeschichte IV (1957) S. 137.

unmittelbare Funktionäre des Königs. Durch den Prozeß der Verherrschaftung wurden Gerichtsversammlungen der früheren Art zum Ver-
schwinden gebracht. Die Herzöge, die vornehmsten weltlichen Lehensleute des Königs der jeweiligen Gegend, waren ausgestattet mit einer
umfangreichen herzoglichen Grundherrschaft und hatten eine Reihe
von Grafen und sonstigen Herren als Lehensleute in ihrem Gefolge.
Jedes Herzogtum hatte seine eigene Geschichte. Die kürzeste war die
des ostfränkischen, das schon 939 aufgehoben wurde. In Schwaben
konnte der König schon beim Tode des ersten Herzogs 926 einen Stam-
mesfremden – und danach mit einer Ausnahme – immer wieder einsetzen. Die größte Festigkeit nach Bayern hatte Sachsen, das zunächst in
der Hand der Könige war und nachher an die Billunger überging. Im
Hochmittelalter unterlagen alle drei der Umwandlung in Territorialfürstentümer.
Westlich des Rheins gab es in der Karolingerzeit bis zum ausgehenden
9. Jh. keine *duces* oder Herzöge. Der letzte *dux* des Elsaß z. B. wird 739
genannt. Später beanspruchte der Herzog von Schwaben das Elsaß für
sich. Nördlich davon ging aus karolingischen Reichsteilungen das Herzogtum Lothringen, als Neugründung mit Ostfranken vergleichbar,
hervor. Karolinger-Nachkommen waren es, die in dem 959 geteilten
Ober- und Niederlothringen frühzeitig dynastische Fürstentümer gründeten. Die um 900 wieder auftauchenden Herzöge der Bretagne, Aqui-
taniens, Burgunds und – analog als Neuschöpfung – der Normandie
gehen auf karolingische Grafen zurück, sind gewissermaßen Großgra-
fen, die sich über ihre ehemaligen Standesgenossen emporschwingen
konnten, die anknüpfend an eine karolingische Amtseinsetzung eine
neue Feudalherrschaft aufbauten. Ähnlich wie bei den ostrheinischen
Herzögen wurden die Beziehungen zum König unter das Prinzip des
Lehenswesens gestellt. Dabei können wir es offenlassen, ob die Beziehungen als Lehensbeziehungen besonderer Art verstanden wurden oder
dem übrigen Lehenswesen völlig angeglichen waren. (s. o. S. 78) Das
dingliche Substrat der Lehensbeziehung war jedenfalls nicht ein vom
König ausgeliehenes Land, sondern ein Amt. Das Amt umfaßte im
Westfrankenreich die Gesamtheit der königlichen Rechte für die jeweilige Region. Soweit die Grafen Königsgut verwaltet hatten, war auch
Königsgut dabei. Außerdem umfaßte das Amt die Lehensoberhoheit
über die anderen Grafen der Region, die nicht zum Herzogtum aufge-

stiegen waren. Für manche der westfränkischen Herzogtümer läßt sich wahrscheinlich machen, daß bestimmte stammesmäßige Besonderheiten, wie etwa die Sprache, Integrationsfaktoren bei der Bildung des Herzogtums waren. Dieses gilt insbesondere für die Bretagne und die Normandie. Im ganzen hatten die westfränkischen Herzöge viel weniger Ähnlichkeit mit Stammesfürsten als die ostfränkischen. Dennoch ist es den westfränkischen für die nächsten Jahrhunderte besser als den ostfränkischen gelungen, den Kompetenzbereich des Königtums an sich zu ziehen.

*

Die Funktionäre der großen Reiche, die Herzöge und Grafen, waren von Beginn des Mittelalters an zwei verschiedenen Entwicklungstendenzen ausgesetzt: der Feudalisierung und der Verherrschaftung. Die Feudalisierung bedeutete die Umwandlung von Beamtenbeziehungen in Lehensbeziehungen. Man wird die Ursache dieser Tendenz in der politischen Mentalität zu suchen haben. Es scheint für die frühmittelalterlichen Menschen schwierig gewesen zu sein, den Staat als ein abstraktes System von Ämtern zu begreifen. Das antike Erbe bot dafür immer wieder Aufforderungen. So kam es zu den Ansätzen eines Ämterwesens, zunächst bei den Merowingern und später, als sich die Karolinger in der sogenannten karolingischen Renaissance verstärkt der Antike zuwandten. Aber die Ansätze wurden nicht durchgehalten, die Beamten vielmehr in der Verfassungsvorstellung und -wirklichkeit bekannten und geläufigen Figuren assimiliert, wie dem Stammesfürsten und mehr noch dem Lehensmann. Die Gewohnheit, Lehen erblich zu sehen, die im 9. Jh. vor allem im Westen durchkam, förderte die zweite Entwicklungstendenz: die Verherrschaftung der Amtsbezirke.
Über die Tendenz selbst ist man sich in der Forschung einig. Aber über den Zeitpunkt und das Ausmaß besteht eine große Meinungsverschiedenheit. Eine Richtung möchte schon im beginnenden 7. Jh. eine wesentliche Etappe der Verherrschaftung sehen. In dem Königskapitular von 614 heißt es § 12: „Kein Richter darf von der einen Provinz in die andere versetzt werden. Wenn er nämlich etwas Übles begeht, muß er mit seinen Eigengütern für das haften, was er angerichtet hat." Aus diesem Paragraphen entnimmt man, daß der König sich damals gebun-

den hat, nur solche Beamte in den einzelnen Bezirken einzusetzen, die in ihnen begütert sind. Dadurch wurde es möglich, daß sich die Herrschaftsbildung der Begüterten in ihrem Raum ungestört entfaltete und daß die Begüterten in den erblichen Besitz des Amtes ihrer Gegend kamen. Eine solche Deutung der Bestimmung ist nur möglich, wenn man die in der Bestimmung gegebene Begründung als „Verschleierung des wahren Sachverhaltes" (*H. Mitteis*) deutet.[57] Eine Konsequenz dieser frühen Datierung der Amtsverherrschaftung ist die Interpretation der späteren karolingischen Grafen als Königsgutgrafen, also Königsgutverwalter. Die Gegenmeinung stützt sich auf die in dem Paragraphen gegebene Begründung der Bestimmung und sieht in ihr wie in anderen Sätzen des Kapitulars das Zeugnis einer von der Kirche geförderten königlichen Politik zugunsten der schwächeren Bauern. Dieselbe Politik taucht später in den karolingischen Kapitularien wieder auf und der Paragraph ist im übrigen fast wörtlich aus spätrömischen Kaisergesetzen entnommen.[58]

Der in dem Kapitular genannte Richter (*iudex*) kann, aber muß nicht der Graf gewesen sein. Besonders in größeren Grafenbezirken hat man wohl schon in der Merowinger Zeit, mit Sicherheit aber in der Karolinger Zeit mit Unterorganen zu rechnen, die für Teile des Grafschaftsbezirkes zuständig waren. Es werden die verschiedensten lateinischen Bezeichnungen für diese Unterorgane genannt: *tribuni, vicarii, vice comites, centenarii* u. a. Für das verhältnismäßig häufig auftauchende Wort *centenarius* gibt es drei Interpretationen. Die ältere Forschung sah in ihm den Vorsitzenden des Volksthings. Für andere ist er als Unterbeamter eines Königsgutgrafen mit dem Königsgut, insbesondere mit den Königsfreien betraut. Für die dritten schließlich ist er ebenfalls ein Unterbeamter des Grafen, jetzt aber eines Grafen, der der Vertreter des Königs gegenüber den verschiedenen Kräften und Gruppen des Landes ist. Er hätte dann vor allem in den Gerichtsversammlungen der kleinen Bezirke für die Durchsetzung des Rechts zu sorgen. Die Zeugenreihen von Urkunden des Klosters St. Gallen des 8. und 9. Jh. spiegeln wahr-

---

[57] Anders: R. Sprandel, Struktur und Geschichte des merovingischen Adels. HZ 193 (1961) S. 62 f. und G. Kocher, Das Pariser Edikt von 614 u. d. merovingische Rechtspflege aus der Sicht der Deutschen Rechtsgeschichte (1976), wie Mitteis: F. Irsigler, Untersuchungen zur Geschichte des fränkischen Adels (1969).
[58] Lex Romana Visigothorum, hg. von G. Haenel (1849) S. 28.

scheinlich solche Gerichtsversammlungen wider. An ihrer Spitze wird in einem bestimmten zeitlichen und räumlichen Zusammenhang immer wieder derselbe Mann genannt, der manchmal *centenarius* genannt wird, manchmal *vicarius*, manchmal aber ohne Titel erscheint. Dieser Mann ist sowohl mit Besitz in dem Bezirk als auch mit Beziehungen zum Grafen und König nachweisbar.[59] Auf ihn scheinen die an dritter Stelle genannte Interpretation des *centenarius* und auch der *iudex* des Kapitulars von 614 besonders gut zu passen.

Das genaue Funktionieren des spätrömischen Gerichtes und der germanischen Thingversammlung ruft viele Detailfragen hervor, über die in der Forschung wiederum unterschiedliche Ansichten herrschen. Wir gehen darauf im einzelnen nicht ein, sondern heben lediglich hervor: der *comes-civitatis* des 6. Jh. war sicherlich nicht der Vorsitzende einer auf dem Lande tagenden germanischen Gerichtsversammlung. Dieser wurde möglicherweise vom Gerichtsvolk gewählt. Der gewählte Gerichtsvorsitzende wurde dann später durch den *grafio*, bzw. sein Unterorgan, etwa den *centenarius* verdrängt. Wenigstens bei größeren Gerichtsversammlungen wählte der Vorsitzende Schöffen aus, die die eigentlichen Urteilsfinder waren. Ihrer Urteilsfindung hatte wohl das übrige Gerichtsvolk zuzustimmen. Vor der germanischen Gerichtsversammlung wurden Grundstückstransaktionen vorgenommen und Bußen für Straftaten festgesetzt. Bei der Wahrheitsfindung waren Eidesleistung und Zweikampf üblich. Eine beschränkte peinliche Gerichtsbarkeit wurde gegenüber Unfreien – wohl mit Hilfe der von Anfang an anwesenden königlichen Vollzugshelfer – ausgeübt. Im Recht der Westgoten, in das das spätrömische Recht am stärksten hineinwirkte, war ein peinliches Verfahren unter anderem auch gegenüber insolventen Freien vorgesehen.[60] Ein solches Strafrecht erforderte starke königliche Funktionäre, bot aber auch zugleich den Rahmen, um die verurteilten Freien um so leichter in die Hausherrschaft eines königlichen Funktionärs zu überführen. Nach den karolingischen Kapitularien zu urteilen, war der

---

[59] R. Sprandel, Grundherrlicher Adel, rechtsständische Freiheit und Königszins. Untersuchungen über die alemannischen Verhältnisse in der Karolingerzeit. DA 19 (1963) S. 18–21. (Wiederabdruck in: Zur Geschichte der Alemannen, vgl. u. S. 292).
[60] H. Nehlsen (u. S. 291) S. 247.

Besuch von Gerichtsversammlungen für wirtschaftlich schwache Freie eine zusätzliche Belastung. Eine von den Karolingern versuchte Gerichtsreform wollte deswegen neben der Abgrenzung der Kompetenzen eines Grafengerichts und eines *centenarius*-Gerichts u. a. die Gerichtspflicht von kleinen Freien einschränken, ohne sie völlig zu entrechten.

Im Westfrankenreich wird im 10. Jh. der Unterbeamte des Grafen meistens *vicarius* genannt. In Burgund z. B. umfaßt eine *vicaria* einen Bezirk mit etwa 15 kleinen Dörfern. Bei dem zentralen *vicus* finden regelmäßig Zusammenkünfte der freien Bauern statt. Der *vicarius* und die *scabini* gehören derselben Grundbesitzergruppe an. Die Grafschaft bedeckt sich im 10. Jh. mit Burgen. Um jede Burg sind mehrere *vicariae* gruppiert. Die Burgen stehen theoretisch – praktisch in abnehmendem Maße – unter der Aufsicht der Grafen. Die Burgen werden vom Grafen an erbliche Lehensträger oder Kirchen ausgegeben und verschmelzen mit deren Eigengütern in der Umgebung. Mit den Burgen verbinden sich die Polizeigewalt und das Recht, die freien Bauern zu Burgdiensten heranzuziehen. Insofern kamen auch die Gerichtsversammlungen unter die Herrschaft des Burgherrn.

In ganz Europa verlief die Verherrschaftung wahrscheinlich auf den zwei Wegen: entweder durch die Umwandlung eines Amtsbezirks in eine Herrschaft oder durch Eigentumsverlust, bzw. Eigentumsübertragung kleiner Freier an einen größeren, vielfach auch an einen kirchlichen Grundherrn. Das letztere war dann mit dem Eintritt in eine mehr und mehr ausgebaute immune grundherrschaftliche Gerichtsbarkeit verbunden. Eine Trennung von Grundbesitz und Gerichtsherrschaft ist dort erhalten geblieben, wo es eine starke geldwirtschaftliche Mobilität des Grundeigentums gab, wie in Oberitalien schon im 10. Jh. Hier gab es wie im Westfrankenreich die Gerichtsherrschaft des Burgbesitzers, des Grafen oder seiner Lehensleute. Allerdings waren häufiger als in Westeuropa die Grafenrechte im Besitz eines Bischofs. In Mitteleuropa dürften in der nachkarolingischen Zeit die immunen Grundherrschaften, voran die des Königs und die der Kirche, die größte Rolle gespielt haben.

*

Bischöfe und Äbte bekleideten in den Reichen des früheren Mittelalters gewissermaßen Doppelämter. Sie gehörten ebenso der Reichsverfassung wie der übergreifenden katholischen Kirche an. Zur Reichsverfassung gehörten sie, schon weil sie große, mehr und mehr immune Grundherrschaften besaßen. Zu den frühen Verleihungen der Gerichtsbarkeit an die Vögte von Klöstern gehören Urkunden des Königs Ludwig des Deutschen (833–876) für St. Emmeran in Regensburg und für Niederaltaich.[61] Viel weiter ging die Einbeziehung in die Reichsverfassung bei der Verleihung von Grafenrechten an einen Bischof, wie z. B. in einer Urkunde für den Bischof von Lüttich von 985. Als Pertinenz der Grafschaft werden erwähnt: Münze, Zoll, die Gerichtsrechte in einer Reihe von *vici*, darunter auch Namur.[62] Weiterhin hatten die Bischöfe und Äbte die Verpflichtung zum Hofdienst, die teilweise allerdings liturgischer, also kirchlicher Art war, indem sie mit dem Herrscher zusammen kirchliche Feiertage zu begehen hatten, Festkrönungen durchzuführen hatte usw. Die Verpflichtung der Kirchenfürsten zur Heerfolge im deutschen Reich geht aus Verzeichnissen hervor, die vom beginnenden 9. und ausgehenden 10. Jh. erhalten sind. Nach den letzteren hatten der Bischof von Straßburg 100 Panzerreiter, der Abt von Murbach 20, der Bischof von Speyer 20, der Bischof von Worms 40 usw. zu stellen.[63]

In Verbindung mit der Einbeziehung der Kirchenfürsten in die Reichsverfassung wurde schon in der Karolingerzeit von ihnen ein Lehens- oder Gefolgschaftseid gefordert. Dabei kam es zu Diskussionen, über deren Tragweite man sich in der Forschung allerdings nicht einig ist. Der Erzbischof Hinkmar von Reims schrieb 858 an den von Osten in das westfränkische Reich einfallenden Ludwig den Deutschen: „Wir sind die gottgeweihten Bischöfe und sind nicht Lehensleute solcher Art, daß wir wie die weltlichen in ein Lehensverhältnis eintreten ... und einen Eid leisten könnten, was uns die evangelische und apostolische Autorität verbietet."[64] Man betont, daß sich dieser Brief an einen in das Reich einfallenden unrechtmäßigen Herrn richtet, daß gegenüber dem rechtmäßigen Herrn der Eid nicht verweigert wurde.[65] Aber es ist die

---

[61] MGH Diplomata Ludwig des Deutschen Nr. 64 und 80.
[62] MGH Diplomata Ottos III. Nr. 16.
[63] MGH Konstitutionen I S. 633. Das erste Verzeichnis: MGH Kapitularien I S. 349 ff.
[64] MGH Kapitularien II S. 439.
[65] H. Mitteis, Lehnrecht (o. S. 15) S. 74 f.

Frage, ob der äußere Einfall nicht nur der Anlaß war, bei dem einmal vorblickhaft die Widersprüchlichkeit sichtbar wurde, die auch schon damals in der Doppelstellung der Kirchenfürsten enthalten war und die im 11. Jh. zu dem großen Thema europäischer Geschichte werden sollte.

*

Als nächstes müssen wir auf die Heeresverfassung eingehen. Neben der Verkündung des Gerichtsfriedens war einer der wichtigsten Anwendungsbereiche des Königsbanns (s. o. S. 26 u. 75) der Befehl, zum Heeresaufgebot zu kommen. Das Recht, aufgrund besonderer Gefolgschafts- oder Abhängigkeitsverhältnisse ein bewaffnetes Gefolge zu unterhalten, war sicherlich kein königliches Monopol. Wohl aber war der König oder königsgleiche Fürst der einzige, der alle möglichen Reichs- oder Stammesangehörigen zu einem Feldzug zusammenrufen konnte. Die Karolinger haben sich, nach ihren Kapitularien zu urteilen, selbst dieses Recht eingeschränkt. Wieweit die Einschränkung ging, ist in der Forschung strittig. Eine Richtung meint, daß nur noch die Königsfreien, eine besondere Gruppe von Bauern, die auf Königsland angesiedelt waren, heerbannpflichtig waren. Wenn man ein Kapitular von 877 verallgemeinern darf, waren damals die Inhaber von Eigenland nur noch zur Verteidigung ihrer Heimat verpflichtet, die Siedler auf Königsland konnten dagegen zu Heereszügen nach auswärts herangezogen werden. Es wird in dem Kapitular zwar ausdrücklich nicht von Königsfreien, sondern von Lehensleuten des Königs gesprochen, aber für die Königsfreie wird Analoges gelten. Vielleicht dienten die Lehensleute dem König zu Pferde, die Königsfreien zu Fuß. Aus anderen, früheren Kapitularien geht hervor, daß die Heerfolgepflicht der Bauern nach ihrem Besitz und Vermögen gestuft werden sollte. Gruppen kleinerer Bauern sollten sich z. B. zusammentun und einen Panzerreiter ausrüsten. Derartige Bestimmungen sollten wahrscheinlich der Erhaltung des kleinbäuerlichen Besitzes dienen und der mißbräuchlichen Verwendung eines delegierten Heerbannes durch Grafen vorbeugen.

Die Königsfreien unterschieden sich von anderen grundherrlichen Bauern des Königs dadurch, daß sie keine landwirtschaftlichen Dienste und Abgaben zu leisten hatten, sondern neben dem Kriegsdienst Transportpflichten und andere Pflichten hatten, die mit der Reichsverwaltung in einem Zusammenhang standen. Strittig ist an den Königsfreien auch ihre Ausdehnung. Es gibt Forscher, die meinen, es hätte sie überall gegeben und Zeugnisse von Freien bezögen sich in Wirklichkeit auf Königsfreie. Eine solche Vorstellung entspricht dem Bilde einer durchgehenden Verherrschaftung der Sozialstruktur im Karolingerreich. In Italien sind *arimanni* bezeugt. Sie werden von den einen als Gruppen von Königsfreien, die auf Königsland mit Wäldern und Wiesen in Gemeinnutzung siedeln, gedeutet, andere sehen in den *arimanni* (= Heermannen) die von ihrem Grundbesitz her zur Heerfolge pflichtigen freien Bauern. Langobardische Gesetze schon scheinen darauf hinzudeuten, daß in Italien die Heermänner einen besonderen Volksstand bildeten, eben die landbesitzenden Bauern. Erst in spätlangobardischer Zeit wurden Kaufleute ohne Grundbesitz, aber mit großem Geldvermögen durch ausdrückliche königliche Verordnung zur Heerpflicht herangezogen.

*

Viele Zeugnisse deuten darauf hin, daß die Organisation des Militärwesens zu den wichtigsten Kompetenzen der Reichsherrschaften und ihrer Organe gehörte. Eng mit dem Selbstverständnis der Reiche gehört die Frage nach den Kriegsmotiven zusammen. Nur im Verteidigungsfall war die Verkündung des Heerbanns für alle unmittelbar verständlich. Aber die Kriege, zu denen die Könige und Fürsten aufriefen, waren nicht nur Verteidigungskriege. In den anderen Fällen mußten die Könige ihren Kriegsgrund darlegen, und je stärker ihre Stellung war, um so kürzer konnten sie sich fassen. Der merowingische Schriftsteller Gregor von Tours hat uns anschauliche Beispiele dafür hinterlassen, wie fränkische Könige Reden an ihr Heer hielten. Als König Theuderich 531 gegen die Thüringer ziehen wollte, versammelte er die Franken und sprach zu ihnen: „Denket, ich bitte Euch, voll Ingrimm an die Schmach, die mir angetan worden ist, und an den Untergang Eurer Väter. Erinnert Euch daran, wie die Thüringer einst über unsere Väter mit Gewalt hereinbrachen und ihnen viel Leid zufügten … Ecce verbum directum habemus: gehen wir mit Gottes Hilfe gegen sie." (III, 7). Rache für zurückliegendes Unrecht war ein Kriegsmotiv. Je nachdem, ob die Gewichte in dem Reich mehr bei dem Herrscher oder bei dem Volk lagen, mußte das Unrecht, das einem Vorfahren des Herrschers oder das früher dem Volk angetan war, im Vordergrund stehen.

In vorchristlicher Zeit gab es kaum die Reiche übergreifende Maßstäbe
für Recht und Unrecht. Kaum je wird ein Volk, das das Ziel eines
Rachekrieges war, das Gefühl besessen haben, zu Recht angegriffen zu
werden. Den Angreifer bestärkte der Sieg in seinem Rechtsgefühl. In
dem Angegriffenen wurden Rachegefühle genährt. Feierliche Fürsten-
hochzeiten auf der einen Seite und die Auslöschung eines Reiches oder
Stammesstaates auf der anderen konnten die Kette von Krieg und Rache
abbrechen. Zur Auflösung eines Reiches genügte wohl selten die Besei-
tigung des Herrschers. Die integrierenden Kräfte waren meist breiter
verteilt. So wurde das alemannische Herzogtum 746 durch die Karolinger dadurch aufgehoben, daß in einem Blutbad bei Cannstatt ein größerer Kreis aus dem Volke vernichtet wurde. Ähnliches machten die Karolinger 783 bei Verden an der Aller mit den Sachsen.
Eine Zwischenlösung zwischen der friedlichen Verbindung etwa durch
Knüpfung eines Verwandtschaftsbandes zwischen den Herrschern und
der Auslöschung eines besiegten Reiches war die Unterordnung eines
Stammesfürsten unter einen siegreichen Herrscher mit Hilfe des Ge-
folgschafts- oder gar des Lehensbandes. Diese Methode wandten die
Karolinger gegenüber den Bayernherzögen an, die sich aus ihrer ursprünglichen Abhängigkeit von den Merowingern gelöst hatten. Außerdem wurden z. B. einige slawische und nordische Fürsten von den
Karolingern in ein vergleichbares Verhältnis gebracht. Die Auslöschung
eines Reiches hatte demgegenüber in der Regel die Folge, daß Teile der
Bevölkerung als kriegsgefangene Unfreie verschleppt wurden. Außerdem kam die Herabdrückung einer ganzen Bevölkerung in Halb- oder
Unfreiheit vor.
Die Niederlassung germanischer Völker auf ehemals römischem Boden
bedeutete eine erhebliche Veränderung des bisherigen Selbstverständnisses ihrer Reiche und Stammesstaaten. Von fast allen wurde ein römischer Reichsgedanke in der Form, daß man das römische Reich in Teilen
des Gebietes fortsetzte, übernommen. Sicherlich hatte dieser Reichsgedanke für die einzelnen germanischen Völker eine ganz unterschiedlich
starke Bedeutung. Auch seine Ausprägung hatte hier und dort ganz
andere Formen. Gemeinsam war allen Völkerwanderungsstaaten auf
römischem Boden eine stärkere Bewußtheit des Normensystems gegenüber der früheren Zeit. Die Überlieferung schriftlicher Volksrechte aus
den meisten dieser Staaten ist nicht zufällig. Ein vielfach schon lange

angewandtes Gewohnheitsrecht wird jetzt schriftlich fixiert und von einem Herrscher formal in Kraft gesetzt. Dabei wurde auch viel römisches Recht übernommen, dessen Grundgedanken teilweise einen starken Einfluß hatten. Z. B. kam von dorther die Schriftlichkeit von Vertragsabschlüssen auf und die Institutionalität des Staates wurde gefördert. Die verschiedenen Völkerwanderungsstaaten waren den gleichen Einflüssen ausgesetzt und hatten gemeinsam in Byzanz die Vergleichsgröße eines nachlebenden römischen Staates. Daraus gingen Tendenzen des Systemvergleichs, der Relativierung des eigenen Systems und der Angleichung hervor.

Eine weitere erhebliche Veränderung des Reichsgedankens erfolgte durch die Christianisierung der Germanen. Bei den Franken ist in einem frühkarolingischen Prolog zum Volksrecht eine gewisse Identifizierung mit einem auserwählten Volk nachweisbar. In dem Prolog heißt es: „Heil dem, der die Franken liebt, Christus, bewahre ihr Reich, erfülle ihre Leiter mit dem Licht seiner Gnade, schütze das Heer, gewähre dem Glauben Stärkung. Freuden des Friedens und Zeiten des Glücks schenke der Herr der Herrschenden Jesus Christus, gnädig gestimmt um der Frömmigkeit willen. Dies ist nämlich ein Volk, durch Festigkeit stark, da es tapfer war. Der Römer härtestes Joch schüttelten die Franken kämpfend von ihren Nacken und nach Anerkennung der Taufe schmückten sie die wiedergefundenen Leichen der heiligen Märtyrer, die die Römer mit Feuer verbrannten oder mit dem Schwert verstümmelten oder wilden Tieren zum Zerfleischen vorwarfen, mit Gold und kostbaren Steinen."

Die Distanzierung, die hier von den Römern vorgenommen wurde, bedeutete nicht, daß man aufhörte, von ihnen zu lernen. Sie bot aber die Möglichkeit, in gewissen Hinsichten über eine bloße Fortsetzung des römischen Reiches hinauszugehen und z. B. in einer mehr oder weniger deutlichen Verbindung mit der Mission neue Völker in das Reich einzubeziehen, das einst das römische war. In der Forschung ist die konkrete Bedeutung eines Unterschiedes zwischen einem mehr römischen und einem mehr christlichen Reichsgedanken für die merowingischen Franken umstritten. Mit einer Datierung der Verchristlichung des Reichsgedankens in spätmerowingische und frühkarolingische Zeit stimmt es überein, daß vorher in den Gebieten östlich des Rheins die christliche Kirche keinen Fuß faßte. Trotz einer lockeren Abhängigkeit, in die die

Gebiete östlich des Rheins schon vorher gebracht worden wären, hätte man sich doch bis dahin an die Grenzen des römischen Reiches, wie man sie vorgefunden hatte, und die im wesentlichen am Rhein lagen, gehalten. Erst in frühkarolingischer Zeit wäre dann das Bedürfnis entstanden, die Gebiete östlich des Rheins in einen neu konzipierten Reichszusammenhang zu integrieren.[66] Dem steht eine Interpretation gegenüber, wonach sich das Merowingerreich bereits voll auf die Gebiete östlich des Rheins ausdehnte und weniger Gliedstaat des ehemaligen römischen Reiches war, als vielmehr eine erste Zusammenfassung vieler Germanen. Ein wichtiges Argument für diese Interpretation sind die in letzter Zeit immer mehr durch die archäologische Forschung zutage getretenen Zeugnisse eines kulturellen Zusammenhangs der Gebiete östlich und westlich des Rheins. Vielleicht besteht eine Möglichkeit, diese Interpretationen in Übereinstimmung zu bringen, wenn man eine Beobachtung weiterverfolgt, die ebenfalls jüngst in der Forschung gemacht wurde: danach ist mit einer kulturellen Differenz in der merowingischen Gesellschaft zu rechnen. Danach gäbe es gewissermaßen eine Oberschichtkultur, deren Träger die Bischofskirche, der König mit seinen Funktionären und die Inhaber großer Herrschaften gewesen wären und mit denen sich auch ein spezifisches Reichsbewußtsein verbunden hätte. Außerdem gäbe es eine Art Unterschichtkultur, die sich u. a. durch ein stark mit heidnischen Elementen durchsetztes Vulgärchristentum auszeichnete und zu der auch Zeugnisse der Verbindungen mit den Gebieten östlich des Rheins gehört hätten.

6. Die katholische Christenheit

Die Christianisierung des Reichsgedankens besonders bei den Franken hatte weitgehende Konsequenzen und führte zu einer vollkommenen Neuordnung des europäischen Staatensystems.
Zunächst schien es, als ob die katholische Kirche mit dem Papst an der Spitze eine neue Ebene des Zusammenlebens sein würde. Der westgoti-

---

[66] Entsprechend von missionsgeschichtlicher Seite: A. Angenendt, Willibrod im Dienste der Karolinger. Annalen des Historischen Vereins für den Niederrhein 175 (1973) bes. S. 104–107.

sche Schriftsteller Isidor von Sevilla schrieb im 7. Jh., die verschiedenen *regna* würden durch die *ecclesia* zusammengefaßt werden.[67] Im 8. Jh. konvergierte dann allerdings die Ordnung der höheren Ebene mit jener des fränkischen Reiches. Die Entwicklung fand ihren Höhepunkt in der Kaiserkrönung Karls des Großen 800. Karl wurde als das Haupt Europas angesprochen. Es trat allerdings keine vollkommene Identität zwischen dem fränkischen Reich und der katholischen Christenheit ein, obwohl man im Kreis um Karl den Großen zeitweise sicherlich solche Gedanken hatte und obwohl karolingischer Gestaltungswille sogar zu der angelsächsischen Insel hinübergriff. Aber es gab wenigstens in Nordspanien und England christliche Randstaaten, die eine karolingische Oberherrschaft nicht anerkannten. Trotzdem stützte die Verbindung zwischen Papst und karolingischem Herrscher das Sendungsbewußtsein im fränkischen Volk und begründete eine ausgesprochen universalistische Reichspolitik besonders Karls des Großen. Das Reich wuchs über viele Stämme hinweg und wurde neben der Kirche nur noch vom Kaiser, den gefolgschaftlichen Beziehungen zu ihm und einer kleinen Gruppe von Beamten integriert.

Da die karolingischen Herrscher dynastische Erbteilungsgewohnheiten nach der Art von Bauern oder Grundherren trotz aller Aufgeschlossenheit für romanische und christliche Staats- und Amtsideen beibehielten, war die verhältnismäßig rasche Aufteilung des Großreiches in Teilreiche eine nahezu logische Konsequenz. Der karolingische Familienzusammenhang ermöglichte für einige Zeit die Wiederzusammenlegung von Reichsteilen beim Aussterben einer Seitenlinie. Dann aber entstanden im Zusammentreffen alter Stammestraditionen mit neuen Gruppenbildungen unter den führenden Leuten der Teilreiche neue Reichs- und Staatsvorstellungen, die die Teilreiche von der karolingischen Familiengeschichte loslösten. Jetzt trat wieder die katholische Kirche als übergeordneter Zusammenhang nicht nur zwischen dem fränkischen Reich und den Randstaaten, sondern auch zwischen den karolingischen Nachfolgereichen deutlich hervor.

Der Papst, die Führungsfigur der katholischen Kirche, beanspruchte im 6. Jh. schon die Kompetenz, z. B. fränkische Könige in ihrem Verhalten

---

[67] E. Ewig, Zum christlichen Königsgedanken im Frühmittelalter, in: Das Königtum (u. S. 294) S. 31.

zu ermahnen und zu beraten.[68] Die Normen des Kirchenrechts griffen in vielfacher Hinsicht in die inneren Verhältnisse der Reiche ein. Diese Normen und die in der Heiligen Schrift niedergelegten christlichen Grundgedanken beeinflußten die Synoden, zu denen vornehmlich die Bischöfe eines Reiches regelmäßig zusammentraten und an denen die jeweiligen Könige mehr oder weniger mitbestimmend teilnahmen. Auf solchen Synoden wurden im 6. Jh. z. B. verboten, Unfreie in nichtchristliche Gebiete als Sklaven zu verkaufen.[69] Diese Synoden gingen von dem Normbewußtsein aus, daß auch Unfreie Christen sind und nicht aus der Christenheit ausgestoßen werden dürfen. Überhaupt haben diese Synoden die Herrenrechte über Unfreie unter Fortsetzung spätantiker humaner Tendenzen eingeschränkt. Dadurch wurde eine Umverlagerung von Gerichtskompetenzen angestrebt, der aber im übrigen die Verherrschaftung der Sozialstruktur vornehmlich im 9. und noch mehr im 10. Jh. entgegenstand.

Wir haben gehört, daß die Könige sich für das Funktionieren der Gerichtsordnung des Volkes einsetzten. In dem Maße, wie Grundherrschaften, die zu Gerichtsherrschaften wurden, die Gerichtsordnung prägten, wurde die Gerichtsfunktion von Thingversammlungen und Reichsorganen eingeschränkt. Starke Könige behielten auch dann noch über ihre Hofgerichtsbarkeit Kompetenzen im Gerichtswesen. Über ihre Banngewalt hatten sie die Möglichkeit Sonderfrieden, etwa einen Heerfrieden oder einen Marktfrieden, zu verkünden, deren Verletzung ganz in ihre Gerichtskompetenz fiel. Unter schwachen Königen drohten Reiche mit fortgeschrittener Verherrschaftung der Sozialstruktur den Charakter eines zusammenhängenden Rechts- und Friedensbezirkes zu verlieren. Bruderkriege von Teilreichsherrschern schwächten insbesondere die Gerichtsautorität von Königen gegenüber den adeligen Herren ihrer Reiche. In den Straßburger Eiden, die sich ein ost- und ein westfränkischer König 842 gegenseitig leisteten, wurden die adeligen Gefolgsleute beider Seiten zu Garanten und Schiedrichtern über das Verhalten ihres jeweiligen Königs eingesetzt (Nithard, Historiae III, 5). Diese Gefolgsleute hatten gewissermaßen die Wahl zwischen den Köni-

---

[68] Vgl. die Briefe Gregors des Großen. Eine Sammlung von Stellen bei E. Ewig (wie in der vorigen Anm.) S. 20 f.
[69] Ch. Verlinden, L'esclavage dans l'Europe médiévale 1 (1955).

gen, an die sie sich um Rechtshilfe wegen ihrer eigenen Probleme wenden konnten.[70] Eine Ersatzfunktion bei der daraus resultierenden Rechtsunsicherheit nahm nicht selten ein kirchliches Gericht, eine Bischofssynode oder sogar das Gericht des Papstes wahr.[71] Im übrigen entwickelte sich die Vorstellung, daß man auch einen innerstaatlichen Rechtsstreit durch eine Fehde rechtmäßig zur Entscheidung bringen könnte. Dadurch trat eine Angleichung der Rechts- und Friedensverhältnisse innerhalb und außerhalb der Staaten ein. Die Möglichkeit der Fehde zwischen Sippen, Hausherren, Grundherren und Gefolgsherren war immer gegeben. Stammes- und Reichsordnungen hatten in bestimmten Zeiten und Räumen die Fehde stark eingeschränkt. Im ausgehenden 9. Jh. gewann sie nun eine verstärkte Bedeutung, war aber gleichzeitig überall einheitlichen normierenden Einflüssen ausgesetzt, die einerseits von Christentum und Kirche und andererseits, wenigstens im Gebiet der karolingischen Nachfolgestaaten, vom Lehensrecht ausgingen. Nach kirchlichen Bußbüchern wurde z. B. nicht nur der fahrlässige Totschlag, sondern auch der Meuchelmord mit einer schweren geistlichen Buße belegt.[72]

In der Mitte des 10. Jh. wurde die Verbindung des Reichsgedankens mit der katholischen Kirche durch die deutschen Könige wieder aufgenommen und in der Kaiserkrönung Otto des Großen 962 sichtbar zum Ausdruck gebracht. Auch jetzt gab es Tendenzen zu einer Ausdehnung der Anerkennung dieser Kaiserherrschaft über alle Länder der katholischen Christenheit, aber sie kamen noch weniger zur Durchsetzung als die Bestrebung eines Karl des Großen. Im Innern wurde die Kaiserreichsidee von der Vorstellung der *translatio imperii* getragen, die u. a. die sächsische Dichterin Roswita von Gandersheim in Worte faßte: „Gott befahl, das edle Reich der Franken auf den ruhmvollen Stamm der Sachsen zu übertragen, so wie das Reich früher von den Römern zu den Franken gelangt war."[73] In etwa gleichzeitig nahmen vorüberge-

---

[70] Vgl. die Einladung westfränkischer Herrn 856 an den ostfränkischen König Ludwig nach E. Dümmler, Geschichte des ostfränkischen Reiches I (Nachdruck 1960) S. 413.
[71] Vgl. z. B. die Synode in Hohenaltheim 916 nach MGH Konstitutionen I Nr. 433.
[72] A. Hauck, Kirchengeschichte Deutschlands II (1954[8]) S. 787 f.
[73] Gesta Oddonis imperatoris. MGH Scriptores IV S. 317 ff.

hend in Spanien und England Könige den Kaisertitel an. Wahrscheinlich wollten sie dadurch manifestieren, daß es ihnen gelungen war, mehrere *regna* in ihrer Herrschaft zu vereinigen. Eine Zukunftsbedeutung behielt nur das deutsche Kaisertum, das sich immerhin längere Zeit als Schutzamt für den Papst auffassen konnte. Dadurch erhielt der deutsche Kaiser eine Autorität, die der eine oder andere Nachbarherrscher immer wieder einmal anerkannte. Bei der Kaiserkrönung Konrads II. 1027 assistierte nicht nur ein König von Burgund, sondern außerdem König Knut von England, Dänemark und Norwegen. Der Papst hatte die Stellung eines unbestrittenen Oberhaupts im Abendland in kirchlichen Fragen. Im ausgehenden 11. Jh. löste sich der Papst von der Schutzgewalt des Kaisers und strebte seinerseits eine Stellung im Abendland an, die über die geistliche Autorität hinausging. Auch ihm gelang es zeitweise, eine hegemoniale Stellung über verschiedene Reiche zu erlangen. Er bediente sich dabei hauptsächlich des Lehensbandes.

*

Die katholische Christenheit bestand nicht nur aus Kaisern, Päpsten und Synoden, sondern auch aus Frömmigkeitsbewegungen. Große, Europa durchquerende Wallfahrten führten besonders nach Rom und Jerusalem. Bei ihnen kamen Menschen aller Stände zu einer vorübergehenden Gruppenbildung zusammen. Frömmigkeitsbewegungen mit dauerhafteren Gruppenbildungen wurden vornehmlich von Mönchen getragen. Sie wurden dadurch gekennzeichnet, daß Gruppen von Mönchen unter Aufstellung oder Wiederbelebung bestimmter christlicher Prinzipien die überkommenen Regeln des mönchischen Lebens ergänzten. In der ersten Hälfte des 9. Jh. war die in dieser Hinsicht richtungsweisende Gestalt Benedikt von Aniane, der Abt von Kornelimünster. Benedikt beeinflußte Kaiser Ludwig den Frommen und veranlaßte nicht nur, daß dieser neue Mönchs- und Klerikerregeln verbreiten ließ, sondern er hatte auch Einfluß auf die Privilegienpolitik des Kaisers gegenüber den Klöstern. Er veranlaßte, daß viele Klöster Immunitätsprivilegien erhielten. Ihre Lasten für den Staat wurden verringert und ihre Grundherrschaften wurden aus der karolingischen Beamtenverwaltung weitgehend herausgelöst. Das waren keine Impulse und Maßnahmen, die sich auf die karolingischen Verfassungsverhältnisse beschränken sollten, sondern die überall dort, wo es Institutionen der katholischen Christenheit gab, dafür sorgen sollten, daß diese mehr als bisher aus dem weltlichen Geschäft herausgelöst wurden.

Die in dem Kloster Cluny in Burgund vom 10. Jh. ab ausgebildeten Gewohnheiten des Mönchslebens wurden auf viele andere Klöster im europäischen Raum übertragen. Diese Klöster wurden von Bischöfen und Laien besucht und verehrt und von ihnen ging ein Einfluß auf die Verhaltensweise des Weltklerus und der Laien aus. Der Einfluß förderte eine asketische Lebensweise und eine stärkere Beschäftigung mit dem Gottesdienst gegenüber anderen Tätigkeiten. Ganz ausdrücklich wurde von Kreisen um Cluny der Gedanke verbreitet, daß die Christenheit eine Einheit darstelle und untereinander keine Kriege führen dürfe. In dem von Cluny reformierten Kloster Fleury an der Loire wirkte seit 988 Abbo als Abt. Abbo war in Streitigkeiten mit dem für ihn zuständigen Diözesanbischof Arnulf von Orléans verwickelt. Er schrieb in dem Zusammenhang die Streitschrift Apologeticus, in der es u. a. heißt: „Echtes Rittertum bekämpft sich nicht gegenseitig im Schoß seiner Mutter, der Kirche, sondern richtet alle seine Kräfte darauf, die Gegner der heiligen Kirche Gottes zu unterwerfen."[74] In der gleichen Zeit lebte der Magdeburger Kanoniker Brun von Querfurt. Auch Brun stand unter dem Einfluß der genannten mönchischen Bewegungen, er war ein unruhiger christlicher Agitator, der nach Italien zog und vor allem in Osteuropa für den Glauben missionierte. In der Lebensbeschreibung des heiligen Adalbert, die er verfaßte, verurteilt er den Krieg, den der deutsche König Otto II. gegen Frankreich führte und schrieb: „Es wäre besser, eifrig die Heiden zu bekämpfen, anstatt ein stattliches Heer gegen die christlichen Brüder, die karolingischen Franken zu sammeln."[75] Mit den christlichen Ermahnungen an die Fürsten stehen solche Leute in einer Tradition, die seit dem Beginn des Mittelalters, z. B. seit Gregor dem Großen, nicht abgerissen ist und deren wichtigste erhaltene Zeugnisse die karolingischen Fürstenspiegel sind. Der Gedanke des christlichen Europas ist sicherlich nicht von entscheidender Bedeutung für das politische Verhalten der Fürsten geworden. Aber er ist auch nicht ohne Einfluß auf diese geblieben. Vor allem hat der Gedanke zu einer gewissen Relativität der Staaten, zu einer Auswechselbarkeit von Herrschaft und Herrscher beigetragen.

[74] Migne PL 139, Spalte 464 B.
[75] MGH Scriptores IV S. 598.

III. Der Verfassungswandel

1. Der Aufschwung der Städte

Im Hochmittelalter gab es den *Essor de l'Europe*, wie es in dem Titel eines Buches eines bekannten französischen Historikers heißt.[1] Der Aufbruch bedeutet nicht nur die Wiedergewinnung einer in der Antike bereits erreichten Kulturhöhe, sondern in ihm entstand zugleich eine Reihe von Einstellungen und Verhaltensweisen, die neu waren und die jene neuzeitliche Geschichte Europas vorbereiteten, welche für die Menschheit entscheidend werden sollte. Der Aufbruch Europas läßt sich an einer Zunahme von Bevölkerung, Reichtum und Mobilität erkennen, wobei letztere nicht nur eine räumliche, sondern auch eine soziale und psychische war. Ein Wandel von Verfassungsverhältnissen war in den allgemeinen Wandel einbezogen, folgte auf ihn und ermöglichte ihn. Die Frage nach den Ursachen des Essor de l'Europe führt entweder zu vereinfachenden unbefriedigenden Antworten oder zum Bewußtsein der Grenzen des Historikers. Und doch wäre die Beantwortung dieser Frage so wichtig, weil der Aufbruch Europas im Hochmittelalter offenbar ein einmaliger Vorgang war und weil unzählige andere Kulturen in ihrer Entwicklung auf einer gewissermaßen niedrigeren Stufe stehen geblieben sind.

Man hat auf das nachweisbar gute Wetter hingewiesen, daß in Europa im Hochmittelalter herrschte. Dieses Wetter war sicherlich ein begünstigender Umstand, aber nicht mehr, denn gutes Wetter gab es sicherlich auch anderswo zu anderen Zeiten. Auch der Versuch, eine Bevölkerungsvermehrung als primäres Naturereignis hinzustellen, und monokausal für die übrigen Veränderungen verantwortlich zu machen, wird in neueren demographischen Arbeiten zurückgewiesen. Man konnte z. B. durch urkundliche Untersuchungen in Rodungsgegenden der Picardie ermitteln, daß Rodung nicht durch Bevölkerungsvermehrung hervorgerufen wurde, sondern umgekehrt: die Bevölkerungsvermehrung

---

[1] L. Halphen (1948³).

trat nach der Rodung ein.[2] Man wird bei weiteren Überlegungen dieser Frage sicherlich beachten müssen, daß sich im frühen Mittelalter eine transitorische Struktur des Ordnungsgefüges Europas bildete. Dafür waren nicht allein, aber doch maßgeblich Normen aus der christlichen Religionstradition verantwortlich. Religiöse Normen trieben die Menschen zum Handeln und zum Nachdenken, zur Expansion (Missionsauftrag) und zur Verbesserung ihrer Ordnung.[3] Man kann eine Unterscheidung verwenden, die die Soziologie zwischen menschlichen Bindungen mehr verwandtschaftlicher, sonstwie ererbter oder gottgewollter Art, und Bindungen, die mehr auf freiwilligem Zusammenschluß und gemeinsamen Überzeugungen beruhen, macht. Dann gehören die Ordnungen des früheren Mittelalters überwiegend der ersteren Gruppe an. Lediglich bei den unter dem Titel Gefolgschaften und Bruderschaften erörterten Gebilden spielt die freiwillige Entscheidung für die Gruppenbildung eine große Rolle. Allerdings wurden bei einer solchen Gruppenbildung meistens Verfahren angewandt, die an künstliche Verwandtschaftsstiftung erinnern. Die Verfassungsordnungen, die im Essor de l'Europe des Hochmittelalters neu entstanden sind, unterscheiden sich in dieser Hinsicht nicht radikal von den früheren, aber die zweite Form der Bindungen wird jetzt viel wichtiger als vorher. Die mönchischen Reformbewegungen z. B. veränderten nach und nach ihren Charakter. Aus Bewegungen zur Wiederherstellung oder Ergänzung alter Ordnungen mit allgemeiner Verbindlichkeit, wie jener von Cluny, gehen jetzt solche hervor – wie zuerst die der Zisterzienser – die Mönche zu einer Sondergemeinschaft vereinen, welche sich für eine besondere Lebensform entscheiden und sich entsprechend organisatorisch abschließen.

Die Intellektualisierung und Spiritualisierung der kirchlichen Lehre im 12. und 13. Jh. machte aus der ganzen Kirche mehr als vorher eine Überzeugungsgemeinschaft. Parallel zu den kirchlich-religiösen Bewegungen – auf eine mehr oder weniger unterirdische Weise mit ihnen verbunden – gab es weltliche Bewegungen in Richtung auf eine bes-

---

[2] R. Fossier, Les défrichements en Picardie. Bulletin phil. et hist. 1963 (1966) S. 75–91.
[3] Vgl. z. B. die Interpretation des Investiturstreits der Zeit um 1100 als „Kampf um die rechte Ordnung in der Welt" durch G. Tellenbach, Libertas, Kirche und Weltordnung im Zeitalter des Investiturstreits (1936).

sere Ordnung. Die soziale Mobilität äußerte sich im 12. und 13. Jh. in
erster Linie in ganz Europa als eine Wanderung aus den überkommenen
agrarischen Verhältnissen zu neuen Siedlungszentren, den Städten, und
enthielt die Entscheidung Hunderttausender für eine neue Lebensform.
Auch die nebenherlaufende bäuerliche Kolonisationsbewegung, als Binnenkolonisation im Altsiedelland, als Ostkolonisation und als Besiedlung
anderer Randgebiete des Abendlandes, wie etwa Mittelspaniens, wird
überwiegend von dem Wunsch nach freiheitlicheren und korporativ gesi-
cherten Lebensbedingungen geleitet worden sein.
Unsere darstellerische Aufgabe ist in den restlichen Teilen des Buches
zugleich schwieriger und einfacher als in den vorhergehenden. Hauptsächlich wegen der zunehmenden Quellen sind die Ansichten in der
Forschung übereinstimmender als für das Frühmittelalter. Auch die
Aufarbeitung neuer Quellen und die Entwerfung neuer Fragen ergänzt
und vertieft immer wieder ein bereits vorliegendes Geschichtsbild. Wir
können deswegen weitgehend darauf verzichten, wie bisher alternative
Forschungsansichten darzustellen und die Argumente für verschiedene
Hypothesen abzuwägen. Andererseits aber macht die Vermehrung der
Quellen und zugleich eine Differenzierung der Entwicklung in den
einzelnen Teilen Europas unsere Aufgabe schwieriger. Man kann weniger als bisher davon ausgehen, daß ein bestimmter Ordnungstyp in ganz
Europa anzutreffen ist und muß wenigstens in Andeutungen auf die
regionalen Verschiedenheiten eingehen.

*

Eine der zum Teil wiederentdeckten, zum Teil ganz neu entdeckten
Gemeinschaftsordnungen des Hochmittelalters war die Stadt. Es gab
eine lebhafte Diskussion um den Stadtbegriff, die zu dem Ergebnis
geführt hat, daß eine eindeutige Definition wegen der Vielfalt, in der die
mittelalterliche Stadt in Erscheinung tritt, unmöglich ist. Man sollte
sich darauf beschränken, die Stadt zu beschreiben oder mit Stadtbegrif-
fen zu arbeiten, die von Epoche zu Epoche – man könnte noch sagen
von Region zu Region – verändert werden.[4] Wenn man aber zum Be-

---

[4] C. Haase, Stadtbegriff und Stadtentstehungsgeschichte in Westfalen, in: Die
Stadt des Mittelalters (1969–1973) I S. 60–94.

wußtsein bringen will, daß mit der Stadt eine große alternative soziale Ordnung im Hochmittelalter geschaffen wurde, so ist dieser Diskussionsstand nicht voll befriedigend. Man sollte wohl das herausstellen, was diese Alternative im wesentlichen ausmachte und sich nicht scheuen, einen idealtypischen Begriff zu verwenden. Dabei wäre dann in Kauf zu nehmen, daß eine Reihe von Erscheinungen, die man landläufig als Stadt bezeichnete, nicht unter den Ordnungsbegriff zu subsumieren wären. Man war sich schon immer einig darüber, daß es verhältnismäßig leicht ist, einen umfassenden Stadtbegriff auf der Basis ökonomischer Tatsachen zu finden. Die Soziologie unterscheidet zwischen dem primären Sektor der Rohstoffproduktion, dem sekundären der handwerklichen oder industriellen Fertigwarenproduktion und dem tertiären der Distribution, d. h. des Handels, und der Dienstleistungen. Verhältnismäßig wenige der Siedlungen, die man als Stadt zu bezeichnen gewohnt ist, werden nicht erfaßt, wenn man die Stadt als eine Siedlung definiert, in der Menschen zusammenwohnen, die zum Teil in sekundären und zum Teil in tertiären Sektoren beschäftigt sind. Eine rein ökonomische Stadtdefinition ist bisher unbefriedigend erschienen, weil sie wesentliche Eigenschaften der mittelalterlichen Städte unberücksichtigt läßt. Besonders in einer Verfassungsgeschichte ist es unbefriedigend, wenn man einen nur ökonomisch bestimmten Stadtbegriff verwendet. Wir wollen deswegen zu der ökonomischen Definition hinzufügen, daß eine Stadt eine Siedlung ist, in der Menschen zusammenleben, die die Gestaltung ihrer Angelegenheiten kommunal organisieren. Sie verteilen die verschiedenen Organisationsrollen untereinander auf der Basis der Gleichrangigkeit. Eine solche Definition schließt nicht aus, daß die meisten Städte einen Herrn hatten, der mehr oder weniger intensiv eigene Rechte zur Geltung brachte. Sie läßt es weiterhin offen, daß es möglicherweise keine Stadt gab, in der *alle* Menschen gleichrangig an der Verteilung der Führungsrollen teil hatten, daß überall früher oder später Schichtenbildung zu berücksichtigen ist. Aber gerade das oben erwähnte alternative Moment in der Sozialordnung gegenüber den frühmittelalterlichen Ordnungen ist trotzdem in dieser Definition angesprochen.

*

Wenn wir auf diesen wirtschaftlichen und verfassungsrechtlich bestimmten Stadtbegriff gestützt an die relevanten Erscheinungen des
hohen Mittelalters herantreten, stellen wir sogleich fest, daß wir zwischen zwei Stadttypen unterscheiden müssen: dem südeuropäischen
und dem mittel- und westeuropäischen. Für die italienischen
Städte wurde die Möglichkeit einer institutionellen Kontinuität aus
der Antike erwogen. Spätestens im 10. Jh. gab es ein städtisches Gewohnheitsrecht und ein *consilium seniorum* (o. S. 57). Die karolingischen Grafen residierten und herrschten wohl in den steinernen Resten
der antiken Städte. In einigen Städten erhielten die Bischöfe frühzeitig
Immunitätsprivilegien, die dazu führten, daß die Bischöfe im Laufe der
Zeit Gerichtsherrschaften über die Stadt und einen dazu gehörigen
Landbezirk errichteten. In anderen Städten teilten sich Bischof und
Graf die Herrschaft. Der unglückliche Ausgang eines Aufstandes Ar-
duins von Ivrea am Anfang des 11. Jh. gegen den deutschen König, dem
sich der gräfliche Adel Italiens angeschlossen hatte, während die Bischöfe auf der Seite des Königs blieben, gab noch einmal einen kräftigen
Schub zugunsten der Bischöfe. Aber die Bischöfe erfreuten sich nicht
lange ihrer Herrschaftsfülle. 1031 machten die Leute von Cremona
einen Aufstand, eine *coniuratio*, gegen den Bischof, der vorübergehend
aus der Stadt vertrieben wurde. Es geht hier, wie an anderen Stellen um
die Benutzung von *bona communalia* ohne Abgaben. Nicht überall beteiligten sich alle Stadteinwohner an diesen Bewegungen. Im Laufe der
Unruhen trat zutage, daß in den Städten mehrere Gruppen wohnten. In
der Umgebung der Grafen und Bischöfe gab es *scabini, notarii, iudices*,
Leute, die in einer romanischen Tradition der Bildung lebten und die,
wie am Beispiel von Lucca gezeigt wurde, sich zu einem erblichen
städtischen Patriziat zusammenschlossen, gleichzeitig Dienst- und Lehensgüter der Grafen und Bischöfe auf dem Lande besetzten und
ebenso Landadel wie Stadtpatriziat waren.[5] Sowohl die Herrschaft des
Grafen wie die des Bischofs hatte Bedeutung dafür, daß im mittelalterlichen Italien, wie in der Antike die Stadt der Mittelpunkt eines Landbe-
zirkes war und daß es enge Beziehungen zwischen den Bewohnern der
Stadt und dem Lande gab.

---

[5] H. M. Schwarzmaier, Lucca und das Reich bis zum Ende des 11. Jh. (1972).

Außerstädtische, auf Burgen gestützte Adelsherrschaften kamen nur vorübergehend zustande. Sie gingen nicht von den alten Grafen aus, sondern von einem neueren Adel aus der Umgebung dieser Grafen und der Bischöfe. Die Inhaber dieser Herrschaften trugen einen Grafentitel in einem neuen Sinn. Die großräumigste Herrschaft dieser Art war die Markgrafschaft von Canossa. In Ober- und Mittelitalien wurden sie alle früher oder später wieder von den städtischen Machtzentren aufgesogen.

Bei der Ausgestaltung der kommunalen Verfassung der italienischen Städte im ausgehenden 11. und 12. Jh. entstanden nun zwei verschiedene Typen: solche Städte, in denen eine ständische Kluft keine Rolle spielt und solche, in denen nur das landbesitzende Stadtpatriziat an der Gestaltung der kommunalen Angelegenheiten teilhatte. In Genua z. B. wird 1099 zuerst die *compagna* erwähnt, eine Eidgenossenschaft von Seekaufleuten, die die Konsulen stellte. Die aufstrebenden Kommunen hatten in der einen oder anderen Weise ihren Vorteil von den Schwierigkeiten des deutschen Königs und Kaisers im Kampf gegen den Papst im ausgehenden 11. und beginnenden 12. Jh. Sei es, sie hatten seine Unterstützung gegen einen Grafen oder Bischof, der der päpstlichen Partei angehörte, sei es, er verzichtete ihnen gegenüber auf die Wahrnehmung von Rechten aufgrund von Hilfen, die sie ihm leisteten. 1081 sicherte König Heinrich IV. den Leuten von Pisa zu, er werde künftig keinen Markgrafen in der Toskana ernennen ohne Zustimmung von 12 von den Bürgern von Pisa erwählten Männern. In demselben Jahr verpflichtete sich Heinrich IV., in Lucca und im Umkreis von 10 km um die Stadt keinen Palast und keine Burg mehr zu bauen. Im 12. Jh. schrieb der jüdische Reisende Benjamin von Tudela über die italienischen Städte: „Sie werden weder von einem König noch von einem Fürsten, sondern nur von selbst gewählten Rechtspersonen geleitet."[6] Diese Rechtspersonen wurden um 1100 herum überall Konsulen genannt.

Ein besonderes Problem stellt die Identifizierung der Gruppen in solchen Städten dar, wo eine Schichtung nachzuweisen ist. Besonders aus Mailand wissen wir von Kämpfen zwischen solchen Gruppen schon im 11. Jh. Die Chronisten Arnulf und Landulf erwähnen *capitanei* und

---

[6] MGH Scriptores XX S. 396.

valvassores auf der einen Seite und *cives* auf der anderen Seite.[7] Es wäre falsch in letzteren eine landlose, quasi proletarische, handwerklich tätige Unterschicht zu sehen. Aus Urkunden wissen wir, daß die *cives* im wesentlichen aus Kaufleuten bestanden, die ebenfalls Landbesitz mit Eigenkirchen aufweisen konnten.[8] Man nimmt an, daß die Stellung der ersteren auf derselben sozialen und ökonomischen Basis beruht, daß sie aber eine oder zwei Generationen früher aufgestiegen sind und nun nachrückenden Schichten die Teilnahme an den politischen Angelegenheiten, z. B. an der Bischofswahl, streitig machen. Es gibt auch eine starke Tendenz zur Erblichkeit der Ämterbesetzung. Aufstände und Heiratsverbindungen erlaubten es sicherlich immer wieder reichgewordenen Leuten aus dem *populus* in die bevorrechtete Schicht einzutreten. Im *populus* selbst gibt es dann, wie z. B. Florenz im 13. Jh. zeigt, die Unterscheidung zwischen *popolani grassi* und *popolani minuti*. Letztere waren nun wirklich eine Unterschicht besitzloser, einkommensschwacher Handwerker. Sie waren sicherlich von den gleichen Idealen wie die anderen erfüllt, aber im Unterschied zu den *grassi* nicht in der Lage, sie auch nur annähernd zu erreichen.

In Mailand kam es in der zweiten Hälfte des 11. Jh. vorübergehend zu einer Verbindung zwischen bestimmten *populus*-Gruppen und religiösen Reformbewegungen, die jetzt aus dem Bereich des Mönchtum kräftig hinübergriffen in den Weltklerus und in die Laiengesellschaft. Es entstand die Bewegung der Pataria. Wenn eine solche Verbindung dauerhaft geblieben wäre, hätte dadurch sicherlich eine schärfere Profilierung einer Unterschicht entstehen können. Die Pataria wurde von dem Erzbischof von Mailand in Verbindung mit dem deutschen Kaiser und wohl auch dem Patriziat von Mailand ausgelöscht. Danach trennte sich die politische Entwicklung in Mailand wieder von den religiösen Bewegungen. Die 1097 zuerst genannten Mailänder Konsulen wurden wohl zu gleichen Teilen von den *capitanei, valvassores* und *cives* eingesetzt.

Im 12. Jh. bildeten sich überall unterhalb der Konsulen Repräsentativ- und Beratungsorgane aus: der kleine und der große Rat. Der große Rat war oft sehr umfangreich, hatte manchmal 1000 und mehr Mitglieder. Die Mitglieder der Räte wurden gewählt, manchmal nach Stadtteilen,

---

[7] MGH Scriptores VIII S. 63.
[8] C. Violante (u. S. 292) S. 209 f.

jedenfalls so, daß der *populus* an der Wahl beteiligt war. Trotz dieser und anderer Gemeinsamkeiten zwischen den Geschlechtern und dem *populus*, trotz einer fortdauernd bestehenden Aufstiegsmöglichkeit bauten doch beide mehr und mehr unterschiedliche Organisationen auf. Die Geschlechter gruppierten sich in *consorzerie*, agnatischen Verwandtschaftsverbindungen, die auch künstliche Verwandtschaftsangliederungen (Bruderschaften) einschlossen. Die *consorzerie* wurden von der *societas militum* mit eigenen Leitungsorganen umgriffen. Der *populus* war in den *vicinia* nach Stadtteilen mit hauptsächlich militärischen und wahlpolitischen Funktionen und in den Handwerkergilden organisiert. Im *populus* waren die Reichen, die *grassi*, die allein Bestimmenden. Im Jahre 1277 wurde in Padua bei der Wahl von Beamten die Anwesenheit von „allen Matrosen, Gärtnern, Landarbeitern, Hirten und Männern ohne Landbesitz" verboten. Die *grassi* waren, wie gesagt, jene Leute, die sich sozial und wirtschaftlich kaum von den Patriziern unterschieden, sondern lediglich durch ihren späteren Aufstieg zu einer anderen Gruppenbildung veranlaßt wurden. Die *vicinia* und die Gilden wurden von *anziani* geführt, der *populus* als Ganzes von dem *capitano del popolo*. Es gab Kämpfe zwischen dem *populus* und den Geschlechtern, deren Ergebnis Stadtstatuten, die Fixierung der Anteil in den Regierungsämtern und der Verwaltung, ein labiles politisches und rechtliches Gleichgewicht waren. Trotz oft erbitterter Feindschaft brauchte man einander, vor allem in wirtschaftlicher Hinsicht.

Die Gesamtzahl der Statuten der italienischen Städte, die im 12. Jh. beginnen, wird auf 10 000 geschätzt. Zu den frühesten gehören die Statuta consulatus Januensis von 1143 und das Breve consulum Pisane civitatis von 1162. Nach dem 12. Jh. kann man nicht mehr davon reden, daß die Patrizier die Städte beherrscht hätten. Die Anteile der Gruppen an der Regierung waren unterschiedlich, in manchen Fällen recht ausgeglichen. Ein Gesetzeswerk, das ein starkes Übergewicht des *populus* festhält, sind die Ordinamenta Justitiae von Florenz von 1293. Streitigkeiten auch der Geschlechter untereinander führten schon in der zweiten Hälfte des 12. Jh. an vielen Orten zur weitgehenden Ersetzung der Konsulen durch einen *potesta*, einen besoldeten obersten Verwaltungsbeamten mit befristeter Amtszeit, der meistens von auswärts geholt wurde. 1205 wurden in Verona von einem *potesta* Statuten mit „Rat und Erlaubnis der Gemeinde" erlassen. Auf das Ganze gesehen, konzentrierte sich die politische Macht bei den Räten, die durch Wahlen und durch Vereinbarungen zwischen *populus* und Geschlechtern besetzt wurden.

*

Bei der Frage nach der Entstehung der nordalpinen Städte begegnen wir zunächst zwei sich überschneidenden Problemkreisen. In wirtschaftlicher Hinsicht muß eine Abwägung vorgenommen werden, ob mehr kaufmännische oder mehr gewerbliche, handwerkliche Kräfte bei der Entstehung beteiligt waren. In verfassungsrechtlicher Hinsicht standen sich lange Zeit die Thesen eines mehr hofrechtlichen und eines mehr marktrechtlichen Ursprungs der Städte gegenüber. Auch in diesem Problemkreis ist es inzwischen zu einer weitgehenden Vereinheitlichung der Meinungen gekommen. Einer zu ausschließlichen Betonung der kaufmännischen Wurzel der Stadt widersprach der belgische Historiker *Verlinden*.[9] Er zeigte, daß in Flandern die Entstehung der Städte mit einer wichtigen webtechnischen Verbesserung in der 2. Hälfte des 11. Jh., der Einführung des mechanischen Webstuhls mit Pedalen zusammenfällt, der hier eine große Exportproduktion förderte. Für Flandern wird der Hinweis auf diesen Zusammenhang bedeutsam sein, in Deutschland muß man jedoch dem kaufmännischen Element die führende Rolle zusprechen. Deutschland erlebte schon im 10. Jh. einen Aufschwung des Handels, hinter dem sich das steigende Konsumbedürfnis von König, Kirche und Adel erkennen läßt und der auch durch die Eröffnung von Silberbergwerken im Harz gefördert wurde. Friesen, Juden und Skandinavier, die bisher den viel dünneren Handel getragen hatten, erhielten Konkurrenz durch binnenländische Kaufleute. In ottonischer und frühsalischer Zeit werden über 100 Märkte als Rechtsgebilde durch königliches Privileg gegründet. Märkte erhielten den Marktfrieden, d. h. Vergehen innerhalb des Marktes unterlagen einer besonderen erhöhten Bußpflicht. Die Kaufleute, die dorthin kamen, waren vielfach in Gilden, d. h. Bruderschaften (s. o. S. 69 f.), organisiert. Sie wählten einen Marktort als Hauptwohnsitz für die Familiengründung,

---

[9] Ch. Verlinden, Marchands ou tisserands? A propos des origines urbaines. Annales 27 (1972) S. 396–406.

verbrachten aber dort nur einen Teil des Jahres, den Rest auf Reisen und in anderen Märkten. Sie lebten auf den Märkten weitgehend nach dem Recht ihrer Gilden. Dieses Recht wurde zum Recht der Marktorte und konnte, wenn die personellen Beziehungen dem entsprachen, von einem Ort auf den anderen übertragen werden. 990 z. B. wurde den Kaufleuten, die sich in Gandersheim niederließen, das Recht derer von Dortmund gegeben.[10]

Es war also eine königs- und marktrechtliche Komponente an dem Aufschwung der mitteleuropäischen Städte beteiligt. Gleichzeitig muß man darauf hinweisen, daß alle Marktgründungen im Rahmen von Grundherrschaften stattfanden und sei es der des Königs selbst. Darin waren die mitteleuropäischen und die flandrischen Städte einander gleich. Die grundherrschaftlichen Beamten, Dienstmannen, insbesondere unfreier Herkunft, wurden zu Marktrichtern, Marktvögten, Zolleinnehmern, Münzern, Mühlenherren usw. Grundherrliche Handwerker wurden in die werdende Stadt einbezogen. Die genannten Dienstmannen verschmolzen mit den Kaufleuten, indem sie sich an deren wirtschaftlicher Tätigkeit beteiligten, sich in deren Bruderschaft und eigenes Rechtsleben hineinziehen ließen. Obwohl sich an dieser Verschmelzung wohl auch Dienstleute mit Landgütern beteiligten, entstand nicht generell wie in Italien eine landadelig-patrizische Mischgesellschaft, sondern die Entwicklung teilte sich in zwei unterschiedliche Tendenzen. Die eine beherrschte besonders norddeutsche Städte und sie findet ihren Ausdruck in § 53 des lübischen Rechts aus dem 13. Jh.: *Nen man schal wesen indeme rade de ammet hebbe van heren.* Die Stadt trennt sich rigoros von den adeligen Dienstleuten der Umgebung. In Trier wurde beobachtet, daß es in der 2. Hälfte des 12. Jh. eine Differenzierung unter den Dienstleuten des Erzbischofs von Trier gab. Die einen wurden *burgenses* und *scabini*, die anderen nahmen als *milites* eine landadelige Entwicklung. Und dennoch ist gerade Trier ein Beispiel dafür, daß es auch nördlich der Alpen einige Städte gab, bei denen die Trennung von Stadt und Land nicht vollkommen durchgeführt wurde. Die patrizischen Dienstmannen von Trier behielten ein Konnubium mit den *milites*, d. h. ihre Töchter heirateten Söhne der landadeligen Dienstmannen und umgekehrt. Das Gericht der *scabini* von Trier war als Hochge-

---

[10] MGH Diplomata Ottos III. Nr. 66.

richt nicht nur für die Stadt, sondern den ganzen Talkessel zuständig. Diese Entwicklung ist auch ein Reflex der verhältnismäßig geringen Unabhängigkeit, die die Stadt von ihrem Stadtherrn, dem Erzbischof gewann. Darin blieb Trier hinter vielen anderen deutschen Städten des Hochmittelalters zurück.

In den Kämpfen zwischen Kaiser und Papst sowie dessen deutschen Anhängern während des Investiturstreits und zwischen dem König und den Territorialherren bekamen viele bürgerliche Gemeinwesen einen großen Spielraum. Nicht selten nutzten die Bewohner einer Stadt diesen Spielraum auch gewaltsam aus und erweiterten ihn noch. Viel zitiert wird der Bericht von einem Aufstand in Cambrai gegen den Bischof des Ortes, der nicht zufällig in das Jahr 1076, also in den Höhepunkt des Investiturstreits fällt. In der offiziellen Geschichtsschreibung der Bischöfe von Cambrai heißt es: „Der Bischof beschloß, den Kaiser aufzusuchen, von welchem ihm selbst die Leitung der Kirche von Cambrai übertragen worden war. Er war noch nicht sehr weit entfernt, als die Bürger von Cambrai, die schlecht beraten waren, einen Komplott schmiedeten, von dem schon lange gemunkelt wurde, und eine Kommune (communia) beschworen. Alle haben sich gegenseitig durch Eid dahingehend verpflichtet, dem Bischof die Rückkehr nach Cambrai zu verwehren, wenn er nicht die getroffene Schwurvereinigung anerkennen würde. Als der Bischof sofort zurückkehrte und sah, daß seine Vasallen so vielen Bürgern an Zahl nicht gewachsen und auch an Tapferkeit unterlegen waren, . . . versprach er ihnen eine feierliche Abmachung, er wolle später auf dem Domhof über die gegen ihn eingegangene Schwurvereinbarung verhandeln. Nachdem also Sicherheit gegeben war, kehrten die Bürger froh nach Hause zurück in der Meinung, ihr Rechtsbruch sei beigelegt und vergessen. Aber da ihre Sünden Sühne heischten, und der Anstifter der Tat ausgeschaltet war, wurden sie ohne Wissen des Bischofs von den Rittern, die das Geld der stolzen Bürger rauben wollten, plötzlich in ihren Häusern überfallen . . . Die Stadt verfiel der Plünderung, die Bürger verloren ihren Besitz, das Unrecht wurde geahndet, die gesamte Schwurvereinigung aufgehoben, das Treuverhältnis zum Bischof wiederhergestellt und durch Eid bekräftigt."[11]

---

[11] MGH Scriptores VII S. 498.

Obwohl der Chronist den Eindruck hervorrufen wollte, daß die Verschwörung gegen den Bischof ganz erfolglos war, trifft dieses weder für Cambrai 1076 noch für zahlreiche andere ähnliche Fälle zu. Die städtische Selbständigkeit wurde mehr und mehr durch herrschaftliche Privilegien gesichert und vergrößert. In einem Privileg des Bischofs von Halberstadt von 1088 für die Einwohner seines Ortes heißt es u. a.: „Die Einwohner unseres Ortes, die cives forenses, sind mit der demütigen Bitte an uns herangetreten, wir sollten die bürgerlichen Rechte und Satzungen, die unsere Vorgänger ihnen nur mündlich zugestanden haben, durch Wort, Schrift und Siegel bekräftigen und bestätigen. Wir gestehen ihnen daher zu: 1. In dieser ganzen villa soll die gesamte Überprüfung von Qualität und Maß bei Kauf und Verkauf von Fleischwaren wie bisher ihrer Befugnis und Aufsicht unterliegen. 2. Sie sollen sich geflissentlich um das, was in der Sprache von Bauern und Volk burmal, Gemeindeversammlung, heißt, kümmern. 3. Sie sollen für gleiches Maß und Gewicht sorgen. 4. Wenn irgend Streit entsteht oder jemand Verkauf und Kauf auf unerlaubte und unlautere Weise zu tätigen wagt, sollen sie selbst oder diejenigen, die in ihrem Auftrag das Amt ausüben, diesen Fall nach einer Untersuchung gemäß dem Gesetz entscheiden und ahnden."[12]

*

In solche Privilegien wurde nicht selten der Kern einer Art Stadtrecht inseriert, das materiell von der Bürgergemeinde schon selbst entwickelt worden war und in dem gilderechtliche oder nachbarschaftsrechtliche Bestimmungen weiterlebten. Die Städte erhielten auch das Satzungsrecht und entwickelten dann das Stadtrecht weiter, bzw. kodifizierten größere Komplexe von Gewohnheitsrecht. Beispielsweise heißt es in einer Urkunde des Grafen von Holstein für Hamburg von 1292: „Wir geben ihnen ein solches Recht, das volkstümlich köhre genannt wird, nämlich Statuten zu erlassen, Edikte zu veröffentlichen gemäß ihrem Beschluß für den Nutzen und die Notwendigkeit der Stadt. Außerdem das Recht, dieselben abzuschaffen, wann immer und wie oft es ihnen

---

[12] B. Diestelkamp u. a. (Hg.), Elenchus fontium historiae urbanae 1 (1967). S. 77.

richtig zu sein scheint.".[13] Man unterscheidet im städtischen Recht
zwischen einem eigentlichen Stadtrecht, von dem man in der Regel
erwartete, daß es von einer höheren Instanz bestätigt worden war, und
den Satzungen bzw. Burspraken, die einen geringeren Abstraktionsgrad
besaßen, die von den Führungsorganen der Stadt beschlossen wurden
und dadurch hinreichend legitimiert waren.

Die Institutionen der Stadt bilden ein Gemenge von herrschaftlichen
Einrichtungen, wie Vogt und Schultheiß, und von solchen, die bei der
Stadtwerdung selbst entstanden sind.[14] Die wichtigsten Institutionen
der Stadt waren die Bürgermeister und der Rat. Der Rat, der im periodischen Wechsel die Bürgermeister stellt, ist in zahlreichen, besonders
westlichen Städten, sicherlich aus einem Schöffenkolleg, einem Kolleg
von Gerichtsbeisitzern, die der Stadtherr eingesetzt hat, vorzugsweise
ministerialischer Herkunft, hervorgegangen oder mit ihm zusammengewachsen. Auch soweit sich der Rat autonom gebildet hat, ist offenbar
die Gerichtsbarkeit und die Beurkundung vor allem in Sachen des Wirt-
schaftslebens seine früheste Existenzgrundlage. Nachdem die Städte
von den Stadtherrn größere Unabhängigkeit erlangt hatten, amtierten
die Ratsherren meist auf Lebenszeit und ergänzten sich selbst, wenn
Lücken entstanden.

Die Einwohner der Stadt waren durch das Bürgerrecht, das man durch
Bürgereid und Eintrittsgeld erwarb, von den Landbewohnern scharf
abgegrenzt. Außerdem wohnten Nichtbürger, bloße Einwohner, in der
Stadt. Wer einen bestimmten Zeitraum, meist Jahr und Tag, in der Stadt
wohnte, verlor eine herrschaftliche Abhängigkeit, die ihm von einem
früheren Wohnsitz her eventuell anhaftete. Ein großer Unterschied der
städtischen von den ländlichen Verfassungsverhältnissen war die
Gleichheit aller Bürger vor dem Gericht. Allerdings gab es Städte, in
denen einzelne Bezirke oder Personengruppen von dem einen oder dem
anderen Stadtherrn ein unterschiedliches Recht im Hinblick auf Abgabenpflicht und Gerichtsbarkeit besaßen. Langsam setzten sich überall
die Tendenzen der städtischen Integration durch.

---

[13] Hamburgisches Urkundenbuch I (1907) Nr. 860.
[14] B. Scheper, Frühe bürgerliche Institutionen norddeutscher Hansestädte.
Quellen und Darstellungen zur hansischen Geschichte NF 20 (1975).

Für die Judengemeinden (s. o. S. 70 f.) begann im 12. Jh. allerdings eine
schwere Zeit. Die Juden wurden verfolgt. Wahrscheinlich spielte es eine
Rolle, daß sie zwar in vieler Hinsicht ein Vorbild für das werdende
Bürgertum waren, aber von diesem nun aus der kaufmännischen Tätigkeit verdrängt werden sollten. Für sie blieb der den Christen kirchen-
rechtlich verbotene Bereich der Geldleihe gegen Zins. Auch dieser war
nicht unbestritten. Er war wirtschaftlich so lukrativ, daß sich hauptsächlich in West- und Mitteleuropa einzelne oder Gruppen von Italienern und Südfranzosen, Lombarden und Kawertschen, in einem su-
spekten, judenähnlichen Status als Pfandleiher niederließen.

*

Das 12. Jh. ist die Zeit zahlreicher Neugründungen von Städten
oder von Neustädten neben Altstädten, die dann erst langsam miteinander verschmolzen. Die Fürsten gewährten hierbei ihren Gründungen
das, was ältere Städte manchmal in einem jahrhundertelangen Kampf
ihren Herren abgerungen hatten. Dazu gehört regelmäßig auch ein
günstigeres Besitzrecht mit einem gesenkten Zins, Umstellung auf Kol-
lektivzins, verbesserte Erblichkeit bis hin zur Preisgabe des Bodens an
Bürger. In dem Stadtgründungsprivileg von Freiburg i. Br. im Jahre
1120 heißt es: „Nachdem ich (Konrad von Zähringen) angesehene Kaufleute aus allen Richtungen zusammengerufen hatte, habe ich beschlossen, durch eine beschworene Abmachung diesen Markt zu begründen
und auszubauen. Ich habe daher jedem Kaufmann ein Grundstück auf
dem neuerrichteten Markt zugeteilt, damit er darauf Gebäude zu eigenem Besitzrecht aufführen kann. Für jedes Grundstück habe ich als
Zins einen Schilling anerkannter Münze festgesetzt, der mir und meinen Nachkommen jährlich am Martinstag zu entrichten ist. Auch sei
allen bekannt, daß ich auf deren Bitte und Wunsch hin folgende Privilegien gewährt habe: 1. Ich verspreche Frieden und Sicherheit des Zu-
gangs allen, die meinen Markt aufsuchen innerhalb meines Macht- und
Befehlsbereichs. Wenn einer von ihnen in diesem Gebiet beraubt wird,
werde ich – sofern er den Namen des Räubers nennt – veranlassen, daß
ihm das Geraubte zurückgegeben wird, oder es selbst ersetzen. 2. Wenn
einer meiner Bürger stirbt, soll sein Weib mit seinen Kindern alles

besitzen und ohne jede Einschränkung den Nachlaß ihres Mannes behalten. 3. Den Zoll erlaß ich allen Kaufleuten. 4. Ich will meinen
Bürgern niemals einen Vogt oder Priester ohne Wahl vorsetzen, sondern
sie werden nur solche haben, die von ihnen gewählt und von mir bestätigt worden sind. 5. Wenn es zu einer Auseinandersetzung oder einem
Rechtsstreit zwischen meinen Bürgern kommt, so wird diese Angele-
genheit nicht nach meinem Gutdünken oder dem ihres Richters entschieden, sondern gemäß dem legitimen Gewohnheitsrecht aller Kaufleute, insbesondere der Kölner, in einem Gerichtsverfahren behandelt
werden. 6. Wenn jemand durch Not gezwungen ist, mag er seinen
Besitz jedem nach Belieben verkaufen."[15] Diese Urkunde zeigt auch,
daß im 12. Jh. nicht mehr allein der König, sondern auch Grundherren,
wenigstens so bedeutende wie die Zähringer, einen Marktfrieden verkünden, Zoll- und Gerichtsrechte vergeben und andere ursprünglich
königliche Rechte wahrnehmen konnten.

Die Motive der Fürsten bei der Gründung von Städten dürften weniger
in finanziellen Vorteilen zu suchen sein, da sie ja auch auf die meisten
Abgaben verzichteten, sondern in der Aufwertung ihrer Herrschaft
durch den Besitz von Städten. Früher glaubte man, daß die Fürsten gern
mit zusammengeschlossenen organisierten Gruppen, sogenannten
Gründerkonsortien, zusammenarbeiteten. Diese Konsortien hätten von
der Gründerzeit her das Monopol auf die Ratsherrschaft in der Stadt
und einen wirtschaftlich besonders gut auswertbaren zentralen Boden-
besitz erworben. Gegen diese These sind inzwischen viele Bedenken
erhoben worden. Sie stützt sich auf eine falsche Interpretation des
zitierten Freiburger Gründungsprivilegs und auf eine extensive Ausle-
gung eines ähnlichen Gründungsprivilegs von 1188/1189 für die Neustadt von Hamburg.[16] In der zuletzt genannten Urkunde erhalten Wirad von Boizenburg und seine *cohabitatores* ein günstiges Besitzrecht
von städtischem Grund und Boden, ähnlich wie die ersten Kaufleute
von Freiburg, sogar ein noch günstigeres, nämlich ein ganz zinsloses.
Genauso wie in Freiburg so sollten sicherlich auch hier die späteren
Zuwanderer dasselbe günstige Besitzrecht haben. Wirad war übrigens
früher wahrscheinlich ein Dienstmann des Herzogs Heinrich des Lö-

---

[15] M. Blattmann, Die Freiburger Stadtrechte zur Zeit der Zähringer (1988).
[16] Hamburgisches Urkundenbuch I (1907) Nr. 285.

wen gewesen.[17] Sicherlich ist es richtig, daß die ersten Bewohner einer neuen Stadt wirtschaftliche und soziale Vorteile gegenüber später Zuziehenden hatten. Aber ein stadtrechtlich abgesicherter Vorrang läßt sich nicht nachweisen.

2. Die Anfänge des modernen Staates

Die zweite große Verfassungsschöpfung des europäischen Hochmittelalters war der Territorial- und Nationalstaat, der lange Zeit unfertig blieb, aber doch frühzeitig die Tendenz zeigte, der wichtigste Rahmen für die soziale Systembildung bis in die Gegenwart hin zu werden. Er nahm die Aufgaben der Friedens- und Rechtswahrung und nach und nach auch die der öffentlichen Wohlfahrt an sich. Für die Erfüllung dieser Aufgaben waren die neuen Staaten in ihrer Grundanlage sicherlich besser geeignet als jene Reiche, die sie ablösten. Die Ablösung erfolgte jedoch nicht in einem kontinuierlichen Reformprozeß, sondern gewissermaßen mit viel Versuch und Irrtum. Das römisch-deutsche Reich verlor im 13. Jh. im Kampf mit dem Papsttum und mit jenen, die an dem bisherigen sakralen Charakter des Reiches zweifelten, seine Kompetenz für die Friedens- und Rechtswahrung weitgehend und gab damit in Mittel- und Südeuropa den Raum frei für die Territorialstaatenbildung.

In Frankreich kam es zum Aufbau eines nationalen Königreiches nach einer langen Zeit, in der andere Herrschaften unter der formalen Oberhoheit westfränkischer Karolinger und deren Nachfolger ein ziemlich chaotisches Bild bestimmten. Diese anderen Herrschaften, die aus verselbständigten karolingischen Amtsherrschaften mit einer Lehensstruktur im Innern hervorgegangen waren, bereiteten allerdings dem späteren Nationalstaat den Boden, indem sie bereits eine Reihe von Elementen des modernen Staates in sich ausbildeten. In England vollzog sich nach der Eroberung der angelsächsischen Reiche durch die Normannen 1066 der Aufbau des neuen Staates am gradlinigsten. Zahlreiche ältere

---

[17] H. Reincke, Forschungen und Skizzen zur hamburgischen Geschichte. Veröffentlichungen aus dem Staatsarchiv der Hansestadt Hamburg III (1951) S. 34 f.

Forscher nahmen an, daß nachlebende Institutionen des Karolingerreiches die wichtigsten Bausteine bei der Entstehung der neuen Staaten waren (s. o. S. 13). Aber schon der Hinweis darauf, daß die Normannen und England in der Entwicklung vorauseilten, warnt vor einer solchen Annahme. Allerdings nahm die Entwicklung von vorgegebenen Strukturen ihren Ausgang, aber von solchen, die sich aus der fränkischen Reichsgeschichte ebenso wie aus außerfränkischen Reichsgeschichten, etwa der angelsächsischen Geschichte ergeben hatten.

Man muß drei verschiedene Ausgangspunkte unterscheiden. 1. Strebten die Grundherren in Reaktion auf einen Verfall übergeordneter Herrschaften nach einem Ausbau ihrer Grundherrschaft in vielfacher Hinsicht, insbesondere auch in Richtung auf eine volle Gerichtsherrschaft. Diesen Ausbau erreichten nicht alle. Es entstanden Unterschiede zwischen den Grundherrn. Die erfolgreichen gewannen eine wirtschaftliche Basis und vor allem ein personelles Reservoir für Beamte, die einem werdenden Staat auch jenseits der Grenzen einer Grundherrschaft dienen konnten. Das Reservoir an *vicedomini, actores, agentes* bot eine viel größere Möglichkeit als früher und verstärkte die Neigung zur Ausdifferenzierung von Richterrollen, Polizeirollen u. ä. 2. wird vornehmlich von Inhabern ehemaliger karolingischer Ämter – aber nicht nur von ihnen – das lehenrechtliche Instrumentarium geschickt verwandt und ausgebaut. Dabei kommt es zum Aufbau von Lehenhöfen mit einer Lehengerichtsbarkeit und anderem. Die Zersplitterungstendenzen, die die Interessen der Lehensmänner in einem Lehensverband förderten, wurden von einigen Lehensherren im Interesse der staatlichen Herrschaftsbildung ausgeschaltet. Das Lehenswesen konnte durchaus zur Integration eines größeren Herrschaftsraumes und zur Angleichung der inneren Verhältnisse beitragen.

3. Im politischen Denken wurden neue Vorstellungen von staatlichen Rechten, Hoheitsrechten, R e g a l i e n, produziert. Dadurch wurden wenigstens tendenziell oder theoretisch Gerichtsrechte, Wehr- und Steuerhoheit, ein großer Teil der Forsten, der Gewässer, der Straßen, der Bergschätze dem Inhaber staatlicher Herrschaft reserviert. Diese Entwicklung knüpft an die ältere Vorstellung von der Banngewalt an. Banngewalt und Regalgewalt werden manchmal synonym gebraucht. Indem die Inhaber staatlicher Herrschaft so ausgedehnte Hoheitsrechte erhielten, wurde ihnen zugleich die Kompetenz zugebilligt, in den da-

zugehörigen Bereichen neue Normen zu erlassen. Auch darin wurden frühmittelalterliche Vorstellungen fortgesetzt. In Deutschland wurden die Regalien oder Bannrechte theoretisch dem Kaiser und König reserviert, der sie in einer Bannleihe an die Inhaber der werdenden Territorialstaaten auslieh. Ganz wesentlich war die Veränderung der Reservatrechte in inhaltlicher Hinsicht. Ein Monopol der Gerichtsbarkeit hatte es im Karolingerreich und in den anderen frühmittelalterlichen Reichen nicht gegeben. Selbst wenn man eine Immunitätsgerichtsbarkeit noch als delegierte Gerichtsbarkeit des Reiches auffassen konnte, Haus- und Gildegerichtsbarkeit lebten aus eigenem Recht heraus. Auch die ganze Bußengerichtsbarkeit auf Thingplätzen war nur eine vom Reich kontrollierte und geformte autonome Rechtsregelung des Volkes. Neben den Gerichtsrechten ist die Steuerhoheit ein neues Regal. Im Frühmittelalter hatte jeder Grundherr aus eigenem Recht heraus eine Abgabenhoheit, bei der nicht unterschieden wurde zwischen Abgaben, die sich auf das Bodeneigentum stützten und quasi staatlichen Abgaben.

Auch der Heerbann erhielt einen neuen Sinn. Aus dem Recht, alle Leute zum Heere aufbieten zu können, wurde die Wehrhoheit, d. h. das wenigstens theoretische Monopolrecht zur Unterhaltung bewaffneter Gefolge und Befestigungen. Wie energisch und erfolgreich das letztere angestrebt wurde, ist gerade an einer Arbeit über das Festungsöffnungsrecht in Frankreich zutage getreten. Nicht nur der französische König, sondern auch z. B. Herzog Wilhelm I. von der Normandie, der Eroberer, und die anderen gleichzeitigen französischen Feudalherzöge setzten das Festungsöffnungsrecht weitgehend gegenüber denen, die zu ihrem Territorium gehörten, durch. Im Krieg gegen auswärtige Dritte mußten die Lehensleute dem Lehensherrn die Burg ausliefern oder – wenn dieses Recht nicht zu erlangen war – wenigstens neutral halten. In einigen Fürstentümern galt die Gewohnheit, daß der Fürst in periodischen Abständen die Burgen in Besitz nahm, um sein Recht zu demonstrieren.[18] Kennzeichnend für den neuen Staat war es auch, daß alle die genannten Regalienbereiche die Grundlage für den Aufbau von spezialisierten Verwaltungen boten.

Die Veränderungen in den Vorstellungen von Staatsrecht sind aus zwei

---

[18] C. L. H. Coulson, Rendability and Castallation in medieval France. Château Gaillard VI (1973).

Impulsen heraus entstanden. 1. Im ausgehenden 11. Jh. entstand ein
langdauernder Konflikt zwischen dem Papst und einer großen Zahl von
Bischöfen auf der einen Seite und dem deutschen Kaiser sowie parallel
dazu verschiedenen Königen und weltlichen Herrschern auf der anderen Seite um die Besetzung von kirchlichen Ämtern. Der Konflikt
wurde von revolutionären Forderungen kirchlicher Kreise nach einer
Veränderung der Stellung der Kirche gegenüber den weltlichen Gewalten ausgelöst. Kirchenrechtler des beginnenden 12. Jh., die den Konflikt
beenden wollten, entwickelten den Begriff der *regalia*, der sich zunächst
von den *spiritualia* absetzte und den Bereich bezeichnete, in dem der
König eine Herrschaft über einen Bischof oder Abt ausüben dürfe.
Dabei fiel mehr beiläufig und ansatzweise auch eine Unterscheidung
zwischen öffentlich und privat ab, denn die Leistungen, zu denen Bischof oder Abt an den König verpflichtet sein sollten, wurden genauer
definiert und bezogen sich auf *utilitas publica*. Eine Abgabenpflicht aus
einem Obereigentumsanspruch des Königs an der Kirche bestand nicht.
Förderlich für diese Entwicklung war auch eine Trennung von Kirchenrecht und Laienrecht im Rechtsdenken, wie sie in der neuen Strukturierung kirchlicher Rechtssammlungen sichtbar wurde. Das Laienrecht
war grundsätzlich Sache der Staaten, die dadurch eine gegenüber der
Kirche selbständige Kompetenz erhielten.

2. entwickelten italienische Juristen des 11. und noch mehr des 12. Jh.
unter Zuhilfenahme des römischen Rechts ein Staatsrecht, das eine
objektive Basis bieten sollte, um die Streitigkeiten unter den Adelsge-
schlechtern und zwischen den Geschlechtern und dem *populus* zu beenden.
Eine der wichtigsten Neuerungen, die durch sie schon am Ende des
11. Jh. aufkam, war eine tiefgreifende Änderung der Gerichtsverfassung. Während bisher der Richter nur der Vorsitzende einer Gerichtsversammlung war, in der Urteilsfinder gewissermaßen die Repräsentanten des Gerichtsvolkes bildeten, fiel von jetzt ab der Richter mit dem
Urteilsfinder zusammen.[19] Dadurch wurde begünstigt, daß das System
der Bußen, welche sich Parteien bei gegenseitigen Rechtsverletzungen
zu leisten hatten, durch ein modernes obrigkeitliches Strafverfahren
abgelöst wurde. Wichtiger aber noch war, daß durch diese Veränderung, mehr als durch alle früheren, die Gerichtsbarkeit zu einer Sache

---

[19] G. Dilcher (u. S. 292) S. 172, auf Grund der Forschungen von J. Ficker.

der Obrigkeit wurde. Sie wurde der Kompetenz des Hauses, der Hausherrn, der Nachbarn, der Standesgenossen, der Parteien entzogen und obrigkeitlichen Organen übergeben.

Genauso wie die Kirchenrechtler formulierten die Römischrechtler den Gedanken vom öffentlichen Nutzen, der ein Kristallisationspunkt für eine neue Institutionalisierung des Staates werden sollte. Im ausgehenden 12. Jh. verfaßte Azo in Bologna Glossen zum römischen Corpus iuris civilis. Darin heißt es u. a.: „Heute scheine jeder König in seinem Land die gleiche Macht wie der Kaiser zu besitzen und daher könne er nach seinem Gutdünken handeln." An anderer Stelle fährt Azo fort: „Viele Dinge sind im öffentlichen Interesse rechtmäßig, ratione publicae utilitatis."[20] Die nach den römischen Rechtstexten absolute Stellung eines Kaiser wird jetzt auf alle Staatsoberhäupter ausgedehnt, aber auf die Handlungen für die *publica utilitas* eingeschränkt. In der konkreten Wirklichkeit der italienischen Geschlechter- und Gruppenkämpfe war es allein durch diese Idee möglich, daß Parteien, die sich tief haßten, zusammenblieben und Ordnungen trugen.

Kaiser Friedrich Barbarossa hat sich 1158 auf dem Reichstag auf den Ronkalischen Feldern von seinen italienischen Beratern das neue Staatsrecht erklären lassen und daraus hohe Abgabenforderungen, sowie Richtereinsetzungskompetenzen für sich abgeleitet. Vorübergehend entstand der Eindruck als würde die neue Staatlichkeit beim alten Reich gesammelt werden. Aber schon die Stauferkaiser selbst haben dann sehr schnell die neugewonnenen Reichsrechte wieder delegiert. Kaiser Friedrich Barbarossa verzichtete praktisch auf das Richtereinsetzungsrecht gegenüber den italienischen Kommunen im Frieden von Konstanz 1183. Auch nördlich der Alpen trugen die Stauferkaiser durch ihre Privilegien dazu bei, daß sich die Staatlichkeit unter formaler Wahrung der Oberhoheit des Reiches bei den Fürsten, den obersten Lehensleuten des Kaisers, sammelte.

Die großen Dynastenfamilien und die Inhaber von kirchlichen Grundherrschaften, vor allem Mitteleuropas, lieferten sich im 13. Jh. einen erbitterten Kampf um die Staatlichkeit. Der Kampf war deswegen wichtig, weil derjenige, der die Staatlichkeit nicht erlangte, auch seinen alten Status nicht behielt, sondern einen neuen Staat, eine ungewohnte Herr-

---

[20] Azonis lectura super codicem. Corpus glossatorum iuris civilis III (1966).

schaft, über sich anerkennen mußte. Er mußte die Regalien in dem
neuen Begriff dem Staat, in den er einbezogen wurde, überlassen. Für
die kirchlichen Grundherrschaften hatte diese Möglichkeit noch eine
besondere Bedeutung. Im Laufe des 12. Jh. wurde es zwar immer unvor-
stellbarer, daß ein weltlicher Herrscher eine Kirche besaß, aber die
Verwaltung, Kontrolle und Ausnutzung von kirchlichem Gut war weiterhin zugelassen. Die Kirchen waren bisher entweder unter der Herrschaft eines Königs – dieses gilt besonders von den Bistümern – oder
unter der eines Fürsten oder kleinerer Grundherren. Die Herren kon-
trollierten auch die Organisation der kirchlichen Grundherrschaften.
Die Kontrolle war sicherlich sehr unterschiedlich intensiv, d. h. die der
Könige z. B. über Bistümer außerordentlich gering. Die Gerichtsherrschaft wurde von Vögten wahrgenommen, die zwar der Kirchenfürst
auswählte, die aber vom König den Gerichtsbann erhielten. Vögte waren kleinere oder größere weltliche Herren, die nach der Erblichkeit
ihres Vogtamtes strebten. Wenn diese Herren nun noch anderweitig eine
Basis hatten, von der aus sie einen Territorialstaat errichten wollten, lag
es nahe, daß sie ihre Vogtherrschaften dem Staatsgebilde angliederten.
Der kirchliche Grundherr wurde dann auf den Status eines Rentners,
eines Empfängers von agrarischen Abgaben, heruntergedrückt. Vielen
Bischöfen und Äbten gelang es, diese Entwicklung dadurch zu verhindern, daß sie die Vererbung des Vogtamtes unterbanden, die Vogtei über
ihre Grundherrschaft in kleinen Stücken immer neu und anders verga-
ben, oder daß sie die Vogtei bei sich selbst behielten, gewissermaßen
aufhoben. So etwa ist die Verzichtserklärung des Pfalzgrafen bei Rhein
Heinrich im Jahre 1197 auf die Obervogtei über die Grundherrschaft
des Erzbischofs von Trier zu verstehen.[21] An diese Verzichtserklärung
schloß sich eine Art gesetzlicher Bindung, die der damalige Erzbischof
für sich und seine Nachfolger verfügte, nämlich das Verbot, die Vogtei
jemals wieder zu verleihen. Erst solche Akte setzten Kirchenfürsten in
die Lage von ihrer eigenen Grundherrschaft aus zu einem Territorialstaat zu streben. Für den Herzog von Bayern wurde es demgegenüber
entscheidend, daß es ihm gelang, im Laufe des 13. Jh. fast alle Kloster-

---

[21] Mittelrheinisches Urkundenbuch II Nr. 165.

vogteien Bayerns in seiner Hand zu vereinigen. Sie bildeten wichtige Bestandteile des bayerischen Territorialstaates.[22]
Die Trennung von *spiritualia* und *regalia* gehörte zu dem umfassenden Prozeß der Trennung von *spiritualia* und *temporalia*, der nicht nur Konsequenzen für die geistliche Grundherrschaft, sondern auch für die weltliche hatte. Unabhängig von der Eingliederung in einen neuen Staat erlitten die weltlichen Grundherrschaften einen erheblichen Kompetenzverlust dadurch, daß die Zugehörigkeit einer Eigenkirche im alten Sinne zu dieser Grundherrschaft im Laufe des 12. Jh. mehr und mehr unvorstellbar wurde. Entscheidend wurden die entsprechenden Beschlüsse der Lateransynoden in Rom von 1123 und 1139. In der Kirchenrechtssammlung des Gratian von etwa 1140, dem sogenannten Dekret, ist im 16. Buch die Causa 16 der Umstellung des Eigenkirchenwesens auf das Patronatsrecht gewidmet. Nur klösterliche Grundherrschaften behielten Eigenkirchen im alten Sinn. Der Hauptinhalt des Patronats war das Recht, einen Priester zur Einsetzung in die ehemalige Eigenkirche dem Bischof vorzuschlagen. Einige Ehrenrechte, sowie Pflichten, insbesondere Verpflichtungen für die bauliche Erhaltung der Kirche kamen hinzu. Auch der Kirchenzehnte war vielfach fortgesetzt in der Hand von weltlichen Grundherrn.

*

Die dadurch gegebene Bedeutungsminderung der Grundherrschaft dürfte mittelbar ihre Einbeziehung in fremde Oberherrschaften erleichtert haben. Das gleiche gilt von Vorgängen innerhalb der Grundherrschaft, die mit ihrer sozialen und wirtschaftlichen Struktur zusammenhingen. Die ältere Forschung sprach von einer Auflösung der frühmittelalterlichen Grundherrschaft im 12. und 13. Jh (*K. Lamprecht*). Auch nach der Kritik von *A. Dopsch* an dieser Auffassung bleibt es weiterhin richtig, daß es erhebliche Verschiebungen in den grundherrschaftlichen Verhältnissen gab. Unter Auflösung hatte man die Aufhebung der Fronhofsysteme (o. S. 43), insbesondere der Eigenbetriebe und die Umwandlung der Hintersassenverhältnisse in modernere Pachtbetriebe verstanden. Inzwischen hat man festgestellt, daß wohl auf das Ganze gesehen ebenso viel Eigenbetriebe geschaffen wie aufgeho-

---

[22] M. Spindler, Die Anfänge des bayerischen Landesfürstentums (1937) S. 74.

ben wurden. Hintersassen- und Pachtverhältnisse gab es nebeneinander fortgesetzt in bunter Vielfalt.

Zunächst ist zu bedenken, daß die Grundherrschaft mit Fronhofwirtschaft nur einen von zwei Typen der frühmittelalterlichen Grundherrschaft darstellt. Sie war sicherlich längere Zeit in der Ausdehnung begriffen. Auf das ganze gesehen wird diese ihre Vermehrung von ihrem Abbau im Hochmittelalter überlagert. Eine regionale Strukturveränderung wurde aber auch dadurch bewirkt, daß die neuen Siedlungen der Binnen- und Ostkolonisation überwiegend ohne Fronhofwirtschaft blieben.

Der Abbau der Fronhofwirtschaft hat verschieden Ursachen. Unter den Einflüssen der Geldwirtschaft ist eine Zerstückelung und Mobilisierung des abhängigen Bauernlandes zu beobachten. Dadurch schritten auch die Verflechtungen der Grundherrschaften fort. Die Möglichkeiten, zusammenhängende größere grundherrschaftliche Komplexe zu entdecken, nehmen ab. Weiterhin wurden viele Dienstgüter an gehobene Abhängige ausgegeben. Solche Dienstgüter hat es auch im Frühmittelalter gegeben. Aber ihre Zahl vermehrte sich jetzt außerordentlich. In Einzelfällen trifft es schon jetzt zu, daß „der Luxus ursprünglich unfreier Begleit- und Dienstmannschaften Grundherrschaften ruinierte" (*Lamprecht*). Man sollte dabei aber berücksichtigen, daß es nicht zuletzt der Kampf um die Staatlichkeit war, der viele Grundherren veranlaßte, Teile der Grundherrschaft für die Aufstellung militärischer Trupps zu opfern. Dienstlehen schieden in wirtschaftlicher Hinsicht aus der Grundherrschaft aus. Die Aussonderung konnte so weit gehen, daß auch die militärischen Interessen des Herrn nicht mehr gewahrt wurden.

Chronisten, die den herrschaftlichen Standpunkt vertraten, bezeugen durch ihre Klagen eine solche Entwicklung hier und dort. So heißt es in der Lebensbeschreibung des Erzbischofs Anno II. von Köln aus der 2. Hälfte des 11. Jh.: „Von seinen Dienstmannen entzogen sich ihm einige nach dem Beispiel des Verräters Judas völlig, obwohl er ihnen ganz besonders zugetan war und sie ihren Wünschen vollentsprechend mit Dienstlehen ausgestattet hatte. Einer von diesen ließ sich in der Mißachtung des Erzbischofs allzu heftig hinreißen, als ob er frei und von niemandem durch irgendwelche Dienstverpflichtungen abhängig sei. Er saß von jenem kaum mehr als eine Meile entfernt in frecher Anmaßung auf seiner Burg, auf deren Festigkeit er vertraute und die der fromme Prälat dem Vermessenen früher mit der Nachsicht des gütigen Vaters erbaut hatte."[23]

Weiterhin litten die Grundherrschaften unter der starken Landflucht, die sich aus der Attraktivität der neuen Städte und den Möglichkeiten in der Ostkolonisation ergab. Sie waren von dorther gezwungen, den Trend zu einer Verbesserung des Besitzrechtes mitzumachen – bis hin zu modernen Verpachtungsformen. 1141 stellte der Abt von St. Pantaleon in Köln eine Urkunde aus, in der er erklärte, er würde die Abgaben und Frondienste gegenüber den *pauperes* zweier Höfe senken, weil sie gedroht hätten, sie würden sonst die väterlichen Sitze verlassen.[24] Die Verpachtung konnte sowohl als Erbpacht wie als Zeitpacht gestaltet werden. Die letztere bot wirtschaftlich sicherlich mehr Vorteile dem Herrn als dem Bauern. Beide aber bedeuteten einen Anstieg in persönlicher Freiheit für den Bauern. Alle herrschaftlichen Verpflichtungen, besonders auch die Pflicht zum herrschaftlichen Gericht zu gehen, konnten dinglich radiziert werden, d. h. unter Umständen in Geldzinsen, die auf dem bewirtschafteten Hof lasteten, umgewandelt werden.

Autonome bäuerliche Bewegungen führten zur Dorf- und Dorfgruppenbildung, und strebten danach, u. a. die Gerichtsbarkeit in die eigene Hand zu bekommen. 1186 beurkundet z. B. der Markgraf von Meißen einen Vertrag zwischen der Genossenschaft von Bauern aus mehreren Dörfern südlich Meißen und ihrem Grundherren. Gegen eine jährliche ziemlich hohe Geldabgabe von jedem Hof werden die Bauern von allen anderen Abgaben und Diensten befreit. Weiterhin werden sie von der Teilnahme am herrschaftlichen Gericht befreit. Lediglich wenn sie es wünschen, soll der Herr zu ihnen kommen und einen Streit unter ihnen schlichten, mit dem sie dann offenbar mit ihrem eigenen normalen Gericht nicht fertig geworden sind.[25] Der Vertrag bedeutete eine Reduzierung der Grundherrschaft im wesentlichen auf eine Rentenherrschaft. Seine Beurkundung durch den Markgrafen, den werdenden Territorialherrn der Gegend, macht diesen gewissermaßen zu einem Garanten des Vertrages, eine Aufgabe, die er sicherlich um so eher übernahm, da die Entwicklung in seinem Interesse lag.

---

[23] MGH Scriptores XI S. 487.
[24] Urkundenbuch für die Geschichte des Niederrheins I (Neudruck 1966) Nr. 344.
[25] Codex diplomaticus Saxoniae I, 2 Nr. 523.

Schließlich ist noch auf einen weiteren Entwicklungsgang hinzuweisen, der die Grundherrschaft tief tangierte, nämlich die Veränderung der Gerichtsverfassung im 12. und 13. Jh. Die Ablösung der Schöffen durch den obrigkeitlichen Einzelrichter ist damals im Unterschied zu Italien in Deutschland wohl noch nicht vorgenommen worden. Dafür ist die Umwandlung der Bußengerichtsbarkeit in eine Strafgerichtsbarkeit, die Aufgliederung in hohe und niedere Gerichtsbarkeit und die Ausgestaltung der hohen Gerichtsbarkeit als Blutgerichtsbarkeit festzustellen. Der Hauptanstoß zu dieser Entwicklung dürfte von der Landfriedensbewegung ausgegangen sein. Der Landfrieden hat sich aus einem königlichen Sonderfrieden, einem Frieden, den der König für besondere Umstände verkünden konnte, herausentwickelt. Gleichzeitig liegt ihm die Rechtsidee der Einigung einer Schwurgemeinschaft zwischen Fürsten und anderen Herren zur Einhaltung eines besonderen Friedens zugrunde. Westeuropäische Gottesfriedenseinungen unter kirchlicher Führung waren als Vorbild wichtig. Der Landfrieden galt jeweils für eine bestimmte Zeit in einem bestimmten Raum. In diesem Rahmen sollten Gewaltverbrechen nicht durch Parteibußen oder Fehden gesühnt werden, sondern wurden unter Strafen gestellt, die die Wahrer des Landfriedens zu vollstrecken hatten. In einem königlichen Landfrieden von 1103 heißt es z. B.: „Niemand darf in das Haus eines anderen in feindlicher Absicht eindringen, noch es durch Brand verwüsten. Niemand darf einen anderen um Geld festnehmen, verwunden oder gar töten. Wer dies dennoch tut, verliert die Augen oder die Hand. Wenn ihn jemand verteidigt, erleidet er dieselbe Strafe."[26]
Bei Landfrieden, die für eine bestimmte Region erlassen wurden, waren naturgemäß die mächtigsten Fürsten der Region die Wahrer des Landfriedens. Sie konnten das Landfriedensrecht benutzen, um eine übergeordnete staatsähnliche Herrschaft aufzubauen. Ein hohes Maß an herrscherlichem Selbstbewußtsein verrät es, wenn Herzöge, also ursprünglich königliche Amtsträger, dazu übergingen, in eigenem Namen Landfrieden zu erlassen. Die normannischen Herzöge waren dazu schon im 11. Jh. in der Lage, die bayerischen z. B. in der Mitte des 13. Jhs.[27] Die

---

[26] MGH Konstitutionen I S. 125.
[27] W. Schnelbögl, Die innere Entwicklung der bayerischen Landfrieden des 13. Jh. (1932).

Durchsetzung des Landfriedens förderte also die Konzentration der hohen oder Blutsgerichtsbarkeit in den Händen eines Territorialfürsten, die Beschränkung der Grundherrn auf die verbleibende Niedergerichtsbarkeit. Eine solche Unterscheidung trat der Tendenz nach an vielen Orten ein, wenn es auch viele Ausnahmen in der einen oder anderen Richtung gab. D. h., es gab Grundherrn, die auch noch die Hochgerichtsbarkeit bei sich behalten konnten, obwohl sie in einen anderen Staat eingeordnet wurden und es gab Territorialstaaten, die die gesamte Gerichtsbarkeit, also auch die Niedergerichtsbarkeit an sich zogen. Schließlich konnten beide Arten von Gerichtsbarkeit, besonders aber die niedere, auch von dörflichen Organen wahrgenommen werden. Einige Grundherren behielten die hohe Gerichtsbarkeit, andere gewannen sie im Spätmittelalter zurück (s. u. S. 191 f.). Aber auch bei derartigen Entwicklungen ist das im Hochmittelalter entstandene Bewußtsein nicht wieder verlorengegangen, daß die Gerichtsbarkeit zu staatlichen Hoheitsrechten gehört. Die Grundherren oder die Stände, wie man sie jetzt nannte, nahmen bewußt als Glieder eines Staates an der Wahrnehmung staatlicher Aufgaben in ihrem besonderen Bereich teil. Im Ständestaat des späten Mittelalters wurde nicht eine vorhergehende Entwicklung rückgängig gemacht, sondern eine Umverteilung der staatlichen Macht vom Fürsten auf eine Ständeversammlung und die einzelnen Mitglieder dieser Ständeversammlung vorgenommen.

*

In dem bisherigen allgemeinen Teil dieses Kapitels wurde schon mehrfach auf regionale Besonderheiten in der Entwicklung des modernen Staates eingegangen. Im Folgenden soll nun noch auf die Entstehungsgeschichte einiger wichtiger Staaten gesondert eingegangen werden. Wir beginnen mit England. Bei der Eroberung Englands durch die Normannen 1066 waren die verschiedenen angelsächsischen Reiche schon seit einiger Zeit vereinigt. Der letzte große angelsächsische König Eduard der Bekenner (1042–1065) hatte unter dem Einfluß von Mönchen des Festlandes bereits mit dem Aufbau einer Zentralverwaltung begonnen. Nach seinem Tode gab es den Kampf um die Nachfolge zwischen dem Angelsachsen Harold und Wilhelm dem Eroberer, die sich beide dazu berechtigt glaubten. Wilhelm brachte mit seinem Sieg zahlreiche Normannen nach England und es gab eine große Neuverteilung des Landes. Dabei wurden die Prinzipien des normannischen Lehensrechtes angewandt. Wilhelm ließ eine Descriptio totius Angliae anfertigen, das später sogenannte Domesday Book, das sämtlichen Grundbesitz mit Eigentümern und Lasten festhielt. Königliche Kommissare reisten dafür mit Fragebogen im Land herum. Dabei kam der Grundsatz „Nulle terre sans seigneur" zur Anwendung, d. h. jedes Stück Land hatte nicht nur einen Besitzer, sondern auch einen Lehensherrn und beide standen in einer größeren Lehenshierarchie. 1086 forderte der König von allen Landbesitzern den Ligesse-Eid (s. o. S. 67). Gleichzeitig mit diesen Neuerungen nach 1066 blieben erhebliche Bestandteile der ehemaligen angelsächsischen Reichsverfassung am Leben und wurden in die neue Ordnung eingeschmolzen. Der wichtigste Bestandteil waren wohl die Volksgerichte, die nach Grafschaften organisiert waren. Es gab mehrere Volksgerichte, die auch Hundertschaftsgerichte genannt wurden, in einer Grafschaft. Das Bindeglied zwischen diesen Volksgerichten und dem König waren die Gerichte, die der königliche Sheriff oder Graf abhielt. Die Grafschaften wurden kein erbliches Lehen, sondern vom König immer wieder neu an andere Grundbesitzer der jeweiligen Gegend ausgegeben. Auch ein Burgenbaumonopol beanspruchte der normannische König von der alten angelsächsischen Reichsverfassung her. Es gab vor und nach der Eroberung in den Grafschaften Adelige, deren grundherrschaftliche Gerichtsbarkeit in einer nicht völlig aufklärbaren Weise mit dem Volksgericht und dem Königsgericht konkurrierte. Aber die Phase einer vollausgebildeten grundherrlichen Gerichtsbarkeit auf der Basis der Immunität, wie sie der Kontinent kannte, hat England gewissermaßen übersprungen.

Einer der nächsten Nachfolger Wilhelm des Eroberers war der 1100 zur Regierung kommende Heinrich I. Er brachte die Entwicklung Englands zum Staat schon in einer mit seiner Krönung verbundenen Charta ein Stück weiter. Entsprechend den Umständen, unter denen Heinrich I. zur Regierung kam, machte er den weltlichen Lehensleuten und der Kirche zwar Zugeständnisse, aber in diesen Zugeständnissen spiegelt sich die fortschreitende Institutionalisierung des Staates wider. Gegenüber der Kirche kommt der Begriff der Regalien ins Spiel, auf die allerdings der König vorübergehend verzichtet. Ein weltlicher Lehensmann soll nicht *secundum misericordiam domini*, sondern *secundum mo-*

dum forisfacti bestraft werden. Spätestens 1118 taucht in den Quellen das *scaccarium*, das Schatzamt, das später *exchequer* genannt wird, auf. Es war von den Normannen schon vor der Eroberung in der Normandie ausgebildet worden. Ein *rotulus de thesauro*, d. h. eine vollständige Übersicht über die Einnahmen und Ausgaben des Schatzamts eines Jahres ist für 1131 erhalten.

Sicherlich hatten auch schon Heinrich I. und seine Vorgänger mit den der Zentralgewalt abträglichen Möglichkeiten im Lehenswesen, den Selbständigkeitsbestrebungen des Adels zu kämpfen. Diese Probleme wurden nach Heinrichs I. Tode noch größer, so daß zeitweise die staatliche Entwicklung nicht weiter vorankam, sondern sogar rückläufig zu sein schien. Wir beschränken uns im Folgenden auf einige Etappen, in denen trotz aller anderen Tendenzen die Staatsentwicklung gefördert wurde. 1164 wurden von Heinrich II. die Konstitutionen von Clarendon erlassen. Im Zusammenhang mit der Absteckung des Bereichs einer geistlichen Gerichtsbarkeit wird der Begriff der Königsfälle entwickelt. Dazu gehören u. a. Hochverrat, Forstdelikte und Angriff auf königliche Beamte. Diese Fälle bleiben dem Königsgericht vorbehalten. Der Erzbischof von Canterbury Thomas Becket versagte den Konstitutionen seine Zustimmung und büßte den Widerstand mit dem Tode. In die Zeit Heinrich II. fällt auch die Umstrukturierung der Volksgerichtsbarkeit von der älteren Bußen- in eine neuere Inquisitions- und Rügegerichtsbarkeit. In den Assisen von Clarendon 1166 wurde der königliche Reiserichter eingeführt. Vor ihm sollten die örtlichen Gerichte alle eines Verbrechens dringend Verdächtigen rügen. Der Gerügte verlor das Recht auf Reinigung durch Eid. Er mußte ein Gottesurteil (Ordal) auf sich nehmen und selbst wenn er dieses bestand, das Land verlassen. Durch den Reiserichter verlor die eine oder andere Art von Immunität, die sich Adel und Kirche hatten erwerben können, jede Bedeutung, denn dem Reiserichter mußte überall hin Zutritt gewährt werden. In den etwas späteren sogenannten possessorischen Assisen wurde der Streit um Lehen zu einer Sache des Königsgerichts erklärt. Dadurch sollten die Lehensgerichtshöfe einiger großer Lehensleute, die sich zu bilden anfingen, ausgeschaltet werden. Außerdem sollte die Fehde, deren wichtigste Ursache die Streitigkeiten um Lehen waren, eingeschränkt werden.

1178 richtete Heinrich II. einen ständigen Gerichtshof mit 5 Beisitzern in Westminster ein. Der neue Gerichtshof sollte losgelöst von der *curia regis*, die bisher und bis zu einem gewissen Grade auch weiterhin als Königsgericht tätig war, arbeiten. Eine klare Abgrenzung der Kompetenzen erfolgte in der berühmten Magna Charta von 1215. Im übrigen ist die Magna Charta bekannt dafür, daß sie die Stellung der Barone gegenüber der Zentralgewalt stärkte. Aber damit hat sie gleichzeitig und trotzdem wie ähnlich schon die Krönungscharta Heinrichs I. von 1100 von ihrer Seite die Entwicklung der englischen Staatlichkeit gefördert. Zunächst wurden bestimmte Rechtsentwicklungen der Vergangenheit, wie die Einführung der Reiserichter, jeweils mit leichten Einschränkungen, grundsätzlich akzeptiert und damit endgültig im Rechtsbewußtsein des englischen Adels verankert. Die Erhebung von Kriegssteuern (Schildgeldern), die der König als Ersatz für Kriegsdienste von Lehensleuten forderte, wird jetzt teilweise von der Genehmigung durch ein *commune consilium* abhängig gemacht, der Versammlung der großen Lehensleute des Königs. Darin sieht man die Anfänge des englischen Parlamentarismus und im Grunde keine Schwächung der Zentralgewalt, keine Abschaffung ihrer Steuer, sondern die Verlagerung von Entscheidungsbefugnis vom Monarchen auf ein ständisches Organ. Nicht ganz identisch mit dem *commune consilium* ist ein Rat von 25 Baronen, der in einem anderen Paragraphen der Charta vorgesehen wird und der die Einhaltung der Charta durch den König überwachen und schützen soll.

*

In der Herrschaft des französischen Königs begannen sich in den ersten Jahren des 12. Jh. Veränderungen zu einem modernen Staat hin abzuzeichnen. Damals wirkten zwei Tendenzen zugunsten einer Konzentration von Staatlichkeit beim König: 1. Die scharfe Unterscheidung, die in den Kämpfen des Investiturstreits französische Kirchenpolitiker, voran Ivo von Chartres (1040–1115), zwischen dem König und anderen laikalen Gewalten machten. Nicht daß sie dem König wieder – oder noch – eine sakrale Gewalt eingeräumt hätten, davon waren sie weit entfernt. Sie stellten sich jedoch einer päpstlichen Politik entgegen, die, ähnlich wie in Deutschland, durch eine Koalition mit den Fürsten den König aus der Mitbestimmung bei der Bistumsbesetzung herausdrängen sollte. Die regionale fürstliche Gewalt über die Kirche wurde jedenfalls viel mehr gefürchtet als die königliche. Dabei kam zur Geltung, daß man den König als den legitimen Friedens- und Rechtswahrer im Bereiche des Staates, den man grundsätzlich neu begriff, ansah. 4 Jahre nach dem Tode Ivos von Chartres sagte Wilhelm von Champeaux: Die Bischöfe dienten dem König aus den Dingen „quae ad rem publicam pertinebant".[28] Für die Könige bedeutete diese Entscheidung der Kirchenpolitiker nicht nur eine starke bewußtseinsmäßige Unterstützung, sondern auch die geographische Ausdehnung der Einflußsphäre, bzw. die Festigung des Einflusses jenseits der Grenzen der Krondomäne, wo ihr Einfluß bisher nur sehr prekär war.

2. erfolgte in der gleichen Zeit eine Festigung und Ausdehnung der Krondomäne selbst. Was wurde hier unter Krondomäne verstanden? In dem Maße wie eine Grundherrschaft durch die Ausgabe von Dienstlehen aufgelockert wurde, wurden die Grenzen zwischen Lehensherrschaft und Grundherrschaft problematisch. Herkömmlicherweise rechnet man in Frankreich jene Lehensleute zur Krondomäne, die über ihre Länder nicht die Gerichtsbarkeit, wenigstens nicht die volle Gerichtsbarkeit haben, sondern diese dem König oder dessen Funktionären überlassen müssen. In diesem Sinne gelang es schon König Philipp I. (1060–1108), die Krondomäne auf Kosten benachbarter Grafen, nämlich jener von Anjou, Flandern und Bourges, um einige Erwerbungen zu bereichern. Sein Sohn Ludwig VI. beschäftigte sich damit, durch kleine, aber wirkungsvolle Feldzüge innerhalb der Krondomäne, durch das Brechen von Schlössern widerspenstiger Dienstleute, durch das Auswechseln der Inhaber dieser Schlösser, die Königsmacht zu stärken. Den nächsten großen Sprung nach vorn machte Philipp August, der in den Jahren 1203–1205 die Grafschaften und Herzogtümer der Normandie, des Maine, des Anjou, der Touraine, des Poitou, der Saintonge und der Bretagne an die Krondomäne brachte. Besonders mit der Normandie kam ein Baustein zur Krondomäne, in dem schon viel moderne Staatlichkeit vorgeformt war. Es gab hier Domänenbeamte (*vicecomites*), die statt mit Amtslehen mit Geldanweisungen besoldet wurden. Die Dienstlehen waren in der Größe normiert. Sie trugen den Namen Panzerlehen. Von jedem Panzerlehen mußte der Ritter dem Herzog in einer bestimmten Zeit zur Verfügung stehen. Wenn also Lehen kumu-

---

[28] MGH Scriptores XII S. 423.

liert wurden, erhöhte sich die Dienstpflicht entsprechend. Im 11. Jh. hatte die jährliche Dienstpflicht die enorme Zeit von 40 Tagen betragen. Nach Ablauf der 40 Tage konnte der Herzog den Ritter auf eigene Kosten, also gegen Sold, auf unbegrenzte Zeit bei sich behalten. Auf dem Herzogsland waren Siedlungen zu besonderem Recht, *bourgages*, gefördert worden. In diesen Siedlungen hatten die Leute geringere und vereinfachte Abgaben und Dienste zu leisten im Vergleich mit den übrigen bäuerlichen Hintersassen. Außerdem scheinen diese Siedlungen mit einer Art Marktfrieden ausgestattet worden zu sein, wodurch Handel und Geldwirtschaft in dem Gebiet gefördert wurden. Durch diese und andere Neuerungen, die zum Teil auch in der englischen Entwicklung wichtig geworden sind, und die bereits vor 1200 auf das benachbarte Territorium des französischen Königs eingewirkt hatten, kam jetzt ein Gebiet an den französischen König, das wirtschaftlich besonders ergiebig und militärisch besonders verfügbar war.

Eine große Bedeutung hatte die Entlehnung der Reiserichter von dem normannischen Vorbild. Sie wurden vom König von Frankreich etwas später als in England, nämlich im letzten Viertel des 12. Jh. eingeführt. Sie trugen den Namen *baillis*, hatten nicht nur richterliche Aufgaben, sondern die einer allgemeinen Überwachung der grundherrschaftlichen Funktionäre und wurden dazu von der zentralen Hofverwaltung aus auf die Reise geschickt. Sie standen in der sozialen Einordnung über den lokalen Funktionären, die man *prévôts* nannte, und hatten besser als letztere die Möglichkeit, die kleinen Barone, die Dienstleute und Lehensleute, die zur Krondomäne gehörten, vor ihr Gericht zu ziehen und dadurch letztlich die Schrumpfung der Krondomäne zu verhindern. Von der Mitte des 13. Jh. ab sind feste große Bezirke für die *baillis* bezeugt. Sie erhielten aus der zentralen Kasse des Königs eine Geldbesoldung.

In finanzieller Hinsicht mußten die französischen Könige zwischen dem, was die *prévôts* direkt erwirtschafteten und dem, was von den Dienstleuten und Lehensleuten der Krondomäne einzutreiben war, unterscheiden. Das letztere hatte zum Teil einen ausgesprochenen lehensrechtlichen Charakter: es bestand etwa aus Erbschaftsabgaben, Verkaufsabgaben u. ä. Zum anderen Teil, bei Gerichtsabgaben, Zollabgaben usw. konnten hier Regalien im neuen Sinn, Hoheitsrechte, wahrgenommen werden. Wenn sich auch die Inhaber von Dienstgütern der Krondomäne anderer Lehensleuten sehr anglichen, so unterschieden sie sich doch von den Inhabern der großen Fürstenlehen dadurch, daß ihnen gegenüber das Instrumentarium des Lehenswesens von seiten des Königs voll zur Anwendung gebracht werden konnte, während die Fürsten nach wie vor weitgehend unabhängig blieben. Immerhin kam es schon im 11. Jh. auf, daß die Fürsten wenigstens in den sogenannten Quatre cas dem König eine finanzielle Hilfe leisteten. Die Quatre cas waren: Gefangenschaft des Königs, Ritterschlag des ältesten Sohnes, Verheiratung der ältesten Tochter und Aufbruch in den Kreuzzug. Zentrale Institutionen der Finanzverwaltung entwickelten sich später als in England. Erst etwa 1300 ist die *camera compotorum* bezeugt. Aber schon im 12. Jh. tagte die *curia in compotis*, d. h. eine Sitzung des Hofrates unter dem Vorsitz des Königs beschäftigte sich mit den von den clercs vorbereiteten Abrechnungen. Die ersten Exemplare umfassender Abrechnungen sind von 1202 bis 1203 erhalten. Ein Indiz für die etappenweise Entstehung französischer Staatsvorstellungen ist auch die Ausbildung eines französischen Landeswappens, die auf dem Königssiegel zu verfolgen ist. Heinrich I. führte im beginnenden 11. Jh. noch das Zepter auf dem Siegel wie andere auswärtige Könige, so Otto der Große. Bei Ludwig VII. (1137–1180) ist eine einzelne Lilie zu sehen. Der Blumenschild ist erst 1223 bezeugt.[29]

*

Im italienischen Raum bedarf im gegenwärtigen Zusammenhang nur die Geschichte eines Staates einer Erörterung, nämlich die des süditalienischen Staates der Normannen, Staufer und Anjous. Die Gebiete nördlich davon wurden intensiv in den Versuch der Staufer hineingezogen, moderne Staatlichkeit mit der Reichsherrschaft zu verbinden. Diese Versuche waren schon vor 1200 zum Scheitern verurteilt. Die Energien, die in den letzten Jahren von mehreren deutschen Forschern darauf verwandt wurden, sie zu rekonstruieren, standen deswegen teilweise unter einem falschen Akzent, weil kaum je die Frage gestellt wurde, warum es den Staufern nicht möglich war, eine staatliche Herrschaft über Mittel- und Oberitalien zu errichten. Man wäre dann nämlich auf die Widersprüche, die in der Italienpolitik der Staufer in mehrfacher Hinsicht enthalten waren und die u. a. mit dem Festhalten an der

---

[29] A. R. Wagner, Heralds and Heraldry in the middle ages (1960)[2] S. 13.

Idee des *imperium sacrum* zusammenhängen, gestoßen. *O. Engels*
schreibt in einer Würdigung der Staufer zu Recht: „Im Zuge des groß-
deutsch-kleindeutschen Gegensatzes beherrschte die deutsche Geschichtswissenschaft lange Zeit die Frage, ob die Italienpolitik des mittelalterlichen Kaisertums angesichts der Alternative, die in einer un-
gleich intensiveren Ostkolonisation zu suchen gewesen wäre, überhaupt
als sinnvoll zu betrachten sei (Ficker-Sybel). Sie lebt heute in veränderter
Gestalt weiter, insofern umstritten ist, ob die Italienpolitik Friedrich
Barbarossas mit den Maßstäben des 12. Jh. als zukunftsweisend gelten
kann. Wir müssen die Frage mit Nein beantworten, soweit sie sich auf
den von ihm vertretenen Rechtstitel bezieht . . . Das traditionelle Gefüge des karolingisch-ottonischen-salischen Imperiums wurde von
Friedrich Barbarossa noch unangetastet gelassen."[30] Nach dem Zusammenbruch der Stauferpolitik bestimmten für einige Zeit Stadtstaaten
und päpstliche Territorialpolitik das Bild in Mittel- und Oberitalien. Bei
beiden sind, wie auch bei der Stauferpolitik, Elemente moderner Staatlichkeit anzutreffen. Von den italienischen Städten gingen außerdem
wichtige theoretische Beiträge für die Entwicklung der modernen Staatlichkeit aus (s. o. S. 120 f.). Aber am geschlossensten und vorbildlichsten
entwickelte sich diese Staatlichkeit in dem süditalienischen Reich.
Die Keimzelle der normannischen Staatsgründung war die Grafschaft
Aversa, das letztlich auf eine spätrömische Verwaltungsinstution zu-
rückgehende Amtslehen eines langobardischen Fürstentums (1038).
Von dieser Grafschaft aus wurde unter Verdrängung der langobardischen Fürsten durch Robert Guiscard ein normannisches Herzogtum
gegründet. Das Herzogtum erhielt 1059 durch die Belehnung des Papstes eine neue Legitimation. Der Papst stützte sich dabei auf eine
Rechtsfiktion, die sogenannte Konstantinische Schenkung, die im 8.
oder 9. Jh. in Italien oder im Westfrankenreich angefertigt wurde und
nach der dem Papst die Oberherrschaft über das ganze Abendland
zustand.[31] Der innere Aufbau des Staates erfolgte nach dem Prinzip des
vollständigen Lehensstaates mit starker, zentralistischer Spitze ähnlich
wie in England. 1130 wurde der Herzog vom Papst zum König

---

[30] O. Engels, Die Staufer (1972) S. 79; der letzte Satz von S. 104.
[31] MGH Fontes Iuris Germanici Antiqui X, Constitutum Constantini. Dazu H.
Fuhrmann, Konstantiniscne Schenkung und abendländisches Kaisertum. DA 22
(1966).

gekrönt. Man legte einen *catalogus baronum* an, in dem die Dienstpflicht der Lehensleute festgesetzt wurde. Der *catalogus* wurde Vorbild für vergleichbare Lehensregister, die etwas später in Westeuropa angelegt wurden. Alle Lehensleute waren mit dem König durch die Ligesse verbunden (s. o. S. 67). In der ersten Hälfte des 12. Jh. taucht noch eine doppelte oberste Finanzbehörde auf, die *dogana* für die direkte Domäne und die *dogana* für die Dienstlehen. Eine Art erster Minister war der *amiratus*, ein Titel, der von dem arabischen *emir* entlehnt wurde. Der *amiratus* wurde später auf die Führung der Flotte beschränkt. Für die Justiz ist seit 1136 ein oberster *iusticiarius* bezeugt. Unter ihm stehen, wie in England, Reiserichter, die das Inquisitions- und Rügeverfahren üben und die die nichtstaatliche Gerichtsbarkeit nach und nach ausschalten. Neben den eigentlichen Reiserichtern sind *baiuli* mit der Exekution von Urteilen und mit der Verwaltung beschäftigt. Die Rollendifferenzierung ging also weiter als in irgendeinem anderen Staat der Zeit. Ob die normannischen Könige bereits, wie man früher glaubte, ein umfassendes Gesetzgebungswerk verkündet haben, ist gegenwärtig umstritten. Mit Sicherheit haben die Staufer, die am Ende des 12. Jh. auf dem Erbwege in den Besitz des normannischen Reiches kamen, durch systematische Gesetzgebung die Staatsentwicklung vorangetrieben. Am bekanntesten sind die Konstitutionen von Melfi, die 1231 erlassen wurden. In den Konstitutionen sind Normen des römischen, kanonischen, germanischen und arabischen Rechts verschmolzen. Man sieht in ihnen die erste große Kodifikation staatlichen Verwaltungsrechtes seit Justinian. In Neapel waren die Konstitutionen bis 1809, in Sizilien sogar bis 1819 geltendes Recht.

*

Wenn man den Blick auf das eigentliche deutsche Reichsgebiet wirft, muß man zwischen dem Altreich und den Kolonisationsgebieten östlich der niedersächsischen, thüringischen und bayerischen Grenze unterscheiden. In den Kolonisationsgebieten waren schon in karolingischer, ottonischer und salischer Zeit Marken, d. h. Grenzgrafschaften errichtet worden, die in der Zukunft bessere Voraussetzungen für die Entstehung von Territorialstaaten bieten sollten, als sie im Altreich vorhanden waren. Besser als im Altreich läßt sich hier die institutionelle Kontinuität zwischen einem Bezirksamt des karolingischen und nachkarolingischen deutschen Reiches einerseits und den Territorialstaaten des hohen und späten Mittelalters andererseits nachweisen. Die Bezirke waren größer und geschlossener als die Grafschaften im Altreich, die Kompetenzen der Amtsinhaber waren unbeschränkter und eindeutiger, die Amtsperioden länger und zusammenhängender. Die Amtsausstattung des Grafen, das unmittelbare Grafengut nahm jeweils einen erheblichen Teil des Amtsbezirkes ein. Daraus ließ sich eine grundherrschaftliche Basis für einen späteren Staatsaufbau machen. Ein Teil der Amtsgüter wurde allerdings als Dienstlehen an Dienstmannen ausgegeben. Die Markgrafen kamen mit einem in der Regel wohl unfreien Gefolge in ihr Gebiet. Daraus gingen dann die späteren Ministerialen hervor, die eine Gruppe in der Ständebewegung bildeten. Die Landesherren wurden mit ihnen mehr oder weniger gut fertig, eine Gefahr für die Staatsentwicklung als solche bildeten sie nicht. Das gleiche gilt von einer anderen Gruppe der Ständebewegung, jenen adeligen Herren, die in der Zeit der Kolonisation des 12. und 13. Jh. mit Bauern zusammen aus dem Altreich kamen und in dem Kolonisationsgebiet neue Grundherrschaften aufbauten. Neben dem Markgrafen mit seinen Dienstleuten hatten noch die Kirche und der König eine gesonderte Grundherrschaft in den Bezirken. Einheimische slawische Grundherrschaften gab es nicht. Die Slawen lebten, soweit sie nicht zu einer deutschen Grundherrschaft gehörten, als kleine freie Bauern, auf deren Dorfgerichten nach ihrem gesonderten Recht gerichtet wurde. Einige Slawen traten in den markgräflichen Dienst und verschmolzen mit den deutschen Dienstleuten.

Im 12. Jh. scheinen die Stauferkönige im Zusammenhang mit der großen Kolonisationsbewegung eine Neuordnung in den Markengebieten versucht zu haben. Es wurden Burggrafen eingeführt, die auf unmittelbarem Königsland residierten, von dort aus das Gericht über die freien Slawen wahrzunehmen hatten. Dieser Versuch des Königtums stellte natürlich eine starke Bedrohung für die territorialstaatliche Entwicklung dar. Aber nach dem Erlöschen der Staufer, spätestens im 14. Jh., sind die Burggrafschaften in die Abhängigkeit des Markgrafen geraten. Ihre Gerichtskompetenzen wurden landesherrlichen Vogteien übergeben. Die Vogteiverfassung wurde überall aus der markgräflichen Domäne herausentwickelt und konnte sich in der einen Markgrafschaft besser, in der anderen weniger gut, über die Grenzen der Domäne hinaus ausdehnen.

In den hier betrachteten Gebieten fand der im 12. Jh. aufkommende Regalienbegriff die fruchtbarste Anwendung. Wie wichtig den Markgrafen die Regalien waren, zeigt das sogenannte Privilegium minus, eine Kaiserurkunde von 1156, für die die damaligen Markgrafen der Ostmark auf Bayern verzichteten, das ihnen im Erbwege zugefallen war. Darin wird die *marchia* zu einem *ducatus cum omni iure* erhoben. Niemand in diesem neuen *ducatus* darf die Gerichtsbarkeit ausüben ohne Genehmigung des Herzogs.[32] Mit Gerichtsbarkeit dürfte damals bereits hauptsächlich die Blutgerichtsbarkeit gemeint gewesen sein, die hier wie im Altreich eine unerläßliche Voraussetzung für die Errichtung eines Territorialstaats geworden war. Ein Monopol für die Ausübung der Blutgerichtsbarkeit konnten nun allerdings weder der Herzog von Österreich noch irgendein anderer deutscher Territorialfürst in den nächsten Jahrhunderten erlangen. In dieser – und nicht nur in dieser Hinsicht – blieb der Territorialstaat in Mitteleuropa Idealtyp.

Die Herzöge von Österreich zeichnen sich im übrigen dadurch aus, daß bei ihnen in der zweiten Hälfte des 12. Jh. bereits eine Kanzlei nachweisbar ist, die mehrere Notare beschäftigt. 1236 werden nach süditalienischem Vorbild in den einzelnen Landesteilen *capitanei*, Landeshauptleute, eingesetzt. Die Kompetenzen des Landeshauptmanns waren im wesentlichen regional abgegrenzt. D. h. er hatte in seinem Gebiet alle nur denkbaren herzoglichen Rechte wahrzunehmen und durchzusetzen, so auch die herzoglichen Einnahmen einzutreiben. Besonders schwierig war es, dabei über die landesherrliche Domäne hinauszukommen und etwa das Steuerrecht als Teil des Regalienkomplexes wahrzunehmen. Dieses gilt nicht nur für die deutschen Territorialstaaten, sondern auch für die anderen Gegenden Europas. Selbst die oben erwähnten englischen Steuern, die Schildgelder, sind nicht eigentlich hoheitliche Steuern, sondern finanzielle Ablösungen einer anderen Verpflichtung gegenüber dem König, nämlich der Heeresverpflichtung. Seit dem 12. Jh. wird viel von der Bede, der *stiura*, den *petitiones* und ähnlichen Einnahmen gesprochen, die von allen Herren in Europa, eingezogen werden. Auch darin sind eher geldliche Ablösungen anderer Leistungspflichten grundherrschaftlicher Art als Auswirkungen des Regalienbegriffs zu sehen. Lange Zeit bleibt das Einziehen solcher Einnahmen auf

---

[32] MGH Konstitutionen I Nr. 159.

die unmittelbare Grundherrschaft eines Landesherrn beschränkt. Auch
Grundherren, die nicht zu einer Staatsherrschaft gelangten, sind Be-
deempfänger. Nun gab wohl die Ausdehnung einer landesherrlichen
Gerichtsbarkeit mit Hilfe der Vogteiverfassung über die engere Domäne
hinaus und die Wirksamkeit von Beamten, wie der österreichischen
capitanei, die Möglichkeit, eine Bede in einem größeren Bereich einzu-
ziehen. Im 13. Jh. dürfte sich an vielen Stellen die Vorstellung durchgesetzt haben, daß ein Landesherr das Recht hatte, wenigstens zu besonderen Anlässen von seinem ganzen Land eine Bede zu fordern. Allerdings waren hierfür wohl regelmäßig Verhandlungen mit den Inhabern
von Grundherrschaften und den landesherrlichen Städten notwendig.
Aus der Mark Brandenburg sind aus der zweiten Hälfte des 13. Jh. eine
Reihe von Bedeverträgen dieser Art erhalten.
In diesen Bedeverträgen kommt zum Ausdruck, daß sich in dem deutschen Markengebiet, wie in vielen anderen Gebieten Europas, die Staatlichkeit in der Form einer Verteilung der Macht zwischen dem Fürsten
und den Ständen entwickelte. In der Geschichte des österreichischen
Territorialstaates spielten die Stände schon deswegen eine große Rolle,
weil hier die regionalen Landfrieden, die auf dem Einungsgedanken mit
beruhten, im 13. Jh. für die Herausbildung des Staates wichtig wurden.
Solche regionalen Landfrieden gab es 1254 und 1276. Erhalten ist auch
die eidliche Verpflichtung der „stete und ritter und chnappen von dem
lande ze Osterriche", den Landfrieden von 1276 alle 10 Jahre zu erneu-
ern.[33] Weiterhin ist Österreich offenbar eines der frühesten Länder, in
dem davon Gebrauch gemacht wurde, daß in einem Reichsgesetz aus
der Zeit Kaiser Friedrich II. den Landesherrn das Recht gegeben war, im
Zusammenwirken mit ihren Ständen neue Gesetze zu erlassen. Auf
einem Wormser Hoftag von 1231 wurde mit Zustimmung der Reichsfürsten vom König festgelegt, daß die *principes constitutiones vel nova
iura* nur mit Zustimmung der *meliores et maiores terre* erlassen dürfen.[34]
Ob sich die Landesherren an diese Einschränkung immer gehalten
haben, ist etwas zweifelhaft. Es gibt ein österreichisches Landrecht, „die
recht nach gewohnheit des landes bei herczog Leupolten", das wohl
zwischen 1199 und 1230 aufgezeichnet worden ist. In einer zwei-

---

[33] MGH Konstitutionen III Nr. 273.
[34] MGH Konstitutionen III Nr. 305.

ten späteren Redaktion dieses Landrechtes fallen Wendungen auf wie: „Wir wellen und gepieten" Eine Mischung von obrigkeitlichem Gesetz und von Ständen getragenem Weistum ist eine Gerichtsordnung für Oberösterreich von 1299. Der Landesherr erläßt eine Ordnung mit seiner Gewalt, die er „von den eltisten und den weisisten wissentlich ervarn" hat.

*

Unter den Landesherren des Altreiches ragen die Herzöge von Bayern hervor. Sie besaßen nicht nur ein verhältnismäßig großes und geschlossenes Territorium, sondern gehören auch zu den wenigen, deren fürstliche Stellung in institutioneller Kontinuität mit regionalen Ämtern des karolingischen und frühdeutschen Reiches zusammenhängt. Für die meisten geistlichen und weltlichen Fürsten gilt, daß nicht eine solche Amtstradition sondern Grundherrschaften in Verbindung mit Hochgerichtsrechten die wichtigste Basis für den Aufbau eines Territorialstaates waren. In einer Kaiserurkunde von 1168 wurde der Bischof von Würzburg als Herzog (in seiner Diözese) angeredet, seine volle Gerichtsbarkeit – auch *de vindicta sanguinis* – wurde bestätigt. Zentgrafen sollten mit seiner Zustimmung eingesetzt werden.[35] Zentgrafen hatten tatsächlich später die Blutgerichtsbarkeit in Franken inne. Aber ein Territorialstaat wurde daraus nicht. Dieser entwickelte sich vielmehr kleiner und anders, im Zusammenhang mit der Grundherrschaft des Bischofs. Die Zentgrafen außerhalb derselben mußte der Bischof abgeben. Ein ähnliches Schicksal hatte das Herzogtum des Erzbischofs von Köln. An der Westgrenze des deutschen Reiches wurde das Herzogtum Lothringen etwa 960 in Ober- und Niederlothringen geteilt. Die Kontinuität des alten Amtsherzogtums verflüchtigte sich noch mehr, als im 12. und 13. Jh. das Herzogtum Niederlothringen praktisch noch einmal geteilt wurde: In das Herzogtum Brabant und das Herzogtum Köln mit dem „Unterherzog" Limburg. Nach 1288 ging die wichtigste territorialstaatliche Entwicklung von dem mit Limburg vereinigten Brabant aus. Auch in Oberlothringen umfaßte der spätmittelalterliche Terri-

---

[35] K. Zeumer, Quellensammlung zur Geschichte der dt. Reichsverfassung I (1913) S. 18 f.

torialstaat nur einen Teil des Herzoggebietes. Andere Ansatzpunkte für
Territorialstaaten bildeten Grafschaften des lothringischen Gebietes,
besonders Luxemburg, Jülich und Berg. Der Titel Graf wurde damals
genauso wie Herzog weitgehend zu einer Standesbezeichnung, die sich
kleinere Dynastenfamilien im Unterschied zu den herzoglichen größeren Dynastenfamilien zulegten. Die Grafen waren hier und in anderen
Gegenden Deutschlands vielfach vornehme Lehensträger und Vögte
großer Fürsten, insbesondere geistlicher Fürsten. Indem z. B. die Grafen von Jülich, die Lehensgrafen der Erzbischöfe von Köln waren, aus
ihrer lehensabhängigen Grundherrschaft und Vogteien heraus einen
eigenen Territorialstaat aufbauen konnten, zeigte sich, daß auch die
Lehensherrenstellung keine ausreichende Basis für die Aufrichtung eines Territorialstaates durch den Lehensherren war.
Geistliche Herren konnten eine Lehensherrschaft wie die Grundherrschaft nur dann zu einem Territorialstaat ausbauen, wenn es ihnen
gelang, die Gerichtsbarkeit, die Hochgerichtsbarkeit und die Vogtei
effektiv bei sich zu behalten (s. o. S. 122 f.). Gerade wegen des Besitzes
einer Hochgerichtsstätte in ihrem Lehensgut und mit Hilfe kirchlicher
Vogteien konnten sich Grafen, wie jene von Jülich, zur Territorialherrschaft aufschwingen.
Für das 12. Jh. spricht man in Südwestdeutschland von dem Staat der
Zähringer. Die Zähringer waren eine alemannische Adelsfamilie mit
viel Grundbesitz, die zu den treuen Bundesgenossen der Staufer gehörten und von ihnen mit Ämtern und Aufgaben versehen wurden. Es gab
eine herzogliche und markgräfliche Linie der Zähringer. Die letztere
nannte sich auch Baden. 1218 starb die herzogliche Linie aus, die Herr-
schaftsmasse wurde zersplittert. Dieser Vorfall trug mit dazu bei, daß
der Südwesten Deutschlands territorialstaatlich stark zersplittert geblieben ist. Eine andere Ursache dieser Entwicklung ist die starke Konzentration von Königsgut im deutschen Südwesten, mit dem die Staufer
eine Art Königsterritorium aufbauen wollten und das gewissermaßen
kopflos wurde, als diese Dynastie in der Mitte des 13. Jh. ausgelöscht
wurde. Die späteren Könige haben den zahllosen Reichsstädten und
Reichsburgen den Raum für partikularistische Eigenentwicklung gelassen. In Hessen und Thüringen bildete sich im 11. und 12. Jh. ein mit
dem der Zähringer vergleichbares zusammenhängendes Herrschaftsgebilde in der Hand der Ludowinger. Auch dieses Geschlecht starb 1247

aus. Danach wurde Thüringen für längere Zeit mit der Markgrafschaft Meißen vereinigt. Hessen ging den Weg zu einem eigenen, landgräflichen Territorialstaat.

Die Territorialbildung in Norddeutschland wurde durch die Absetzung des sächsischen Herzogs Heinrich des Löwen und die Zerschlagung seines Herzogtums durch Friedrich Barbarossa 1180 stark beeinflußt. Der Prozeß gegen Heinrich den Löwen ist verfassungsgeschichtlich deswegen besonders interessant, weil sich hier zeigt, daß sich inzwischen eine Lehensgerichtsbarkeit verfahrensmäßig deutlich von der übrigen Gerichtsbarkeit abgesondert hat. Heinrich der Löwe wird zunächst wegen Landfriedensbruch von dem königlichen Hofgericht in Abwesenheit verurteilt und in die Acht versetzt. Danach wird ihm in einem lehenrechtlichen Verfahren das Nichterscheinen zu der Ladung vor das königliche Hofgericht als lehenrechtlicher Ungehorsam ausgelegt. Das Urteil lautet auf Aberkennung der Reichslehen.[36] Das Herzogtum Sachsen wurde zerschlagen und die Teile boten die Grundlage für die Entstehung kleinerer Territorialfürstentümer.

Wir kommen nunmehr zu Auswirkungen der territorialstaatlichen Entwicklung auf die Reichsverfassung. Da mit Ausnahme Bayerns alle alten Herzogtümer aus der Verfassung des Reiches ausgeschieden waren, verbindet man mit dem Jahre 1180 gern den Begriff einer Verfassungsreform. Damals hätte sich ein jüngerer Reichsfürstenstand abgeschlossen. Aber der Begriff des Reichsfürstenstandes ist schillernd. Man stützt sich dabei auf die Heerschildordnung, die sich im Sachsenspiegel findet, einer privaten Arbeit über das in Sachsen geltende Recht, die etwa zwischen 1215 und 1235 von Eike von Repkow angefertigt wurde. Genauso wie sich inzwischen bei den Problemen des Leihezwangs gezeigt hat, daß man zu viel aus einer mißverständlichen Sprechweise des Sachsenspiegels herausgeholt hat, sollte man auch bei der Heerschildordnung berücksichtigen, daß sich Rechtsideen, Rechtsideale mit der Abspiegelung wirklicher Verhältnisse mischen können. Nach dem Sachsenspiegel gibt es 7 Heerschilde, von denen 5 in der Wirklichkeit

---

[36] F. Güterbock, Die Gelnhäuser Urkunde und der Prozeß Heinrich des Löwen (1920). Zu kontroversen Ansichten über Prozeßeinzelheiten: E. E. Stengel, Zum Prozeß Heinrich d. L., in: E. E. Stengel, Abhandlungen und Untersuchungen zur mittelalterlichen Geschichte (1960).

einen Rückhalt haben. Den ersten hat der König inne, den zweiten die
geistlichen Fürsten, den dritten die weltlichen, den vierten die Grafen
und freien Herren, schließlich den fünften die Dienstmannen. Auch in
der süddeutschen Parallelarbeit zum Sachsenspiegel, dem Schwabenspiegel, gibt es noch zwei weitere Heerschilde. Die Reichsfürsten wären
nach beiden Spiegeln im zweiten und dritten Heerschild und dadurch
bestimmt, daß sie nur vom König und von einem kirchlichen Fürsten
ein Lehen nehmen dürfen. Von den in Frage kommenden dynastischen
Familien wäre immer nur der Inhaber des Fürstentums und nicht seine
Verwandten Mitglied des Reichsfürstenstandes. Bevor sich im 16. Jh. die
Kurien des Reichstages ausbildeten, dürfte die Unterscheidung zwischen Reichsfürsten und Grafen, die ebenfalls reichsunmittelbar waren,
nur terminologischer Art gewesen sein, sowie im Konnubium und in
gewissen Ehrenvorrechten, wie sie in den Unterschriften von Urkunden
hervortreten, gelegen haben. Auf die Möglichkeit, Territorialstaaten
auszubilden, hatte sie keinen Einfluß.

Im Laufe der Zeit verband sich allerdings immer fester mit dem Begriff
des Reichsfürstentums der der Regalien. Ein Reichsfürstentum war ein
Fahnlehen, weil mit dem Lehen eine Blutfahne übergeben wurde, das
Symbol der Hochgerichtsbarkeit. Die Lehen der Reichsgrafen und der
Reichsritter waren keine Fahnlehen. Aber diesen Herren konnte vom
König in einem gesonderten Verfahren der Blutbann und damit die
wichtigste der Regalien verliehen werden.

Neben dem (o. S. 138) zitierten Königsspruch von 1231 sind noch zwei
weitere königliche Verfügungen aus der Zeit Friedrichs II. ebenso für die
Entwicklung im Markengebiet wie im Altreich bedeutsam geworden. Es
handelt sich um die Confoederatio cum principibus ecclesiasticis von
1220 und das Statutum in favorem principum von 1231/1232.[37] In ihnen
ist u. a. der Verzicht des Königtums auf die Ausübung von Hoheitsrechten über Gericht, Geleit, Münze und Zoll, Burgen- und Städtebau im
Gebiet der fürstlichen Landesherren enthalten. Die Interpretation dieser
Gesetze hat sich in der letzten Zeit etwas gewandelt. Früher sah man
darin einen generellen Rechtsverzicht des Königs im Bereiche der staatlichen Hoheit zugunsten der Landesherren. Heute sieht man eher darin die
Bestätigung einer schon vorher eingetretenen und durch Einzelpri-

---

[37] MGH Konstitutionen II Nr. 73, 171.

vilegien geförderten Entwicklung, die zudem nicht einmal den Charakter einer Rechtsänderung hatte, sondern den eines jederzeit widerrufbaren Verzichtes auf die Anwendung von Reichsrechten. Tatsächlich sind die Landesherrschaften immer als Reichslehen betrachtet worden und bei jedem Personenwechsel mußten Banngewalt, Regalien und das Lehen als Ganzes immer wieder delegiert und verliehen werden. Es gab nicht einmal einen gesetzlichen Leihezwang, wie man lange Zeit geglaubt hatte, wie aber jetzt widerlegt wurde, der den König gezwungen hätte, die Reichsfürstentümer bei dem Aussterben einer Dynastenlinie immer wieder neu zu konstituieren (s. o. S. 15). Trotzdem hatten die Könige offenbar seit dem 13. Jh. nicht mehr die Absicht, Staatlichkeit beim Reich zu sammeln. Die Einsetzung eines jeden Landesherrn durch den König erleichterte einerseits, erschwerte aber andererseits wohl noch mehr die territorialstaatliche Entwicklung. Sie klärte manche strittige Frage der Herrschaftsausdehnung und der Rollenbesetzung, sie stärkte die Legitimität eines Territorialherrn, aber sie förderte wohl die vielen Erbteilungen und die übrigen Umverteilungen des territorialstaatlichen Bestandes. Außerdem hatte wahrscheinlich die theoretisch immer gegebene Widerrufbarkeit der staatlichen Rechte Einfluß darauf, daß die ständische Bewegung in Deutschland besonders kräftig war.
Der schon oben (S. 133 f.) angedeutete Zusammenbruch der Stauferpolitik wirkte sich auch auf Deutschland aus, indem es (1246/1247) schon vor dem Aussterben der Dynastie zur Wahl von Gegenkönigen, den ersten deutschen Königswahlen seit langer Zeit kam. Man war dabei offensichtlich in einer gewissen Verlegenheit, wer die Wähler sein sollten. Ideen des Sachsenspiegels, der wohl rasch eine große Verbreitung gefunden hatte, boten sich gewissermaßen als Findungshilfe an. Im Sachsenspiegel finden sich drei Etappen des Thronfolgevorganges (Landrecht III, 57). In der ersten wählen *vursten unde alle* den König. In der zweiten küren 6 Fürsten, die Erzbischöfe von Köln, Mainz und Trier, der Pfalzgraf bei Rhein, der askanische Herzog von Sachsen und der Markgraf von Brandenburg, (ein 7., der König von Böhmen, wird erwähnt, aber ausgeschlossen) den vorher erwählten. In der dritten Etappe wird dieser gekrönt. Die Zwischenetappe ist eine Neuschöpfung des Sachsenspiegels, bei der er sich an solche Fürsten hielt, die Funktionen im staufischen Krönungszeremoniell hatten. Bei der Wahl im Januar 1257 wirkten sich diese Ideen nun insoweit aus, daß die sieben

Fürsten der Zwischenetappe (also einschließlich Böhmen) für sich das Monopolrecht auf die Königswahl beanspruchten. Das neue Modell versagte sofort, denn es kam zu der verhängnisvollen Doppelwahl zweier ausländischer Fürsten, aber trotzdem blieb es grundlegend für die Einsetzung der deutschen Könige im Spätmittelalter und war mitverantwortlich dafür, daß sich bei ihnen keine moderne Staatlichkeit sammeln konnte.

*

Nördlich und östlich des bisher betrachteten Gebietes gab es im Hochmittelalter die Reiche und Fürstentümer N o r w e g e n, S c h w e d e n, D ä n e m a r k, M e c k l e n b u r g, P o m m e r n, P o l e n, B ö h m e n und U n g a r n. Sie alle haben gemeinsam, daß sie jeweils aus verschiedenen Kleinstämmen mehr oder weniger fest zusammengewachsen sind. Herrschaftliche oder föderative Großreichsbildungen waren auf einer frühen ethnischen Stufe etwas Normales. Im Unterschied zu früher aber hatten die genannten Reiche im Hochmittelalter eine starke innere Kontinuität. Dafür war die Christianisierung, die Ausdehnung der Organisation der katholischen Kirche auf Ost- und Nordeuropa wichtig geworden. Die herrschaftliche Komponente in den Großreichsbildungen Nord- und Osteuropas überwog gegenüber der föderativen. Wie bei der Vereinigung der angelsächsischen Reiche ging die Großreichsbildung von der Dynastie eines Kleinfürstentums aus, die die anderen Fürstentümer mehr oder weniger gewaltsam in die eigene Herrschaft brachte. In Böhmen und Ungarn entstanden feste Einheitsreiche, die anderen Großreiche blieben demgegenüber locker strukturiert, d. h. die Landschaften bewahrten verhältnismäßig viel Eigenständigkeit. In Polen wurde die Eigenständigkeit noch dadurch unterstützt, daß die Herrscher-Dynastie der Piasten Erbteilungen vornahm und die einzelnen Mitglieder der Familie Teilfürstentümer übernahmen. Der Dänenkönig befand sich in der Karolinger- und Ottonenzeit in einer gewissen Abhängigkeit vom fränkischen und deutschen König, die sich auch durch Tributzahlungen ausdrückte. Ein polnischer König leistete zuletzt im 12. Jh. dem deutschen König einen Lehenseid, ein ungarischer König zuletzt im 11. Jh. Schlesien, ein Teilfürstentum Polens, das von einer Seitenlinie der Piasten regiert wurde, Pommern und Mecklenburg traten ebenso wie Böhmen dauerhaft in den Lehensverband des deutschen Reiches ein und wurden Reichsfürsten im Sinne der geschilderten deutschen Verfassung.

Für die Ausbildung moderner Staaten fehlten in Nord- und Osteuropa einige begünstigende Umstände, die in dem übrigen Europa zu beobachten waren. Die Völkerwanderungsstaaten übernahmen Reste und Anregungen von einer spätrömischen regionalen Ämterverfassung. Es gab von dorther teilweise recht starke königliche Funktionäre, deren Tätigkeit Konsequenzen für die Volksgerichte hatte und die vor allem die Bedeutung der Verwandtschaftsgruppen, der Sippenverbände für Recht und Frieden einschränkten. Diese zuletztgenannten Verbände hatten aber in Nord- und Osteuropa fortdauernd eine stärkere Bedeutung als im übrigen Europa. Weiterhin ist zu bemerken, daß in Süditalien, in England und im deutsch-slawischen Markengebiet die Entwicklung zur modernen Staatlichkeit sicherlich durch die Ausbildung von Erobererstaaten, durch Fremdherrschaften begünstigt wurde. Durch die Eroberung wurden regelmäßig Umverteilungen des Bodens vorgenommen, es gab eine starke Konzentration des Bodenbesitzes in neuen Händen. Damit steht in Verbindung, daß in Süditalien und England das Lehenswesen zu einer festen Strukturierung des Staates herangezogen werden konnte.

Der Streit zwischen Papst und Königtum, zwischen Staat und Kirche, der für die Ausbildung des Regalienbegriffes so wichtig wurde, hat Nord- und Osteuropa nur wenig berührt. Nur in Ungarn gab es einen gewissen Investiturstreit, der auf dem Konzil von Guastalla 1106[38] mit einem formalen Kompromiß beendet wurde, aber wenig Einfluß auf die fortdauernde Kirchenherrschaft von König und Grundherrn in Ungarn hatte. Im übrigen hatten die meisten Staaten Nord- und Osteuropas besondere Beziehungen zum Papsttum, Lehens- oder Tributbeziehungen, sicherlich um dadurch Ansprüchen des deutschen Königs und Kaisers besser entgegentreten zu können. Böhmen und Ungarn hatten noch im 13. Jh. ein Sakralkönigtum, wie es sonst in Europa nicht mehr anzutreffen war. Die Könige beriefen sich auf von der Kirche heiliggesprochene Begründer der Dynastie, bzw. des Königtums, nämlich Wenzelaw und Stephan, deren Kronen sie trugen. Für Ungarn hat man den

---

[38] Mansi, Sacrorum Conciliorum collectio 20 Sp. 1211 f.

byzantinischen Einfluß auf den Stephanskult herausgearbeitet.[39] Diese Ideologie ist damit zu vergleichen, daß noch Friedrich Barbarossa durch die Heiligsprechung Karls des Großen den Karlskult für das deutsche Königtum fruchtbar zu machen versuchte, ein Versuch, der mit dem Zusammenbruch der staufischen Reichspolitik hinfällig wurde.[40] Böhmen hatte keine besonderen Beziehungen zum Papsttum, wurden aber dennoch vom Investiturstreit ausgespart. 1212 ließ sich der böhmische König Ottokar von Kaiser Friedrich II. das Recht der Bischofsinvestitur zuerkennen.[41] Man wird sagen können, daß die fortdauernde enge Verbindung zwischen Königtum und Kirche in Nord- und Osteuropa die Ausbildung eines Begriffes von der modernen Staatlichkeit verzögerte.

Im 12. und 13. Jh. gab es eine starke deutsche Einwanderung vor allem nach Mecklenburg, Pommern und Schlesien, in wenig geringerem Maße nach Böhmen und Preußen, in bedeutenden Ausläufern auch nach Polen und Ungarn und in einzelnen, aber einflußreichen Strahlungen auch nach Nordeuropa. Diese Einwanderung, die auf allen sozialen Ebenen zu beobachten ist, hat sicherlich einen starken Einfluß auf die Mentalität des Königtums und anderer führender Kreise in den Ländern gehabt. Dadurch dürften Vorstellungen, die im übrigen Europa üblich waren, nach Norden und Osten getragen worden sein. Im übrigen wurde wegen der privilegierten Sonderstellung, unter der sich die Deutschen ansiedeln durften, sicherlich nicht die Entwicklung zu einer zentralistischen Staatsherrschaft gefördert. Vielmehr dürfte die große Bedeutung der Stände, die sich in der späteren Entwicklung der Länder feststellen läßt, dadurch gefördert worden sein.

Durch einige Bemerkungen über Beamtentum und Gerichtsbarkeit der Könige soll auf die hochmittelalterlichen Ansätze zur Entwicklung moderner Staatlichkeit in Nord- und Osteuropa hingewiesen werden. Den norwegischen Großkönigen gelang es im 12. und 13. Jh., die Kleinfürsten (*jarle*) und die gewählten Bauernführer (*hersire*) zunächst in

---

[39] Th. v. Bogyay, Über den Stuhlweißenburger Sarkophag des hl. Stephan. Ungarn-Jahrbuch 4 (1972) S. 9–26.
[40] E. Meuthen, Karl der Große – Barbarossa – Aachen, in: Karl der Große, Lebenswerk und Nachleben IV (1967).
[41] MGH Konstitutionen II Nr. 43.

Gefolgsleute und dann sogar in absetzbare Beamte umzuwandeln. *Jarle* hatte vorwiegend militärische, *hersire* vornehmlich gerichtliche Funktionen. Daneben gab es noch königliche Vögte aus der königlichen Grundherrschaft. Letztere hatten vornehmlich wirtschaftliche und finanzielle Funktionen. In Dänemark geht aus dem grundherrlichen Vogt der *umbudsmann* hervor. Von der Krongutverwaltung ausgehend erlangte der *umbudsmann* immer steigenden Einfluß auf die Einziehung von Bußen und Gerichtsgefällen und damit auf die Gerichtsbarkeit selbst. Die älteren Kleinfürsten und Volksbeamten scheinen dadurch ganz und gar verdrängt worden zu sein. In Schweden gibt es dagegen gewählte Bauernführer, die eine selbständigere Stellung als in Dänemark behalten. Sie agieren in Konkurrenz mit königlichen Spezialkommissären, *laenshaerra*, außerdem gibt es auch hier die Vögte der Krondomäne. Hand in Hand mit der Bildung des Beamtentums geht die Schaffung besonderer königrechtlicher Straffälle, eines eigenen königrechtlichen Prozesses und das Eindringen der amtlichen Zwangsvollstreckung in die Volksgerichte.

In dem kleinen und übersichtlichen Böhmen (einschließlich des nur vorübergehend abgetrennten Mähren) liegt das Schwergewicht der Entwicklung auf Ausbildung von Institutionen der Zentralgewalt. Herrschaftliche Hofbeamte wachsen in die Rolle von staatlichen Verwaltungsbeamten hinein. Der Kämmerer des Königs wird für die Finanzen zuständig, die Stelle eines obersten Hofrichters nahm bis 1175 der Burggraf von Prag ein; in diesem Jahr wurde ein ständiger *iudex curiae* eingesetzt. Das Rückgrat der lokalen Einflußnahme der Könige war ihre Grundherrschaft mit Burgen, den Kastellanien. Darin waren die Verhältnisse in Polen, Pommern und Schlesien ähnlich. Die großen adeligen Grundherrschaften mit ihren eigenen Burgen verhinderten eine Ausdehnung, erzwangen vielmehr eine Einschränkung der gerichtlichen Kompetenz der königlichen Kastellane. Im 13. Jh. versuchten immerhin die Könige von Böhmen durch die Übernahme des Instituts des Landfriedens und die Errichtung von Landfriedensbezirken den adeligen Burgenbau einzuschränken. Eine Besonderheit der polnischen Verfassung sind die Opole, Nachbarschaftsgemeinschaften kleinerer Bauern, den mitteleuropäischen Gauen vergleichbar. Ihre verschiedenen, vornehmlich gerichtlichen Funktionen wurden durch die königlichen Kastelle unterstützt. Die Kastelle gerieten nun im Laufe des Hochmittelalters mehr und mehr in die Hände großer adeliger Grundherrn. Die Könige konnten nur noch das Recht bewahren, auf ihren Reisen mit ihrem Gefolge in einer Burg aufgenommen zu werden. In Ungarn entstanden in Anlehnung an königliche Burgen nach fränkischem Vorbild Comitate. Diese Comitate wurden dann allerdings mehr und mehr im Besitz verschiedener Adelsfamilien vererbt.

Die große Bedeutung der ständischen Bewegung wird auch erkennbar, wenn man die frühen Gesetzestexte der ost- und nordeuropäischen Staaten betrachtet. Aus Ungarn sind vom ausgehenden 11. und beginnenden 12. Jh. einige Dekrete überliefert, die inhaltlich Berichte von Versammlungen der Großen und von deren Beschlüssen sind. Eine Gesetzgebung, bei der die Schriftform Gültigkeitsbedingung war, beginnt mit der Goldenen Bulle König Andreas II. von 1222. Ihrer Form nach Privileg und Gesetz des Königs, beabsichtigt sie inhaltlich eine *reformatio regni* und garantiert die *libertas nobilium quam aliorum*. Die Goldene Bulle wurde später eine Art Grundfeste der ungarischen Verfassung, die bis in dieses Jahrhundert hinein von den Königen bei der Krönung beschworen wurde. Von hier beginnt eine ungarische Gesetzgebungsgeschichte, in der sich fortgesetzt königliche Privilegien und Ständeversammlungsbeschlüsse mischen.

Auch Böhmen hatte eine Goldene Bulle, die ihm als Reichsland 1212 von Kaiser Friedrich II. verliehen wurde. Darin wurden Erbfragen und Fragen des Verhältnisses zum Reich geregelt. Zum Beispiel wurde Böhmen schon damals von der Hofgerichtsbarkeit befreit, erhielt also das *ius de non appellando*, das später ein Kennzeichen der Kurfürstentümer wurde. Die ersten erhaltenen in Böhmen und Mähren selbst in Gesetzesform niedergelegten Rechte sind die sogenannten Statuta Ottonis (1212–1237). Im Vorwort setzte Ottokar I. fest, daß die Rechte, die von seinen Vorgängern gegeben worden seien, nicht verändert, sondern für immer bestehen bleiben sollten. Im Artikel 1 erhielt der hohe wie der niedere Adel das Recht auf seine Erbgüter. Artikel 21 sieht vor, daß ein Richter nie ohne Anwesenheit eines königlichen *castellanus* und anderer Adliger richten dürfe. 1272 beginnt eine Reihe von Kodifikationsversuchen der böhmischen Könige, die am Widerstand des Adels scheitern. Erfolg hatten die Könige nur bei der Abfassung eines Bergrechts, mit der Hilfe eines italienischen Juristen, im Rahmen des königlichen Bergregals um 1300. Dabei wird zum ersten Mal in Mitteleuropa römischkanonisches Prozeßrecht für ein weltliches Gericht kodifiziert.[42] Aus der Zeit um 1320 ist dann eine erste schriftliche Zusammenfassung dessen, was man ein böhmisches Landrecht nennen kann, erhalten. Diese Zusammenfassung ist als Privatarbeit in der Welt des Hochadels entstanden. Sie trägt von dem ältesten Besitzer der Handschrift, Peter von Rosenberg, den Namen Rosenberger Rechtsbuch.

Eine vergleichbare polnische Rechtsüberlieferung beginnt erst im 14. Jh. Aus der Zeit des bedeutenden Königs Kasimir des Großen (1333–1370) sind die Statuta magni Kasimiri erhalten, die eine Zusammenfassung verschiedener Komplexe polnischen Gewohnheitsrechtes darstellen und die der König mit Hilfe eines in Italien ausgebildeten Juristen anfertigen ließ, indem er *Romanorum procerum exemplo* folgte.

Die dänische Überlieferung von Gesetzen beginnt viel früher. Aus der Zeit von 1200 stammt das Statutum Kanuti regis de homicidio, ein Landfriedensgesetz für die südschwedische Provinz Schonen, die zu Dänemark gehörte. Offenbar unter dem Einfluß römischen Rechts läßt der König in das Statut hineinschreiben, es gehöre zur königlichen Macht, Gesetze zu erlassen oder zu verändern. Aus dem weiteren Verlauf des 13. Jh. sind dann die schriftlichen Aufzeichnungen verschiedener dänischer Landschaftsrechte erhalten. Das bedeutendste ist Jyske lov von 1241. Bei dieser Kodifizierung von Gewohnheitsrecht mischen sich römisch-kanonische Einflüsse, die die Stellung der Obrigkeit stärken, und „der Rat aller der besten Männer, die im Reiche waren". Ähnliche Landschaftsrechte wurden in Schweden im Laufe des 13. und 14. Jh. schriftlich niedergelegt. Sie behalten zunächst die Gestalt eines Weistums. Gesetzesform hat demgegenüber ein 1280 vom König und den großen Herren beschworener Landfrieden. Königliche Urkunden von 1296 und 1327 geben schon vorher schriftlich aufgezeichneten Landschaftsrechten eine gesetzliche Gültigkeit. Sie vertreten den Grundsatz, daß altes Recht nicht unüberlegt zu ändern sei, wohl aber wenn es unbillig und dunkel sei. Der König habe einem *lagmann*, einem gewählten Organ der Bauernschaft, auf dessen Bitte geboten, zusammen mit den Kundigsten die alten Rechte zu prüfen, neue zu bestimmen und zusammenzufügen. Nachdem diese Kommissionen auf einer Thingversammlung ihr Werk vorgetragen hätten und diejenigen, die es

---

[42] A. Zycha, Das böhmische Bergrecht des Mittelalters 2 Bde. 1900.

anging, ihre Zustimmung erteilt hätten, habe der König die Gesetze
bestätigt und sie unter seinem Siegel als ausschließliches Recht vorgeschrieben. Die Entwicklung in Norwegen weist starke Parallelen mit
jener in Schweden auf. Aber Norwegen gelangte viel früher als Schweden zu einem für das ganze Land gültigen Landrechtsbuch, einem Buch,
das die Rechte der einzelnen Landschaften zusammenfaßte. Dieses
Buch entstand auf Initiative König Magnus, des Gesetzesverbesserers
(1261–1280).

Bevor wir den europäischen Norden und Osten verlassen, muß jetzt
noch erwähnt werden, daß dort im 13. Jh. in Preußen eine Staatsentwicklung begann, die einerseits ganz auf der Basis einer christlich-
kirchlichen Wirksamkeit in der Welt beruhte, andererseits viele Elemente einer modernen Staatlichkeit enthielt. Der ritterliche Orden des
Spitals St. Mariens vom Deutschen Hause wurde im 12. Jh. während der
Kreuzzüge in Palästina gegründet. Als Orden der Krankenpflege und
des ritterlichen Kampfes hatte er Statuten, in denen auch die Arbeit von
Ordensorganen geregelt wurde, die dann bei der Staatsgründung des
Ordens in Preußen zu Staatsorganen wurden. Der Staat in Preußen
wurde aufgrund einer Reihe von Verträgen, die Herzog Konrad von
Masowien, einer der polnischen Teilfürsten, 1228–1230 mit dem Orden
abschloß, gegründet. Von Friedrich II. erhielt der Orden 1226 die Gold-
bulle von Rimini, die den Orden zur Herrschaft in dem zur *monarchia
imperii* gehörigen Land ermächtigte.[43] Der Hochmeister des Ordens
wurde nicht belehnt, erhielt aber alle Regalien „so gut wie irgendein
Reichsfürst", aber frei von allen Diensten und Verpflichtungen für das
Reich. Damit wurde eine ungewöhnliche Rechtsgrundlage geschaffen,
deren staatsrechtliches Verhältnis zum Reich eine offene Frage blieb.
1234 nahm der Papst das Ordensland seinerseits als „Recht und Eigen
St. Peters" unter päpstlichen Schutz und verlieh es dem Orden zu
ewigem freien Besitz. Der Orden nahm nicht nur die Hoheitsrechte für
sich in Anspruch, sondern behauptete auch das Eigentumrecht am
Grund und Boden im Staatsgebiet. Bedingungen, unter denen der Boden an deutsche Bauern und Bürger ausgeliehen wurde, wurden in der
Kulmer Handfeste von 1233 festgelegt. Für eine der anderen Bevölkerungsgruppen im Staatsgebiet wurde etwa 1280 in deutscher Sprache

---

[43] Preußisches Urkundenbuch I, 1 (1882) Nr. 56.

das „Polensche Recht" aufgezeichnet, die älteste Aufzeichnung polnischen Gewohnheitsrechtes überhaupt. Der Sitz des obersten Ordensgebieters, des Hochmeisters war bis 1309 in Venedig, denn zu dem Orden gehörten Besitzungen in ganz Europa. Danach wurde er auf die Marienburg in Preußen verlegt. Die Gesetzgebungsgewalt lag zunächst beim großen Kapitel, ging dann auf den Hochmeister über. Im 15. Jh. konnten aber auch hier nur noch Landesordnungen im Zusammenwirken mit den Ständen, den Vertretern der Städte und der Inhaber ritterlicher Dienstlehen erlassen werden. Der Ordensstaat ist deswegen im ganzen nicht als modern zu bezeichnen, weil er spezifische Staatsziele hatte, die mit der Ausbreitung des Christentums zusammenhängen und die im 15. Jh. vor allem deswegen fragwürdig wurden, weil die umliegenden Länder sich christianisiert hatten. Von dort aus gab es eine wachsende Anzweiflung der Legitimation der Staatsherrschaft durch die Stände, die diesen Staat schließlich aufhob.

*

Um die Vielfalt der Staatsentwicklung im mittelalterlichen Europa deutlich zu machen, soll nun noch ein Blick auf jene Staaten geworfen werden, die im Kampf gegen die Araber errichtet wurden. In Spanien entstanden im Laufe dieses Kampfes mehrere kleinere Königreiche. Die wichtigsten waren Kastilien und Aragon, die andere kleinere an sich zogen und sich selbst im 15. Jh. vereinigten. Dem Beispiel eines früheren spanischen Königs folgend, nennt sich Alfons VI. von Kastilien (1065–1109), der Eroberer von Toledo, *imperator*, um dadurch anzudeuten, daß er für sich eine hegemoniale Stellung in Spanien beansprucht. Die spanischen Reiche hatten mit dem 1099 im Zusammenhang mit dem ersten Kreuzzug gegründeten Königreich Jerusalem die große Bedeutung des Lehenswesens für die innere Struktur gemeinsam. Dasselbe gilt auch für das 1204 von den Kreuzfahrern in Byzanz gegründete lateinische Kaiserreich, das bis 1261 bestand, und mehr noch für die lateinischen Fürstentümer, die aus diesem Kaiserreich hervorgegangen sind und es lange überdauerten, nämlich das Fürstentum Athen und das Herzogtum Morea auf der Peloponnes. Um Jerusalem herum gliederten sich einige kleinere lateinische Fürstentümer, das Fürstentum Antiochia, die Grafschaften Edessa und Tripolis. Sie befanden sich in

Lehensabhängigkeit von Jerusalem. Die große Bedeutung des Lehenswesens ist hier wie in England, der Normandie und Süditalien das
Kennzeichen von Erobererländern. In Spanien entstanden daraus aber
Staaten mit einer starken Zentralgewalt, in den anderen Ländern gewannen die Vasallen nach Art von ständischen Bewegungen ein größeres
Gewicht, bzw. es traten sogar starke partikularistische Tendenzen auf,
die mit zu dem raschen Ende des Königreichs Jerusalem beigetragen
haben. 1187 wird Jerusalem von den Arabern zurückerobert.

Die spanische Verfassungsrechtsüberlieferung ist durch Fueros gekennzeichnet, die mit den Fueros von León 1017 oder 1020 einsetzen. Der
Fuero enthält nicht nur Orts-, sondern auch landrechtliche Bestimmungen und hat im ganzen nordwestspanischen Gebiet größte Verbreitung
gefunden. Er bestimmte u. a., daß die Richter in allen Städten und
Bezirken vom König gewählt werden und *causa totius populi* richten
sollten. Er sei durch Beschluß aller Prälaten und Herren Spaniens sowie
durch Befehl des Königs entstanden. Weiterhin sind für Spanien die
Cortes wichtig geworden, Versammlungen des Königs mit den großen
weltlichen Adeligen, den Geistlichen und den Städten, auf denen Ge-
setzgebungsverfahren entwickelt wurden und in einer gültigen Form
für das Reich wichtige Gesetze erlassen wurden. Am Anfang stehen die
Cortes von León von 1188. Unter den verschiedenen anderen Gesetzen
und Gesetzbüchern Spaniens ist noch der Fuero Real hervorzuheben,
der einen 1252 beginnenden Versuch darstellt, die zahlreichen lokalen
Fueros durch eine vom König geschaffene allgemeine Gesetzgebung zu
ersetzen. Aus der Geschichte des Reichs von Jerusalem sind die Assisen
von Jerusalem die wichtigste Verfassungsgeschichtsquelle. Sie halten
überwiegend die Rechte der Vasallen gegenüber dem Lehensherrn,
dem König von Jerusalem, fest. Beim König gab es eine Art Lehensge-
richtshof. In einer späteren Phase bildete sich eine Cour de bourgeois.
Im übrigen war die Gerichtsbarkeit in den Händen der Vasallen. Mit
den ebengenannten Assisen sind auch die Assisen der Romania vergleichbar, die in den lateinischen Fürstentümern auf griechischem Boden entstanden sind und eine ebenso starke Stellung der Vasallen verraten.

IV. Die Ordnungen des späteren Mittelalters

1. Haus, Familie, Verwandtschaft

Unter der Wirkung des hochmittelalterlichen Verfassungswandels, der Entstehung der Stadt und neuartiger Staaten, verschoben sich die Beziehungen zwischen Haus, Familie und Verwandtschaft von Grund auf. In dem Maße wie eine obrigkeitliche Strafgerichtsbarkeit entstand, verlor das Haus seine alte Bedeutung für die Rechts- und Friedensordnung. Weiterhin wurden die Beziehungen zwischen Haus und Familie durch einen immer rascher werdenden Bevölkerungswandel gelockert. Im Hochmittelalter gab es Bevölkerungsanstieg und viele Wanderungen, im Spätmittelalter gab es neben dem Bevölkerungsanstieg tief einschneidende Pestkatastrophen. Wenn man einmal von den vielen Ausnahmen und den vielen geographischen und sozialen Bezirken konservativer Struktur absieht, kann man sagen, daß das Haus für die Familie durch die Wohnung ersetzt wurde. Diese Veränderung war allerdings im Hochmittelalter noch nicht von vornherein sichtbar. Vorübergehend schien es sogar so, als ob wenigstens für eine bestimmte Gruppe, die Inhaber von Herrschaften, die Inhaber von festen Häusern, von Burgen, das Haus in einer noch strengeren Weise als früher die Möglichkeit bieten würde, eine Familie zu integrieren.

Im Frühmittelalter waren – von einigen romanischen Randgebieten abgesehen – die Menschen einnamig (s. o. S. 32). Um 1100 herum erscheinen schlagartig die Zeugen in den Urkunden wieder mit einem Nachnamen, der nach einer Burg gebildet ist. Dieser Nachname wird Familienname, wie auch wenig später, vornehmlich im bürgerlichen Bereich, ganz andere Namen, Herkunftsnamen, Berufsbezeichnungen, Bezeichnungen körperlicher Eigenschaften, Familiennamen werden.[1] Daraus hat man geschlossen, daß die Burg das objektive Substrat einer neuen Formierung der Familien- und Verwandtschaftsverhältnisse und

---

[1] M. Gottschald, Deutsche Namenkunde. Unsere Familiennamen nach ihrer Entstehung und Bedeutung (1954³).

der Sitz einer Dynastie wurde. Das Beispiel etwa der Hohenstaufer, der Wittelsbacher oder der Grafen von Württemberg gibt der These recht. Allerdings besaßen alle diese Herren mehrere Burgen und im 12. Jh. wurden sie abwechselnd nach ihren verschiedenen Burgen genannt. Der Bodenseegraf Rudolf wird z. B. abwechselnd nach Pfullendorf, Rambsberg, Lindau, Bregenz und Schweinshut genannt.[2] Damals war der Zweitname offenbar noch kein Familienname. Als sich dieser später herausbildete, wählte man dafür eine der Burgen aus, die für das Familienbewußtsein besonders wichtig war. Dieser Familienname wurde dann vererbt und ist das Zeugnis dafür, daß eine Familientradition entstand. Aber die Familientradition verband sich nicht notwendig mit dem Wohnen in einer bestimmten Burg.

Die Herren, die mehrere Burgen besaßen, setzten in ihre einzelnen Burgen Dienstleute in einem Lehensverhältnis oder Beamte zur Burghut ein. In dem ersten Fall benannten sich die Dienstleute oft nach der Burg, die sie zu Lehen hatten, und bildeten so eine Dynastie des niederen Adels. Die Burg wurde somit Substrat für eine Dynastiebildung im abhängigen Bereich. Auch die Burg, die namengebend für das Herrengeschlecht war, konnte es gleichzeitig für eine Dienstmannenfamilie sein. So sind zum Beispiel nach Oldenburg nicht nur ein Grafengeschlecht, sondern gleich zwei weitere Dienstmannengeschlechter benannt worden.[3] In solchen Fällen könnte man vielleicht sagen, daß das Wohnen in der namengebenden Burg für die Familie des Dienstmanns integrierend war. Aber regelmäßig strebte eine solche Familie danach, sich zu vergrößern, weitere Burgen zu Lehen zu bekommen, ohne daß deswegen der Familienname und das Familienbewußtsein verändert wurden. Noch viel weniger gab es einen Zusammenhang zwischen Familie und Burg bei den Beamten, die vorübergehend etwa in landesherrliche Burgen geschickt wurden. Das beste Beispiel für solche Beamten sind die Pfleger, die gegen Ende des 13. Jh. in so gut wie allen Ämtern und Gerichten Bayerns auftreten[4] Von den Pflegern sind die

---

[2] K. Schmid, Graf Rudolf von Pfullendorf und Kaiser Friedrich I. Forschungen zur oberrheinischen Landesgeschichte I (1954).
[3] M. Last, Adel und Graf in Oldenburg während des Mittelalters (1969) S. 87.
[4] E. Rosenthal, Geschichte des Gerichtswesens und der Verwaltungsorganisation Baierns 2 Bde. (1889/1906).

Richter abhängig, aber ihre wichtigste Aufgabe bestand in der Burghut, also in einer militärischen Funktion. Wie die erst in größerer Zahl seit dem 15. Jh. vorliegenden Bestallungsbriefe von Pflegern zeigen, war der Pfleger darüberhinaus für die Sicherheit im Gerichtssprengel verantwortlich. Die Burg hatte Bedeutung für die Amtsfunktionen des Pflegers, war aber gleichzeitig so etwas wie eine moderne Dienstwohnung und schon deswegen völlig verschieden von der früheren Bedeutung eines Hauses für seine Bewohner.

Zahllose Burgen wurden von mehreren gleichrangigen Familien bewohnt (Abb. 4). Entweder mehrere Herren teilten sich eine Burg oder ein Herr gab eine Burg an mehrere Burgmannen zur Obhut als Lehen in Teilen aus. Ein extremes Beispiel für das letztere ist die Reichsburg Friedberg in Hessen. Die Burgmannen, deren Zahl am Anfang des 15. Jh. etwa 100 aus 50 Familien betrug, hatten nach dem Untergang der Staufer nur noch ein nominelles Oberhaupt und bildeten eine Genossenschaft mit großer Unabhängigkeit, die aus ihrer Mitte jeweils auf Lebenszeit einen Burggrafen wählte. Für die 50 Familien des 15. Jh. war die Burg Friedberg zu klein. Schon die etwa 20 Familien des 13. Jh. brauchten nicht permanent in der Burg zu wohnen, sondern hatten nur jeweils eine zeitlich begrenzte Residenzpflicht. Die Burgmannen des 15. Jh. brauchten nur noch auf Anforderung zu kommen. Die Burgmannenfamilien nannten sich nach Orten der Umgebung, wo sie wohl jeweils kleinere Burgen aus anderen Lehensbeziehungen heraus in Besitz hatten. Auch die Burg Friedberg hat sich weit von dem früheren Haus entfernt und den Charakter einer Kaserne gewonnen.[5]

Die territorialstaatlichen Machtansprüche haben vornehmlich in zwei Hinsichten die Burg betroffen. Ein Territorialherr verlangte im Prinzip, daß alle Burgen in seinem Territorium für ihn offene Häuser wären. Wo nur Beamte auf der Burg saßen, ließ sich dieser Anspruch unschwer durchsetzen. Sofern die Burgen als Lehen ausgegeben waren, bedurfte es gesonderter Verträge und Versprechungen, um das Öffnungsrecht zu erhalten. Dabei waren die westeuropäischen Fürsten erfolgreicher als die mitteleuropäischen (s. o. S. 119). *Securitates*, Sicherheitsversprechungen der Lehensleute mit Burgen, wurden vom französischen König registerweise aufbewahrt. Für die Zeit zwischen 1202–1214 sind 41

---

[5] Ph. Dieffenbach, Geschichte der Stadt und Burg Friedberg (1857).

davon erhalten.[6] Auch die deutschen Fürsten schlossen solche Verträge
soviel wie möglich ab. Aber schon wegen der schwankenden Territorialgrenzen deckte sich das Gebiet der offenen Burgen nicht mit dem der
beanspruchten Landeshoheit. Es gelang nicht, alle Burgen des eigenen
Territoriums zu offenen Burgen zu machen, aber dafür konnten für
Burgen jenseits der Grenzen entsprechende Verträge abgeschlossen
werden. Unter günstigen Umständen konnten Öffnungsverträge im
Sinne einer expansiven Politik die Vorstufe einer Ausdehnung der Terri-
torialhoheit sein. Die Grafen von Württemberg gewannen im 14. Jh. das
Öffnungsrecht an 42 Burgen und im 15. Jh. an weiteren 36 größtenteils
durch friedlichen Erwerb, teilweise auch als Ergebnis von Fehden. 70 %
davon waren Fremdburgen, in denen Württemberg keine Rechte besses-
sen hatte, 20 % Lehenburgen und 10 % eigene Beamtenburgen, die man
aber an fremde Herren verpfändet hatte.

In zweiter Hinsicht hatten die Territorialmächte das Recht, unter bestimmten strafrechtlichen Umständen eine Burg wüst zu legen. Die alte
Rechtsidee der Hauszerstörung für besonders schwere Vergehen, die ja
schon im Stammesrecht vorkommt (s. o. S. 41), wurde durch die königlichen Landfrieden in die regionalen Landfrieden und in die Landrechte
vermittelt. Früher ein Ausnahmerecht, das gerade die große Friedensbe-
deutung des Hauses widerspiegelte, wurde die Strafe jetzt zu einem
landesherrlichen Werkzeug bei der Durchsetzung der eigenen Strafgerichtsbarkeit und hob die Immunität des Hauses auf. Besonders belang-
voll war es, daß nicht nur das Haus eines Geächteten, sondern auch
jenes Haus, in dem ein Geächteter beherbergt wurde, der Zerstörung
verfiel. Der bayerische Landfrieden von 1244 und jener von 1256 gehen
dabei sogar auf eine Unterscheidung zwischen Burg und Wohnung ein.
In dem Fall, wo von einer Burg aus ein Raub geschehen ist und der
Burgherr selbst gerade außerhalb des Landes weilt, soll man die Wohnung des Räubers aus der Burg entfernen und außerhalb verbrennen.
Diese Bestimmung wird in das österreichische Landrecht von etwa 1300
übernommen. Hiernach ist es der Burggraf, der auf der Burg sitzt und in
Abwesenheit des Burgherrn Schaden stiftet. Sein *gezcimer* soll man

---

[6] C. L. H. Coulson (o. S. 119).

Abb. 4 Salzburg bei Neustadt, Burg mit mehreren Burgmannenwohnungen (W. Meyer, Den Freunden ein Schutz, den Feinden ein Trutz, Frankfurt, 1963)

aus der Burg werfen. Saß der Burgherr aber selbst in der Burg, so soll man darüber richten, so daß kein Stein mehr über dem anderen liege. Trotz dieser tiefen Veränderungen zwischen dem frühmittelalterlichen Haus und der spätmittelalterlichen Burg hat doch die Burg mehr von dem frühen Haus bewahrt als die anderen Häuser des Spätmittelalters. Es gibt einen Burgfrieden, der aus dem früheren Hausfrieden hervorgewachsen ist, der sich aber nun nicht mehr auf eine Familie bezieht, sondern auf die Bewohner einer Burg und unter Umständen auch noch die umwohnenden Menschen mit einbeziehen kann. In der Regel begann der Burgfriede aber erst an den Toren der Burg. An den Toren mancher Burgen gibt es Tafeln, die die Strafe des Handabschlagens darstellen und die Unterschrift „Burgfried" tragen. Jeder Eintretende sollte daran erinnert werden, daß an diesem Tor der Burgfrieden beginne, dessen Verletzung unter scharfe Strafe gestellt war. Burgfrieden bedeutete im 16. Jh. noch auf den württembergischen Festungen Exemption von der ordentlichen Gerichtsbarkeit. Über Burgfriedensbruch befanden Standgerichte, die auf den Burgen aus Besatzungsmitgliedern gebildet wurden. Im Spätmittelalter gibt es Burgfriedensverträge, wenn bei der Besitzteilung einer Burg oder sonstwie mehrere Gleichrangige eine Burg bewohnen. Der Burgfriede wurde beschworen. Er sicherte den Parteien Frieden auf der Burg, auch wenn sie außerhalb der Burg feindlichen Parteien angehörten. In den Burgfriedensbriefen, die in Württemberg um 1320 einsetzen und für die es damals eine „Landesgewohnheit" gibt, werden zahlreiche Einzelheiten aus dem inneren Burgleben erwähnt und geregelt, um zu verhindern, daß es darüber zu einem Streit kommen könnte, der den Burgfrieden tangieren würde.

Auch wenn sich die Zusammenhänge von Haus und Familie lockerten, erwies sich doch die Familie als eine sehr feste soziale Einheit im Spätmittelalter. Sie löste sich gewissermaßen von den konkreten Klammern, die die Hauswände gewesen waren, und gewann abstraktere Integrationsmittel. Dieses zeigen schon die Familiennamen, die vom 12. Jh. ab entstehen. Wenn wir zunächst im herrschaftlichen Bereich bleiben, sehen wir, wie literarische und bildnerische Darstellungen Familienbewußtsein zugleich reflektieren und stärken. In Stammbäumen werden D y n a s t i e n , durch die Zeiten sich forterbende Familienzusammenhänge, dargestellt. Einer der frühesten ist der Welfenstammbaum aus der Weingartner Handschrift der Historia Welforum des ausgehenden

Abb. 5 Welfenstammbaum (Foto Marburg)

12. Jh.[7] Dieser Stammbaum ist zugleich ein Beispiel für die anachronistische Rückprojizierung dynastischer Strukturen in die Karolingerzeit. Eine knappe Auswahl von Seitenverwandten wird entsprechend der Bedeutung für den Auftraggeber der Zeichnung im Bilde zugelassen (Abb. 5). Der Nachweis bestimmter Ahnen sollte wohl nicht nur das Familienbewußtsein der gerade lebenden Generation stärken, sondern auch einige Hinweise für konkrete politische Entscheidungen geben. Eine bestimmte Familientradition mußte fortgesetzt werden, wenn man nicht das Ansehen vor Dritten einbüßen wollte.

Auch die Funktion der Literaturgattung der Genealogiae ist der Nachweis bedeutender Ahnen. In Flandern entstand schon im 10. Jh. eine Genealogia Arnulfi comitis. Sie wurde später immer fortgeführt. Die erste normannische Fürstengenealogie ist um 1160 verfaßt worden. Wie die Titel auch der Historia Welforum, der Gesta consulum Andegavensium (Mitte 12. Jh.), der Gesta comitum Barcinonensium (ausgehendes 13. Jh.) usw. zeigen, weiteten sich die Genealogien in der Regel zu Hausgeschichten aus. Eine genauere Untersuchung solcher Genealogien zeigt, daß nach Vater, Großvater und Urgroßvater väterlicherseits im Familien- und Verwandtschaftsbewußtsein die Onkel mütterlicherseits wichtig sind. In der Regel heiratet der Mann offenbar eine etwas vornehmere Frau, die nicht nur durch Mitgift, sondern auch durch ihre Blutsverwandten ihren Kindern Protektion zuführen kann.

Im Spätmittelalter erhielten die Stammbäume eine neue Funktion. Durch sie wurde die Ahnenprobe erbracht, die u. a. für die Zulassung zu gesellschaftlich abgeschlossenen Stiften erforderlich war. Dabei kam es allerdings nicht nur auf die väterliche Linie der Abstammung an, sondern bei der 4-Ahnenprobe wurde der ständische Nachweis der vier Großeltern, bei der 8-Ahnenprobe der acht Urgroßeltern, bei der 16-Ahnenprobe, der 32-Ahnenprobe entsprechend verlangt. Diese Funktion der Stammbäume zeigt bereits, daß es jenseits der Dynastie keinen Verwandtenkreis mehr gab, der noch irgendwie abgegrenzt wäre und der noch irgendwelche Kompetenzen gehabt hätte. Jenseits der Dynastie ging die Verwandtschaft in der Gesellschaftsschicht auf, die eine Konnubiumsgemeinschaft war und ein neues soziales Ordnungsphäno-

---

[7] K. Schmid, Welfisches Selbstverständnis, in: Adel und Kirche. G. Tellenbach-Festschrift (1968) bes. S. 400.

men des Spätmittelalters darstellt, auf das wir (u. S. 277 f.) ausführlich zurückkommen.

Die Ausbildung eines durch die Zeiten tradierten Familienbewußtseins, eine Dynastiebildung, trat im wesentlichen nur bei den Herrenschichten ein. Von dort wurden allerdings in anderen Schichten Einflüsse ausgeübt und dieselben Tendenzen hervorgerufen. Einen wesentlichen Anstoß auf die Ausbildung von Dynastien übte sicherlich das Erbrecht aus, das bei den Herrenschichten eine besondere Entwicklung nahm. Im allgemeinen galt entweder aus der germanischen Tradition die Erbberechtigung einer bestimmten Verwandtenzahl oder aus der römisch-rechtlichen Tradition eine weitgehende Testierfreiheit des Erblassers. Bei den Herren bildete sich aber unter dem Einfluß des Lehenswesens das Prinzip der Unteilbarkeit der Herrschaft zugunsten des erstgeborenen Sohnes aus. Ansätze zu dieser Entwicklung lassen sich soweit zurückverfolgen, wie sich überhaupt ein Lehenerbrecht nachweisen läßt. Da frühzeitig Ämter zu den Lehensubstraten gehörten, wirkte es sich auf das Lehenwesen im ganzen aus, daß es für schwierig gehalten wurde, Ämter zu teilen. Trotz dieser im Lehenerbrecht von Anfang an bezeugten Tendenz wurden im Hochmittelalter Lehengüter, auch Lehenämter vielfach geteilt.

Die Unteilbarkeitsidee wurde nun eigentümlicherweise dort von neuem verstärkt herangezogen, wo das Lehenswesen planmäßig für den Aufbau eines Territorialstaates verwandt wurde. In der Normandie finden wir im 11. und 12. Jh. nicht nur die Unteilbarkeit des Herzogtums im ganzen, sondern auch die der Ritterlehen, die der Herzog ausgegeben hatte. Von dort verbreitete sich der Grundsatz verbunden mit dem Erstgeburtsrecht nach England, Süditalien und auf die übrigen französischen Landschaften. Von Westen nach Osten fortschreitend wurde dann auch der Westen des deutschen Reiches davon erfaßt. Viele Beispiele einer geregelten Erbfolgeordnung in diesem Sinne stammen aus dem Westen des Reiches (Savoyen, Saarbrücken, Sayn, Luxemburg, Flandern, Geldern usw.). Deutsche Könige nahmen seit Friedrich Barbarossa den Grundsatz, daß Herzogtümer, Markgrafschaften usw. nicht geteilt werden dürfen, in ihre Lehensgesetze auf. Trotzdem wurde viel herrschaftlicher Besitz während des Spätmittelalters geteilt. Im übrigen dürfen die Lehenbücher, die im ausgehenden Mittelalter in vielen Territorialstaaten geführt wurden, zu einer Unteilbarkeit von Lehengütern

beigetragen haben. In einigen Ländern wie Bayern ist früh in die Landrechte aufgenommen worden, daß das adelige Gut ein anderes Erbrecht
hat wie die übrigen Güter, nämlich das der Primogenitur. Dabei wirkte
sich die ständische Bewegung aus. Die bayerischen Landtafeln des
15. Jh., d. h. die Listen des Landtages, spiegeln eine Verdinglichung
ständischer Rechte wider. Letztere waren aus einem mit der Person
verbundenen Recht zu einem mit dem Landsassengut verknüpften Real-
recht geworden, das also am Adelsgut, am Sedel haftete.
Mit diesem Problemkreis verbindet sich jener des Stammguts oder
Handgemals. Handgemal ist ein sehr altes, rätselhaftes Wort, das ursprünglich offenbar nicht zur Bezeichnung eines Grundbesitzes diente.
Auch im Sachsenspiegel ist noch eine doppelte Deutung des Wortes, die
eines Rechtssymbols und die von Grundbesitz möglich. In einem bayerischen Güterverzeichnis des 12. Jh. schon heißt es: „Cyrographum
quod teutonica lingua hantgemahele vocatur ... illud est nobilis viri
mansus." Danach heißt zunächst die Urkunde, mit der ein Besitzrecht
übergeben wird, Handgemal. Dann wird aber, wie vielfach im mittelalterlichen Rechtsdenken, die Urkunde mit dem Besitzrecht an einem
bestimmten Grund und Boden identifiziert. In dem zitierten bayerischen Güterverzeichnis heißt es weiter, ein bestimmter Herr erhalte den
mansus, weil er *senior in generatione illa* sei.[8] Von solchen Quellenstellen
ist die Identifizierung von Handgemal und Stammgut vorgenommen
worden. Die Entstehung von Stammgütern im Adel bedeutet, daß aus
der Grundbesitzmasse einer adeligen Familie ein Sondervermögen ab-
geteilt wird. Der Inhaber des Stammgutes ist der Senior einer Dynastie
(Abb. 6). Stammgüter, die später auch Fideikommiß genannt wurden
und die auch von mehreren zu gesamter Hand besessen werden konnten, sicherten trotz Teilungen den Zusammenhalt einer Verwandten-
gruppe. Während bei einer Primogenitur nachgeborene Söhne vielfach
in den geistlichen Stand eintreten mußten, hatte eine derartige Zusammenfassung mehrerer Kleinfamilien in einer Großfamilie den Vorteil,
daß die Zukunft einer Dynastie nicht nur auf zwei Augen gestellt war
und Chancen einer längeren Kontinuität bestanden.

---

[8] C. G. Homeyer, Über die Heimat nach altdeutschem Recht, insbesondere über
das Hantgemal (1852), woran sich eine lebhafte Diskussion knüpfte, die aber
nicht eigentlich weiterführte.

Abb. 6 Spätgotische Senioratskette aus dem Familienbesitz des Hauses Hohen-
lohe (Foto: M. Schuler, Weikersheim)

Man bringt eine solche Entwicklung in Verbindung mit dem Aufkommen von Hausgesetzen. Hausgesetze, die etwa bei Anlaß eines Testamentes entstehen konnten und eine verpflichtende Kraft für alle Nachkommen hatten, bezeugten einerseits die Existenz eines starken Familienbewußtseins und festigten andererseits dieses Bewußtsein. Auch das Aufkommen von Hausgesetzen ist noch zu wenig erforscht. Bekannter sind lediglich die Hausgesetze einiger fürstlicher Familien. 1283, 1355 u. a. wurden Hausordnungen für die Habsburger-Familie erlassen, die ja ein herausragendes Beispiel für eine Hochadelsfamilie mit einem trotz aller Teilungen immer bewahrten Zusammengehörigkeitsbewußtsein ist.[9] Ein anderes Beispiel ist die Dispositio Achillea für das Haus Hohenzollern von 1473. Diese Dispositio setzt die Unteilbarkeit der Mark Brandenburg fest, die vorher, obwohl die Mark ein Kurfürstentum war, nicht immer eingehalten worden war. Zwingend sollte die Dispositio als Testament für den nächsten bevorstehenden Erbfall gelten, sie wirkte aber als Vorbild auf die ganze weitere Entwicklung im Hause Hohenzollern ein. Hausgesetze beruhten zwar überwiegend auf einer Satzungsautonomie adeliger Familien in innere Angelegenheiten, doch werden auch äußere Kräfte angesprochen, so das Reich, indem man um kaiserliche Bestätigungen nachsuchte, vor allem aber die Landstände der einzelnen Territorien, die häufig aus dem Gesichtspunkt des Landesinteresses auf Unteilbarkeit, sowie auf Begründung fester Erbfolgeordnungen drängten, wie umgekehrt auch die Familien häufig um Mitwirkung und Zustimmung der Landstände nachsuchten. Insofern war die Übertretung von Hausgesetzen auch mit gewissen Sanktionen verbunden. Ob es abgesehen davon innerfamiliäre Sanktionen, etwa die Einschränkung der gesellschaftlichen Kommunikation oder gar die Gewaltanwendung gegen den Übertreter der Hausordnung gab, muß offenbleiben. Wenn sich eine neue Generation als ganzes gegen eine Hausordnung entschied, war diese sicherlich kraftlos.

*

---

[9] E. C. Hellbling, Die habsburgischen Hausnormen des Mittelalters in rechtlicher Sicht, in: Festschrift für H. Lentze (1969) S. 295–313.

Eine Betrachtung des bäuerlichen und bürgerlichen Bereichs gibt uns Gelegenheit, auf die Einflüsse, die von der Bevölkerungsbewegung auf Beziehungen zwischen Haus und Familie ausgeübt wurden, einzugehen. Dafür sind Steuerverzeichnisse die wichtigste Quelle. Steuerverzeichnisse des Mittelalters für bäuerliche Bezirke sind nur aus West- und Südeuropa erhalten. Steuerverzeichnisse für Brabant, ohne Antwerpen, allerdings kleinere Städte einschließend, rufen den Eindruck hervor, als habe es auf das Ganze gesehen ebensoviele Häuser wie Familien gegeben. Haus und Familie decken sich noch weitgehend. Allerdings fehlen auch hier die Spuren der Bevölkerungsbewegung nicht ganz. Eine gewisse Zahl von Häusern wurde von mehreren Familien bewohnt, sie ist etwa gleich groß mit der Zahl der leeren Häuser. Aus Steuerverzeichnissen der Provence erfahren wir, daß es als Folge der Pest und Landflucht um 1400 herum fast doppelt so viele Häuser wie Familien in dieser Landschaft gab. In einem langsamen Prozeß des 15. Jh. näherten sich die Zahlen wieder an. Im 16. Jh. kehrte die Entwicklung dann um, die Zahl der Familien übertraf bald erheblich die der Häuser.

Diese Mehrfachbelegung der Häuser war für viele Städte schon im Spätmittelalter die Regel. In Prag wohnen 1429 z. B. 149 Familien in 100 Häusern. Über die Tendenz berichten 2 Steuerlisten aus Dresden. Zwischen 1440 und 1489 nahm die Zahl der Häuser um 14,5 %, die der Familien um 39 % zu. Diese Tendenz wurde durch die armen Kreise geprägt. Es gab aber in den Städten aufsteigende mittlere Schichten, deren räumliche Beengtheit sich verringerte. Eine Auswertung Hamburger Grundbücher von 1248 bis 1292 ergibt für 342 Handwerker einen Häuserbesitz, der von 169 auf 241 steigt.[10] Diese Zahlen sind auf einer unvollständigen Überlieferung aufgebaut, dürften aber einen repräsentativen Wert haben. Wie nun auch immer die Verhältnisse im einzelnen waren, allein schon ihre Veränderbarkeit mußte die Bedeutung des Hauses für die Familie beeinflussen. Wer aus einem Doppelhaus in ein Einzelhaus zog, für den war dieses nicht wieder das „ganze Haus" (O. Brunner), das Haus im Sinne des früheren Mittelalters, mit dem sich eine Fülle von Gefühlen und Vorstellungen verband.

---

[10] R. Sprandel, Zur statistischen Auswertung der ältesten Hamburger Stadtbücher. Zeitschrift des Vereins für Hamburgische Geschichte 56(1970) S. 20.

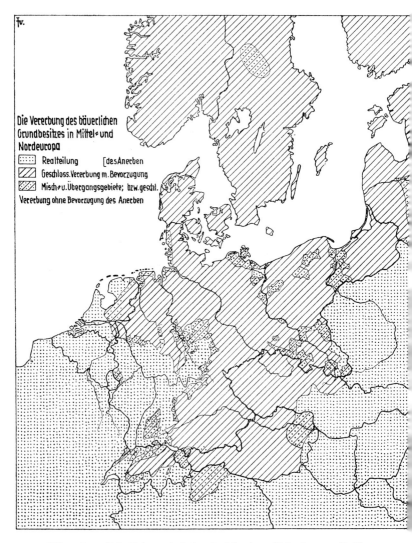

Die Vererbung des bäuerlichen Grundbesitzes in Mittel- und Nordeuropa

- Realteilung [des Anerben
- Geschloss. Vererbung m. Bevorzugung
- Misch- u. Übergangsgebiete; bzw. geschl. Vererbung ohne Bevorzugung des Anerben

Abb. 7 Bäuerliche Erbgewohnheiten in Mittel- und Nordeuropa (B. Huppertz, Räume und Schichten bäuerlicher Kulturformen in Deutschland, Bonn, 1939)

Die beiliegende Karte (Abb. 7) zeigt, daß es in Europa große geschlossene Gebiete unterschiedlicher Vererbungsgewohnheiten des bäuerlichen Grundbesitzes gab. Die geographische Lage des Gebietes der Realteilung berechtigt zu der Vermutung, daß bei der Ausbildung dieser Erbgewohnheit der Einfluß des römischen Rechtes und der mittelmeerischen Zivilisation mitgewirkt hat.[11] Etwas schwieriger ist es, die Entstehung des großen geographischen Raumes der geschlossenen Vererbung, der Unteilbarkeit des Bauernhofes, mit der Bevorzugung des sogenannten Anerben, der ebenso der älteste wie der jüngste Sohn sein konnte, zu erklären. Die frühere Erklärung, es handle sich um eine Eigenart germanischer Kultur, ist wohl inzwischen überholt. Man wird wie bei der Erklärung der Unteilbarkeit von Lehensgütern durch die Einflüsse des Lehenswesen auch in diesem Fall die herrschaftlichen Interessen an einer kontinuierlichen Struktur des abhängigen Bauernlandes nicht unterschätzen dürfen. Daneben ist auf das ständische Vorbild des Adels für die Bauern hinzuweisen, das sie unter Umständen bewogen hat, ein ähnliches Familienbewußtsein zu entwickeln und auch dort ihre Erbgewohnheiten denen des adeligen Gutes anzupassen, wo kein herrschaftliches Interesse sie dazu anhielt. Gegen diese Interpretation spricht es nicht, wenn man Gegenden findet, in denen trotz ausgedehnter Grundherrschaften die Realteilung Eingang fand. Entscheidend für die Prägung der Landschaft dürfte der jeweils vorherrschende Einfluß gewesen sein.

Die schriftliche Fixierung des Anerbenrechtes findet man vornehmlich in Weistümern von Bauern in herrschaftlicher Abhängigkeit. Es ist sicherlich nicht zufällig, daß die Weistümer von Freibauern, etwa die Öffnungen der Nordschweiz, oder friesischen Rechte, zwar detaillierte Regelungen aller möglichen Erbstreitigkeiten, aber keine Bestimmungen über die Unteilbarkeit eines Bauernhofes und das Anerbenrecht enthalten. Es mußte schwierig sein, ein Anerbenrecht durchzusetzen,

---

[11] Neuere französische Forschungen (J. Yver, Essai de géographie coutumière 1966) zeigen allerdings, daß das westliche Gebiet der Realteilung nicht ganz so geschlossen war, wie auf der Karte dargestellt. Im Raum Orléans-Paris z. B. muß man auch mit Mischformen rechnen. Für Deutschland vgl. auch H. Röhm, Geschlossene Vererbung und Realteilung in der BRD, in: Verhandlungen des deutschen Geographentages Köln (1961) S. 286–304.

wenn nicht die Sanktionsgewalt einer Herrschaft dahinterstand. Dann bedurfte es eines starken Familienbewußtseins oder eines kommunalen Zwanges. Ein Vergleich der Erbrechtskarte mit Karten der Dorfformen und Flurformen (*Huppertz*) zeigt aber, daß gerade das Anerbengebiet sich durch lockere Siedlung und individuelle Flurformen auszeichnet. Stadtähnliche und geschlossene Haufendörfer, Blockfluren mit Flurzwang, d. h. einer dorfweise organisierten Feldwirtschaft stimmen auffällig mit den Gebieten der Realteilung überein. D. h. also, die kommunalen Zwänge waren gerade in Gebieten des Anerbenrechtes schwächer als in den anderen.

Die Folgen des einen oder anderen Erbrechtes für die Bedeutung der Familie und die Zusammenhänge von Familie und Haus waren jedenfalls erheblich. Man wird sagen können, daß im Gebiet der Realteilung Nachbarschaftsordnungen und kommunale Gruppierungen gegenüber der Familie viel mehr Bedeutung hatten als in den anderen Gebieten. Das Anerbenrecht dürfte eine Abschwächung der Bedeutung des Hauses für die Familie, wie sie von den Bevölkerungsbewegungen her bewirkt wurde, weitgehend verhindert haben und zur Ausbildung von Bauerndynastien mit einem entsprechenden Bewußtsein beigetragen haben. Um so größer war allerdings die Veränderung der Bedeutung von Haus und Familie für die vom Anerbenhof ausscheidenden Brüder und Söhne. Am ehesten bei Anerbenhöfen wird man annehmen dürfen, daß das Haus noch etwas von der gerichtlichen Bedeutung des frühmittelalterlichen Hauses bewahrte. Zwar wird es kaum noch eine mit der staatlichen Strafgerichtsbarkeit konkurrierende Strafgewalt des Hausherrn gegeben haben, aber das Haus genoß einen höheren Frieden. Wer innerhalb des Hauses eine Straftat vollbrachte, hatte mit einer höheren Bestrafung zu rechnen als bei anderen Straftaten. Auch die Verfolgung gestohlenen Gutes in einem fremden Hause auf dem Wege der Selbsthilfe oder später mehr und mehr durch Amtspersonen war bestimmten, den Hausfrieden schützenden Förmlichkeiten unterworfen. Die Geltung von Normen zum Schutze des Hausfriedens verraten z. B. die Rechtsspiegel des 13. Jh.

Die Umwandlung des Hauses in eine Wohnung hat sicherlich den Gedanken des Hausfriedens abgeschwächt, wenn man auch nicht sagen kann, daß die gerichtliche Sonderstellung des Hauses ausschließlich auf Anerbenhöfe beschränkt war. In Gegenden der Realteilung und der

kommunalen Dorfbildung glichen sich die bäuerlichen und die bürgerlichen Verhältnisse bis zu einem gewissen Grade an. Auch in der Stadt
gab es einen Hausfrieden, wie uns einige Stadtrechte deutlich bezeugen.
Hier wurde das Rechtsinstitut der Hauszerstörung, das mit der Friedloslegung zusammenhängt, vorübergehend sogar ausgebaut, denn in
vielen Städten war das Bürgerrecht mit dem Hausbesitz verbunden und
von dort her lag es nahe, daß man die Ausstoßung aus der Stadt, aus
dem Stadtfrieden, mit der Zerstörung des Hauses verband. Aber gerade
an dem Institut der städtischen Hauszerstörung ist denn auch der entgegengesetzte Einfluß erkennbar. Im 14. Jh. und spätestens im 15. geht
man von der Einschränkung der Hauszerstörung zu dem Verbot derselben über. Maßgeblich für diese Entwicklung waren die Rechte Dritter
an den Häusern von Verbrechern. Entweder war das Haus im Besitze
mehrerer oder es lagen Hypotheken auf dem Haus. Zunächst versuchte
man den unschuldig getroffenen Dritten auf irgendeine Weise zu ent-
schädigen, dann schaffte man die Hauszerstörung ab. Wo man sich von
einer alten Rechtstradition nicht trennen konnte, wandelte man die
Hauszerstörung in einen symbolischen Akt um, indem man etwa einen
Giebel abtrug oder einen Türpfosten aushob.

*

Unterschiede und Ähnlichkeiten in der Entwicklung zwischen Land
und Stadt treten auch zutage, wenn wir den Blick auf die Stellung der
Frau in der Familie im ausgehenden Mittelalter lenken. Im Frühmittelalter gab es bereits die Tendenz der Aufwertung der Frau in Richtung
auf eine Gleichberechtigung mit dem Mann. Gleichberechtigung hätte
bedeutet, daß sie Vorstand einer Familie bzw. eines Hauses, Hausherrin,
hätte werden können. Dem standen in einer halb militärischen und halb
agrarischen Gesellschaft die sachlichen Notwendigkeiten entgegen, die
vom Haus aus und durch das Haus bewältigt werden mußten. So konnte
die Frau zwar bei einer entsprechenden Entwicklung des Erbrechtes
besitzfähig werden, sie bedurfte aber immer eines Vormundes, d. h. sie
konnte nicht selbständig vor Gericht auftreten.
Der Besitz der verheirateten Frau war mit dem des Mannes in einer
Verwaltungsgemeinschaft zusammengefaßt und die Verwaltung stand
allein dem Manne zu. Diesen Zustand geben die Rechtsspiegel des

13. Jh. wieder. Im Falle des Todes des Mannes behielt die Frau nur ihren Vermögensteil, das übrige Vermögen ging gleich an die Erben. Demgegenüber breitete sich während des Mittelalters die Gütergemeinschaft aus. Bei ihr hatte zwar ebenfalls der Ehemann die alleinige Güterverwaltung und zwar unbegrenzter als bei der Verwaltungsgemeinschaft, denn er konnte über das Gesamtvermögen voll verfügen. Aber die Frau hatte den Vorteil, daß sie beim Tod des Mannes nicht nur auf den eigenen Vermögensteil angewiesen war, sondern das Gesamtvermögen in die Hand bekam. Es gab nun regional verschiedene Ausprägungen der Gütergemeinschaft. Man unterschied für die Witwe zwischen Nutznießungsmöglichkeiten und freiem Eigentum. Bei beerbter Ehe sollte das Ehevermögen im Interesse der Kinder durch den überlebenden Ehegatten bis zu dessen Tod zusammengehalten werden. Bei freiem Eigentum gab es die Möglichkeit, daß das Gesamtgut zwischen dem überlebenden Ehegatten und den Erben geteilt wurde. Häufig kam aber auch die Witwe zum freien Eigentum des Gesamtvermögens. Es gab Rechtsgrundsätze, wie: „Längst Leib, längst Gut" oder „Der letzte macht die Tür zu."

Mit dem Aufkommen der Stadt entstanden nun Haushaltungen, die nicht militärisch oder agrarisch ausgerichtet waren, sondern sich von einem bürgerlichen Gewerbe, dem Handel oder Handwerk, ernährten und denen auch eine Frau von den sachlichen Notwendigkeiten her uneingeschränkt vorstehen konnte. Besonders die Witwen machten in immer zunehmender Zahl von der Möglichkeit, die ihnen die städtische Gesellschaft einräumte, Gebrauch und führten die Betriebe ihres verstorbenen Mannes weiter. Sie erscheinen in den städtischen Steuerlisten als Familienoberhäupter. In einer Pariser Steuerrolle von 1421, die wohl gut die Hälfte der steuerpflichtigen Pariser Bevölkerung erfaßt, werden 134 solcher Frauen genannt, das sind 10 % aller Familienoberhäupter.[12] Während das Mühlhäuser Reichsrechtsbuch aus der ersten Hälfte des 13. Jh. noch vorschrieb, daß alle Frauen einen Vormund brauchen, paßten sich spätere Stadt- und Landrechte der sozialen Entwicklung an und

---

[12] J. Favier, Les contribuables parisiens à la fin de la guerre de cent ans (1970) S. 11. Ähnliche Zahlen gibt es für Prato in der Toskana: 15,3 % (1429) und 10,3 % (1471), vgl. E. Fiumi, Demografia, movimento urbanistico e classi sociali in Prato (1968) S. 139.

befreiten wenigstens handel- und gewerbetreibende Frauen von der Verpflichtung, sich einen männlichen Vormund zu suchen. Während die gerichtlichen Kompetenzen der Familie schon wegen der Lockerung der Beziehungen zwischen Haus und Familie zurückgingen, verstärkten sich die wirtschaftlichen Aufgaben der Familie. Man kann sagen, daß eine Verlagerung der Kompetenzen der Familie aus dem Bereich der Rechts- und Friedensordnung in den wirtschaftlichen Sektor erfolgte. Gleichzeitig ist ein Strukturwandel festzustellen. Man überläßt die familiäre Ordnung weniger den natürlichen Verhältnissen, den Geschlechtsrollen, einer natürlichen Unterordnung der Kinder und der Frau unter den Mann usw., sondern schließt einen schriftlichen Ehevertrag. Diese beiden Veränderungen der Familie sind in allen sozialen Milieus, am meisten aber beim Adel und im Bürgertum festzustellen. Die Heiratsverträge basieren in starkem Maße auf dem Gedanken der Vertragsfreiheit. Sie enthalten im besonderen Fragen des ehelichen Güterrechtes und tragen mehr noch als die Unterschiede des regionalen Gewohnheitsrechtes dazu bei, daß sich dieses Güterrecht mit großen Verschiedenheiten ausgebildet hat. Überall dort, wo Schriftlichkeit üblich war, wurden auch Heiratsverträge abgeschlossen. In dem Testament eines Hamburger Bürgers von 1350 heißt es: „Ich hinterlasse der Tochter meiner Schwester 60 Mark Pfennige, mit denen meine Testamentsvollstrecker für sie einen Ehevertrag abschließen sollen."[13]

In den Gegenden Süd- und Westeuropas, wo es nicht nur in den Städten, sondern auch auf dem Lande zahlreiche Notare gab, sind die Archive dieser Notare eine Fundgrube für Heiratsverträge. Die Heiratsverträge der Gegend von Bordeaux zwischen 1450 und 1550 sind einer systematischen Untersuchung unterzogen worden (Abb. 8). Von 1269 Eheverträgen stammen die meisten aus unteren Gesellschaftsschichten, von Bauern und Handwerkern sowie Arbeitern. Nach dem Gewohnheitsrecht der Gegend sollte es eine Verwaltungsgemeinschaft der Güter der Eheleute geben, wobei die Verwaltung in den Händen des Mannes lag. Neben dieser Form des Güterrechtes kommen nun in den Verträgen hauptsächlich 3 andere vor: Die Gütergemeinschaft (Communauté uni-

---

[13] Hamburgisches Urkundenbuch IV (1967) Nr. 413.

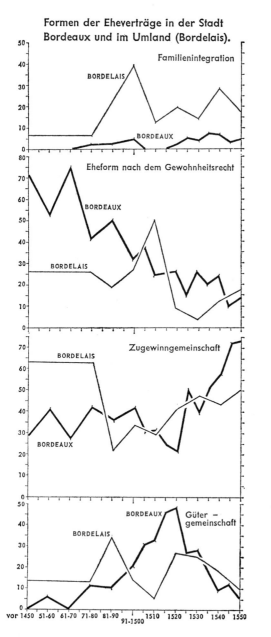

Formen der Eheverträge in der Stadt Bordeaux und im Umland (Bordelais).

Familienintegration

BORDELAIS

BORDEAUX

Eheform nach dem Gewohnheitsrecht

BORDEAUX

BORDELAIS

Zugewinngemeinschaft

BORDELAIS

BORDEAUX

Güter – gemeinschaft

BORDEAUX

BORDELAIS

vor 1450 51-60 61-70 71-80 81-90 91-1500 1510 1520 1530 1540 1550

Abb. 8 Formen der Eheverträge in der Stadt Bordeaux und im Umland (Bordelais). (J. Lafon, Les Epoux Bordelais, Paris, 1972)

verselle), die Zugewinngemeinschaft (Société d'aquets) und die sogenannte Familienintegration. Die Zugewinngemeinschaft war eine eingeschränkte Gütergemeinschaft, die beim Tode eines Ehegatten dem Überlebenden nicht das Eigentum des Gesamtvermögens, sondern nur des in der Ehezeit Hinzuerworbenen überließ. Bei der Familienintegration trat ein von außen Hinzukommender mit der Kraft seiner Arme und vielleicht einem geringfügigen Handgeld in das Haus der Schwiegereltern ein und wurde von diesen in einer Art Adoption aufgenommen. Der Hinzukommende nahm wie ein Hauskind an dem Vermögen des Hauses teil. Die beiliegende Grafik zeigt nun mit Deutlichkeit eine Entwicklung, die wohl nicht nur im Raum von Bordeaux anzutreffen ist. Die Verwaltungsgemeinschaft wird zunächst durch die Gütergemeinschaft und danach durch die Zugewinngemeinschaft abgelöst. Die patriarchalische Familienintegration spielte nur eine geringe Rolle in Krisenzeiten. Im übrigen spiegeln die Kurven wider, daß die Familie in zunehmendem Maße eine Erwerbsgesellschaft wurde, und daß die Frau in ebenso zunehmendem Maße als Mitarbeiterin im Erwerbsunternehmen aufgefaßt wurde.

*

Zu Haus und Familie gehörten im Frühmittelalter nicht nur Verwandte, sondern auch Mägde und Knechte, freien und unfreien Standes, über die der Hausherr eine von außen nur wenig eingeschränkte Gewalt ausübte. Knechte und Mägde, die zur Familie gehören, gibt es auch im Spätmittelalter. Aber die Gewalt des Familienoberhauptes über sie ist viel stärker eingeschränkt worden. Außerdem gibt es neu zwei andere Typen von Häusern und Familien: Das Haus des Handwerkermeisters, vornehmlich in der Stadt mit Gesellen und der handwerkliche oder sogar agrarische Betrieb mit Lohnarbeitern. Zunächst einige Bemerkungen zu der ersten dieser drei Formen abhängiger Arbeit in Haus und Familie. Die stärkste Einschränkung der hausherrlichen Gewalt erfolgte sicherlich in der Stadt, wo durch Stadtgericht und städtische Polizei die Ordnungswahrung am effektivsten möglich war. In einem der frühesten erhaltenen Stadtrechte, der Keure von Gent von 1191, heißt es: „Wenn jemand wegen einer Verwundung angeklagt ist, kann er sich, sofern er ein Freier ist, durch 12 freie Eidhelfer reinigen, wenn er ein

Unfreier ist, durch die Probe kalten Wassers."[14] Daraus geht hervor, daß
Freie und Unfreie gleichermaßen der Kompetenz des Stadtgerichtes
unterlagen. Die Verwundung, die ein Unfreier zufügte, wurde geahndet,
unabhängig von dem Ort und gegen wen die Tat geschah. Allerdings
waren, wie das Zitat zeigt, Freie und Unfreie vor dem Gericht nicht
gleichgestellt. Die Gleichheit vor dem Gericht, die man gerne als Errun-
genschaft der spätmittelalterlichen Stadt anführt, ist in vollem Maße nur
für die Bürger im eigentlichen Sinn verwirklicht worden. Aber es gab
eine Tendenz, die Gleichheit auf alle anderen Bewohner auszudehnen.
Diese Gleichheit wurde am wenigsten im Prozeßrecht, am ehesten
schon bei der Bemessung der Strafen erreicht. In Reval, wo zu den
übrigen Ungleichheiten noch der ethnische Unterschied zwischen
Deutschen und Esten hinzukam, wird 1438 ein undeutscher Knecht, der
seinem Herrn mehrere Gegenstände gestohlen hat, ebenso durch Er-
hängen bestraft, wie ein Deutscher aus Lübeck, der bei dem Besuch
einer Badestube einen Diebstahl beging. Das Stadtgericht von Reval
scheint auch Straftaten von deutschen Herren oder deren Söhnen gegenüber estnischen Abhängigen geahndet zu haben. So heißt es z. B. in
dem Revaler Gerichtsregister zu 1335: „Der Sohn Haverlant schlug
einen Esten und muß dafür 8 Öre Strafgeld zahlen."[15]
Die Stellung von Gesellen im Hause eines Handwerkermeisters war
besser als die der bisher geschilderten Abhängigen. Sie konnten im
Rahmen festgelegter Termine in das Haus des Meisters eintreten und
austreten. Sie konnten kleine Verträge über Taschengeld und andere
Fragen abschließen. Im übrigen wurde die Stellung des Gesellen im
Meisterhaus meistens durch Statuten und Beschlüsse der Zunft, der der
Meister angehörte, geregelt (s. u. S. 216 f.). In der Regel haben diese
Statuten die Tendenz, die Stellung des Meisters gegenüber den Gesellen
zu stärken. Unter den Gesellen war offenbar eine starke Bewegung im
Gange, um die gleiche Unabhängigkeit wie Lohnarbeiter zu gewinnen.
So heißt es z. B. in der Zunftordnung der Armbrustmacher von Ham-
burg von 1458: Jeder Knecht, der das Handwerk lernen will, soll 3 Jahre

[14] W. Prevenier, De oorkonden der graven van Vlaanderen (1191 – aanvang 1206)
II (1964) S. 13.
[15] P. Johansen und H. v. zur Mühlen, Deutsch und Undeutsch im mittelalterlichen und frühneuzeitlichen Reval (1973) S. 317 ff.

in der Lehre sein. Kein Meister darf mehr als 2 Gesellen und 1 Jungen halten. Ein Geselle, der seinem Meister die Armbrust aus eigenem Verschulden verdirbt, muß den Schaden selbst ersetzen ... Niemand darf seine Gesellen an Feiertagen arbeiten lassen. Die Gesellen haben alle Montage frei. Kein Geselle darf außerhalb seines Meisters Haus schlafen. Wenn er diese Regeln überschreitet, muß der Geselle seinem Meister 6 Pfennige zahlen. Wenn der Meister den Vorfall nicht an die Zunft meldet, muß er eine doppelte Buße zahlen. Ähnliche Strafbestimmungen waren auch mit den anderen Regeln verbunden.[16] Eine Zunftordnung war also zu einem großen Teile eine Ordnung des Meisterhauses. Der Gehorsam gegenüber der Zunft war für jeden Meister und Gesellen die unerläßliche Voraussetzung der beruflichen Arbeit, denn die Zunft hatte meistens in der Stadt das Berufsmonopol. Die Ordnung der Zunft wurde durch den Rat, die Obrigkeit der Stadt bestätigt und garantiert.

Trotz der Abstützung der Ordnung des Meisterhauses von außen gewannen die Gesellen in vielen Städten einen Status, der sich dem des Lohnarbeiters annäherte. Um ein Gegengewicht gegen Handwerkerabsprachen, etwa in Lohnfragen, zu haben, schlossen sich die Gesellen zu Gesellenverbänden zusammen. Die ersten Anfänge deutscher Gesellenverbände gehen in die Zeit vor 1350 zurück. Die Gesellen verhandeln dann korporativ mit den Meistern. Von 1363 ist ein Vertrag zwischen den Webermeistern und Weberknechten von Straßburg erhalten. 1400 schlichtete der Rat der Stadt Basel in einem Lohnstreit zwischen Müllern und Brotbäckern auf der einen und Müllerknechten auf der anderen Seite. Wegen Lohn- und anderer Forderungen wandten die Gesellen auch schon die kollektive Arbeitsniederlegung als Kampfwaffe an. Durch solche Bewegungen wuchsen die Gesellen mehr und mehr aus dem Meisterhaus heraus. Aus dem Taschengeld wurden Löhne. Aber die Auseinandersetzungen gingen nicht nur um wirtschaftliche Fragen. Die Gesellen demonstrierten außerhalb des Meisterhauses ihre Selbständigkeit und Gleichrangigkeit. Auf einer Versammlung von Schneidermeistern aus 14 Städten von Straßburg bis Bingen, die 1483 in Speyer zusammentrat, wurde den Gesellen verboten, silberne Ketten am Hals, Schließen am Mantel u. a. Schmuck zu tragen. Im Jahre 1384 bestimmte

---

[16] O. Rüdiger, Die ältesten hamburgischen Zunftrollen und Brüderschaftsstatuten (1874) S. 2 f.

der Augsburger Rat Ort und Zeit, zu denen Knechte und Mägde auf der Straße tanzen durften.

Die Lohnarbeiter im vollen Wortsinn unterscheiden sich von den Gesellen, von denen bisher die Rede war, dadurch, daß sie nicht im Hause des Meisters schlafen und auch höchstens einen Teil ihrer Beköstigung dort einnehmen. Zeugnisse von Lohnarbeit finden wir in Städten mit einer großen Tuchproduktion für den Export; so gab es in Florenz im 14. Jh. Manufakturen mit vielen Lohnarbeitern. Im 15. Jh. gab es in zahlreichen west- und südeuropäischen Städten Arbeitsmärkte. Der Roman Renart le Contrefait, das interessante Produkt eines Kleinbürgers aus Troyes, gibt uns das lebendige Bild eines Platzes, „wo alle Arbeiter sich vermieten". Er schildert maliziös die Mentalität dieser Arbeiter, die sich vieles einfallen lassen, um die Arbeitszeit zu verkürzen, und durch manche Einfälle zu möglichst viel Lohn für wenig Leistung zu kommen. Sie lassen sich durch andere ersetzen. Sie lassen ihre Gehilfen wie qualifizierte Arbeiter bezahlen, sie arbeiten nur, wenn sie überwacht werden. Sie sind erschöpfter am Morgen, wenn sie zur Arbeit kommen als am Abend, wenn sie die Arbeit verlassen.[17]

Zeugnisse solcher Plätze finden sich auch in den Statuten von flandrischen Weberzünften. In den Fernhandelsstädten gab es eine beträchtliche Zahl von freien Lohnarbeitern, die in Handel und Verkehr tätig waren. Zum Teil standen sie im städtischen Dienst, an der Waage, im Kaufhaus, an den Kränen, bei Entladen und Beladen der Schiffe. In Köln umfaßte diese Berufsgruppe etwa 400 Personen, mit ihren Familien rund 5 % der Kölner Bevölkerung.[18] Sie hatte das Bürgerrecht. Auch wenn sie nicht als Lohnarbeiter in Häusern tätig waren, so trugen sie doch indirekt erheblich zu der Strukturveränderung der Häuser bei. Sie sorgten für eine Reduktion der Arbeitsaufgaben des privaten Kaufmannsbetriebes. In Rostock bildeten die Träger um die Mitte des 15. Jh. eine Zunft. Es war quantitativ die stärkste.[19]

---

[17] G. Reynaud et H. Lemaître, Le Roman de Renart le Contrefait (1914) II S. 187–189.
[18] B. Kuske, Die städtischen Handels- und Verkehrsarbeiter und die Anfänge städtischer Sozialpolitik in Köln bis Ende des 18. Jh. Kölner Studien zum Staats- und Wirtschaftsleben 8 (1914).
[19] K. Koppmann, Die Wehrkraft der Rostockischen Ämter. Hansische Geschichtsblätter (1887) S. 164 ff.

Außerhalb der Städte ist an die Arbeiter in Eisenhütten zu denken. Die Hütten gruppierten sich oft in einer Landschaft dicht und bestimmten dort die Arbeitsverhältnisse. Eisenhütten konnten sehr wohl als patriarchalische Betriebe organisiert werden. Davon zeugen nicht nur die mitarbeitenden Familienmitglieder, etwa in der Hütte von Kyrkeknott in Nordengland nach einer Rechnung von 1408, sondern auch die Ausübung der Niedergerichtsbarkeit eines Hammermeisters in seinem Betrieb. Beispiele einer solchen Gerichtsbarkeit sind aus Süditalien, Oberpfalz und Niederschlesien bekannt. Auch wo die Niedergerichtsbarkeit nicht bei den Hammermeistern lag, scheint das Verhältnis der Arbeiter bei den Eisenhütten mehr dem der städtischen Handwerkergesellen als dem der Lohnarbeiter geglichen zu haben. Hammerbesitzer schlossen sich zu Bünden zusammen und verabredeten ein gleichgerichtetes Verhalten gegenüber den Arbeitern. Sie wollten gleiche Löhne zahlen und keine Arbeiter aufnehmen, die regelwidrig ein Arbeitsverhältnis verlassen hätten. Einungen, in denen solche Bestimmungen enthalten sind, kennen wir von 1387 und später aus der Oberpfalz, sowie von 1497 aus der Gegend von Laufenburg am Hochrhein. Der Eisenhüttenarbeiter dürfte in der Regel auf dem Hof des Hammermeisters gegessen und geschlafen haben. Die Abstützung der innerbetrieblichen Verhältnisse durch Einungsbeschlüsse dürfte um so erfolgreicher gewesen sein, als die Hüttenarbeiter im Unterschied zu den städtischen Handwerkergesellen offenbar keine Vereinigungen ihrerseits zuwege brachten.

Auch im agrarischen Bereich hatte die Lohnarbeit Einfluß auf die häuslichen Verhältnisse. Allerdings dürften in diesem Bereich die Lohnarbeiter überwiegend Kleinpächter gewesen sein, die um des Zuverdienstes willen bei einem Großbauern oder Grundherrn gegen Lohn in ein Arbeitsverhältnis traten. Solche Arbeitsverhältnisse kennen wir aus dem südfranzösischen Weinbau von etwa 1350 ab. Zahllose grundherrschaftliche Rechnungen vornehmlich aus England zeigen uns, daß es eine gewisse Tendenz des Ausbaus einer Eigenwirtschaft gab, die im wesentlichen auf Lohnarbeiter gestützt wurde und zwar sicherlich nicht nur auf solche, die gleichzeitig ihrerseits eine kleine Eigenwirtschaft hatten. Die Eigenwirtschaft der Abtei Crowland wurde 1322 nur zu knapp einem Drittel durch die Dienste von Hintersassen, zu gut zwei Drittel durch Lohnarbeiter versorgt.[20] In solchen Fällen veränderte die Lohnarbeit gleichzeitig die Strukturen des Hauses und der Grundherrschaft.

*

Trotz des Abbaus patriarchalischer Verhältnisse und der Umwandlung mancher Häuser in Betriebe mit Lohnarbeitern wird man sagen können, daß Haus und Familie im Spätmittelalter gerade im Bereich der Wirtschaft große Aufgaben und Möglichkeiten gehabt haben. Die Familie als die wohl festeste und wichtigste Gemeinschaftsform der Vergangenheit zeigte sich trotz aller Schrumpfungen und Auflockerungen in der Lage, dem aufblühenden Wirtschaftsleben mit seinen vielen neuen Problemen einen festen Rückhalt zu bieten. Wir schließen den Abschnitt ab, indem wir dieses an dem Beispiel der großbürgerlichen, der patrizischen Familie in der spätmittelalterlichen Stadt aufzeigen. Die neue Gewohnheit des Adels, Familientraditionen auszubilden, ging im Spätmittelalter auf die Stadt über. Feste Zweitnamen als Familiennamen sind in der Stadt generell im 13. Jh. feststellbar. Die Zweinamigkeit bleibt nicht auf die Großbürger beschränkt, sondern dehnt sich auch auf die Handwerker aus. Dann gibt es, allerdings nur in den reichsten Kreisen, Geschlechterbücher, Familienchroniken und diese sicherlich hier sogar häufiger als beim Landadel, da die Schriftlichkeit in der Stadt weiter verbreitet war. In Deutschland ist die Überlieferung dafür am reichsten aus Nürnberg. Im 15. Jh. dürfte in fast jeder Nürnberger Patrizierfamilie ein Buch mit Aufzeichnungen über Geburt, Hochzeit und Tod geführt worden sein.[21] Neben und zum Teil kombiniert mit solchen Büchern gab es auch Bücher, in die Geschäfte eingetragen wurden. Das von einigen älteren Fragmenten abgesehen älteste Kaufmannsbuch Norddeutschlands stammt von den Lübecker Kaufleuten Warendorp und Klingenberg aus den Jahren 1330–1336. Das Buch enthält Abrechnungen über Geschäfte, die 2 Schwager für einander tätigten. Ähnliches gilt von einem weiteren Lübecker Kaufmannsbuch, dem Einkaufsbüchlein der Mulichs auf der Frankfurter Fastenmesse des Jah-

---

[20] F. M. Page, The estates of Crowland Abbey: a study in manorial organisation (1934) S. 386.
[21] W. Krag, Die Paumgartner von Nürnberg und Augsburg. Schwäbische Geschichtsquellen und Forschungen I (1919) S. 16.

res 1495.[22] Daraus geht hervor, daß die Familie, allerdings in einem über die Kleinfamilie hinaus erweiterten Sinn, den frühesten Rahmen für Handelsgesellschaften darstellte. Damit kommen wir zu der Beobachtung, daß sich die neue Ausbildung bewußter Familientraditionen mit einer planmäßigen rationalen Gestaltung der Familienstrukturen der vertragsmäßigen Festigung und Ausweitung von Familien verband.

Wenn auch das Vorbild der frühmittelalterlichen Gilde eine Reihe von Gemeinschaftsformen des spätmittelalterlichen Handels beeinflußt hat, so gingen doch die meisten und bekanntesten der spätmittelalterlichen Handelsgesellschaften auf Familienfirmen zurück oder blieben sie sogar. Im hansischen Raum unterscheiden wir *sendeve* und *wederlegginge*. Im ersten Fall führt ein Kaufmann für einen anderen unterwegs und an fremden Orte auf dessen Rechnung Geschäfte aus. Im Unterschied zur modernen Kommission und zur mittelmeerischen *commenda* erhält er keine Provision, sondern erwartet, daß der Auftraggeber für ihn an dessen Wohnorte dieselben Dienste übernimmt. Die *wederlegginge* entspricht der mittelmeerischen *societas*. Alle Gesellschaftspartner, auch der, der die Geschäfte betreibt, der Traktator, sind entsprechend ihren Kapitaleinlagen an den Gewinnen beteiligt. Neben Verwandten wurden bei allen Formen der Gesellschaft Geschäftsdiener, Gesellen am Geschäft beteiligt. Ihre Bindung an das Haus wurde durch Kapitalbeteiligung vergrößert. Die Kapitalbeteiligung wurde Geschäftsdienern oft dadurch ermöglicht, daß ihnen die Geschäftsinhaber eine Kapitalsumme vorschossen. Während des gemeinsamen Betriebes blieb dann diese Kapitalsumme im Eigentum der Kreditoren, die daraus erwachsenden Gewinnanteile flossen aber dem Geschäftsdiener zu. In Süddeutschland trug diese Geschäftsstruktur eine besondere Bezeichnung, sie hieß Fürleggung. Das Gewinnbeteiligungsrecht des Geschäftsdieners hieß Vergeld.

Mit allen aufgezählten Gesellschaftstypen verband sich das Problem der Haftung. Überwiegend und in allen Zweifelsfällen erwartete die öffentliche Meinung eine unbeschränkte Haftung der Gesellschaftspartner, jedenfalls soweit es sich um Geschäfte handelte, die mehr oder weniger ausdrücklich für die Gesellschaft abgeschlossen waren. Die unbeschränkte Haftung setzte sicherlich der Kapitalbeschaffung für große Firmen Hindernisse entgegen. Deswegen ist in Italien schon im 13. Jh., in Mitteleuropa im 15. Jh. die Tendenz erkennbar, eine Kapitaleinlage-

---

[22] F. Rörig, Wirtschaftskräfte im Mittelalter (1971[2]) S. 288–350.

möglichkeit zu schaffen, bei der die Haftung für den Einleger auf seine Beteiligungssumme beschränkt wird. Bei dieser Frage mußte der Rechtscharakter der Handelsgesellschaften, das Gesellschaftsrecht, zum Problem werden. Die Haftungseinschränkungen konnte man in Verträgen untereinander abmachen, die Frage war, wieweit diese Verträge gegenüber Dritten wirksam werden konnten. Nun wurden die Gesellschaftsverträge schon im Interesse der Sicherheit der Vertragspartner untereinander vor öffentlichen Autoritäten, so etwa durch einen Eintrag in das Lübecker Stadtbuch im 14. Jh. und durch Eintragung in süd- und westeuropäische Notariatsregister abgeschlossen. Daneben gab es auch Verträge, die mit einer Siegelurkunde abgeschlossen wurden und die wegen ihres Siegels im Konfliktfall einen gewissen öffentlichen Respekt erwarten durften. Das Original oder eine Kopie des notariellen Vertrages oder der Siegelurkunde wurden in dem sogenannten Geheimbuch, dem wichtigsten und wohl am meisten verbreiteten der Geschäftsbücher, vor allem italienischer Kaufleute aufbewahrt. Schon wegen der öffentlichen Anerkennung, die die Gesellschaftsverträge von ihrer Form her erhielten, wurde die Unterscheidung zwischen Hauptgesellschaftern und Kapitalgebern im 15. Jh. durch die Stadtgerichte allgemein anerkannt. Gerichtsprotokolle von Basel zeigen z. B., daß das Basler Stadtgericht Konflikte in und mit Basler Handelsgesellschaften auf dieser Basis geregelt hat. Das Stadtgericht von Nürnberg schaffte sich dadurch einen zusätzlichen Rückhalt, daß es 1464 in Form eines Privilegs vom Kaiser gewissermaßen eine Grundsatzentscheidung fällen ließ. In dieser heißt es: „Wir befehlen von des Handels und der Kaufmannschaft wegen, daß ein Nürnberger Bürger, der eine bestimmte Summe mit Geding in eine Gesellschaft legt, diesem Geding nachkommen soll. Wer aber sein Gut und Geld in eine Gesellschaft ohne Geding legt, nur zu Gewinn und Verlust, und für sich selbst an der Führung der Gesellschaft nicht beteiligt ist und wenn dann eine solche Gesellschaft Verlust erleidet und in Schulden gerät, die durch das Hauptgut, das sie alle in der Gesellschaft haben, nicht bezahlt werden kann, so dürfen die Vorgenannten zu nicht mehr als ihrem Anteil am Hauptgut herangezogen werden."[23] Die Unterscheidung mit und ohne Geding dürfte sich

---

[23] Cl. Bauer, Unternehmung und Unternehmungsformen im Spätmittelalter und in der beginnenden Neuzeit (1936) S. 127 f.

auf die Unterscheidung zwischen persönlich haftenden Gesellschaftern und bloßen Kapitalgebern beziehen.

Die letzte Steigerung, zu der die Firmenstruktur im Spätmittelalter noch entwickelt wurde, ist die Filialgesellschaft. Sie ist besonders durch die beiden großen Firmen der Datini aus Prato und der Medici aus Florenz bekannt geworden. Im Unterschied zu den früheren Gesellschaften waren z. B. die Medici an den verschiedenen Märkten Europas nicht durch vollhaftende Hauptgesellschafter oder handlungsbefugte Angestellte vertreten, sondern durch Tochterfirmen. Die Medici schlossen unterschiedliche Gesellschaftsverträge mit Kaufleuten in Venedig, Brügge, London, Avignon, Mailand und Genf, die nicht nur ihrerseits kapitalkräftig waren, sondern auch eine gute Ortskenntnis besaßen. Diese Kaufleute des Ortes übernahmen dann die eigentliche Geschäftsführung. Die Mehrheitsanteile waren oft bei den Medici, die in Florenz selbst ein ausgesprochenes Familienunternehmen betrieben. Die Filialgesellschaften stellen selbständige Unternehmungen dar, die sich gegenseitig Kredit geben und Zinsen berechnen. Handelsgesellschaften mit solchen und anderen Strukturen waren in der Lage, große Marktanteile an sich zu ziehen, ganze Handelsrichtungen monopolartig zu beherrschen.

Da das Spätmittelalter eine Zeit einer neuen Wirtschaftsgesinnung war, in der alle Leute nach einem wirtschaftlichen Vorwärtskommen strebten, riefen derartige Handelsgesellschaften deswegen bei vielen die Vorstellung einer ungerechten Manipulation hervor. In der Reformatio Sigismundi, einer anonymen Propagandaschrift aus der Zeit des Basler Konzils (1431–1449) heißt es, die Kaufleute machten große Gesellschaften in den Städten; „si schiebentz ie darnach, das sie nicht verlierent."[24] Solche Stimmungen und Forderungen wurden auch von der kirchlichen Predigt und Dogmenlehre aufgenommen. Die Kirche nahm dabei altkirchliche Normen wieder auf, die in einer ähnlichen wirtschaftsgeschichtlichen Situation in und für eine Gemeinde der wirtschaftlich Schwachen entwickelt worden waren. Die hoch- und spätmittelalterliche Stellungnahme der Kirche kannte zwei Varianten. Die Scholastiker des 13. Jh., wie Thomas von Aquin, sahen in dem Preis, der sich in dem freien Spiel der Kräfte des Marktes ausbildete, den gerechten Preis und

---

[24] MGH Staatsschriften des späteren Mittelalters 6 (1964).

bekämpften von dorther alle Konstruktionen, die das freie Spiel des
Marktes einschränkten, darunter eben monopolartige Handelsgesellschaften. Die sogenannten Nominalisten des 14. Jh., vor allem der Wiener Professor Heinrich von Langenstein, forderten demgegenüber die
Ausrichtung des wirtschaftlichen Gewinnstrebens und des Preises an
der Idee der Nahrung. Danach fehlte jeder wirtschaftlichen Entfaltung,
die über die Sicherung der Nahrung für die Familie hinausging, das
legitime Motiv. Grenzenlose Kapitalsammlung und Marktbeherr-
schung wurden folglich verurteilt. So verbreitet diese Meinungen auch
waren, auf die Handelsgesetzgebung in Territorien und Städten hatten
sie kaum einen Einfluß. Als in Konstanz 1425-1429 Aufständische die
Regierung in der Hand hatten, erließen sie ein Verbot der Handelsgesellschaften.[25] Das Verbot wurde mit dem Zusammenbruch des Aufstandes wieder aufgehoben. Aber solche Zeugnisse bleiben eine Ausnahme. Auch Städte, in denen die Handwerker auf eine längere Zeit
einen stärkeren Anteil an der Regierung bekamen, haben keine dauerhaften Verbote von Handelsgesellschaften erlassen. Handelsgesellschaften entsprachen zu sehr der allgemeinen Durchdringung von Haus und
Familie durch vertragliche Elemente und der oben genannten neuen
Wirtschaftsgesinnung.

2. Grundherrschaft, Dorf und ländliche Genossenschaft

Trotz aller Wandlungen und Einbußen blieb die Grundherrschaft auch
nach der Bildung von Territorial- und Nationalstaaten eine wichtige
Gemeinschaftsform auf dem Lande. Die Typen der Grundherrschaft
waren gegenüber dem beginnenden Mittelalter vielfältiger geworden.
Man muß jetzt unterscheiden zwischen a) Krondomänen und Kammer-
güter, bei denen der Grundherr und der Territorialherr, bzw. König
identisch sind.
b) Grundherrschaften, die den Fronhofswirtschaften des frühen und
hohen Mittelalters noch sehr ähnlich sind, in denen allerdings die
Hochgerichtsbarkeit durch den Territorialherrn ausgeübt wurde und

---

[25] O. Feger, Vom Richtebrief zum Roten Buch. Die ältere Konstanzer Ratsge-
setzgebung (1955) S. 95.

das Eigenkirchenrecht zum Patronat (Recht auf die Nominierung des Pfarrers) geschrumpft ist.

c) Grundherrschaften, die außerdem noch die Niedergerichtsbarkeit an bäuerliche Kreise oder an andere Gerichtsherren abgegeben haben. Damit fehlte ihnen zugleich die mit der Gerichtsbarkeit verbundene Polizeigewalt, die man z. B. in Südwestdeutschland Zwing und Bann und in Franken Gebot und Verbot nannte. Der Verzicht auf diese Rechte erfolgte allerdings oft nicht unentgeltlich, sondern durch Abkauf oder in Form der Umwandlung in Renten. Die Grundherrschaft dieses Typs besteht im wesentlichen aus einer Ansammlung ländlicher Renten.

d) Grundherrschaften, die eine gewisse räumliche Geschlossenheit behielten oder neu gewannen, wie besonders in einigen Gegenden Nord- und Ostdeutschlands, aber nicht nur dort, strebten danach, die Niedergerichtsbarkeit zu behalten und möglicherweise, sei es auf dem Wege der Anpfändung, die Hochgerichtsbarkeit hinzuzugewinnen. Die Neigung, Gerichtsrechte finanziell auszunutzen und gegen finanzielle Gegenleistungen, sei es auf Zeit, hinzugeben, beschränkte sich nicht auf den grundherrlichen Bereich, sondern erstreckte sich auch auf Territorialherren, die sich immer in einer großen Zahlungsmittelknappheit befanden. Auf diese Weise kamen Rechte, die man bereits als staatliche betrachtete, wieder in den Bereich der Grundherrschaft. Zu den neu entstandenen Grundherrschaften dieses Typs zählen auch die sogenannten Gutsherrschaften, bei denen die Eigenwirtschaft eine viel größere Rolle spielt als bei den herkömmlichen Fronhofswirtschaften.

Als Beispiel einer Krondomäne wollen wir etwas genauer die französische Krondomäne des Spätmittelalters betrachten. Man unterscheidet eine Krondomäne in einem engeren und in einem weiteren Sinn. Zu der letzteren gehören die Herrschaften der Vasallen und der Kirche, die sich unter dem Schutz des Königs befindet. Bei beiden hat der König die Hochgerichtsbarkeit und die Militärgewalt inne. Wir beschränken uns hier auf die engere Krondomäne, denn bei der weiteren handelt es sich um eine Grundherrschaft vom Typ b). Die regionalen Oberbeamten größerer Bezirke der engeren Krondomäne sind die *baillis*, die gleichzeitig für die Vasallen und die Schutzkirchen zuständig sind. Von ihnen wurde die Hochgerichtsbarkeit in der engeren und weiteren Krondomäne geübt. Die untere Grenze der Hochgerichtsbarkeit wurde schema-

tisch mit der Strafgeldsumme von 60 *sous* festgelegt. Die darunterliegende
Gerichtsbarkeit wurde in Frankreich, wie in einigen anderen Gegenden
Europas, in die niedere und die mittlere unterschieden. Beide lagen für
die Krondomäne im engeren Sinn in den Händen des *prévôt*. Der *prévôt*
hatte gegenüber früher im 14. Jh. sehr reduzierte Kompetenzen und andere Unterbeamte des *bailli* neben sich. Nach der besten Quelle, die wir
für die französische Krondomäne im 14. Jh. gegenwärtig zur Verfügung
haben, einer *prisée*, d. h. einem Einkünfteverzeichnis, von 1332 über ein
Stück Domäne im Gâtinais war er damals jedoch noch die beherrschende
Figur in kleineren Bezirken der Krondomäne im engeren Sinn, in den
châtellenies.[26] Das Amt des *prévôt*, sei es beschränkt auf die Justiz, sei es in
einem umfassenden Sinn, wurde teils an besoldete Beamte, teils an Äm-
terpächter ausgegeben. Die Ämterpacht betraf auch andere Ämter, sowie
bloße Einkünftetitel der Krondomäne. Der *prévôt* z. B. konnte Einnahmen, die ihm zustanden und die er wenigstens teilweise an die Zentral-
kasse weiterzugeben hatte, seinerseits durch Verpachtung einbringen. Bei
einer Ämter- oder Einkünftepacht mußte der Pächter den Einkünftetitel
auf dem Versteigerungswege erwerben, die Pachtsumme für die befristete
Zeit der Pacht im voraus erlegen und sehen, daß er seine Entschädigung
durch eine Differenz zwischen dieser Pachtsumme und den tatsächlichen
Einnahmen hereinbekam.

Wenn wir den Blick auf ein Beispiel, nämlich die *prévôté* Villers-aux-
Loges, richten, bestand in bezug auf den wirtschaftlichen Wert $^2/_3$ der
Krondomäne im engeren Sinn aus dem Waldbesitz. Er wurde in einer
planmäßigen Ertragswirtschaft ausgenutzt. Das übrigbleibende Drittel
verteilt sich etwa zur Hälfte auf einen agrarischen Eigenbetrieb und auf
die Abgaben und Dienste von Hintersassen. Zum Eigenbetrieb gehörte
auch eine Windmühle, die einen nicht unerheblichen Ertrag aus den
Benutzungsgebühren einbrachte. Der Betrieb einer solchen Windmühle
war das Monopolrecht eines Grundherrn. Die Verpflichtungen der Hintersassen beruhten zunächst in den Zinsen, in Natur und Geld, für den
Grund und Boden. Weiterhin waren regelmäßig Abgaben bei einem
Besitzwechsel zu leisten. Die Forderung von Diensten und Kopfsteuern
war sehr unterschiedlich. In Nord- und Mittelfrankreich breitete sich

---

[26] G. Fourquin, Le domaine royal en Gâtinais d'après la Prisée de 1332
(1962).

ein sehr fortschrittliches Dorfrecht, die Coutumes de Lorris aus. Jene Hintersassen, die an diesem Dorfrecht teilhatten, waren von Diensten und Kopfsteuern befreit. Kirchenzehnten und Patronatsrechte spielen bei der französischen Krondomäne im Unterschied zu sonstigen Krondomänen und Kammergütern eine geringe Rolle. In Frankreich war im 13. Jh. eine starke Bewegung im Gange, diese Rechte an die Kirche zurückzugeben. In der Diözese Chartres waren am Ende des 13. Jh. noch 1 % der Kirchen einem weltlichen Patronatsrecht unterworfen, in der benachbarten normannischen Diözese Lisieux waren es allerdings noch 50 %.[27]

*

Typische Grundherrschaften mit Niedergerichtsbarkeit, aber ohne Hochgerichtsbarkeit (b) waren die Lehensgüter unter einem starken Lehens- oder Territorialherrn. Hauptsächlich waren solche Lehensgüter an ehemals hörige Dienstleute in Verbindung mit militärischen und anderen Dienstverpflichtungen ausgegeben worden. Außerdem sind hier die kirchlichen Grundherrschaften anzureihen, die die Niedergerichtsbarkeit zwar durch eigene Organe, die Hochgerichtsbarkeit aber durch einen Vogt, der oft mit dem Territorialherrn der Gegend identisch ist, ausüben lassen. Als Beispiel ist auf die Grundherrschaft der Propstei Weitenau im südlichen Schwarzwald hinzuweisen, deren Urbar von 1344 analysiert wurde.[28] Die Hochgerichtsherrschaft gehörte zu der damals geteilten Markgrafschaft Baden. Der Propstei steht die Niedergerichtsbarkeit zu, die auf einem Thinggericht, auf einem Platz vor dem Propsteigebäude, ausgeübt wird. Der Niedergerichtsbezirk erfaßt nicht den ganzen teilweise gestreuten Grundbesitz der Propstei, sondern einen engeren, aber geschlossenen Bezirk, der also auch wenigen fremden Grundbesitz mit einschließt. Er deckt sich mit dem Bezirk von Zwing und Bann. Die Zwing- und Banngewalt, die im Besitze der Propstei ist, erscheint hier gegenüber dem eben studierten Beispiel er-

---

[27] F. Lot – R. Fawtier, Histoire des institutions françaises au Moyen Age III (1962) S. 205.
[28] H. Ott, Studien zur spätmittelalterlichen Agrarverfassung im Oberrheingebiet (1970).

heblich ausgeweitet. Es scheint auch eine gewisse Verschmelzung zwischen Rechten, die sich aus dem Grundbesitz und solchen, die sich aus der Polizeigewalt ergeben, eingetreten zu sein. Die Bauern waren aufgrund von Zwing und Bann zu Frondiensten, 9 Tage im Jahr, verpflichtet. Sie mußten dem Grundherrn das Recht überlassen, auf dem nichteingezäunten Bauernland und in ihrem Wald sein Vieh in den entsprechenden Jahreszeiten zu weiden. Zu den gewerblichen Monopolrechten, den Gewerbebännen, wie Mühle, Backofen usw., gehörte auch das Recht des Herrn, Maß und Gewicht zu bestimmen. Wenn die Bauern ihren abhängigen Besitz veräußern wollten, mußten sie nicht nur eine Abgabe leisten, sondern brauchten die Erlaubnis der Herrschaft. Diese Erlaubnis wurde besonders ungern gegeben, wenn der Bauer den Hof verlassen wollte. Ebenso war eine Erlaubnis der Herrschaft bei der Verheiratung der Kinder notwendig. Nach Bedarf hatte der Herr das Recht, diese Kinder als Gesinde zu beanspruchen. Die zuletztgenannten Verpflichtungen faßt man als Leibeigenschaft zusammen. Oft wurde die Genehmigung zum Besitzwechsel nur unter dem Vorbehalt erteilt, daß der Bauer, der etwa in eine andere Herrschaft überwechselte, dort Leibeigener der ehemaligen Herrschaft blieb. So finden wir auf der Grundherrschaft von Weitenau und der des benachbarten Klosters St. Blasien jeweils Leibeigene der anderen Herrschaft. Leibeigene eines fremden Herrn in der eigenen Grundherrschaft bedeuteten eine Gefahr der Besitzentfremdung. Deswegen waren die Grundherren im 15. Jh. bemüht, erbliche Leihegüter in ein sogenanntes bäuerliches Fallehen umzuwandeln.[29] Fallehen kehren beim Tode des abhängigen Bauern automatisch zur Herrschaft zurück und dieser hat die Möglichkeit, den Hof z. B. statt an die Erben eines fremden Leibeigenen an eigene Leibeigene auszugeben.

*

Eine der treibenden Kräfte für die Verbreitung einer Grundherrschaft des dritten Typs (c), die sich weitgehend als R e n t e n h e r r s c h a f t be-

---

[29] D. W. Sabean, Landbesitz und Gesellschaft am Vorabend des Bauernkriegs. Eine Studie der sozialen Verhältnisse im südlichen Oberschwaben in den Jahren vor 1525. Quellen und Forschungen zur Agrargeschichte 26 (1972) S. 22.

greifen läßt und als solche eine lange Tradition hat, war die Stadt. Die Bürger kauften Grundbesitz auf dem Lande, sowohl im Sinne einer alten Grundherrschaft bis hin zum Einschluß der Hochgerichtsbarkeit als auch im Sinne eines bloßen Stück Landes, auf das ein Pächter gesetzt wurde und von dem jährlich Pachtzinsen kassiert wurden. Der Pächter hatte dann einen oder zwei andere Gerichtsherren oder er gehörte sogar zu einer autonomen dörflichen Gerichtsgemeinschaft. Die Bürger trugen dadurch zur Aufsplitterung der ländlichen Herrschaftsverhältnisse bei. Es gab nicht nur Grundbesitzer ohne Gerichtsrechte, es gab auch Gerichtsherren ohne Grundbesitz. Die Tendenz zur Aufsplitterung wurde nun weiterhin dadurch verstärkt, daß der Gedanke der Kapitalisierung nicht nur den Grundbesitz erfaßte, sondern auch andere Rechte, wie etwa die ertragreichen Seiten der Gerichtsherrschaft. Neben Rechten etwa, die mit Zwing und Bann zusammenhingen, war der Kirchenzehnte auch isoliert ein beliebtes Erwerbungsobjekt für Bürger.

Eine gute Quelle, um das Eindringen des Bürgertums in das Land und die von dort ausgehenden Einflüsse auf die ländlichen Herrschaftsverhältnisse zu studieren, ist das Landbuch der Mark Brandenburg von 1375. Dieses Landbuch hält alle Besitzrechte und Abgabenverhältnisse fest, um daraus die Rechte des Landesherrn ermitteln zu können. Es konnte gezeigt werden, daß u. a. 81 Stendaler Bürgerfamilien in 114 Altmärker Dörfern Besitz haben. Dasselbe gilt von 60 Salzwedeler Bürgerfamilien in 83 Dörfern und 42 Berliner Familien in 94 Dörfern.[30] Die Dörfer der Mark Brandenburg im Besitze adeliger Dorfherren werden als ein vom Markgrafen gegebenes Lehen aufgefaßt. Von den verschiedenartigen Einkünften, die der Dorfherr aus dem Dorf bezieht, hat er einige in dem genannten Sinn an Bürger abgetreten.

Eine Trennung von Grundbesitz und Gerichtsherrschaft trat auch dann ein, wenn Bürger im Zusammenhang mit der Territorialpolitik ihrer Stadt Grundbesitz erwarben. Es geschah, daß Bürger Grundherrschaften erwarben und in einer nachfolgenden Phase die Gerichtsrechte über ihre Grundherrschaft an ihre Stadt im Interesse der Territorialbildung

---

[30] E. Müller-Mertens, Untersuchungen zur Geschichte der brandenburgischen Städte im Mittelalter. Wissenschaftliche Zeitschrift der Humboldt-Universität zu Berlin. Gesellschafts- und sprachwissenschaftliche Reihe 3 und 4 (1955/1956) (1956/1957).

der Stadt abtraten. Lübeck erwarb 1359 die Vogtei über den Raum von Mölln mit hoher und niederer Gerichtsbarkeit. In der 2. Hälfte des 14. Jh. veranlaßte nun die Stadt ihre reichen Bürger, Grundbesitz in dem Gerichtsbezirk von Mölln zu kaufen, um dadurch die städtische Ausdehnungspolitik abzusichern.[31]

Eine andere Methode städtischer Territorialpolitik bestand darin, Bauern ganzer Dorfgemeinden auf deren Wunsch hin in die städtische Gerichtsherrschaft aufzunehmen. Diese Bauern nannte man Pfahlbürger. Die herrschaftlichen Klagen darüber sind von St. Gallen bis zur Mark Brandenburg hin zu hören. Geistliche Herren waren oft zu schwach, um sich gegen diese Bewegung zu wehren. Das gleiche gilt von kleineren weltlichen Herren, um so mehr, wenn die Städte interessierte Bundesgenossen hatten. Der Kaiser wurde immer wieder angegangen, dagegen Verbote zu erlassen und die Verbote des Pfahlbürgertums durchziehen denn auch die kaiserlichen Äußerungen von dem großen Fürstenprivileg von 1231/1232 (o. S. 142) an. Die Wirkungslosigkeit dieser Verbote zeigt besonders gut, wie schwach die Sanktionsgewalt des Kaisers im Spätmittelalter war. In einer stabileren Weise wurde eine Rechtslage in dieser Frage durch Verträge zwischen den Städten und den jeweils benachbarten Herrschaften geschaffen. In solchen Verträgen kommt dann wieder klar die Trennung von Gerichtsrechten u. a. Besitztiteln zum Ausdruck. Ein ländlicher Herr wird Bezieher von Renten und steht einer städtischen Gerichtsherrschaft gegenüber.

Neben der städtischen Territorialpolitik haben noch zwei Faktoren die Rentenherrschaften auf dem Lande gefördert. Als erstes ist die durch die Geldwirtschaft geförderte Mobilität des Grundbesitzes zu nennen, die zu einer immer fortschreitenden Verzahnung der Grundherrschaften führte und es damit erforderlich machte, daß die eng beieinanderstehenden Höfe verschiedener Grundherren in die ausschließliche Gerichtsherrschaft eines dieser Grundherrn kamen. In Niederösterreich sind bis zu 27 Grundherren in einem Dorf gezählt worden. Die Dorfobrigkeit ist bei einem der Grundherren, der meistens selbst einen Sitz in dem Dorf hat. Die anderen Herren sind Rentenbezieher. Ein Vergleich

---

[31] E. Raiser, Städtische Territorialpolitik im Mittelalter. Eine vergleichende Untersuchung ihrer verschiedenen Formen am Beispiel Lübecks und Zürichs. Phil. Diss. Hamburg (1969).

von Rechnungen kleiner und großer Grundherrschaften in den südlichen Niederlanden zeigt, daß es kleine Grundherrschaften gibt, die keine Gerichtseinnahmen haben und große, in demselben Gebiet, bei denen die Gerichtseinnahmen und ähnlichen Einnahmen 20 bis 30 % aller Einnahmen ausmachen.[32] Auch in Südfrankreich hat sich auf Grund von Mobilität und Zersplitterung des Grundbesitzes die Rentenherrschaft ausgedehnt. Von dort sind die *terriers* erhalten; das sind von Grundherrn geführte Urkundenbücher mit notariellem Charakter, in denen der Grundherr seine Verträge mit den Bauern eintragen ließ. Der *terrier* von Châtillon d'Azergues in der Auvergne aus den Jahren 1430–1463 zeigt, daß der Boden des Gebiets von Châtillon an mehrere Herren aufgeteilt ist. Die Gerichtsbarkeit liegt aber allein beim Inhaber des Schlosses und kann nur bei ihm sein, denn zur Justiz gehört ein Schloß. In dem noch heute erhaltenen, ein Tal beherrschenden Schloßbau, befindet sich im 1. Stock *la salle de justice*. Die anderen Grundbesitzer von Chatillon hatten nur Rentenrechte.[33]

Zu den Territorialherren, die in erheblichen Teilen ihres Territoriums auch außerhalb der fürstlichen Domäne die Niedergerichtsbarkeit durch eigene Organe wahrnehmen lassen, gehören die Herzöge von Bayern und Österreich. In Bayern regiert das landesherrliche Landgericht auch über Dörfer adeliger und geistlicher Grundherrn ohne Immunität. Landesherrliches Personal hält oft Dorfgerichte ab. Man wird es als die systematische Politik des bayerischen und österreichischen Herzogs auffassen können, vornehmlich, aber nicht nur, das Streugut der adeligen und kirchlichen Herren des Landes in die volle eigene Gerichtsbarkeit und Polizeigewalt einzubeziehen. In Österreich sind es die Pfleger und ihre Pfleggerichte, die die über die Domäne hinausgreifende Kompetenz wahrnehmen. In Norddeutschland wurde in einigen Gegenden, so im südlichen Niedersachsen, in Oldenburg und im Erz-

---

[32] J. Mertens, De ekonomische leefbaarheid van de lekenheerlijkheid op grond van de heerlijke rekeningen (1300–1500), in: Histoire économique de la Belgique. Traitement des sources et état des questions. Actes du Colloque de Bruxelles 1971 (1972) S. 473–489.

[33] R. Fédou, Le terrier de Jean Jossard. Conseigneur de Châtillon d'Azergues 1430–1463. Collection de documents inédits sur l'histoire de France. Série in-8° V (1966).

stift Bremen, die Niedergerichtsbarkeit in einer fast vollkommenen Weise beim Territorialherrn konzentriert. Die Grundherrschaft war in Meierhöfen organisiert. Zu jedem Meierhof gehörte ein verhältnismäßig umfangreicher Grund und Boden. Die Meier waren Erb- oder Zeitpächter. Den Meiern gegenüber waren die Grundherren Rentner. Das Gerichtswesen wurde im nördlichen Niedersachsen durch Gogerichte, die zugleich Hoch- und Niedergerichte waren, wahrgenommen. Von wenigen Ausnahmen abgesehen waren die Gogerichte in den Händen der Landesherren.

Das Streben der Landesherren, ihre Niedergerichtsbarkeit auszudehnen, fand wahrscheinlich überall eine Grenze vor jenen Höfen, in denen adelige Grundherren selber wohnten und arbeiteten. Zum Teil waren diese Höfe mit Burgen identisch und profitierten von dem besonderen Frieden und Recht einer Burg (s. o. S. 158). Im österreichischen Landrecht wurde festgelegt, daß diejenigen, die Landstandschaft besaßen, die also berechtigt waren, an der Ständeversammlung teilzunehmen, von den gewöhnlichen Gerichten befreit waren und nur vor dem Hofgericht erscheinen mußten. Diese Immunität wird sich wahrscheinlich auf die Familie des adeligen Herren und seine in Haus und Hof lebenden Abhängigen ausgedehnt haben. In Oldenburg werden in landesherrlichen Verzeichnissen allerdings erst des 17. Jh. die adeligen Güter aufgezählt, die vom Gerichtszwang befreit sind. Es scheint, daß diese Aufzählung im wesentlichen auf das 15. Jh. zurückgeht.[34]

G r u n d h e r r e n des deutschen Raumes, die im Spätmittelalter i m B e - s i t z e d e r H o c h g e r i c h t s b a r k e i t sind (d),lassen sich in drei Gruppen einteilen. Die erste Gruppe besteht aus solchen Grundherren, die noch reichsunmittelbar sind und es zum Teil auch bleiben. Dazu gehört z. B. ein großer Teil der schwäbischen und fränkischen Reichsritterschaft (s. u. S. 278 f.). Im ostsächsischen Pleißenland sind dazu die Vögte von Weida, Gera und Plauen zu zählen, die Vorfahren des Fürstenhauses Reuß. Sie erlangen sogar kleinstaatliche Landesherrschaft, die sie bis in das Bismarckreich hinüberretten können. Ähnliches gilt von den Herren von Schönburg derselben Gegend, die aber 1740 ihre Zwerglandesherrschaft an Kursachsen abtreten mußten. Ähnliches gilt von noch kleineren Hochgerichtsherren, wie etwa den von Colditz,

---

[34] M. Last (o S. 154) S. 75.

Crimmitschau. Schellenberg, Drachenfels u. a.[35] Alle diese Herren mußte man als reichsunmittelbar bezeichnen, solange sie die Hochgerichtsbarkeit innehatten. Dann gibt es eine zweite Gruppe von kleinen Hochgerichtsherren. Sie ordnen sich trotz ihres Hochgerichts in eine Landesherrschaft oder in einen Territorialstaat ein. Dazu gehören als wichtigstes Beispiel die sogenannten Streugrafschaften in Österreich, etwa die Schaumberg in Ober-, die Hardegg in Niederösterreich. Ihr Problem ist viel diskutiert worden. Die Inhaber dieser Herrschaften leiten ihre Hochgerichtsbarkeit unmittelbar vom König her und haben einen persönlichen Gerichtsstand vor dem König. Gleichzeitig aber gehören sie zur österreichischen Landesherrschaft, besuchen die Hof- und Landtage, übernehmen Landesämter und leisten Kriegsdienst und Steuern mit dem Land. Man wird auf das Ganze gesehen in diesen Grund- und Gerichtsherren Ausnahmeerscheinungen sehen dürfen, unerledigte Reste aus der Zeit des Kampfes der Herzöge um die Durchsetzung der Staatlichkeit in ihrem Herzogtum.

Bedeutsamer ist die dritte Gruppe der Grundherren mit Hochgerichtsbarkeit. Es handelt sich um die große, vor allem in Nord- und Ostdeutschland ausgebreitete Gruppe jener Herren, die im Rahmen von ständischen Bewegungen die Hochgerichtsherrschaft in ihrem Grundbesitzbereich neu erlangt haben. Die Wege, die dahin führten, sind im einzelnen oft nicht mehr erkennbar. Wir stoßen oft erst auf die Resultate, so in dem oben zitierten Brandenburger Landbuch von 1375, wo bei zahlreichen Dörfern gesagt ist, daß das *iudicium supremum* bei einem Ritter ist. Zum Teil dürften territorialherrliche Burgen, d. h. Stützpunkte der territorialherrlichen Grundherrschaft, von denen aus die Hochgerichtsbarkeit in einem Territorialbezirk ausgeübt wurde, pfandweise oder käuflich an Ritter des Landes gelangt sein. 1316 verkauft z. B. der Markgraf von Brandenburg Burg und Stadt Meseritz an Arnold von Uchtenhagen und seine Erben. Der Verkauf erfolgte unter dem Vorbehalt des Rückkaufrechtes. Die Verkäufe müssen zeitweise, in Brandenburg z. B. im 14. Jh., einen massenhaften Charakter gehabt haben. Dabei wirkte es sich aus, daß die Grundherren aus gutbewirtschaftetem Grundbesitz reiche Gelderträge herausholten und die Terri-

[35] W. Schlesinger, Zur Gerichtsverfassung (u. S. 299) S. 130 f.

torialherren vor allem wegen ihrer politischen Verpflichtungen in einem ständigen Geldmangel waren.

In den deutschen Kolonisationsgebieten ist die Eigenwirtschaft der Grundherren weniger zurückgegangen und mehr ausgebaut worden als in Altdeutschland. Eine typische Erscheinung der ostdeutschen Grundherrschaft sind die Gärtnerstellen, in Mittelschlesien z. B. die Stellen der Dreschgärtner, in Oberschlesien die der Robotgärtner. Die Gärtnerstellen waren Kleinbauernhöfe, die eine Familie nicht ernähren konnten. Auf den Gärtnern lag die Verpflichtung, gegen zusätzlichen Lohn, meist in Naturalform, die Ernte des Grundherrn einzubringen. Die Verpfändung von Gerichtsbezirken schuf Verhältnisse, die bis lange in die Neuzeit fortdauerten. Die Gerichtsbezirke waren sicherlich meist benachbart oder überschnitten sich mit dem Grundbesitz der Grundherren selbst. Eine Verschmelzung zu einem einheitlichen Herrschaftsbezirk trat ein. Neben dieser Entstehung der Gutsherrschaft durch Preisgabe landesherrlicher Ämter gab es die Verleihung von neuen Immunitäten oder die faktische – sei es gewaltsame, sei es stillschweigende – Aneignung von Immunitäten durch die Grundherren. So gingen z. B. die *iura ducalia* in Schlesien an die Grundherren über. Vor allem in der Minderjährigkeit von Herzögen wurden sie streckenweise einfach okkupiert. Nach der Volljährigkeit versuchten diese Herzöge dann – wie uns mehrfach bezeugt ist – sie zurückzufordern. Außerdem ist eine lange Reihe von Urkunden überliefert, die die Überlassung von *iura ducalia* als Rekompensation für erwiesene Dienste seit dem beginnenden 14. Jh. festhält.

*

Die Strukturen der Grundherrschaft waren im Spätmittelalter in Bewegung. Je nach der Art der Territorialherrschaft wurden die Kompetenzen der Grundherrschaft reduziert oder wuchsen wieder zu einer Fülle, die mit der alten Grundherrschaft vergleichbar ist. Vornehmlich dort, wo die erste der beiden Möglichkeiten verwirklicht wurde, können wir gleichzeitig eine starke Bewegung unter den Bauern in Richtung auf eine Dorf- oder Landgemeindebildung feststellen. Dörfer sind nicht nur durch autonome bäuerliche Bewegungen entstanden. Dörfer sind z. B. auch im Rahmen der Ostkolonisation durch Herren planmäßig ange-

legt worden und später als Ganzes unter eine Gutsherrschaft geraten.
Wir beschäftigen uns im folgenden mit Dörfern und Landgemeinden,
soweit sie im hohen und mehr noch im späten Mittelalter als Selbstver-
waltungsgemeinschaften in Erscheinung treten. Von Dörfern reden wir,
soweit eine gewisse räumliche Geschlossenheit der Siedlung, der Selbstverwaltungsgemeinschaft, vorliegt, von Landgemeinden, wenn die Mitglieder dieser Gemeinschaft in Einzelhöfen verstreut über ein weites
Land oder gar über mehrere Dörfer zu finden sind. In der Weite Europas tauchen dabei immer wieder dieselben Rechtsformen auf, in denen
die einen oder anderen Gemeinschaften lebten. Wir unterscheiden vornehmlich zwei Möglichkeiten: 1. Bauerngruppen, die nicht die Niedergerichtsbarkeit in ihre eigene Regie nehmen können, sondern sich als
Frongemeinschaft oder als Leibeigenengemeinschaft unter einem
Niedergerichtsherrn zusammenschließen und mehr Interessenvertre-
tung als Selbstverwaltungsgemeinschaft sind. Die Selbstverwaltung beschränkt sich stark auf die Verteilung von Lasten und andere wirtschaftliche Fragen. Die 2. Möglichkeit verbindet sich mit der Verwaltung der
Niedergerichtsbarkeit durch die Bauern selbst. Solche Bauern waren
keine Leibeigenen. Sie werden als freie Bauern bezeichnet, ihre Dörfer
heißen z. B. *borghi franchi*.
Frongemeinschaften bildeten sich oft bei einem akuten Anlaß während
einer konkreten Aktion. 1226 beschweren sich zwei Klöster an der
Mosel darüber, daß die Bauern in den Klosterwäldern Holz schlagen.
Die Bauern erklären, sie hätten von jeher in den Wäldern Holz geschlagen. Die Dörfler mißhandeln den Boten, der ihnen das für sie ungün-
stige Urteil des erzbischöflichen Gerichtes in dieser Streitsache bringt.
Sie schlagen die Türen von Häusern ein, in denen klösterliche Dienstleute wohnen, und treiben das Vieh des Klosters weg.[36] Das Gefühl der
Bauern, alte Rechte an den Klosterwäldern zu haben, war sicherlich rein
subjektiv. In vielen Fällen überließ die Herrschaft den Bauern in dieser
Zeit Wald und Weide, weil sie sich selbst aus der Eigennutzung zurück-
zog. Hier wollte die Herrschaft dieser Tendenz offenbar nicht entsprechen und die Bauern waren darüber enttäuscht. Das gemeinsame Handeln der Bauern im Konfliktfall bot die Möglichkeit einer dauerhaften
kollektiven Organisation.

---

[36] K. Lamprecht (u. S. 298) I, 1 S. 324 f.

In Frankreich wurden im 13. Jh. vergleichbaren Bauerngruppen von den Grundherren *franchises* verliehen oder Grundherren versprachen ansiedlungswilligen Bauern für die Niederlassung an einem bestimmten Orte eine *franchise*. Die Bauern erhalten zwar nicht die niedere Gerichtsbarkeit, aber einige Zusicherungen, die die Ausdehnung der Niedergerichtsbarkeit zur Leibeigenschaft im wesentlichen verhinderte. Sie brauchen keine Heiratsgenehmigungen einzuholen. Sie behalten die Freiheit abzuziehen. Für Zwangskredite wird der Zeitraum begrenzt. Alle Abgaben werden im vornherein fixiert. Für die *franchise* selbst wird eine bestimmte jährliche Abgabe von den einzelnen Haushaltungen gefordert, die nach Vermögen in 2 oder 3 Klassen gestuft sind. In fast allen *franchise*-Orten gibt es *boni viri* oder Geschworene, die solche Klasseneinteilungen vornehmen. Das Einsammeln erfolgt durch einen herrschaftlichen Diener. *Boni viri* werden entweder gewählt oder von der Herrschaft eingesetzt. Dabei gibt es Steigerungen in der Formalität der Einsetzung und in der Kompetenz der Eingesetzten. Für ein Dorf im Berry heißt es: Es müssen immer 12 sein „sur qui repose le conseil et le respect de la ville."[37]

Ähnliche franchises sind aus dem deutschen Sprachraum nicht überliefert. Vergleichbar sind damit immerhin Verträge, die leibeigene Gruppen der Klöster Weingarten, Schussenried und Weissenau 1432, 1439 und 1448 mit ihren Herrschaften abschlossen, in denen auf Erbschaftsabgaben entweder ganz oder zum Teil verzichtet wurde. 1480 schließt das Kloster Weissenau einen Vertrag mit *gants gemaind* Ummendorf (Oberschwaben), wobei der Truchseß von Waldburg als Schiedsrichter auftritt. Der Gemeinde wird es überlassen, durch gewählte Vier alle Fragen zu klären, die sich auf *Trieb und Trat* (Weidenutzung) beziehen. 1494 verlangten dieselben Bauern das Recht, eine Steuer für Gemeindeangelegenheiten einziehen zu dürfen, stoßen damit aber auf Ablehnung.[38] Die Gemeinschaften, die ursprünglich nur indirekt als kollektive Partner der Herrschaft für Privilegien und bei Verträgen konstituiert werden, bilden eigene Organe aus und gewinnen so viel eigenständige Autorität, daß ihre Herrschaft sich ihnen gegenüber vor einem Schiedsrichter binden muß.

*

---

[37] G. Devailly, Le Berry du Xe siècle au milieu du XIIIe. Étude politique, religieuse, sociale et économique (1973) bes. S. 542.
[38] D. W. Sabean (o. Anm. 29) S. 88–93.

Eine solche Autorität ist bei den Bauern noch viel selbstverständlicher, die sich um ein eigenes Gericht gruppieren. Nach dem Weistum des Klosters Echternach wurde schon 1095 der Richter über eine Hintersassengruppe aus der *familia* des Klosters „durch Wahl und Zustimmung derselben familia" gewählt (Mittelrhein. Urkundenbuch II S. 22). Zu der Einsetzung eines eigenen Dorfrichters fügte sich dann die Verfügung über das Recht, nach dem im Dorf gerichtet wurde, durch die Bauern selbst. In einer Urkunde des Erzbischofs von Trier von 1237 werden die Rechtsverhältnisse eines Dorfes geklärt, indem „alle Bauern des Ortes Zeugnis gaben und zustimmten". Das Dorf erbte vom Herrenhof einen höheren Frieden. Er wird z. B. deutlich bezeugt in dem Sachsenspiegel aus der ersten Hälfte des 13. Jh. Der Hausfriede des Herrenhofes hatte nach den älteren Vorstellungen die Hintersassen mitumfaßt, die sich wenigstens in den Zeiten der Not in das Gehege des Herrenhofes flüchten konnten. Der dem Hausfrieden nachgebildete höhere Dorffriede wurde durch ein D o r f g e r i c h t wahrgenommen, das auch Ettergericht oder Zaungericht genannt wurde. Damit wurde ausgedrückt, daß dieses Gericht über die Rechtsfälle entschied, die sich innerhalb des Dorfzaunes zugetragen hatten, der genauso wie der Zaun des Herrenhofes einen Bezirk höheren Friedens abgrenzte.

Als Friedensgericht hatte das Dorfgericht für den beschränkten Bezirk des Dorfes höhere Funktionen als das Niedergericht. Oft war dasselbe Gericht aber zugleich Niedergericht für die Bauern. Hilfsfunktionen hatte das Dorfgericht immer auch für das Hochgericht auszuüben. Die Hilfsfunktionen waren polizeilicher Art. Der Dorfrichter faßte den Bluttäter und lieferte ihn an den Hochrichter aus. Bei der Rechtsfindung standen dem Dorfrichter Dorfschöffen bei. Die meisten Dörfer gerieten früher oder später in den Besitz mehrerer Herren. Die Abgrenzungsprobleme der Herren untereinander waren die häufigste Ursache für die Emanzipation einer Dorfgemeinde. Der Niedergerichtsherr des Dorfes hatte eine geschwächte Stellung gegenüber den Bauern anderer Grundherren im Dorf. Die Quellen des Klosters Reichenau zeigen, daß vor allem jene Dörfer des Klosters eine Selbstverwaltung bekamen, in denen neben der Reichenau andere Grundherren bedeutenden Besitz hatten. In Dörfern, in denen sich mehrere Herren um die Niedergerichtsbarkeit stritten, konnten die Bauern sogar das Recht erlangen, sich unter ihren Herren den Niedergerichtsherrn auswählen zu dürfen. Neben Dorfrichtern und Dorfschöffen bildeten die Gemeinden noch andere Organe aus. Die Organe entstanden entsprechend den polizeilichen, steuerlichen und gemeinwirtschaftlichen Funktionen der Gemeinde. Es gab Dorfhirten, Flurwächter u. a.

In den Weistümern wurde im Zusammenwirken von Herrschaft und Bauern das Dorfrecht festgehalten. Sie spiegeln die unterschiedliche Verteilung von Herrenrechten und Gemeinderechten von Dorf zu Dorf wider.[39] In England gab es im 13. Jh. *village assemblies*, von denen aus dem 14. Jh. sogar *records* mit eigenen Siegeln erhalten sind. Dort verloren im 14. Jh. viele Grundherren das Interesse an der Landwirtschaft und gaben auch ihren Eigenbetrieb auf. Sie verpachteten die dazu gehörigen Ländereien an ihre Hintersassen kollektiv gegen eine feste Pachtsumme. Das Kollektiv verlieh dann Mühlen usw. weiter. Ein derartiger Wirtschaftsbetrieb mußte durch eine mehr und mehr entwickelte Organisation bewältigt werden. Aus dem 13. Jh. sind schon *ordinances of autumn, village rules of order for harvest time* erhalten. Sie wurden von den dorfweise zusammenwohnenden Hintersassen auch mehrerer Herren aufgestellt – manchmal unter Mitwirkung dieser Herren, deren Domänenwirtschaft dann von den Regeln mit betroffen wurde.[40]

Ein zusätzliches Integrationsmoment für ein Dorf konnte die Dorfkirche werden. Einige Dorfkirchen gingen aus Eigenkirchen der Grundherren hervor. Die Herren behielten manchmal ihre Patronatsrechte, im übrigen wurde die Dorfkirche stark in das Dorfleben hineingezogen. Die Versorgung des Pfarrers wurde vielfach von den Dorfgenossen getragen. Der Kirchplatz wurde der Mittelpunkt des Dorfes für Fest und Markt. Es gab nicht nur Dorfkirchen, die aus alten Eigenkirchen hervorgingen, sondern es wurden auch neue Dorfkirchen gegründet, besonders für neuentstehende Dörfer, wenn das Dorf an einer Stelle entstand, wo es vorher keine Kirche gegeben hatte. Die neuen Dörfer hatten ein starkes Bedürfnis nach einer eigenen Kirche. Wichtiger noch als die Kirche selbst war den Dorfbewohnern der eigene Friedhof, der aber nicht denkbar war ohne eigene Kirche.

---

[39] Diskussionsäußerungen dazu bei P. Blickle (Hg.), Deutsche ländliche Rechtsquellen. Probleme und Wege der Weistumsforschung (1977).
[40] W. O. Ault, Village assemblies in medieval England, in: Album H. M. Cam. Études presentées à la commission internationale pour l'histoire des assemblées d'états 23 (1960) bes. S. 13–28.

Eine typische Erscheinung fortgeschrittener Gemeindebildung sind die Stände im Dorf, die sich als Vollbauern und Kleinbauern – in Niedersachsen Meier und Kötter – gegenüberstehen. Nur die Vollbauern sind an der Mitbestimmung beteiligt, können Gemeinde-Land und -Einrichtungen voll ausnutzen. Die Abschließung des Vollbauernstandes wird dort vom Erbrecht unterstützt, wo es nicht die Realteilung gibt, sondern die Vererbung des ungeteilten Hofes (s. o. S. 167 ff.). Der Vollbauernhof ging dann jeweils an den ältesten Sohn. Die anderen Söhne mußten, wenn vorhanden, neueingerichtete Kleinbauernstellen übernehmen. Diese standen oft in Verbindung mit einer Eigenwirtschaft eines Grundherrn. Sicherlich war eine solche Verbindung häufiger in der ostdeutschen Gutsherrschaft als im übrigen Deutschland anzutreffen. Trotzdem besitzen die Kleinbauern und Kötter Nordwest- und Süddeutschlands eine gewisse Ähnlichkeit mit den Gärtnern Ostdeutschlands. Auf den Kleinbauernstellen lagen oft Verpflichtungen zu Diensten in der herrschaftlichen Eigenwirtschaft.

Die Bauern, die sich nicht geschlossen in einem Dorf, sondern über eine weite Region hin als Gerichtsgemeinde zusammentaten, nennt man in Deutschland F r e i b a u e r n. Sie wohnten manchmal sogar verstreut unter Bauern, die nicht an ihrer Gemeindebildung teilhatten. Als Beispiel erwähnen wir die freien Bauern des Freigerichts Thurlinden in der Nordschweiz.[41] Dieses Gericht war ein Niedergericht. Es ist uns durch eine Offnung, ein Rechtsweistum, von 1458 bekannt. Die Offnung wurde am Jahrgericht in öffentlicher Versammlung durch 5 „erbre manne by iren ayden unde trüwen" aufgrund alten Herkommens gewiesen. Nach der Aufzeichnung wurde das mündlich geöffnete Recht verlesen und von den Gerichtsgenossen als altes Herkommen *mit der meren hand* (mehrheitlich) bestätigt. Das Freienrecht haftete an bestimmten Höfen, aber zugleich an Personen, denn wer mitwirken wollte, mußte eine Ahnenprobe „das er ain fryg were van sinen fier annen" erbringen. Allerdings schrumpft diese Personengruppe gerade im 15. Jh., so daß viele nicht ständisch zugehörige die Höfe besetzen. Diese Eigenleute anderer Herren gehören als Personen zu deren Gericht; für sie ist das Freigericht nur ein Immobiliargericht. Der Gerichtsherr – lange Zeit

---

[41] W. Müller, Das Freigericht Thurlinden, Thurgau, in: Beiträge zur vaterländischen Geschichte 103 (1966) S. 7–96.

Habsburg, seit 1314 kleinere Herren – setzte den Weibel, einen Gerichts-
vorsitzenden, ein. Die Frage der Herkunft solcher zerstreuten Freien-
gruppen wird in der Forschung verschieden beantwortet. Nicht ausgeschlossen ist eine gewisse Kontinuität mit der karolingischen Gerichtsordnung. Man hält es für möglich, daß Bauerngerichte zwischen den
Grundherrschaften in einer lockeren Abhängigkeit von Dynasten, die
karolingische Amtsgrafschaften in ihre Herrschaftsbildung einbezogen,
die Zeiten überdauert haben. Solche Reste alter Gerichtsverfassung mit
einer ausnahmsweise großen Geschlossenheit findet man z. B. an der
friesischen Nordseeküste. Möglich ist aber auch eine Freisetzung von
Bauern im Hochmittelalter, vergleichbar der Verleihung der *franchise* in
Frankreich in einem geschlossenen Bezirk, der aber dann bald zersetzt
wurde und von dem im Spätmittelalter nur noch Reste sichtbar sind.

*

Eine letzte Steigerung der bäuerlichen Gemeindebildung ist der Zusammenschluß mehrerer Dörfer. In einigen Fällen waren landesherrliche
Gerichte der Kristallisationspunkt für einen solchen Zusammenschluß.
In den Quellen des Rheinlandes wurde beobachtet, daß die gewählten
Vertreter mehrerer Dörfer, u. a. die sogenannten Heimburgen beim
Hochgericht des Landesherrn zusammenkamen und dort als Rechts-
weiser fungierten. Damit vergleichbar sind die Gogerichte Niedersach-
sens, in die mehrere Burschaften ihre Vorsteher, die Burmester, hin-
schicken. Dorfzusammenschlüsse aufgrund autonomer Bewegungen
gewannen oft eine große politische Bedeutung, so etwa in der S c h w e i -
z e r E i d g e n o s s e n s c h a f t und in den Anfängen des deutschen Bau-
ernkrieges von 1525.
Die Bauerngemeinschaften der 3 Täler Schwyz, Uri und Unterwalden
befanden sich im 13. Jahrhundert unter einer lockeren Herrschaft unter
Habsburg. Sie schlossen einen vorübergehenden Bund 1240–1243 und
1291 ein ewiges Bündnis. Die Habsburger Rechte wurden dann im
Laufe der Jahrzehnte teils friedlich, teils mit Gewalt abgestreift. 1332
schloß sich Luzern, 1351–1353 außer den Bauerngemeinschaften Gla-
rus und Zug auch die Städte Zürich und Bern an. Die 8 Orte erweitern
sich durch Aufnahme von Freiburg im Üchtland und Solothurn 1481,
Basel und Schaffhausen 1501, Appenzell 1513 zur 13-örtigen Eidgenos-

senschaft. Schwyz gab dem ewigen Bund Namen und Wappen. Neben vollberechtigten Bundesmitgliedern gab es zugewandte Orte mit beschränkten Rechten, aber vollen Pflichten, ferner Untertanenländer der gesamten Eidgenossenschaft, einzelner oder mehrerer Mitglieder. Zugewandte Orte waren die Talgemeinden von Wallis und Graubünden, sowie der Fürstabt von St. Gallen und der Reichsgraf Toggenburg. Untertanenländer, z. B. der Thurgau und das Rheintal, werden im Turnus durch eidgenössische Vögte regiert. Eine Zentralgewalt fehlte. Das einzige Bundesorgan war die Tagsatzung, die Versammlung der Vertreter der einzelnen Bundesmitglieder aller Stufen, die alle Beschlüsse einstimmig fassen mußten. Die laufenden Geschäfte lagen in der Hand des Vororts, meist Zürich. Ein wichtiges Verfassungsgesetz war der sogenannte Pfaffenbrief von 1370. Darin wird u. a. festgelegt, daß weder der Dienst für Österreich noch der geistliche Stand davon entbinden, sich dem Gericht der Bundesglieder zu unterwerfen. Im sogenannten Sempacher Brief von 1393 wird verfügt, daß die Einzelstaaten auf eigene Faust keine Kriege führen dürfen. Das komplizierte Verfassungsgebäude der Eidgenossenschaft beruht auf dem Prinzip der bündnerischen und vertraglichen Einung. Das Beispiel der Schweiz zeigt, daß Dorfzusammenschlüsse unter günstigen Umständen und unter Hinzunahme andersartiger Bundesgenossen zum Range eines unabhängigen Staates gleichrangig mit den übrigen National- und Territorialstaaten Europas aufsteigen konnten.

In England gab es 1381 einen Bauernaufstand, der aber nicht mit einer festeren Organisation der Bauern zusammenhing, sondern nur zu kurzfristigen Vereinigungen unter revolutionären Führern führte (Abb. 9). Anders war es im beginnenden 15. Jh. in der Ostschweiz. Dort wurde der „Bund ob dem See" gegründet, der, wie bei der größeren Eidgenossenschaft, Bauerngruppen und Städte umfaßte. Er wandte sich hauptsächlich gegen den Fürstabt von St. Gallen und löste sich nach einer militärischen Niederlage gegen diesen auf. Bauernunruhen durchziehen nach Vorläufern im 14. Jh., z. B. im Gebiet von St. Blasien, das ganze 15. Jh. Eine Art Fahne, ein integrierendes Bundessymbol, war seit der Mitte des 15. Jh. an mehreren Stellen ein Bundschuh.

1478 trafen sich die Bauern aus mehreren Tälern in Kärnten auf einem Bundstag in Villach und gaben sich eine Ordnung. Sie wählten einen obersten Bundesrat, in dem jeder Gerichtsbezirk durch 2 Bauern vertre-

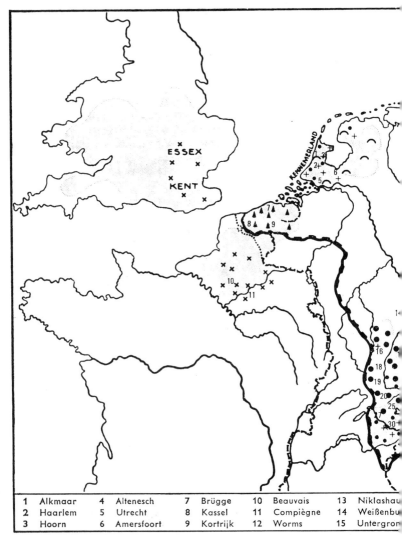

1	Alkmaar	4	Altenesch	7	Brügge	10	Beauvais	13	Niklashau
2	Haarlem	5	Utrecht	8	Kassel	11	Compiègne	14	Weißenbu
3	Hoorn	6	Amersfoort	9	Kortrijk	12	Worms	15	Untergron

Abb. 9 Bauernaufstände vor 1524 (B. Huppertz, Räume und Schichten bäuerlicher Kulturformen in Deutschland, Bonn, 1939)

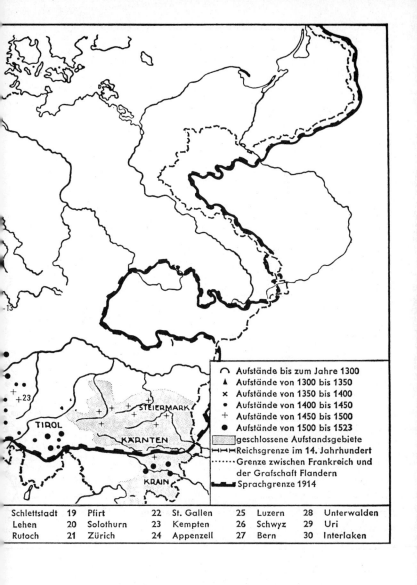

Schlettstadt	19	Pfirt	22	St. Gallen	25	Luzern	28	Unterwalden
Lehen	20	Solothurn	23	Kempten	26	Schwyz	29	Uri
Rutoch	21	Zürich	24	Appenzell	27	Bern	30	Interlaken

ten war. An der Spitze standen Bundesherren, zu denen außer Bauern auch Handwerker und ein Bergknappe gehörten. Für die Ordnung wurden die Bundesartikel der Bauern im steirischen Ennstal herangezogen. Ein Heer dieses Bauernbundes wurde wenig später von einfallenden Türken vernichtet.

*

Wenn wir nun zu den mehr von der Wirtschaft geprägten ländlichen Genossenschaften übergehen, müssen wir als erstes die Weinbergsgemeinschaften nennen, die gleicherweise an der Mosel und in Niederösterreich, um nur zwei Länder zu nennen, bezeugt sind. Die Wingertner der Mosel besaßen ihre Rebgärten nach einem besonderen Leiherecht und alle Besitz- und anderen Berufsfragen wurden auf einem Bauding entschieden. Aus der Mitte der Weinbauern wurden von der Herrschaft Organe ausgewählt, *vindemiatores* und Baumeister, die ebenso für die gerichtlichen wie für die steuerlichen Fragen zuständig waren und bei der Organisation des Anbaus zu leiten hatten. In Niederösterreich war das Bergtaiding Niedergericht für alle Beteiligten an einem Weinberg. Weistümer solcher Niedergerichte sind erhalten. Ähnliche Fischerei-, Au- und Weidegemeinschaften sind nachweisbar.

Wenn die Benutzung einer Allmende, eines Wald- und Weidegebietes in Gemeinbesitz nicht durch eine Dorfgemeinschaft geregelt werden konnte, weil etwa die Allmende den Bauern mehrerer Dörfer gehörte, bildete sich eine Markgenossenschaft, die vornehmlich in Südwestdeutschland bezeugt ist. Im Mittelpunkt des genossenschaftlichen Lebens stand die Versammlung der Markgenossen, die zugleich auch genossenschaftliches Gericht war, das Märkerding (Holzgericht, Holting, Heimding). Hier wurde die Nutzung der Mark geregelt und die Strafen bei Markfrevel festgesetzt. Die Aufsicht hatte ein Obermärker (oder Markmeister, Waldgraf, Holzgraf). Wenn die Allmende einem Grundherrn gehörte, setzte dieser den Obermärker ein, vielleicht holte er die Zustimmung der Markgenossen ein. Wenn die Allmende mehreren Herren gehörte, hatten die Markgenossen oft das freie Wahlrecht.

Eine Fülle verschiedenartiger Genossenschaften verknüpft sich mit der spätmittelalterlichen Montanproduktion. Als erstes sind die Waldschmiedegenossenschaften zu nennen, die in den großen, nur locker von fürstlichen Herrschaften erfaßten Wäldern arbeiteten. In der Landesbeschreibung der Grafen der Champagne von 1276 bis 1278 wird die Jahresversammlung genannt, die die Hüttenleute des Waldes von Othe unter dem Vorsitz des gräflichen *prévôt* von Sens abhalten müssen. Als eigene Organe hatten die Schmiede ihre *songneurs*, die dem Grafen jährlich zusammen mit allen Schmieden aus dem Wald Gehorsam und *satisfactio* schwören mußten. Eine ähnliche Vereinigung gab es in einem größeren königlichen Waldgebiet in der Normandie. Auch hier hatten die Schmiede einen *maître de ferons*, der vor dem königlichen Beamten einen Eid schwören mußte. Diesen Waldschmiedebünden sind die Hammereinungen der Oberpfalz und von Laufenburg am Hochrhein anzureihen. Aus der Oberpfalz ist von 1387 eine Einungsurkunde erhalten. Die Einung umfaßte damals 64 Hammermeister, die zusammen 77 Hammerwerke besitzen. Eine Einungsurkunde von Laufenburg ist von 1494 erhalten. Dieser Einung gehören 33 Hammerwerke an. Die Hammermeister wählen einen Obmann, „der ihnen des Gewerbs halb zu gebieten, soll Gewalt haben". Im übrigen werden der gemeinsame Erzbezug, das Verhalten gegenüber den Knechten, die Produktions- und Absatzmenge normiert. Zur Überwachung der Normen werden noch 3 „Geordnete" eingesetzt. Die Garantie der Durchsetzung der Ordnung wird durch die habsburgische Territorialgewalt gegeben.

*

Ländliche Gemeindebildungen und Genossenschaften bestimmten neben dem Prinzip des Bergregals die O r g a n i s a t i o n   d e s   B e r g b a u s. Das Bergregal begründete das Obereigentum des Inhabers einer staatlichen Herrschaft an den unter der Erde gefundenen Erzen. Der Bergbau nahm überall in Europa im 12. Jh. einen großen Aufschwung. An einigen Punkten, wie beim Rammelsberg in Goslar. hatte er schon eine längere Vergangenheit. In der Gegend von Goslar gab es eine Berggemeinde, die *montani* und eine Genossenschaft von Hüttenbesitzern, die *silvani*. In der Zeit, in der die Quellen reichlicher fließen, sind beide zusammengefaßt als Gilden oder Zünfte Bestandteile der Stadtverfassung von Goslar. Durch diese Quellen, die zur Äußerung vieler kontroverser Meinungen geführt haben, schimmern jedoch die älteren Verhältnisse hindurch. Es gab im Bergdorf offenbar seit früher Zeit eine Art

Gemeindevorstand, die *magistri montanorum* oder *sex viri montis*. Große Bedeutung bei der rechtlichen Gestaltung der Wirtschaft und des Zusammenlebens hatte aber auch die Versammlung der *universitas* der Gemeinde, zu der alle Arbeiter gehörten. Schon 1157 hatte der Kaiser den vierten Teil des Rammelsberges dem Kloster Walkenried übereignet. Im 13. Jh. ging dann irgendwann das Obereigentumsrecht des Reiches an dem übrigen Berggebiet, gekleidet in die Formel von der Reichsvogtei, an die Stadt Goslar über.

1310 wird ein Vertrag zwischen dem Rat von Goslar und dem Kloster Walkenried abgeschlossen. Bei allen Investitionen, die am Rammelsberg vorgenommen werden, sollen die von Walkenried $^1/_4$, jene von Goslar $^3/_4$ der Aufwendungen tragen. Die Erträgnisse sollen sich entsprechend verteilen. Trotz der Beteiligung der Obereigentümer an den Investitionen gab es offenbar zur gleichen Zeit auch das Eigentum an einzelnen Gruben und Grubenteilen. Die Erträgnisse in dem Vertrage von 1310 dürften sich also auf Abgaben bezogen haben, die die Grubeneigentümer zu zahlen hatten. Die Eigentümer von Gruben und Grubenanteilen heißen im Spätmittelalter im deutschen Sprachraum Gewerke. Die Eigentumsanteile werden von der Mitte des 15. Jh. ab Kuxe genannt. Die Eigentümer der Gruben waren sowohl Angehörige der Berggemeinde als auch ferner stehende Kapitalgeber, wie wiederum das Kloster Walkenried. In der zweiten Hälfte des 13. Jh. setzt eine umfangreiche Überlieferung von Bergrecht ein, das sowohl auf der Basis von Einungen und Verträgen beruht, wie auf obrigkeitlicher Rechtsetzung, wie die Bergordnung, die Herzog Albrecht von Braunschweig 1271 für den Harz erließ. Damals nahm dieser Fürst vorübergehend die Regalrechte auch am Rammelsberg wahr.

Allerdings blieb die Bergrechtsentwicklung in der Gegend von Goslar ausgesprochen konservativ im Vergleich mit der Bergrechtsentwicklung anderer Gegenden Europas. Denn sie nahm den Gedanken der Bergbaufreiheit nicht auf, der sich andernorts komplementär zu dem Regalrecht entwickelte. Beim Silberbergbau nahe Freiberg in Sachsen, der in der 2. Hälfte des 12. Jh. begann, galt wohl von Anfang an die Bergbaufreiheit. Sie ist indirekt bezeugt durch die Kulmer Handfeste, das Recht, das der Deutsche Orden 1233 für seine Untertanen erließ. In der Kulmer Handfeste heißt es nämlich, derjenige, der Silber findet oder in dessen Acker es gefunden wird, soll es nach Freiberger Recht besitzen.

Mit letzterem sind die Bauern gemeint, die in dem Falle, wo sie Silber auf ihrem Boden finden, gegenüber der Herrschaft lediglich zu einer fixierten Abgabe verpflichtet sind, im übrigen den Fund selber ausbeuten dürfen. Die Bergbaufreiheit ist insofern komplementär zum Regalrecht, als dadurch unternehmerische Kräfte geweckt wurden, die die Abschirmung der Bergschätze durch die Grundherren durchbrechen und dadurch auch dem Regalherrn zu seinen Anteilen verhelfen konnten. Der Förderung unternehmerischer Kräfte dienten auch andere Besonderheiten des Bergrechtes, die im Rahmen der Bergbaugewohnheiten von einem Bergbaugebiet zum anderen übertragen wurden. Bedeutsam war die Verringerung der staatlichen Verpflichtungen der Bergleute und die Garantie ihrer absoluten Freizügigkeit. Analog zu Burgfrieden, Marktfrieden und anderen Sonderfrieden wurde ein Bergfrieden geschaffen, der Angriffe auf Bergleute, ihre Angehörigen und ihren Besitz unter besonders hohe Strafen stellte. Diese Bestimmung findet sich auch in der Bergordnung von Goslar von 1271.

Die Teilnahme von bloßen Kapitalgebern am Grubeneigentum, wie wir sie schon bei Goslar im beginnenden 14. Jh. sahen, führte zu der Unterteilung der Gewerken in Ober- und Untergewerken. Die Untergewerken wurden auch Lehnhäuer genannt. Sie waren gewissermaßen Pächter gegenüber den eigentlichen Produktionsberechtigten. Darunter gab es noch die Schicht der Lohnarbeiter. Vor allem Stollenbau und Entwässerungsanlagen erforderten einen technischen Aufwand, den man vorfinanzieren mußte. In dem Bergrecht aus dem böhmischen Kuttenberg von etwa 1300 heißt es z. B., die Hauptgewerke geben den Untergewerken Seile und Leder, um das Wasser zu heben.

Größere Betriebsvorkehrungen, wie Stollen und Entwässerungsanlagen, machten es notwendig, daß sich die Eigentümer v on Grubenanteilen zu Gesellschaften nach dem Vorbild der Handelsgesellschaften (s. o. S. 178–182) zusammenschlossen. Frühzeitig kamen die entsprechenden Institutionen in das Bergrecht, so etwa in die Tridentiner Bergwerksgebräuche von 1208, hinein. Solche gesellschaftlichen Zusammenschlüsse oder Gewerkschaften konnten entweder eine Grube oder ein ganzes Bergwerk umfassen. Die Bergordnung des Siegener Eisenbergbaus aus dem 15. Jh. spiegelt wider, daß es beides nebeneinander gab, den alleinarbeitenden Gewerken und den Zusammenschluß. Es heißt dort z. B., wenn zwei zwei Kauten in einer Zeche haben, die eine über der anderen,

dann darf der obere dem unteren keinen Schaden tun mit dem Rinnen-
lassen und Gießen von Wasser. An einer anderen Stelle aber heißt es,
wenn es Gesellschafter an einem Bergbau gibt, dann darf der eine den
anderen nicht vertreiben, es sei denn, er verlange von ihm eine Hilfe bei
einem Erweiterungsbau und dieser wol!e die Hilfe nicht leisten. Wenn
dieser letztere sich aber später anders besinnt, dürfe er noch seinen
Kapitalanteil hinzulegen und komme wieder zu seinem Recht.[42]
Nur bei der Gesellschaftsbildung wurden die Grubenanteile Idealteile,
sonst blieben die Kuxe, auch wenn man mit ihnen an großen Messen,
wie der Frankfurter Messe, Handel trieb, reale Grubenanteile. Wie es
sich schon in der zitierten Bestimmung des Siegener Bergrechtes aus-
drückt, kannten die Gesellschaften kein Stammkapital; sondern jedes
Mitglied konnte entsprechend den technischen Notwendigkeiten unbegrenzt zur Zubuße herangezogen werden. Gesellschaften des Bergbaus
umfaßten oft auch die Verhüttung und Hüttenbetriebe. Solche umfassenden Gesellschaften bildeten sich vor allem immer dann, wenn ein
Regalherr Konzessionen zur Ausbeutung von Minenkomplexen an ka-
pitalkräftige Unternehmergruppen vergab. Solche Konzessionen konnten auch in die Form der Abtretung des Zehnten gekleidet werden, auf
den der Regalherr einen Anspruch hatte. In dieser Form übernahm der
französische Großkaufmann Jacques Coeur mit Gesellschaftern zusammen um 1450 die Ausbeutung der Silber- und Bleiminen von Pompilieu
im Lyonnais.[43] Wo Einzelgewerke arbeiteten oder die Gesellschaftsbildung auf Gruben und Stollen beschränkt blieb, wurde die Regelung
gemeinsamer Fragen entweder durch einen landesherrlichen Bergmei-
ster oder durch kommunale Organe einer Stadt oder einer Zunft hergestellt.
Die Bergrechte, die in der Regel die Form eines Weistums haben, das
von einer Obrigkeit zu geltendem Recht gemacht wurde, sind am frühesten aus Italien (Massa Marittima um 1200) und aus dem italienisch-
deutschen Grenzgebiet (Trient 1185) überliefert. Danach ist das Bergrecht von Iglau für die deutschen Bergleute in Böhmen von 1249 zu
erwähnen. Eine reiche schwedische Bergrechtsüberlieferung ist aus dem
14. Jh. erhalten.

---

[42] H. Schubert, Geschichte d. Nassauischen Eisenindustrie (1937) S. 216–219.
[43] M. Mollat, Les affaires de Jacques Coeur. Journal du Procureur Dauvet (1952)
bes. S. 285 f. und 294 f.

3. Stadt und Zunft

Die städtische Ordnung des Hochmittelalters hatte zwei Typen ge-
kannt: die Städte nördlich und südlich der Alpen. Von dieser Ausgangs-
lage her ist nun eine weitere Differenzierung zu beobachten. Idealty-
pisch lassen sich in Italien die beiden Verfassungsformen der Signorie
(a) und der Kommune (b) gegenüberstellen. Von Stadt zu Stadt gibt es
zahlreiche Übergangsformen. Außerdem ist ein gewisses Hin- und Her-
schwanken einzelner Städte zwischen den Verfassungsformen zu beobachten. Nördlich der Alpen ist die politisch unabhängige Stadt von der
territorialintegrierten (c) zu unterscheiden. Diese Unterscheidung deutet bereits an, daß sich der moderne Staat und die Stadt seit dem Hochmittelalter in einer Konkurrenzsituation befanden. Sowohl im Bereich
der Rechts- und Friedensordnung als auch – in geringerem Maße – in
der Wirtschaftsordnung beanspruchten der eine und die andere ähnliche Kompetenzen für sich. Die Entscheidung fiel auf die Dauer überall
zugunsten des Staates. Allerdings gab es regional große Phasenverschie-
bungen. Die Unterschiede im Hinblick auf die Unabhängigkeit der
Städte dauerten bis tief in die Neuzeit fort. Bei den unabhängigen
Städten unterscheidet man zwischen Reichsstädten, die aus ehemaligem
Reichsgut hervorgegangen sind, und Freien Städten, die sich von ihrem
territorialherrlichen, insbesondere bischöflichen Stadtherrn freige-
macht haben und auf den späteren Reichstagen als formal abgegrenzte
Gruppe neben den Reichsstädten auftreten. Hier werden die beiden
Gruppen zusammenhängend behandelt. Bei ihren inneren Verhältnissen sind drei Spielarten zu unterscheiden. Die eine Gruppe von Städten
wurde von reichen Leuten regiert und kennt zugleich eine gewisse
vertikale Mobilität. Der die Stadt regierende Rat ergänzt sich selbst (d)
oder wird wenigstens zum Teil von den Handwerkerzünften gestellt (e).
In einer anderen Gruppe von Städten regieren patrizische Dynastien
mit starken Beziehungen zum Lande und in ständischer Abgrenzung
nach unten die Stadt (f).

a) Bei der Signorie ist zu fragen, ob sie überhaupt unter den oben
(S. 104 f.) gegebenen Stadtbegriff untergeordnet werden kann. Verteilen
hier noch die Glieder einer Gemeinschaft die Organisationsrollen auf
der Basis der Gleichrangigkeit? Wir werden zu zeigen versuchen, daß
die unter Signoren lebenden italienischen Städte des Spätmittelalters

sich zwar am äußersten Rande, aber noch innerhalb des Rahmens, der durch unsere verfassungsrechtliche Stadtdefinition gegeben ist, befinden.

Die Ausbreitung herrschaftlicher Tendenzen in der spätmittelalterlichen Stadt Italiens wurde durch die enge Verbindung von Stadt und Land erleichtert. In dieser Verbindung war die Stadt immer Mittelpunkt und Führerin. Die Leute, die in der Stadt wohnten, beherrschten jene, die auf dem Lande blieben. Selbst wenn herrschende Kreise viel auf dem Lande wohnten, sie regierten doch von der Stadt aus. Die Bindungen zwischen Stadt und Land, die im Hochmittelalter immer fester wurden, hatten zum Teil einen lehenrechtlichen Charakter. 1118 leisteten die Ritter von Soncino dem „Volk von Cremona" einen Treueid, „wie ein Vasall gegenüber seinem Herren". Der Graf von Aldobrandino wurde nach einigen Auseinandersetzungen mit der Stadt Pisa von letzterer derart integriert, daß man ihn zum „Bannerträger" von Pisa ernannte. Ein Konsul und zwei Bürger von Pisa ritten zusammen mit Aldobrandino durch dessen Ländereien und empfingen die Huldigungen zu Ehren der Stadt Pisa.

Wenn auch die Diözesangrenzen eine gewisse Richtlinie bildeten, so verschoben sich doch die Territorialgrenzen entsprechend dem Druck, den die verschiedenen Städte untereinander ausübten, ständig. Die Ausgestaltung der so oder so erworbenen Territorialherrschaft wurde durch kaiserliche Privilegien unterstützt. 1158 und 1186 wurde Siena zugestanden, daß innerhalb einer 12 Meilenzone niemand ein Kastell anlegen dürfe. 1186 wurde außerdem der Stadtregierung die volle Gerichtsbarkeit über die Einwohner des *contado*, die zu dem Land des Bischofs oder zu dem eines Sieneser Bürgers gehörten, verliehen. Es kamen auch Verträge zwischen einer Stadt und einer kleineren Markt- oder Dorfsiedlung des Umlandes zustande. 1198 schlossen Arezzo und Castiglione Aretino eine Vereinbarung. Letztere Ortschaft verpflichtete sich, Truppen im Kriegsfall zur Verfügung zu stellen und jedes Jahr im Mai zwei *solidi* pro Haushalt zu zahlen. Durch solche Bindungen wurden herrschaftliche Strukturen in die Stadtverfassung hineingenommen. Gerade das Beispiel des Aldobrandino zeigt, daß herrschaftlich abhängige Gestalten des Landes Funktionen in und für die Stadt übernehmen und dadurch ihr Verhältnis zur Stadt gewissermaßen umkehren konnten.

Der wichtigste Ansatzpunkt für die Umwandlung einer Kommune in eine Signorie war sicherlich das Amt des *potesta*. Eine Übergangsform war schon erreicht, wenn ein *potesta* für eine längere Zeit sein Amt innehatte, oder wenn es gar in einer Familie vererbt wurde. In Ferrara wechselten schon im beginnenden 13. Jh. zwei Familien in diesem Amte ab. 1213 schlossen die beiden Familien ein Abkommen, aufgrund dessen sie die Besetzung des Amtes in Zukunft immer gemeinsam entscheiden wollten. Tatsächlich verliefen die Dinge zwischen den beiden Familien nicht so friedlich wie vorgesehen. 1220–1240 hatte die eine das Amt inne. 1240 wurde sie von der anderen, den Este, mit Gewalt aus dem Amt vertrieben. Die Este hatten von draußen nach Ferrara hineingeheiratet und ihr Zentrum von der Namen gebenden Burg Este nach Ferrara verlegt. 1264 schuf ein Este für sich das Amt eines *generalis et perpetuus dominus* von Ferrara. 1289 hat er eine ähnliche Stellung in Modena, 1290 in Reggio. Dadurch gewinnen die Este eine Art Territorialherrschaft, innerhalb derer die alten Institutionen von Städten wie Ferrara weiterexistieren. Die Städte haben eine gewisse Ähnlichkeit mit den territorialstaatlich integrierten Städten nördlich der Alpen. In Verona begann Alberto della Scala sein Regime als *capitaneus generalis populi* und erweiterte dieses Amt zu einem *totius civitatis Verone capitaneus*. 1277 erhielt er das formale Recht, die Stadt „nach seinem eigenen freien Willen" zu regieren. Andere Ämter, wie das des *potesta*, blieben bestehen, wurden aber von Scala mit Anhängern besetzt. Auch die Scaliger können später ihr Territorium über mehrere Städte ausdehnen, darin den Este vergleichbar und diese noch übertreffend. 1387 wurde dieses Territorium mit dem größeren des Signoren von Mailand vereinigt.

Ein anderer Ansatzpunkt für die Signorie-Bildung war das Reichsvikariat, das Stauferkaiser kreierten. Oberto Pallavicini wurde dadurch zum Herrn von Cremona (1250). Zusätzlich konnte er u. a. 1254 das Amt eines *potesta* von Pavia und Vercelli erwerben. Auch dieses Territorium wurde im 14. Jh. in den Staat von Mailand einverleibt. Wie die Machtergreifung praktisch vor sich ging, sei noch an dem Beispiel Orvieto von 1334 geschildert. Der Prätendent, ein Monaldeschi, schuf sich eine Anhängerschaft in der Ratsversammlung des *popolo*. Diese Anhängerschaft setzte eine Verfassungsreform auf dem legalen Abstimmungsweg durch. Aufgrund dessen wurde ein 12-Männer-Gremium, die *balia*, eingesetzt und mit ausgedehnten Machtbefugnissen ausgestattet. Der erste Beschluß, den die *balia* 3 Tage nach ihrer Einsetzung faßte, war die Übertragung ihrer Machtbefugnisse auf Monaldeschi. Monaldeschi wurde mit den Phantasietiteln *vexillifer populi* und *vexillifer iustitiae* auf Lebenszeit ausgestattet.

*

b) Die Erinnerung an die K o m m u n e ging nicht verloren und die Frage, welche der beiden Verfassungsvorstellungen die bessere sei, steht im Mittelpunkt des Lebens und Schreibens von Machiavelli (1469–1527). In der Geburtszeit des Machiavelli gehörte Florenz zu der Signorie der Medici. Der 1492 verstorbene Laurentius de Medici hatte eine bestimmte Staatsauffassung vertreten und damit Eindruck auf den jungen Machiavelli gemacht. Er wollte die Gleichheit aller Untertanen unter dem Fürst und Staat und die Bindung auch des Fürsten an das selbstgesetzte Recht. In seiner Steuer- und Preispolitik wurden mittlere Schichten vor den Patriziern begünstigt. Nicht zuletzt hielt sich aber in der Aristokratie von Florenz der Wunsch nach einer – wie sie es nannten – republikanischen Verfassung. Dieser Aristokratie gehörte auch Machiavelli nach Herkunft an. Deswegen wurde er auch trotz aller Beeindruckung durch die Medici kein voller Fürstendiener, wie zahllose humanistische Literaten, die es damals an den italienischen Fürstenhöfen gab. Zwei Jahre nach dem Tode des Laurentius wurden die Medici für einige Zeit vertrieben. Die Republik wurde restauriert. Kurz danach trat ein Dominikanermönch, Savonarola, eine Diktatur an, die aber 1498 mit seiner Verbrennung auf dem zentralen Platz von Florenz endete. Auch diese Erlebnisse haben in Machiavellis Schriften ihre Spuren hinterlassen. Nach 1498 wurde wieder die Republik eingerichtet und Machiavelli erhielt den Posten eines Kanzleisekretärs. 1512 kehrten die Medici zurück. Machiavelli gab sein Amt auf und zog sich auf ein Landgut der Umgebung zurück, um über den Staat zu philosophieren. Machiavelli schrieb Il principe und stellte darin einen idealisierten Medici dar. Dadurch wurde er bei den Medici beliebt und als Ratgeber herangezogen.

Von diesem Lebensweg her ergeben sich die Prinzipien der Staatslehre Machiavellis: der Inhaber der staatlichen Gewalt muß die staatlichen Gesetze achten. Dadurch wird zugleich die Freiheit der Bürger, ihre

Sicherheit gegenüber ungesetzlicher Gewalt und vor Konfiskation geschützt. An einigen Stellen geht Machiavelli weiter und denkt sogar
ansatzweise an eine politische Freiheit durch Teilnahme an freien Wahlen usw. Aber solche Äußerungen sind nicht dominierend in seinem
Staatsbild. Der Staat ist ein in seinen Gesetzen fest ruhendes, nach innen
unproblematisches Ganzes. Der einzelne hat ihm mit Leib und Seele zu
dienen. Von dorther ist dann jene Steigerung der Staatsidee möglich
geworden um deretwillen Machiavelli hauptsächlich berühmt wurde.
Die Staatsidee Machiavellis ist neben den Einflüssen des antiken Schrift-
tums durch die Konkurrenz zwischen einer monarchischen und einer
republikanischen Staatsform geprägt worden. Sie enthält die Entscheidung für die erstere, die dann allerdings von der zweiten gewisse Bür-
gerfreiheiten und Bürgersicherheiten übernehmen, zugleich auf alle
Untertanen ausdehnen sollte, um sich dadurch auch in moralischer
Hinsicht der republikanischen Staatsform überlegen zu erweisen.
Die Alternative zur Signorie war im 15. Jh. im wesentlichen nur noch
die aristokratische Kommune. In welchen Zusammenhängen eine breitere Teilnahme der Bevölkerung an der öffentlichen Gewalt, die im
13. Jh. vielfach zu beobachten ist, abgebaut wurde, läßt sich gerade in
Florenz deutlich erkennen. Hier gab es 1378 bis 1382 den Aufstand der
Ciompi. Ciompi war eine pejorative Gruppenbezeichnung der Gegen-
seite für die *popolani minuti*, die damals um eine breitere institutionelle
Möglichkeit des sozialen Aufstiegs, um eine eigene Zunft und den Zugang zu politischen Ämtern kämpften. Der Aufstand wurde niedergeschlagen und die Folgen waren eine Verfassungsänderung in der entgegengesetzten Richtung, z. B. eine Änderung des Wahlrechtes, die nun
zu einer Konzentration der städtischen Führungsämter in aristokratischen Händen führte.
Bei dem Aufstand der Ciompi zeigte sich eine Erscheinung, die sich
auch in den anderen unten zu behandelnden Städten, soweit sie größer
waren, nachweisen läßt – eine Gruppe von nicht integrierten Menschen,
gewissermaßen unterhalb der kleinen Handwerker, der *popolani minuti*:
wohnungslose Gelegenheitsarbeiter, Bettler, Prostituierte und ihre Be-
schützer, vagabundierende Kleriker und Studenten, Jongleure und andere Unterhaltungskünstler. Sie tauchen in den Gerichtsregistern der
Städte auf. In Aufständen und bei anderen Gelegenheiten bilden sie
vorübergehend mit den kleinen Handwerkern eine Gruppe.

Signorie und aristokratische Kommune, die rasch wechseln konnten,
wie man nicht nur am Beispiel Florenz, sondern z. B. auch in Genua
zeigen könnte, umschlossen bestimmte innerstädtische Gemeinschaftsformen, die für beide gleich waren und blieben. In Genua gab es zwei
Gruppen von *alberghi*, d. h. Adelshäusern und ihnen nachgeformten
Gemeinschaftsgebilden. Die beiden Gruppen heißen *nobili* und *popola-*
ri. Man wird sagen können, daß sie ursprünglich einerseits die adeligen
Geschlechter und andererseits den *popolo grasso* in sich vereinigten.
Immer dann, wenn Genua eine „Republik" war, wurden die Regie-
rungsämter praktisch durch Absprachen zwischen den *alberghi* vergeben. In der Zeit der Signorie sinken die *alberghi*, ohne ihre Partei- und
Gruppencouleur zu verlieren, zu einer bloßen sozialen und wirtschaftlichen Bedeutung herab. Die Handwerker sind in *arti*, Zünften, organisiert, die in Genua eine ausschließlich gewerbliche Kompetenz haben,
Qualitätskontrollen vornehmen usw. Auch die Handwerker besitzen
einen geringfügigen Anteil der Ratssitze, aber sie wählen nicht in ihren
Zünften, sondern die *alberghi* überlassen ihnen gewissermaßen ein oder
zwei der acht städtischen Wahlbezirke (*compagna*), in dem dann nur ein
Handwerker als Kandidat aufgestellt wird.

*

c) Wenn wir uns nun den Gebieten nördlich der Alpen zuwenden,
werfen wir zunächst den Blick auf jene S t a d t , d i e i n e i n e m S t a a t
i n t e g r i e r t i s t . Inneres Leben und Sozialstruktur dieser Stadt werden
in starkem Maße durch fürstliche Funktionäre bestimmt. Dabei ergeben
sich je andere Probleme für die zahllosen Kleinstädte und die geringe
Zahl großer Städte dieser Kategorie wie Paris, London oder Brügge im
15. Jh. Paris hatte keine Selbstverwaltung, sondern wurde von einem
prévôt wie andere Regionen der französischen Krondomäne regiert,
einem *prévôt*, der außerdem eine Appellationsinstanz für kleinere
prévôtés der Umgebung war. Die Stadtverwaltung war also ganz in die
Reichsverwaltung integriert. Wie andere *prévôtés* wurde auch die Pariser
zunächst Jahr für Jahr versteigert. Reiche Bürger übernahmen das Amt
und wurden dadurch noch reicher. In der Mitte des 13. Jh. trat jedoch
ein Wechsel ein. 1269 ist zum ersten Mal ein echter Beamter nach der
Art der *baillis* bezeugt (s. o. S. 132). Die königliche Pariser Beamten-

schaft beruhte auf dem Prinzip der Trennung der gerichtlichen und sonstigen Amtsausübung auf der einen Seite und der Abgabenerhebung auf der anderen Seite. Das zweite wurde weiterhin an Pächter, meist an Bürger von Paris, versteigert.

Gab es zwar keine Selbstverwaltung, so fehlte es doch nicht ganz an politischer Repräsentanz. Von etwa 1300 ab versammelte der König in finanzieller Not und um sich neue Finanzquellen zu öffnen, die Bürger der *bonnes villes*, darunter früher oder später auch von Paris, um sich. Ein Pariser war der *orateur* der *bonnes villes* in der Mitte des 14. Jh. Er war ein *prévôt des marchands* und dadurch wissen wir auch, durch wen die Repräsentanz der Stadt zustandekam: durch die privilegierte Kaufleutegilde in Paris, die *marchands de l'Eau*. Allein die Mitglieder dieser Gilde durften die untere Seine befahren und hatten das Monopol der Weineinfuhr nach Paris, des gewinnreichsten Versorgungsgeschäfts für das Konsumzentrum Paris. Unterhalb der Kaufleute gab es Handwerkerkorporationen. In der Mitte des 13. Jh. hatten 350 Gewerbezweige Statuten. Diese Korporationen dürften weitgehend „von oben" geschaffen und geprägt worden sein. Mit der Zunftzugehörigkeit war die Gewerbelizenz verbunden. Der König hatte das Recht, die Meistertitel zu verleihen und die Geschworenen für die Korporationen auszuwählen. Aber er gab dieses – lukrative – Recht an Hofbeamte und an einzelne *marchands de l'Eau* weiter.

Die kleineren mitteleuropäischen Territorialstädte kamen im Unterschied zu Paris zur Ausbildung von Selbstverwaltungsorganen. Dabei wirkte sich wahrscheinlich der Einfluß der zahlreichen unabhängigen Städte dieses Gebietes aus. Wir werfen einen Blick auf die österreichischen Städte als Beispiel. Stadtsiegel von Wien, Linz und Graz reichen noch in das 13. Jh. zurück. Im 14. Jh. kommen zahlreiche Siegel von Landstädten hinzu. Wien und Enns wurden am Anfang des 13. Jh. ein Stadtrecht verliehen, das Vorbild auch für andere Städte wurde. Der Landesherr bemühte sich, Ähnlichkeit oder Einheitlichkeit der Stadtrechte durchzusetzen. Neben ihm gründeten aber auch einige geistliche und weltliche Grundherren, die Hochgerichtsrechte innehatten, Städte. Neben dem Stadtrichter, der vom Stadtherrn eingesetzt wurde, gab es einen Rat, der aus 4–24 Personen, je nach Größe der Stadt, bestand. Im 14. Jh. wurden zusätzlich die Geschworenen, der sogenannte äußere Rat, geschaffen. Seit dem Ende des 13. Jh. trat aus dem (engeren) Rat der

Bürgermeister hervor, der die Funktionen des Stadtrichters übernahm. Das Stadtrecht führte dazu, daß die Städte nicht mehr zum Kammergut und der Grundherrschaft schlechthin, sondern wie die Kirchenvogtei nur noch im weiteren Sinn gerechnet wurden. Schon bevor der Bürgermeister dem Stadtrichter die entsprechenden Funktionen abgenommen hatte, was in einigen Städten verhältnismäßig spät der Fall war, wurde die Hochgerichtsbarkeit vielfach eine Sache der Stadt, weil nämlich der Stadtrichter aus der Bürgerschaft genommen wurde. Im 14. Jh. begegnen auch in den kleineren Städten Österreichs allgemein Handwerkerkorporationen. Für ihre Ordnungen waren die entsprechenden Wiener Ordnungen maßgeblich. Wenn in einer Landstadt nur 1 bis 2 Vertreter eines Gewerbes vorhanden waren, war eine Inkorporation dieser Handwerker in die Wiener Zunft üblich. Die Zunftordnungen gab zunächst formal der Stadtherr. Am Ende des 14. Jh. wurden dafür der Richter, bzw. Bürgermeister und Rat der Stadt zuständig.

*

Die unabhängigen Städte lassen sich den integrierten Städten nicht scharf, sondern nur durch Gradunterschiede gegenüberstellen. Die unabhängigen Städte gelangten zur Ausbildung eines Territoriums im Sinne der Territorialstaaten. Aber Ansätze dazu waren auch bei den österreichischen Landstädten vorhanden, bei denen oft der Hochgerichtsbezirk über das Stadtgebiet hinausreichte. Die Reichsstädte, wie Nürnberg und Lübeck, und die sonstigen unabhängigen Städte, wie Hamburg, Bremen und Lüneburg, waren darin nun allerdings viel konsequenter und erreichten eine Kombination von Gerichts- und Grundherrschaft, sei es in den Händen ihrer Bürger oder in der eigenen Hand mit einer Besteuerungs- und Befestigungsmöglichkeit. Auch die österreichischen Landstädte machten eine gewisse Außenpolitik, indem sie z. B. ihre Vertreter mit einem Mandat auf die Ständeversammlung der österreichischen Länder schickten. Aber die unabhängigen Städte gingen darüber hinaus Bündnisse ohne den Stadtherrn oder sogar gegen ihn (Danzig und Lüneburg) ein. Sie hatten manchmal eine bedeutende eigene Truppenmacht. Während bei den integrierten Städten trotz aller Selbstverwaltung die innere Ordnung durch den Stadtherrn garantiert wurde, mußte sich diese bei den unabhängigen Städten von selbst einspielen und im Gleichgewicht halten. Auch in dieser Hinsicht gab es graduelle Übergänge. Selbst in Nürnberg griff der Stadtherr, der König, bei inneren Unruhen im 14. Jh. ein. Aber je größer die Unabhängigkeit war, um so weniger waren solche Eingriffe möglich. Umgekehrt hat die Fähigkeit einer Stadt, ihre innere Ordnung selbst zu wahren, gleichzeitig ihre Unabhängigkeit geschützt. Die Unabhängigkeit der mecklenburgischen Städte Rostock und Wismar war verhältnismäßig groß, aber prekär. Die inneren Verhältnisse gaben verschiedentlich im Spätmittelalter den mecklenburgischen Herzögen Gelegenheit sich einzuschalten.

Die Basis, auf der sich die innere Ordnung einspielen konnte, war die bürgerliche Grundüberzeugung, daß Geldbesitz den Rang einer Person im Diesseits und im Jenseits erhöhte. Davon geben die städtischen Luxusordnungen ebenso Auskunft wie die umfänglichen Stiftungen an die Kirche durch Kapitalhingabe. Man hat zeitweilig angenommen, daß es neben dem aus dieser Grundüberzeugung kommenden Gewinnstreben ein zweites Prinzip bürgerlicher Orientierung gegeben hätte, das Nahrungsprinzip. Dadurch wäre es z. B. für den Handwerksmeister eine innere Norm gewesen, so viel zu verdienen, daß seine Familie standesgemäß unterhalten werden konnte. Inzwischen hat die Forschung gezeigt, daß dieses Prinzip von der scholastischen Theologie erdacht wurde und vielleicht – wenn überhaupt – einen Einfluß auf die Höchstpreispolitik einiger Stadtregierungen ausgeübt hat. Es scheint, als habe es eine solche Politik vor allem dort gegeben, wo die von ihr negativ betroffenen Handwerker und Detaillisten nicht in der Stadtregierung vertreten waren. Dieses gilt insbesondere für solche Städte, in denen sich der regierende Rat selbst ergänzte (Kooptationsrecht). Im Lübecker Stadtrecht heißt es ausdrücklich, daß Handwerker nicht im Rat sitzen dürfen.[44] In Hamburg war die Praxis die gleiche. Bei der Zuwahl wählte man offenbar die Reichsten aus, die meist vorher schon durch Verschwägerung Beziehungen zu den Ratsleuten geknüpft hatten. Untersuchungen an den Ratsfamilien Lübecks haben gezeigt, daß es eine Kontinuität des Reichtums und der Ratssitze in den Händen agnatischer Familiendynastien nicht gab. In der 2. Hälfte des 14. Jh. sind alle Familien ausgestorben, die im 13. Jh. 3 und mehr Ratsherrn

---

[44] J. F. Hach, Das alte lübische Recht (1839) S. 170 f.

stellten.[45] Neben aufgestiegenen, in den Handel übergegangenen Handwerkern füllte sich die Oberschicht mit Leuten auf, die von außen mit einem gewissen Kapital zuzogen. Die Oberschicht schloß sich nicht ständisch ab. Der Aufstieg war unter Ausnutzung biologischer Katastrophen, wie Pestepidemien, und wechselnder Konjunkturen möglich. Oft gewann der aufsteigende Mann den Zugang zur Oberschicht in einer Periode, wo er verschiedenartige Hilfsdienste für eine alte Firma leistete. Sonst war der Aufstieg schwer, weil nämlich der ganze Fern- und Großhandel der städtischen Oberschichten teils auf der Ausnutzung staatlicher Privilegien für besondere Gruppen (s. u. S. 283 ff.), teils auf der gegenseitigen Begünstigung weniger persönlich bekannter Geschäftsleute beruhte.

In den Danziger Quellen des 14. Jh. wird eine *compagny* des Artushofs genannt, die auch der „Gemeine Kaufmann" hieß.[46] Die Gesellschaft hatte 8 *olderlude*. Handwerker, Bierschenker und Kleinkrämer waren von der Gesellschaft ausgeschlossen. Der Rat der Stadt Danzig hatte gewisse Mitbestimmungsrechte bei der Organisation des Artushofes. Oft waren englische und niederländische Kaufleute als Gäste im Artushof. Die Brüderbücher, die von 1480 ab erhalten sind, zeigen, daß die Bürgermeister und viele Ratsherrn zur Artushofgesellschaft gehörten. Diese exklusive Gesellschaft, die eng mit der politischen Führung Danzigs verbunden war, hatte den Fernhandel Danzigs fest in der Hand und dennoch erlaubte auch diese Gesellschaft den permanenten Aufstieg neuer Männer. Ähnliche Vereinigungen sind für viele andere Städte bezeugt.

Die von solchen Gesellschaften ausgeschlossenen Handwerker bildeten ihre Zünfte. Die Zünfte waren anfänglich keine auf der Eigeninitiative basierenden Gesellschaften nach Art der Kaufleutegesellschaften, sondern ähnlich ins Leben gerufen wie die Pariser Zünfte. Die Zünfte, die auch Ämter oder Innungen hießen, waren der Rahmen, in dem die Stadtherrn und Stadtregierungen ihre Abgaben vom Gewerbeleben einzogen und in dem sie eine Gewerbepolizei ausübten. Qualitätskontrollen, Meisterprüfungen und anderes wurden durch die Organe der Zunft

---

[45] G. Wegemann, Die führenden Geschlechter Lübecks und ihre Verschwägerungen. Zeitschrift des Vereins für Lübeckische Geschichte und Altertumskunde 31 (1949).

[46] P. Simson, Der Artushof in Danzig und seine Bruderschaften (1900).

vorgenommen. Aber bald wurden die Zünfte Sammelbecken der Unzufriedenheit und Basis für die Vorbereitung von Aufständen. Aufstände wurden mehrfach nach einzelnen, jeweils führenden Zünften genannt. 1370 gab es einen Weberaufstand in Köln, 1380 einen Knochenhaueraufstand in Lübeck. Die Aufstände hatten ihre Anlässe in konkreten Entscheidungen der regierenden Räte, der Verfügung einer Steuer oder der Erklärung eines Krieges, die von den Handwerkerkreisen für falsch gehalten wurden. Die treibenden Kräfte in den Aufständen waren meist Leute, die sich im Reichtum den herrschenden Kreisen ebenbürtig, wenn nicht überlegen fühlten. Die Überwindung solcher Aufstandskrisen in Städten wie Hamburg und Lübeck gelang meist deswegen ohne oder mit geringer Verfassungsänderung, weil es hier üblich war, solche Leute früher oder später in den Rat zu kooptieren.

Es bleibt die Frage, worin die tieferen Gründe dafür liegen, daß auch jene Handwerkergruppen sich am Aufstand beteiligten, die unter den gegebenen Wertvorstellungen keinen Anspruch stellen durften, am regierenden Rat teilzunehmen. Diese Gründe dürften doppelter Art gewesen sein. Einerseits gab es wirtschaftliche Schwierigkeiten, vor allem in der wechselhaften Konjunktur des Spätmittelalters für einige Branchen. Wo alles darauf ankam, daß man wirtschaftlichen Erfolg hatte, war man empfindlich dagegen, daß es Kaufleutevereinigungen gab, die sich, wie man glaubte, mit illegitimen Mitteln Vorteile verschafften. Wir erinnern daran, daß eine vorübergehende Revolutionsregierung in Konstanz die Handelsgesellschaften abgeschafft hatte (s. o. S. 182). Wahrscheinlich waren es bestimmte kirchliche Kreise, Bettelmönche, arme Vikare u. a., die solche Vorstellungen stärkten. In der Reformatio Sigismundi, einem wohl von einem Kleriker z. Z. des Basler Konzils verfaßten revolutionären Traktat, tauchen ähnliche Vorstellungen auf. Andererseits waren offenbar – wiederum in Verbindung mit einer gewissen kirchlichen Agitation – verfassungsrechtliche Alternativvorstellungen hier und dort unter den Handwerkern lebendig. Diese Alternativvorstellungen wurzeln in einem Glauben an die Gleichheit des Menschen.

Bei dem englischen Bauernaufstand von 1381 wurde der Vers gesungen: „Als Adam grub und Eva spann, wo war da wohl der Edelmann?"[47]

---

[47] Th. Walsingham, Historia Anglicana II, 32; hg. v. H. T. Riley. Rerum britannicarum medii aevi scriptores (1862–1864). L. Schmidt, Als Adam grub und Eva spann. Deutsches Volkslied 16 (1944).

Klare theoretische Aussagen dieser Art finden wir bei den Bürgerunruhen kaum je. Aber deutlich stehen sie hinter den Verfassungsforderungen, die die Aufständischen fast überall stellen und die in der Abschaffung oder starken Einschränkung des Kooptationsprinzips für den regierenden Rat gipfeln. Statt dessen soll der Rat gewählt werden, meist nicht nach Stadtbezirken, sondern nach Zünften oder Wahlgemeinschaften, in denen jeweils mehrere Zünfte und Kaufleute zusammengefaßt sind, wie in den Gaffeln von Köln. In einem Bericht von dem Lübecker Aufstand von 1403-1406 wird davon gesprochen, daß „de gantze menheid van Lubek were thohope gewesen, beyde junge lude und olde, de kopman und alle amte, grot und luttich, und hedden sick thohope vorsekert, erer en by den anderen tho bliven . . .“[48]. Sie wählten aus ihrer Mitte 60 Mann, die als Bürgerausschuß den Patriziern gegenübertraten.

*

e) Wenn wir nun fragen, in welchem Maße die solchen Vorgängen zugrunde liegenden Verfassungsvorstellungen die mittelalterliche Stadtverfassung tatsächlich beeinflußt und geändert haben, wie sie sich zu der bürgerlichen Werteordnung, nach der sich sozialer und politischer Anspruch auf Reichtum stützen mußte, verhielten, müssen wir uns jenen Städten zuwenden, in denen die Zünfte in der einen oder anderen Weise einen Anteil an der Ratsregierung gewannen. Diese Städte liegen im wesentlichen im mittleren und südlichen Deutschland. Unter den größeren Städten des nördlichen und westlichen Deutschlands gehören seit dem ausgehenden 14. Jh. hauptsächlich Köln und Braunschweig dazu. Bremen spielt insofern eine Sonderrolle, als hier schon am Anfang des 14. Jh. eine Wahl nach Stadtvierteln vorgenommen wurde. Die 36 Ratsleute wurden zu je 9 aus jedem Viertel entnommen. In Magdeburg wurden nach dem großen Aufruhr von 1330 von 12 Ratsleuten 10 aus sämtlichen Zünften und 2 aus der gemeinen Bürgerschaft gewählt. In Trier bestand nach dem Aufstand von 1303 das regierende Gremium neben den 14 patrizischen Schöffen aus

---

[48] Die Chroniken der deutschen Städte vom 14. bis ins 16. Jahrhundert XXVI (1899) S. 388.

14 Ratsmitgliedern, von denen 9 aus den Zünften und 5 aus der Gemeinde waren. In Speyer wurde nach dem Aufstand von 1380 eine Verfassung eingerichtet, die es vorschrieb, den Rat mit je 14 Patriziern und 14 Zünftlern zu besetzen. In Freiburg i. Br. war nach der Verfassungsreform von 1293 folgende Wahlordnung gegeben: Der Rat besteht aus 42 Personen, von denen 12 aus der Ritterschaft, 12 aus der Kaufleuteschaft und 18 aus den Zünften gewählt werden. In Straßburg galt nach 1332 folgende Sitzverteilung: Von 50 Räten stellten 17 die Patrizier, 8 die Ritter und 25 die Handwerkerzünfte. In Zürich wurde nach einer Revolution von 1336 die Verteilung von 52 Ratssitzen zur Hälfte auf Ritter und zur Hälfte auf Vertreter von Handwerkerzünften festgelegt. Eine ähnliche Parität zwischen Oberschichtgruppen und Handwerkerzünften wurde 1370 in Konstanz, 1387 in Dinkelsbühl, 1396 in Wien und in Fritzlar 1358 eingerichtet.

Mit Ausnahmen wie Trier wurde überall auch für die Patrizier die Kooptation abgeschafft. Die Oberschichten mußten ihre Gesellschaften und Gilden als Rahmen für die Wahlen benutzen. Dasselbe gilt auch für einige Städte, wo die Gruppen nicht paritätisch an der Ratsbesetzung beteiligt wurden, sondern wo die Oberschichtgruppen ein Übergewicht behielten. In Goslar stellte nach 1298 die Oberschichtgesellschaften 14 Ratsvertreter, die Handwerkerzünfte 7. Umgekehrt erhielten die Vertreter der Handwerkerzünfte in Kolmar 1366 eine Mehrheit. Von 30 Ratsmitgliedern waren 8 patrizische Bürger, 2 Ritter und 20 Handwerker. Diesem Vorbild entsprechen die Verfassungen von Augsburg und Basel. Es gab Städte, in denen nicht nur einmal die Verfassungsordnung geändert wurde, sondern mehrmals. So wurde in Bremen 1433 die auf Stadtteile ausgerichtete Wahlordnung wieder abgeschafft und ein reiner Oberschichtrat nach dem Vorbild anderer Hansestädte eingeführt. In einigen süddeutschen Städten war der Wechsel häufiger. In Ulm z. B. herrschten 1296 die Patrizier, seit 1327 die Zünfte, seit 1333 wieder die Patrizier, seit 1345 die Zünfte, seit 1548 wieder die Patrizier.

Die Abschaffung oder Einschränkung des Kooptationsprinzips läßt sich durchaus als eine gewisse Demokratisierung der Stadtverfassung bezeichnen. Denn dadurch erhielten breitere Kreise der Stadtbevölkerung als vorher die Möglichkeit zu bestimmen, wer nach ihrer Ansicht die Würde und Fähigkeit zur Leitung der Stadt besaß. Eigentümlicherweise hat nun die Untersuchung der spätmittelalterlichen Stadtverfas-

sung durch *E. Maschke* gezeigt (u. S. 303), daß trotz noch so großer
Verfassungsänderungen immer wieder die gleichen Leute und die gleichen Schichten die führenden Positionen in den Städten besetzen. Es
sind entweder Mitglieder derselben Patrizierfamilien wie früher oder
doch Männer, die als Fernhändler und Inhaber eines großen Rentenver-
mögens sich beruflich und gesellschaftlich mit diesen Familien vergleichen dürfen. Der Grund für diese Kontinuität wird in der größeren
Abkömmlichkeit der reicheren Kaufleute für die Wahrnehmung der
politischen Ehrenämter gesehen. Man hat festgestellt, daß selbst dort,
wo kleinere Leute im Rat sitzen, Ämter wie das Bürgermeisteramt und
Funktionen wie auswärtige Gesandtschaften von Patriziern wahrgenommen werden. In vielen Städten war eine Doppelzünftigkeit möglich. Entsprechend konnten einzelne Männer sowohl einer Zunft oder
Gesellschaft von Kaufleuten als auch einer reinen Handwerkerzunft,
wie der der Schuster oder der Gerber angehören. Ihrem Beruf nach
gehörten sie der ersten an, in ihrer politischen Tätigkeit der zweiten.
Schließlich wurde in vielen Fällen nachgewiesen, daß die Handwerker,
die von reinen Handwerkerzünften in den Rat geschickt wurden, Handel und Handwerk miteinander verknüpften, überwiegend möglicherweise sogar schon zu Händlern geworden waren, jedenfalls durch
Reichtum ihre Berufskollegen weit übertrafen.
Diese Forschungsergebnisse wurden ergänzt und bestätigt durch die
von anderer Seite (etwa *A. Laube, H. Haberland*, u. S. 303) betriebene
Vermögensanalyse von Berufsgruppen und Zünften. Dabei hat sich gezeigt, daß die Vermögensgrößen der Gruppenmitglieder fast in keinem
Fall homogen waren, sondern sich weit auseinander streuten. Auch
Abhängigkeitsverhältnisse in einer Zunft waren nicht selten. Ein Zunft-
genosse gab dem anderen Kredit oder wurde sein Verleger. Verlagsver-
hältnisse, die natürlich auch zwischen Zunftfremden hergestellt wurden, und die hauptsächlich in Flandern, in Italien und in Süddeutschland, z. B. in Nürnberg, nachzuweisen sind, besagen, daß ein Handwerker Rohstoffe bearbeitet, die ihm ein anderer leiht. Die Fertigprodukte
muß er an den Rohstofflieferanten abliefern und seine Entlohnung
besteht meist darin, daß er einen gewissen Teil der Fertigprodukte zu-
rückbehalten und selbst verkaufen darf. Diese und andere Institutionen
haben bewirkt, daß trotz aller Gleichheitsideen die Verfassungsänderungen schließlich nicht zu einer gleichen Vertretung aller Berufs- und

Vermögensgruppen in der Stadtregierung führten. Am Ende führten die
Verfassungsänderungen zu Ergebnissen, wie sie auch dort eintraten, wo
die Aufstände keinen Erfolg hatten, wie z. B. in Lübeck. Die sogenannte
Zunftverfassung war eine andere Art von Aufstiegsverfahren für die
Neureichen als die Kooptationsordnung in Städten mit genügender
vertikaler Durchlässigkeit. Das Funktionieren der Verfassungsordnung
zeigt, wie dominierend die bürgerliche Werteordnung war und daß sich
Gleichheitsideen ihr jedenfalls anpaßten.

*

f) Wenn aus dem bisher Gesagten hervorgeht, daß Bürgeraufstände dort
gewissermaßen unnötig waren und erfolglos blieben, wo die vertikale
Durchlässigkeit groß genug war, so gibt es eine Gruppe von Städten, für
die diese Regel nicht gilt. Beispielsweise in Nürnberg und Frankfurt
wurden Aufstände niedergeschlagen. In diesen Städten war nicht einmal das Kooptationsverfahren unbegrenzt üblich, sondern bestimmte
patrizische Familien reservierten sich fortgesetzt die Sitze im regierenden Rat. Dafür war nicht unwesentlich, daß wichtige stadt-
herrliche Rechte, wie das Schultheißenamt 1339, durch einzelne Nürnberger Bürger in den Pfandbesitz genommen worden waren. 30–40
Familien haben durch die Jahrhunderte hindurch den inneren Rat von
Nürnberg beherrscht. Die Familien kamen teilweise aus der Ministerialität des Königs und hatten eine feste Verwurzelung in den Burgen und
Herrschaften des umliegenden Landes. In diesen Familien mischte sich
ritterliches, dynastisches und bürgerliches Denken. Man kann hier wegen der Entstehung einer bürgerlich-landadeligen Mischgesellschaft
auch von einer gewissen Annäherung der Zustände an die italienischen
reden.
Zu den Institutionen, die die Fortdauer dieses Zustandes ermöglichten,
gehörte der große Rat der Genannten, in dem seit 1370 auch 8 Handwerker saßen. Der große Rat wurde nach dem Belieben des engeren zur
Beratung zusammengerufen. Es ist etwas irreführend, wenn man
manchmal liest, in Nürnberg seien die Zünfte verboten gewesen. Es gab
in Nürnberg Handwerkerkorporationen wie überall. Die Selbständigkeit der Korporationen war unterschiedlich. Sie hatte allerdings in
Nürnberg einen niedrigen Stand. Aber auch z. B. nach der Hamburger

Verfassung hatte jede Zunft 2 Ratsherren als Aufsichtspersonen, „Morgenspracheherren", die bei den Versammlungen der Zunft anwesend waren und die internen Zunftbeschlüsse genehmigen mußten. In Nürnberg ging man noch einen Schritt weiter. Die Gewerbevorschriften wurden vom Rat erlassen und ihre Ausführung von Ratsausschüssen kontrolliert. Zusammenkünfte der Meister durften nicht ohne Wissen des Rats stattfinden. Die Meister wählten in ihren jeweiligen Korporationen 3–5 Geschworene, die vom Rat bestätigt und auf ihn vereidigt wurden. In gewerblichen Fragen wurde innerhalb der Korporationen eine Gerichtsbarkeit ausgeübt. Die Nürnberger Handwerker konnten, wie die anderer Städte, mit den Berufsgenossen anderer Städte Absprachen treffen. Sie mußten sich dabei aber der Vermittlung des Rates bedienen. Nur bei den Messermeistern ist ein selbständiges Zusammentreffen mit jenen von Basel, Heidelberg und Wien bezeugt. Die 8 Handwerker des großen Rates wurden vom inneren Rat regelmäßig zu bestimmten Geschäften herangezogen. Mit Hilfe solcher Ratgeber konnte der innere Rat in vielen Situationen eine das Handwerk fördernde Politik führen, ohne deswegen zu verhindern, daß sich in Nürnberg das große Geld in weniger Händen sammelte als in irgendeiner anderen deutschen Stadt und daß der Abstand zwischen den patrizischen Kaufleuten und den übrigen Handel- und Gewerbetreibenden größer war als wo anders.

Die Ausdrücke Oberschicht und Patriziat werden in der Forschung in der Regel ohne ein überlegtes Begriffsverständnis, sondern nur mit mehr oder weniger übereinstimmenden Bedeutungsassoziationen gebraucht. Bei einer verfassungsrechtlichen Betrachtung sollte man zwischen den beiden Begriffen unterscheiden und den ersten für die reichsten Familien einer Stadt reservieren. Der Begriff hätte dann zwar keine rechtliche Bedeutung in dem Sinne, daß er mit ausdifferenzierten, vielleicht sogar schriftlich fixierten Normen zusammenhinge, aber er würde durchaus zu der bürgerlichen Werteordnung passen. Demgegenüber sollte man den Ausdruck Patriziat für jene Familien reservieren, die im Selbstverständnis und im Fremdverständnis erblich den Anspruch auf die Stadtregierung erheben durften. Gab es einen solchen Anspruch im Sinne einer rechtlichen Norm? Die Frage ist schwer zu beantworten, weil offenbar im Mittelalter eine solche Norm erst unvollständig ausdifferenziert wurde. Eine gewisse Möglichkeit für Familien, sich in rechtlicher Hinsicht von den bloß Reichen abzusondern und in der Besonderheit Kontinuität zu gewinnen, war der Eintritt in das Rittertum. Burgen- und Herrschaftsbesitz, Nobilitierung mit verschiedenen Abstufungen, Wappenführung waren rechtlich relevante Tatbestände. Ein königlicher Wappenbrief für einen Mainzer Bürger ist z. B. schon von 1400 erhalten.[49] Wieweit sich nun die rittermäßigen Familien mit den herrschaftsberechtigten in Städten wie Nürnberg und Frankfurt deckten und wieweit die Gruppe der letzteren scharf und gleichbleibend abgegrenzt war, läßt sich für das Spätmittelalter nicht genau erkennen. In Nürnberg schrieben Ulmann Stromer 1390 und Hans Haller 1490 ein Verzeichnis aller Nürnberger „ehrbaren Leut". Erst in einem kaiserlichen Privileg des 17. Jh. wird die Herrschaftsberechtigung von 26 Familien klar festgelegt. Im Spätmittelalter boten Turnier- und Trinkgesellschaften eine gewisse Möglichkeit, die rittermäßigen und herrschaftsfähigen Familien abzugrenzen. Solche Gesellschaften spielten besonders in Frankfurt eine große Rolle. Unter ihnen war Limpurg die größte. Aus diesen Gesellschaften wurden wohl schon damals ausschließlich die Ratsherrn für 2 von 3 Ratsbänken gewählt, entsprechend einer Regel, die im 17. und 18. Jh. schriftlich fixiert wurde. Eine erste „Gesellentafel" (= Mitgliederverzeichnis) von Limpurg ist von 1406 erhalten. Die Gesellschaften ergänzten sich durch Zuwahl. Die Aufnahme von Abkömmlingen von „Gesellen" war selbstverständlich. Neue hatten demgegenüber erschwerte Bedingungen.

4. Kirchliche Gemeinschaften

Die kirchliche Verfassungsgeschichte des Spätmittelalters ist vor allem durch zwei Grundlinien gekennzeichnet: In den vorhergehenden Betrachtungen sind wir mehrfach darauf aufmerksam geworden, daß mit dem Essor de l'Europe, mit der Ausarbeitung neuer Gemeinschaftsformen, im Hochmittelalter eine Differenzierung verbunden war, die vor allem auch die bisherige enge Verflechtung weltlicher und geistlicher Belange betraf. Die Kirche löste sich vielfach aus weltlichen Gemeinschaften heraus, wurde ihrer selbst bewußter und eigenständiger. Welt-

---

[49] G. A. Seyler (u. S. 309) S. 337.

liche Gemeinschaften, wie die Grundherrschaft und der Staat, verloren ihre religiöse und kultische Dimension. Zweitens wurde die katholische Kirche als Ganzes und ihre zahllosen und verschiedenartigen Untergliederungen mehr als vorher zu einer Überzeugungsgemeinschaft. Die Legitimierung einer persönlichen Note in der Frömmigkeitsgestaltung war verantwortlich gerade für die große Verschiedenartigkeit und Buntheit, mit der sich die Sondergemeinschaften der Kirche im Spätmittelalter darstellen.

Diese beiden Grundlinien wurden nicht zuletzt dadurch ermöglicht, daß im Hochmittelalter das Amt des Papstes als oberstes Gesetzgebungsorgan der Kirche herausgearbeitet wurde. Dadurch wurde ebenso die Lösung der regionalen Kirchen von den regionalen weltlichen Machthabern möglich, wie die permanente Veränderung des gültigen kirchlichen Rechtes und die Bestätigung für neue Rechtsnormen, die sich neue Überzeugungsgemeinschaften gegeben hatten. Obwohl der Papst wenigstens bis in das 14. Jh. hinein für sich eine Kompetenz auch in weltlichen Sachen beanspruchte, kann man doch sagen, daß die Entwicklung ihn als obersten Gesetzgeber mehr und mehr auf die Kirche beschränkte. Das Papsttum hatte eine doppelte Bedeutung für die Verfassungs- und Gesellschaftsgeschichte Europas. Einerseits stellte es eine wichtige Garantie für die überstaatliche europäische Gemeinsamkeit dar, die bei allen Wandlungen bis zum Ende des Mittelalters gleich intensiv blieb. Darauf wird (u. S. 269 ff.) zurückzukommen sein. Andererseits holte der Papst allein schon durch seine legislatorische und jurisdiktionelle Existenz alle katholischen Kirchen immer wieder aus den regionalen Vereinnahmungszusammenhängen heraus.

Die wichtigsten Verfahren, in denen die päpstliche Gesetzgebung geübt wurde, verbinden sich mit den großen Papalsynoden, den 4 Lateransynoden von 1123–1215 und den beiden Konzilen von Lyon von 1245 und 1274. In der römischen Kurie wurden nach und nach Verfahrensregeln für die Ausfertigung von Papsturkunden, für die Vergabe von kirchlichen Ämtern und Einkünften und für den kirchlichen Prozeß ausgearbeitet und am Anfang des 14. Jh. unter dem Namen *regulae datae in cancellaria* gesammelt. Bedeutung hatte auch das päpstliche Dispensationsrecht, das es erlaubte, die Wirkung eines allgemeinen Rechtsatzes im Sonderfall aufzuheben.

Die Differenzierung von weltlichen und geistlichen Gemeinschaften bedeutete nicht, daß die Laien im Spätmittelalter nur passive Angehörige der Kirche waren, etwa als Sakramentsempfänger. Eine solche Entwicklung wurde durch die starke Laienfrömmigkeit verhindert. Es bildeten sich vielmehr ausgesprochene Laiengemeinschaften innerhalb der Kirche aus. Diese Gemeinschaften, wie Terziarier, Beginen, Spital- und Rosenkranzbruderschaften usw., gaben den Laien die Möglichkeit, aktiv am kirchlichen Leben teilzunehmen, ohne Mitglieder der Kirche im engeren Sinn werden zu müssen, d. h. ohne in den Klerus einzutreten oder Profeß abzulegen. Die Laien, die solchen Gemeinschaften angehörten, ließen gewissermaßen die neue Differenzierung zwischen Kirche und Welt mitten durch ihre Person gehen. Kennzeichnend für die Situation ist es, daß die Gilden und Zünfte der spätmittelalterlichen Städte die religiösen Aufgaben mehr und mehr verloren. Dafür bildeten sich Bruderschaften, manchmal völlig parallel zu einer berufsständischen Gilde oder Zunft, so daß weitgehend dieselben Männer hier und dort Mitglieder waren. Nicht alle Gemeinschaftsformen der Laienfrömmigkeit des Spätmittelalters fanden die Bestätigung der Kirche und des Papstes. Einige blieben außerhalb der Kirche, wurden von ihr bekämpft, bildeten aber trotzdem teilweise unter der Benutzung des Vorbildes der Kirche Normensysteme aus, die für ihre Mitglieder eine starke bindende Kraft hatten. Schließlich ist zu erwähnen, daß das Spätmittelalter die erste große Epoche in der Geschichte der europäischen Universitäten wurde. Die Universitäten standen, von wenigen Ausnahmen abgesehen, innerhalb der Kirche. Aber sie nahmen mehr und mehr auch Laien auf und wandten sich Aufgaben zu, die nicht mehr völlig durch die Kirche anerkannt wurden. Man kann sagen, daß sich die Universitäten mehr und mehr zu Sondersystemen am Rande der Kirche entwickelten und daß ihre Beziehungen zur übrigen Kirche nicht ohne Konflikte waren.

Es wird nun unsere Aufgabe sein, die verschiedenen Gemeinschaftsformen, die zu der spätmittelalterlichen Kirche oder doch wenigstens zur Frömmigkeit zu rechnen sind, der Reihe nach mit einigen Stichworten bekannt zu machen. Der wichtigste Organisationsrahmen des Weltklerus war die D i ö z e s e unter der Leitung des Bischofs. Dieser Rahmen umspannte zugleich viele Mönchsgemeinschaften und fast alle kirchlichen Laiengemeinschaften. Über dem Bischof gab es den Erzbischof, dessen Kompetenzen aber seit dem 9. Jh. im Zusammenhang mit dem

Aufbau der päpstlichen Macht eingeschränkt worden waren. Nur dann war die Funktion des Erzbischofs im Spätmittelalter stark, wenn er vom Papst zum Legaten für seinen Metropolitanbereich oder sogar einen größeren Bereich gemacht worden war. Zu den Kompetenzen, die überall die Erzbischöfe hatten, gehörte die Einberufung von Provinzialsynoden, die hauptsächlich das vom Papsttum geschaffte Recht zu rezipieren und in Provinzialstatuten zu verarbeiten hatten. Diese Provinzialsynode war gewissermaßen eine Vermittlungsinstanz zur Diözesansynode, die dann ihrerseits das Recht rezipierte, anpaßte und in Diözesanstatuten niederlegte.

Neben der Diözesansynode war die Bischofskurie das wichtigste Organ des Diözesanverbandes. Die bischöfliche Kurie ist nicht identisch mit dem Domkapitel, d. h. also der Priestergemeinschaft der Bischofskirche. Das Domkapitel hat zwar bestimmte Mitregierungsrechte bei der Diözesanleitung, ist sonst aber anderen Klerikerkonventen in der Diözese an die Seite zu stellen. Die bischöfliche Kurie wurde von 3 Beamten geprägt: dem Offizial, der für das Gerichtswesen zuständig war, dem Generalvikar, der die Verwaltung zu betreuen hatte, und dem Weihbischof, der in den geistlichen Funktionen im engeren Sinn den Bischof vertrat. Das Domkapitel erlangte, wie andere bedeutende Kleriker- und Mönchskonvente der Diözese, manchmal eine Exemtion von der bischöflichen Gerichtsgewalt. Es unterstand dann direkt dem Papst. Das Mitregierungsrecht des Domkapitels beruht darauf, daß das Kapitel den Bischof zu wählen hatte. Vom 13. Jh. ab schuf sich der Papst allerdings wachsende Eingriffsmöglichkeiten in die Bistumsbesetzung. Aber das Wahlrecht des Domkapitels blieb erhalten. Manchmal standen sich Kandidaten des Domkapitels und des Papstes gegenüber, dann hatte der König die Möglichkeit, seinen Einfluß entscheidend in die Waagschale zu werfen. In den Konkordaten zwischen der Papstkirche und einzelnen Staaten, vornehmlich des 15. Jh., wurden auch gewisse Nominationsrechte der Könige und Fürsten für die Bistumsbesetzung festgehalten. Die trotz allem überwiegenden Möglichkeiten des Domkapitels bei der Bistumsbesetzung führten dazu, daß Kandidaten sich zu Wahlkapitulationen gegenüber dem Kapitel bereiterklärten. Sie wuchsen sich im 14. Jh. zu umfangreichen, stets erneuerten und ergänzten Vertragswerken aus. Die Mitregierung des Domkapitels führte dazu, daß der Bischof bei allen wichtigen Verwaltungsakten und beim Erlaß

von Diözesanstatuten die Zustimmung des Domkapitels einholen mußte. Bei der Vakanz des Bischofsstuhles übte das Domkapitel die bischöfliche Regierungsgewalt in corpore aus.

Die Bischöfe waren vielfach Territorialherren, immer Grundherren.
Kennzeichnend für die Situation nach dem Investiturstreit ist es, daß der
geistliche und der weltliche Kompetenzbereich nicht vermengt wurden,
sondern auf gesonderte Verwaltungen verteilt waren. Die Differenzierung von Kirche und Welt ging gewissermaßen durch die Person des
Bischofs mitten hindurch. Auch das Domkapitel und andere Konvente
der Diözese waren Grundherren. Territorialherrschaften und Grundherrschaften der Kirche weisen im wesentlichen dieselben Eigenschaften auf wie die weltlichen Entsprechungen. Deswegen braucht darauf
hier nicht gesondert eingegangen zu werden. Lediglich ist darauf hinzuweisen, daß es kirchliche Herren schwerer als weltliche hatten, die
Hochgerichtsbarkeit in die Hand zu bekommen, da dem bis zum 13. Jh.
das kirchenrechtliche Verbot der Ausübung einer Blutgerichtsbarkeit
entgegenstand. Im 13. Jh. schon wußte man das Verbot zu umgehen.
1278 ließ sich der Erzbischof von Salzburg vom König eine Urkunde
ausstellen, in der es heißt, daß der Erzbischof kraft der Belehnung mit
den Regalien volle und unbeschränkte Gewalt habe, in seinem Hoheits-
bereich in Zivil- und Strafsachen zu richten. Da der Erzbischof zu den
höchsten Fürsten gehöre, sei es unzweifelhaft, daß das *merum imperium*
mit seinem Fürstentum verbunden sei, kraft dessen er das Recht habe,
Übeltäter anzunehmen und die Schwertgewalt durch einen anderen, wie
es seinem geistlichen Stand entspreche, ausüben zu lassen.[50] Am Beginn
des 14. Jh. wurde dann das Verbot der Blutgerichtsbarkeit für geistliche
Fürsten durch den Papst formell aufgehoben.[51] Damit war dem Kampf
der Kirche gegen die Vögte, d. h. gegen den Versuch der Vögte, eine
kirchliche Grundherrschaft in die eigene Territorialherrschaft einzubeziehen, ein wesentlicher Rückhalt gegeben. So gelang es denn nicht nur
den meisten Bistümern, sondern auch vielen großen Abteien, reichsun-
mittelbare Territorialherrschaften zu gründen.

Im Spätmittelalter gab es zahlreiche Gemeinschaften von Priestern und
anderen Klerikern, die sich aus eigenem Antrieb und unabhängig von

---

[50] Schwind-Dopsch (u. S. 299) Nr. 58.
[51] R. Scheyhing (u. S. 298) S. 273.

den durch das Kirchenrecht vorgeprägten Gemeinschaftsformen zusammentaten. Die Voraussetzung für die Entstehung dieser Gemeinschaften war die Einrichtung des Lohnpriestertums. Die Mitglieder von
Dom- und anderen Klerikerstiften mit einem reichen Grund- und Ren-
tenbesitz, nahmen die mit ihrem Amt verbundene Seelsorge und andere
liturgische Pflichten nicht mehr selber wahr, sondern betrauten damit
einen Vikar gegen ein festes, bescheidenes Gehalt. Auf demselben sozialen Status befanden sich zahlreiche Kapläne und Vikare, die nicht die
Vertreter eines Pfründeninhabers waren, sondern die die liturgischen
Pflichten an einem Altar zu verrichten hatten, die mit einer gestifteten
Rente verbunden waren. Die Vikare, die zu einer größeren Konvents-
oder Pfarrkirche, etwa der Domkirche gehörten, bildeten eine *fraternitas vicariorum*. Der Konstanzer Dom besaß am Ausgang des Mittelalters
54 Altarstiftungen mit Vikaren, das Ulmer Münster, die größte Pfarrkirche der Diözese, deren über 60. Die Vikare an Stiftungsaltären unterstanden auch der Aufsicht der Rentenstifter und deren Erben. Soweit
diese städtische Bürger waren, nahm der regierende Rat oft das Auf-
sichtsrecht an sich oder konstruierte für sich ein Oberaufsichtsrecht.
Die Vikare und Kapläne hatten neben den Bettelmönchen die engsten
Kontakte zur Laienwelt. In diesem Bereich kamen denn auch am Ende
des Mittelalters wieder aus Laien und Geistlichen, nämlich Vikaren und
Kaplänen, gemischte Bruderschaften für bestimmte liturgische Aufgaben zustande. Die Ratsaufsicht über Vikare war vielfach die Vorform
des städtischen Kirchenregiments nach der Reformation, in der sich
Bürger und Vikare oft gemeinsam vom Apparat der Kirche lösten.

*

Die Mönchs-, Nonnen- und Klerikerkonvente sind Gemeinschaften, in denen bereits im Frühmittelalter die Kirche gewissermaßen
unter sich war. Im Bereiche dieser Gemeinschaften sind im hohen und
späten Mittelalter drei Tendenzen feststellbar: 1. Die Gemeinschaftsre-
geln verändern sich in Richtung auf eine größere Unterscheidung vom
weltlichen Leben. Dabei ging man verschiedene Wege. Die Benedikti-
nermönche, die man als Cluniazenser zusammenfaßt, erhöhten die liturgischen Pflichten. Die Zisterzienser wollten die Kontakte mit den

Laien einschränken, wählten deswegen für ihre Klöster besonders abgeschiedene Orte und strebten wirtschaftliche Autarkie an. Unter den regulierten Klerikern entstand im ausgehenden 11. Jh. eine Reformrichtung, die im Unterschied zu den früheren, gemeinschaftlich lebenden Klerikern auf das Privateigentum verzichten wollte. Dieser Verzicht war bei den Mönchen bereits im Frühmittelalter Vorschrift. Im beginnenden 13. Jh. entstanden die Bettelorden, die in diesem Punkt auch über das frühere Mönchtum hinausgingen. Sie lehnten nicht nur den Privatbesitz, sondern auch den kollektiven Besitz ab. Alles was sie besaßen, sollte im Eigentum der römischen Kirche stehen. Davon ging man dann allerdings im Laufe der Jahrzehnte langsam wieder ab. 1322 wurde immerhin noch in einem Papstdekret für die Franziskaner festgestellt, daß die Grundstücke und Bibliotheken im Eigentum der römischen Kirche seien.

Gerade die Bettelorden waren die wichtigsten Träger einer 2. Tendenz, der Ausarbeitung neuer Beziehungen zur Laienwelt. Im Unterschied zu den Zisterziensern galt für sie nicht die Vorschrift, Kontakte mit der Laienwelt zu vermeiden, sondern sie setzten ihre Ordenshäuser mitten in die Städte, beschäftigten sich mit der Laienseelsorge und organisierten und betreuten Laienbruderschaften.

Die 3. Tendenz ist die Entstehung von Orden als solchen, die Konstituierung organisierter Gruppen von Klöstern und Konventen. Auch diese Tendenz hängt mit der Differenzierung von Kirche und Welt zusammen, denn es war natürlich, daß Klöster enger zusammenrückten, wenn sie sich aus der Grundherrschaft und sonstigen älteren Bindungen lösten. Auch mit der Reformbewegung hängt die Ordensbildung zusammen. Klöster, die dieselben Neuansätze versuchen wollten, schlossen sich zusammen. Man unterscheidet dabei die eigentliche Verbandsbildung von den Observanzgruppen. Um das lothringische Kloster Gorze bildete sich eine Gruppe, die die gleichen Reformregeln befolgte. Um Cluny bildete sich demgegenüber ein Verband. Die Klöster dieses Verbandes wurden als Priorate dem Abt von Cluny unterstellt. Um das Schwarzwaldkloster Hirsau gab es zwei Gruppen, die eine bestand aus Prioraten, wie bei Cluny, die andere bestand aus Verbündeten mit der gleichen Observanz. Mit den Cluniazensern sind die im 11. Jh. in Italien entstandenen Camaldolenser und Vallombrosaner zu vergleichen. Bei den ersteren hieß der Ordensoberste, der Abt von Camaldoli, Generalprior. Die Camaldolenser verbanden Koinobitismus und Einsiedelei miteinander. In der Nachbarschaft von Klöstern im eigentlichen Sinn wurden Einsiedeleien gegründet, die aus Ansiedelungen von kleinen, isolierten Häuschen mit Gärten, eingefaßt von Klausurmauern, bestanden. Zur Einsiedelei gehörten dann noch eine Kirche und einzelne Gemeinschaftsgebäude.

Die Zisterzienser organisierten sich im Unterschied dazu nicht im herrschaftlichen Sinn, sondern auf der Basis der regelmäßigen Zusammenkünfte der Äbte der einzelnen Klöster. Auf diesen Zusammenkünften, den Generalkapiteln, wurden für alle Klöster verbindliche Beschlüsse gefaßt. Den Zisterziensern ähneln die etwa in der gleichen Zeit von Frankreich aus gegründeten Kartäuser. Im Hinblick auf die Verfassung waren die Prämonstratenser, die in der ersten Hälfte des 12. Jh. entstanden, bereits ein Vorläufer der späteren Bettelorden. An der Spitze des Ordens stand der Abt von Prémontré in Nordfrankreich; die einzelnen Klöster werden in Provinzen, in Zirkarien, eingeteilt. Die Provinzoberen sind Generalvikare. Darin ebenso den regulierten Klerikern, den Augustinerchorherren wie den späteren Bettelmönchen vergleichbar, nahmen sich die Prämonstratenser im Unterschied zu den bisherigen Mönchen direkt der Seelsorge an und ließen ihre Mönche Pfarrstellen bekleiden. Bei den Bettelorden ging die Integration der Klostergruppe soweit, daß es für die einzelnen Männer und Frauen keine Klosterzugehörigkeit, sondern nur eine Ordenszugehörigkeit gab. Die Orden der Franziskaner und der Dominikaner leiteten von Rom aus Ordensgeneräle mit dem jeweiligen Generalkapitel, zu dem regelmäßig die Minister oder Provinzialen der Ordensprovinzen zusammentraten. Dem Kloster stand ein von den Insassen gewählter Prior oder Guardian vor. Die Franziskaner kannten im Laufe der Zeit zahlreiche Abspaltungen: Die Spiritualen, die im 14. Jh. auch die Fratizellen genannt wurden, die Observanten, die 1415 eigene Provinzialvikare und einen Generalvikar bekamen, und im beginnenden 16. Jh. die Kapuziner. Scharf von den Augustinerchorherren zu unterscheiden sind die Augustinereremiten, die in der Mitte des 13. Jh. aus der Vereinigung mehrerer italienischer Eremitenverbände entstanden. Die Verfassung und Zielsetzung hat große Ähnlichkeit mit der der Bettelorden.

Unter dem Vorbild von festgefügten Verbänden, wie der Zisterzienser und der Bettelorden, schlossen sich schon im 13. Jh. Gruppen von älteren Benediktiner-Klöstern zu Kongregationen zusammen. Der erste

Zusammenschluß erfolgte im Jahre 1215 für die sogenannten Schotten-klöster unter der Leitung des Abtes von St. Jakob zu Regensburg. Die Äbte der Schottenklöster kamen in Regensburg zu einem Generalkapi-tel alle drei Jahre zusammen. Im 15. Jh. nahm die Zahl solcher Kongre-gationen, die sich immer mit einem bestimmten Reformansatz zusam-menschlossen, zu. In Italien wird 1412 die Kongregation von St. Giusti-na in Padua genannt, in Spanien 1450 die von Valladolid. Die größte Ausdehnung fand die 1433 in Deutschland gegründete Kongregation von Bursfeld. Dieser Kongregation gehörten bald über 80 größtenteils norddeutsche Klöster an. An ihrer Spitze stand der Abt von Bursfeld als Präsident mit zwei gewählten Mitpräsidenten und dem Jahreskapitel, das für regelmäßige Visitationen der Klöster und strenge Beachtung der Regel sorgte.

Fast bei allen Richtungen und Orden gab es neben Männerklöstern auch Frauenklöster. Die Prämonstratenser-Klöster waren bei der Grün-dung des Ordens als Doppelklöster, die Männer und Frauen umfaßten, gedacht. Die Doppelklöster wurden schon in der Mitte des 12. Jh. abgeschafft, die Aufnahme von Nonnen in den Orden in der Mitte des 13. Jh. verboten. Im 14. Jh. nahm der schwedische Birgittenorden den Gedanken der Doppelklöster wieder auf. Hier wurden Klöster unter einer Äbtissin gegründet, denen jeweils die festvorgeschriebene Zahl von 60 Nonnen und 25 Mönchen angehörten. Damit haben wir einige Richtungen und Orden genannt, die wichtige Typen repräsentieren. Die Zahl der kleineren Orden, die diesen Typen mehr oder weniger ähnel-ten, war außerordentlich groß.

*

Im 12. Jh. entstanden die R i t t e r o r d e n, eine Verbindung von Mönch-tum und Rittertum. Es sind vor allem die Johanniter, die Templer und die Deutschherren (s. o. S. 150 f.) zu nennen. Die Johanniter sind aus dem etwa 1050 in Jerusalem gegründeten St. Johannis Hospital entstan-den. Sie übten anfänglich Krankenpflege, aber schon im 12. Jh. überwie-gend Waffendienst. Ihr Hauptsitz war später auf Zypern, seit 1310 auf Rhodos und seit 1522 auf Malta. Die Templer wurden 1119 in Jerusalem ins Leben gerufen und leisteten das besondere Gelübde des Schutzes der Jerusalem-Pilger. 1312 wurde dieser Orden vom Papst unter dem Druck

des französischen Königs aufgelöst. Alle Ritterorden hatten eine zentra-
listische Verfassung, standen unter einem Groß- oder Hochmeister,
dessen Macht durch ein Generalkapitel eingeschränkt wurde. Die Orden zerfielen in Provinzen oder Nationen, diese wieder in Priorate,
Kommenden oder Komtureien. Neben den waffenfähigen Rittern gab
es dienende Brüder, z. B. für den Spitaldienst, und Priester.

Die wichtigsten unter den Laiengemeinschaften im Rahmen der
Kirche waren sicherlich die sogenannten Dritten Orden oder Terziarier der Franziskaner, Dominikaner, Augustinereremiten und anderer
Mönchsorden. Sie haben gemeinsam, daß ihre Mitglieder in der Welt
und in der Ehe leben, aber für gemeinsame Zusammenkünfte und die
Einhaltung bestimmter Riten der Aufsicht der jeweiligen Mönchsorden unterliegen, denen sie zugeordnet sind. Die Mönche arbeiteten
eine Regel für die Laien aus, die dann von dem Papst bestätigt wurde.
Die franziskanischen Terziarier tragen einen weißen Gürtel und ein
braunes Skapulier, Schulterkleid, unter den gewöhnlichen Gewän-
dern. Sie beten täglich je 12 Vaterunser, Avemaria und Ehre sei dem
Vater und halten andere Vorschriften ein. Seit Ende des 13. Jh. schlossen sich Gruppen von Terziariern zu einem gemeinsamen Leben zusammen. Dieses Gemeinschaftsleben fügte sich schlecht in die bisherige Regelentwicklung in der Kirche ein und rief von seiten der Kirche
Mißtrauen hervor. Trotzdem entstanden ganze Verbände und Kongre-
gationen von solchen Gemeinschaften des gemeinsamen Lebens. Seit
Beginn des 15. Jh. wurde von den Mitgliedern ein Gelübde abgelegt
und damit verließen diese wohl die Welt und glichen sich den übrigen
Mönchen an. 1413 bestätigte der Papst die ihm vorgelegte Regel der
flandrischen Kongregation der in Gemeinschaft lebenden Terziarier
der Franziskaner.

Teils in Anlehnung an den Franziskanerorden, teils in unabhängigen
Gruppen lebten in den Niederlanden und am Niederrhein auch die
männlichen Begarden und weit darüber hinaus in ganz Frankreich und
Deutschland die weiblichen Beginen. Die in Beginenhöfen hinter Ring-
mauern in Gruppen zusammenlebenden Beginen legten kein Klosterge-
lübde ab. Man wird sie deswegen eher fromme Laien als Nonnen nennen müssen. 1216 gab der Papst im Hinblick auf die Beginen die Erlaubnis, „daß fromme Frauen überall in demselben Haus zu mehreren leben
und sich gegenseitig durch Ermahnungen zum Guten bestärken dür-

fen"[52]. Im Auftrage des Bischofs von Lüttich arbeitete in der Mitte des 13. Jh. ein Kanoniker aus Lüttich Statuten für die Beginen seiner Diözese aus. Darin versuchte der Bischof, die Beginen als Glieder der Kirche zu beanspruchen und sie gerichtlich entsprechend seinem eigenen Gericht zuzuordnen. Für das Beginentum als Ganzes sind in dieser Zielrichtung die Statuten aber nur ein nichterfülltes Programm geblieben. Wichtiger als diese Statuten sind die Normen geworden, die die Gründer von Beginenhöfen in ihren Gründungsurkunden festlegten. Ein Beispiel für einen Beginenhof, der den großen Bettelorden angegliedert wurde, ist jener von Brügge. Ein Prior der Dominikaner und ein Guardian der Franziskaner hatten gemeinsam die Großmeisterin des Hofes zu ernennen und eventuell auch abzusetzen. Letztere hatte bei wichtigen Verwaltungsmaßnahmen die Zustimmung dieser Männer einzuholen.

Die Blütezeit der geistlichen Bruderschaften, die sich mehr oder weniger parallel zu berufsständischen Gruppen, den Zünften, (s. o. S. 216 f.) entwickelten, lag im 15. Jh. In Hamburg z. B. gab es damals etwa über 100 solcher Bruderschaftens.[53] Einige davon waren aber auch Nachbarschaftsbruderschaften. Es sind Statutenbücher und Rentenbücher der Bruderschaften erhalten. Die Bruderschaften hatten differenzierte Leitungsorgane. Es gab Oberalte, Alte, Schaffer und Burmeister. Außerdem gab es bezahlte Angestellte. Die Bruderschaften erhoben Pflichtbeiträge und legten ihren Mitglieder die Pflicht zur Teilnahme bei verschiedenen Veranstaltungen, besonders bei kirchlichen Prozessionen auf. Die Rentenbücher erweisen die Bruderschaften als Vermögensträger. Wir finden dort die Namen von Mitgliedern und Freunden, die ihre Häuser mit einer Rente zugunsten der Bruderschaft belasten. Aber die Bruderschaften führen auch Rentenzahlungen durch. Sie verkaufen z. B. Leibrenten sogar an Auswärtige. Die Bruderschaften besitzen Mietshäuser und zahlen von ihrem Vermögen Steuern an die Stadt. In den Pfarrkirchen gibt es Bruderschaftsaltäre. Außerdem haben viele

---

[52] H. Boehmer, Analekten zur Geschichte des Franziskus von Assisi (1930[4]) S. 66.
[53] G. Brandes, Die geistlichen Bruderschaften in Hamburg während des Mittelalters. Zeitschrift des Vereins für Hamburgische Geschichte 34 (1935)–36 (1937).

Bruderschaften ihre feste Zahl von Armen, die sie regelmäßig im Jahr versorgen. Die Armen stehen meist in einer Beziehung zu den Mitgliedern der Bruderschaft. Z. B. sind es verarmte Berufsgenossen oder verarmte Verwandte.

Die geistliche Bruderschaft von Laien stellt eine verbreitete Organisationsform des spätmittelalterlichen Hospitals dar. Diese Bruderschaft schloß fromme Pfleger und Kranke, bzw. Alte zusammen. Die letzteren waren entweder arme Sieche, die vom Bruderschaftsvermögen unterhalten wurden, oder Pfründner, die sich eingekauft hatten. Im übrigen unterhielten der Bischof und mehrere der oben genannten religiösen Gemeinschaften Hospitäler. Insbesondere die gemeinschaftlich lebenden, sogenannten regulierten Kleriker bildeten zahlreiche Sonderorden aus, die auf den Hospitaldienst gerichtet waren. Als Beispiel seien die Antoniter genannt, die auf den *ignis sacer* spezialisiert werden, den Mutterkornbrand, eine Krankheit, die nach dem Genuß von Roggen auftritt, der vom Mutterkornpilz befallen ist.

Wir sind bei der bisherigen Betrachtung wiederholt auf Gruppen gestoßen, die, sei es zeitweise, außerhalb der Kirche standen. Dazu gehören die Fratizellen der Franziskaner und einige Gruppen der Beginen. Fromme Gemeinschaften außerhalb der Kirche nannte man Häretiker oder Ketzer. Die bedeutsamsten Häretikergruppen waren im hohen und späten Mittelalter die Katharer, die Waldenser und die Hussiten. Wir heben als Beispiel die Katharer hervor, deren Geschichte etwa 1140 mit ihrem ersten Auftreten in Köln, in Lüttich und im Perigord beginnt. Später ist ihr Hauptverbreitungsgebiet das Languedoc. Die Katharer tendieren nach der Ausbildung einer alle Lebensbereiche umfassenden Gemeinschaft und isolieren sich von den übrigen Bewohnern ihrer Landschaften. Man verlangt die Armut des einzelnen, läßt den Besitz der Gesamtgemeinschaft aber zu. Der Name der Bewegung kommt von der Führungsgruppe, den Katharern, den Reinen, im engeren Sinn. Diese Leute, die auch *perfecti* heißen, werden als sündenlos gedacht. Seit dem 13. Jh. ist jedoch die Möglichkeit des Rückfalls und der erneuten Vollendung gegeben. Die Gemeinde wählt Bischöfe, die aber keine eigentlichen Machtrollen innehaben, sondern eher eine organisatorische Hilfe bieten sollen. Das gleiche gilt von den ihnen zur Seite gestellten *filius maior* und *diaconus*. Die höchste Entscheidungsinstanz der Gemeinschaft war das Konzil der *perfecti*. Die Bekämpfung durch

Kreuzzüge im beginnenden 13. Jh. führte nicht zu einer Vernichtung der Katharer. Nachhaltiger war die Gegenmission besonders durch den ausdrücklich dafür gegründeten Dominikanerorden. In Südfrankreich gab es Katharergemeinden bis 1330, in Sizilien und Nordwestitalien bis 1412. Im Kampf gegen die Ketzer entwickelte die Kirche das Verfahren der Inquisition. Das Verfahren wurde an Hand von Erfahrungen in den Handbüchern der Inquisition niedergelegt. Am berühmtesten sind die Practica officii inquisitionis von 1324 des Bernhard Gui, eines Dominikaners aus Südfrankreich.

*

Die Universitäten des Spätmittelalters setzen, von wenigen Ausnahmen abgesehen, das höhere kirchliche Schulwesen des frühen und hohen Mittelalters, die Dom- und Klosterschulen, fort. Gleich am Anfang der Geschichte der Universitäten zeigte sich jedoch auch, daß die Universitäten gewissermaßen am Rande der Kirche angesiedelt sein und in mancher Hinsicht aus ihr herausragen würden. Werfen wir einen Blick auf die Anfänge der Universität Paris. Im 12. Jh. lehrten auf dem Gelände des Klosters Sainte Geneviève unter der gerichtlichen Immunität dieses Klosters Lehrer, die manchmal die niederen Weihen hatten, auf eigene Faust. Sie ließen sich von ihren Schülern für ihre Lehre bezahlen. Abälard war der bekannteste. Um 1200 bildete sich eine *universitas magistrorum*, welche auch die Magister der Domschule umfaßte. Die *universitas* – eine Art Genossenschaft – weitete sich aus, und 1213 ist eine *universitas magistrorum et scolarium* bezeugt. Die Kirche schaltete sich durch Synodalbeschlüsse in die Lehre ein, die sich vom Dogma wegbewegte, und der Papst erließ 1215 eine Studienordnung. Aber die *universitas* wußte, sich durch Streiks und andere Mittel Spielraum für die Eigenentwicklung zu bewahren. In Bologna begannen noch im 11. Jh. einzelne *legisdoctores* zu lehren. In welcher genauen Stellung sie waren, bleibt ungewiß. Die korporative Initiative lag hier bei den Studenten, die sich zu einer *societas*, dann zu *nationes*, also zu Gruppen gleicher Herkunft, zusammenschlossen. Diese *nationes* wählten sich ihre Rektoren und traten geschlossen nicht nur der Bologneser Bürgerschaft, sondern auch dem Bischof und den Lehrern gegenüber. 1224 wurde von Kaiser Friedrich II. in Neapel eine Universität gegründet, die von einem königlichen Kanzler geleitet wurde. Sie stand unter königlicher Gerichtsbarkeit. Ihre Lehrer wurden vom König berufen und besoldet. Die Studenten wurden von staatlichen Behörden geprüft. Das Vorbild wirkte sich auf Salerno, auf spanische Universitäten und im 14. Jh. auch auf deutsche Universitäten aus. Von Prag abgesehen war Heidelberg die früheste deutsche Universität. Sie wurde 1386 durch den Kurfürsten von der Pfalz gegründet. Der Dompropst von Worms, Konrad von Gelnhausen, wurde der erste Kanzler. Es gab also durchaus auch staatliche Anstöße für die Entwicklung der Universitäten. Aber die päpstliche Leitung der Kirche wußte fast überall die Entwicklung einzufangen. Die Gründung des Kurfürsten von der Pfalz erhielt ein Privileg des Papstes, wonach eine Universität nach dem Vorbild von Paris errichtet werden durfte und sollte. Die Organisation erfolgte hier nicht nach Nationen, sondern nach Fakultäten wie inzwischen auch in Paris. Die Graduierten aller Fakultäten wählten einen von sich zum Rektor, der eine niedere Gerichtsbarkeit ausübte. Die wirtschaftliche Fundierung erfolgte durch die Verbindung der Universität mit dem reichausgestatteten Heilig-Geist-Stift, das 12 Stiftsplätze oder Kanonikate besaß, die der Zahl der Ordinarien der Universität entsprachen. Solche Ausstattung mit geistlichen Pfründen war im 15. Jh. die übliche wirtschaftliche Fundierung einer Universität. Die päpstlichen Privilegien waren notwendig, um einer Universität und den von ihr verliehenen akademischen Graden eine europäische Anerkennung zu geben. Während im 13. Jh. schon die Universitäten Toulouse (1229) und Rom (1244) auf eine direkte päpstliche Gründung zurückgehen, erhielten im 14. Jh. u. a. in Avignon (1303), Grenoble (1339), Pisa (1343) Universitäten päpstliche Stiftungsbriefe. Im 15. Jh. stellte der Papst vornehmlich für zahlreiche neue deutsche Universitäten Stiftungsbriefe aus (Abb. 10).

5. Der Territorial- und Nationalstaat

Wir kehren nicht zurück zu einigen Themen, die im dritten Teil des Buches behandelt wurden, wie etwa der Bedeutung des Lehenswesens für die Entstehung des modernen Staates, den Anfängen von Beamtenschaften und Ressortteilung, der Durchsetzung einer neuen staatlichen

Abb. 10 Die Universitäten bis 1500. (Atlas der Kirchengeschichte, bearbeitet von
J. Martin, Freiburg im Breisgau, 1970)

Gerichtsbarkeit und Gesetzgebungskompetenz, auch wenn für alle
diese Fragen das Spätmittelalter reiches Material bietet, das sich breiter
über Europa verteilt als vorher. Auch auf die Anfänge der staatlichen
Besteuerung wurde schon hingewiesen. Es soll im Folgenden unsere
Aufgabe sein, die Formalisierung der Besteuerung (1), die mit der Ablösung der Amtsverpfändungen, einer älteren Form der Territorialverwal-
tung, in Verbindung steht, im Spätmittelalter zu beobachten. Danach
soll verfolgt werden, in welchen Varianten sich die Ständebewegung
entfaltet hat (2), die – wie wir sehen werden – zum Teil mit den Steuern
in Verbindung steht. Außerdem soll ein weiteres Kennzeichen des spätmittelalterlichen Staates, das stehende Heer (3), herausgearbeitet werden. Im übrigen wollen wir den Blick auf Einrichtungen und Normen
lenken, die mit dem Wachstum staatlichen Bewußtseins zusammenhan-
gen. Dabei wird es um die Ausdehnung der staatlichen Kompetenz über
Recht und Frieden hinaus auf die wirtschaftliche Wohlfahrt der Bevölkerung (4) gehen. Staatliche Kontinuität und Institutionalität formen
sich in Gesetzessystemen aus. Es entstehen örtliche Mittelpunkte,
Hauptstädte (5). Damit hängen Unteilbarkeitsideen zusammen, die für
die Bevölkerung, oder wenigstens die Stände, zu Einheitsideen oder
-bewegungen werden können (6). Weiterhin ist auf die Bedeutung staatlicher Grenzen für die Kommunikation und Kulturbewegung einzugehen (7). Schließlich sind die Äußerungen des Nationalbewußtseins im
Spätmittelalter zu schildern (8).

1. Die Gefangennahme des französischen Königs 1356 durch die Engländer und die Vereinbarung eines außerordentlich hohen Lösegeldes in
dem Vertrage von Brétigny 1360 waren die entscheidenden Ereignisse,
die in Frankreich von verschiedenartigen und unregelmäßigen Abgaben
an den König, in denen sich immerhin schon mehr oder weniger deutlich eine staatliche Abgabenhoheit widerspiegelte, zu einer regelmäßigen S t e u e r mit einer Erhebungsorganisation als dauernder Einrichtung führten. Die regelmäßige Steuer zerfällt in die *fouage* oder *taille* auf
der einen Seite und die *maltôte* auf der anderen Seite, zwei Steuerarten,
die die späteren direkten und indirekten Steuern vorweg nehmen. Die
erste Steuer wird nach Herdstellen erhoben. Man verlangt von jeder
städtischen Herdstelle 6 *francs* und jeder ländlichen 2 *francs*. Wegen der
fortgeschrittenen Gemeindebildung in Stadt und Land überläßt man
jedoch die Erhebung den Gemeinden. Man verlangt von den Gemein-

den die Gesamtsumme entsprechend der Zahl der Herde. Dabei wird vorausgesetzt, daß die Gemeinden selbst bei der Erhebung nicht schematisch vorgehen, sondern nach dem Grundsatz, der Starke trägt den Schwachen, von den reichen Herdstellen mehr, von den armen Herdstellen weniger fordern. Die zweite Steuer wird von den Umsätzen auf den Märkten erhoben, und zwar 12 Pfennige auf 1 Pfund Pfennige, also 5 %. Von dieser Prozentregelung macht der Weinhandel eine Ausnahme. Beim Wein verlangt man 8 % vom Großhandel und noch einmal 25 % beim Kleinausschank. Außerdem beanspruchte der Staat die *gabelle du sel*, d. h. das Monopol des Salzverkaufs. Es gab staatliche Salzverkaufsstellen, in denen die Salzhändler das Salz deponieren mußten. Dort verkaufte es der staatliche Magazinverwalter zu einem Preis, den der König festsetzte und von dem er einen wechselnden Anteil zurückbehielt.

Die Salzmagazinverwalter waren nicht die einzigen neuen Beamten, die mit der regelmäßigen staatlichen Steuer ihre Arbeit begannen. Die wichtigsten waren die sogenannten *élus*, Bezirksbeauftragte des Königs für die Steuererhebung. Sie hießen *élus*, weil sie ursprünglich, aber nur kurze Zeit, von Ständeversammlungen gewählt wurden. Die Steuerbezirke hießen bis zur Französischen Revolution *élections* und fielen meist mit kirchlichen Diözesen zusammen, bildeten den Teil einer Diözese oder umfaßten zwei solcher Diözesen. Der *élu* hatte um sich herum einen Stab technischen Personals und fungierte auch als Finanzrichter. Als Kontroll- und Appellationsinstanz gegenüber den *élus* wurde in Paris eine *chambre des aides* eingerichtet, die bald einen Ableger für den entfernten Süden Frankreichs erhielt.

Diese verhältnismäßig einfache und wirkungsvolle staatliche Finanzorganisation ist wohl in keinem anderen Staat Europas im Spätmittelalter gleicherweise erreicht worden. Aber Frankreich galt sicherlich allen Staatsverwaltungen als Vorbild. England kannte nur bei den Grenzzöllen eine vergleichbare Entwicklung. Nach einigen vorhergehenden jeweils nur kurze Zeit dauernden Anläufen wurde 1275 ein ebenso beständiges wie entwicklungsfähiges und anpassungsfähiges Zollsystem eingeführt. Zunächst wurde nur die Ausfuhr von Wolle und Häuten besteuert. Und zwar sollte von jedem Sack Wolle zum Beispiel eine halbe Mark Sterlinge gezahlt werden. Die Ausfuhr durfte nur durch dafür vorgesehene Häfen erfolgen, in der Regel in einem Hafen je

Grafschaft. In diesen Hafenstädten wurden jeweils 2 Bürger von der Bürgerschaft gewählt und als Kollektoren angestellt. Sie erhielten ein Siegel, mit dem sie die Bezahlung des Zolls zu quittieren hatten. Ein korrespondierendes Siegel erhielt ein vom König eingesetzter Kontrolleur. 2 weitere Männer wurden gewählt, die die übrigen Häfen der jeweiligen Grafschaft zu überwachen hatten und eine Ausfuhr von Wolle und Häuten nur zu erlauben hatten, wenn ein Quittungssiegel vorgewiesen werden konnte. Von 1279 ab wurden in jedem lizensierten Ausfuhrhafen eine gesonderte Zolleinnahme- und Abrechnungsliste geführt. Viele davon sind erhalten geblieben. Der Aufbau des englischen Zollsystems wurde unterstützt durch die Handels- und Bankgesellschaft der Riccardi von Lucca, die dem König große Vorschüsse zahlte und in den ersten Jahrzehnten die Erträge der Zölle an sich zog. Nach der Ausschaltung der Italiener 1294 mußten die Zolleinnahmen an das zentrale Schatzamt, den *exchequer*, in London abgeliefert werden.

Mit den indirekten Steuern verbinden sich auch die Anfänge einer geregelten Steuerverwaltung in Deutschland. Im 14. Jh. wurde nur in Österreich etwas aufgebaut, was mit dem bisher geschilderten vergleichbar ist. Es gab dort neben den Hauptleuten in den einzelnen Landesteilen (s. o. S. 137 f.) Hubmeister, die sich mit der Verwaltung des Vermögens und der Einnahmen des Herzogs zu beschäftigen hatten. Neben zahlreichen verschiedenartigen alten Einnahmen wurde ihnen 1359 auch die Verwaltung des Ungeldes, wie man hier die indirekten Steuern nannte, übertragen. Dieses Ungeld von 1359 bedeutete eine 10 %ige Abgabe beim Ausschank von Wein, Bier und Met. Dem Ungeld hatte eine Ständeversammlung zugestimmt, der der Landesfürst zugesichert hatte, dafür die regelmäßigen Münzverrufungen zu unterlassen. Die Münzverrufungen dieses wie anderer Fürsten bedeuteten die Einziehung der umlaufenden Münzen und ihre Wiederausgabe unter Einbehaltung eines landesfürstlichen Abschöpfungsgewinnes. Das Ungeld wurde im Rahmen von Hochgerichtsbezirken eingesammelt, später aber bezirksweise an Grundherren der Gegend verpachtet. Dabei wurden immerhin genaue Abrechnungen vorgenommen. Erwähnt sei noch eine andere indirekte Steuer, die in einem deutschen Territorialstaat eingeführt wurde, 1488 die Bierakzise in Brandenburg. Hier waren es die Städte, die besonders betroffen wurden und die ihre Einwilligung geben mußten. Von jeder Tonne, die die Brauerei verließ, wurde 1 Groschen gezahlt. $^2/_3$ davon, 8 Pfennige, waren für den Landesfürsten, $^1/_3$ für die Stadtobrigkeiten bestimmt, die durch ihre Organe eine Kontrolle über die fürstlichen Steuererheber ausübten.

*

Indirekte Steuern dieses Typs, die sich im ausgehenden Mittelalter in den meisten Territorien ausbreiten, bedeuten ihren vollen Anschluß an die sich seit dem hohen Mittelalter entfaltende Geldwirtschaft. Um die verfassungsgeschichtliche Bedeutung dieser Steuern voll zu erkennen, müssen wir einen Blick auf die A m t s v e r p f ä n d u n g e n werfen, die für viele Gegenden, aber besonders für deutsche Territorien im Spätmittelalters typisch waren und deren Ablösung durch diese neue Steuern ermöglicht wird. Durch die Geldwirtschaft wandelte sich die Herrschaft in ihrer Substanz von einer solchen über Land und Leute in eine Finanzherrschaft, die bei Staaten auch das Instrumentarium der Beamtenbürokratie ermöglichte. Während die Herrscher des Früh- und Hochmittelalters ihre Helfer durch Ausgabe von Land und Leuten mittels des Lehenswesen entlohnten, liefen sie immer Gefahr, eben diese Teile ihrer Herrschaft durch Entfremdung zu verlieren (o. S. 65 ff.). Es war von der Herrschaft her gesehen ein Fortschritt, als man diese Vergabungen durch Geld ersetzen konnte, weil ein Teil der grundherrschaftlichen Abgaben in Geld erfolgte. Seit dem 13. Jh. bürgerten sich Rentenlehen, Assignationen örtlicher Einnahmen an Dritte, und Verpfändungen ein. Letztere erstreckten sich von Abgabenverpfändungen bis auf ganze grundherrschaftliche Ämter und Amtsmannstellen. Diese Verpfändungen werden von einigen Forschern anachronistisch als Zeichen der Verschwendung bewertet. Dabei erfolgten sie vielfach nicht für Geldkredite, sondern für Dienste wie früher die Lehensvergabungen und hatten bis zum 15. Jh. eine wichtige verfassungsgeschichtliche Funktion, indem der werdende Staat dadurch Organe gewann. Allerdings bedeuteten gerade die Amtsverpfändungen schließlich doch eine große Gefahr, wenn sie nämlich die ganze fürstliche Grundherrschaft adsorbierten, dem Fürsten keine Einnahmen übrigließen und ihm dadurch auch die Möglichkeit nahmen, die Pfandschaften zurückzuholen. Erst als es z. B. den deutschen Territorialfürsten gelang, das Vorbild der französischen indirekten Steuern nachzuahmen, bekamen sie die Mittel für die Pfandauslösung.

*

2. So wie Frankreich das Vorbild bei der Entwicklung einer Steuerverfassung wurde, ist bei der Ausbildung der ständischen Institutionen England vorangegangen. England hatte seit der Magna Charta eine kräftige Tradition adeliger Mitbestimmung. In den Provisionen von Oxford 1258 wurde letztere neu fixiert und ausgebaut, kurz danach wieder in Frage gestellt, aber durch den Aufstand der Barone unter Simon von Montfort (1264/1265) endgültig gesichert. Das *commune consilium* der großen Barone wird von 4 Rittern des niederen Adels aus jeder Grafschaft und 2 Bürgern aus jeder englischen Stadt erweitert, die jeweils als Repräsentanten von unten gewählt werden. Dabei spielte auch eine ältere englische Städtevereinigung eine Rolle, die Cinque ports der Südküste, die vom König zusammengeschlossen waren, um ein gemeinsames Flottengeschwader zur Verteidigung des Landes aufzustellen, die auch ein gemeinsames Gremium besaßen, das nun die wichtigsten Bürgervertreter im englischen Parlament stellte. König Eduard I. hat in seiner langen und wirkungsvollen Regierungszeit von 1272-1307 diese Entwicklung einerseits bestätigt, andererseits in bestimmte Bahnen gelenkt. Es trat eine Scheidung in das später sogenannte Oberhaus und in das Unterhaus ein. Der niedere Adel und die Bürger bildeten das letztere. Die Beteiligung des Oberhauses an der Regierung war wesentlich ausgedehnter als die des Unterhauses. Das später sogenannte Unterhaus tagte gesondert auf eigene Initiative. Wenn die Häuser zusammentraten, sprach für das Unterhaus nur der Sprecher. Darüber und über andere Fragen unterrichtet eine verfassungsrechtliche Denkschrift der ersten Hälfte des 14. Jh., der Modus tenendi Parlamentum.

König Philipp der Schöne von Frankreich rief am 10. April 1302 mitten in seinem den Staat tieferschütternden Konflikt mit der römischen Kurie seine Barone, Prälaten und Städtevertreter in Paris zusammen. Die Versammlung verfaßte mehrere Briefe, in denen sie sich hinter den König stellte. Ähnliche Versammlungen folgten. Gleichzeitig, 1308 und deutlicher noch 1314, werden gesonderte Versammlungen von Städtevertretern, Vertretern der *bonnes villes*, abgehalten, die über die Bewilligung von Geldforderungen beraten. An diesen Geldforderungen entzündeten sich Revolten von Baronen noch in demselben Jahr, dem letzten Philipps des Schönen. Sein Nachfolger Ludwig X. beeilte sich, massenhaft *chartes de liberté* den regional organisierten Baronen zu geben, die praktisch nicht viel bedeuteten. „Er erstickte die Organisationen unter einem Strom von Pergament." Konsultations- und Zustimmungsversammlungen, wie unter Philipp dem Schönen, nahmen allerdings ihren Fortgang. In der Mitte des 14. Jh. beginnt sich eine Unterscheidung zwischen den États de Langue d'Oui in Paris und den États de Langue d'Oc in Toulouse auszuprägen. Der 100jährige Krieg zwischen England und Frankreich läßt die Zusammenkünfte immer häufiger werden, ohne daß allerdings eine kontinuierliche Organisiertheit und Eigeninitiative der Stände wie in England sichtbar würde. 1355 wurde dazu ein Anlauf gemacht, der aber in inneren Streitigkeiten und einem Pariser Aufstand von 1358 unterging. In der Verfassungstheorie gewannen die Trois États allerdings auch in Frankreich eine größere Bedeutung. In den Thronkämpfen des beginnenden 15. Jh. stützte sich der Dauphin, der Thronfolger, gegenüber der Absetzung durch seinen Vater darauf, daß das Recht des Landes, zu dem auch sein Thronrecht gehöre, durch die Stände garantiert werde. Diese Argumentation ist in einem Traktat eines Propagandisten, Jean de Terre vermeille, enthalten, der dem Dauphin nahestand.[54]

Im deutschen Raum richten wir unseren Blick zuerst wieder auf Österreich. Auch dort war lange Zeit das lockere und unregelmäßige Zusammentreffen von Ständevertretern das Übliche. Die Einführung des oben genannten Ungeldes von 1359 erfolgte durch eine Urkunde des Herzogs, in der es heißt: „Dicz beschah in ainem gemainem und offem gesprech mit allen lantherren, rittern und chnechten in Oesterreich, die darczu gehorten und ze rechten zeiten berueft wurden nach ir aller ainhellem und gemainem rate."[55] An der Wende des 14. zum 15. Jh.

---

[54] R. E. Giesey, The french estates and the corpus mysticum regni, in: Album . . .(o. S. 196). Über die historische Einordnung dieses Traktats jetzt: B. Guenée, Un meurtre, une société. L'assassinat du duc d'Orléans, 23 novembre 1407 (1992) S. 277 f.
[55] Schwind – Dopsch (u. S. 299) Nr. 103.

entsteht daraus jedoch ein Landtag mit einer festen Gestalt. Der Landesherr beruft die in die Landtagsmatrikel eingetragenen Landtagsmitglieder, wenn er Rat und Hilfe braucht, mit einer formvollen Ladung ein. Daneben gibt es Versammlungen von Ständemitgliedern, die sich als Landtage bezeichnen, aber vom Herrscher nicht als solche anerkannt werden. Die Landtage bestehen aus den 3 Gruppen des Adels, der Prälaten und der landesfürstlichen Städte und Märkte.

Neben solchen Landtagen hatten im deutschen Raum die Ständeausschüsse eine besondere Bedeutung. Adel und Städte in Oberbayern erhielten 1356 für eine von ihnen bewilligte Steuer das Recht, aus ihrer Mitte je 8 Adelige und 8 Bürgerliche zum Steuergeschäft abzuordnen. Sie trieben die Steuer ein, nahmen sie an sich, behielten und verwalteten sie. 1358 erlangte der niederbayerische Adel das gleiche Recht. Solche Kommissionen blieben an eine Steuer gebunden, sie wurden danach wieder aufgelöst, um später neugebildet zu werden. Im übrigen gab es in Bayern im 15. Jh. Landtage mit Matrikeln. Auch in Württemberg bestehen die Stände aus 3 Gruppen. Die dritte Gruppe wird aber nicht von Städtevertretern, sondern von Landschaftsvertretern gebildet. Die Landschaft wird von den Bewohnern, den Bürgern und Bauern des landesfürstlichen Kammergutes gebildet. Sie unterstehen dem Grafen und Herzog, der sein Kammergut in Ämter eingeteilt hat, in gesteigerter Abhängigkeit. Obwohl es auch in Württemberg eine Gemeindebewegung in Stadt und Land gab, scheinen die Vertreter der Landschaft im Landtag lange Zeit vom Landesfürsten ausgewählt worden zu sein. Landtage im vollen Sinn scheinen erst seit 1457 zusammengetreten zu sein. Der Landtag wird vom Fürsten auch bei Fragen von Krieg und Frieden zusammengerufen. Man unterscheidet zwischen einer fürstlichen Fehde und Kriegen, bei denen das Landesaufgebot in Erscheinung treten muß. Bei Streitigkeiten zwischen Mitgliedern des fürstlichen Hauses treten die Stände als Schiedsrichter auf. Sie garantieren Hausverträge. 1489 wird auf Vertragsbasis ein Ständeausschuß eingesetzt, der in bestimmten Fällen an der Regierung des Landesherren teilnehmen soll. Diesem Ausschuß gehören je 4 Vertreter der Prälaten, des Adels und der Landschaft an. Der Ausschuß hat später zeitweise die tatsächliche Regierung Württembergs ausgeübt. In einem Herzogsbrief von 1495 wird sogar verfügt, daß in dem Falle, wo die Herzöge von Württemberg im Mannesstamme aussterben, das Land an das Reich fällt, und wenn der

König nicht selbst in Schwaben residiert, von einem in fast gleicher Weise gebildeten Ausschuß regiert wird. Diese fürstliche Verfügung ist allerdings nicht verwirklicht worden und wäre es wohl auch nicht, wenn die Herzöge ausgestorben wären. Aber sie zeigt die letzte Steigerungsmöglichkeit, die für das Prinzip der ständischen Mitregierung gegeben war.

In vielen Staaten sind die ersten Anstöße zu einer Ständebewegung nicht vom Adel, sondern von den Städten ausgegangen. Die Versammlung von Städtevertretern war deswegen oft die erste Etappe des ständischen Zusammenschlusses, weil man an die Städte als erstes wegen Städteabgaben herantrat. In einigen Ländern blieb die ständische Bewegung sogar bei einer Versammlung von Städtevertretern stehen. Dieses gilt von Schottland mit dem Court of the Four Burghs aus der zweiten Hälfte des 13. Jh., einer echten Repräsentantenversammlung mit viel Eigeninitiative und einer langen Kontinuität. Daneben wurde in Schottland vom 14. Jh. ab nur gelegentlich ein breiteres Parlament vom König einberufen, an dem dann auch die Vertreter des genannten Court teilnahmen, das aber trotzdem immer eine erweiterte *curia regis* blieb. Ähnliches gilt für Flandern. Flandrische Städte wie Brügge und Gent haben sich schon 1127/1128 in einer Nachfolgekrise im flandrischen Grafenamt zusammengeschlossen und die Amtsnachfolge von ihrer Zustimmung abhängig gemacht. Der Zusammenschluß blieb erhalten. Daraus gingen im 14. Jh. die 4 Leden, die aus Brügge, Gent, Ypern und der Brugse Vrije, dem Landbezirk von Brügge, bestanden, hervor. Sie bildeten die normale Repräsentation des Landes im 15. Jh. und wurden nur gelegentlich durch Adels- und Kirchenvertreter zu Trois États erweitert.

Einer der deutschen Territorialstaaten, in denen die Städte einen führenden Anteil an der Bildung der Ständeversammlungen hatten, war die Markgrafschaft Meißen. Hier traten die Städtevertreter in der Mitte des 14. Jh. gesondert zusammen, um über Städtebeden, die der Markgraf von ihnen verlangte, zu beraten. Aber im Unterschied zu beiden vorhergenannten Beispielen blieb die Bewegung hier nicht bei einer Städteversammlung stehen. 1376 ist eine gemeinsame Versammlung von Adel, Städten und Geistlichkeit zu einer ersten gemeinsamen Steuerbewilligung zusammengetreten. 1438 wurde im Zusammenhang mit Steuerbewilligungen ständige Ständekommissionen eingesetzt, die die Ausgaben zu überwachen hatten. Am Niederrhein ist für die Bedeutung der Städte in der Ständebewegung Geldern ein Beispiel. Im Jahre 1343, nach dem Tode des Grafen Reinald II., vereinigten sich sämtliche Städte von Geldern, weil „das Land in große Not geraten sei". Sie versprachen sich in einer Einungsurkunde gegenseitig zu helfen, damit „jedem sein Recht geschehe, nach dem Recht der Städte." Sooft eine der Städte vom Landesherrn oder von dessen Beamten in ihren Rechten beeinträchtigt werde, würden die Städte in Nijmegen tagen, um über die Abstellung des Unrechtes zu beraten. Vertreter der Ritterschaft und der Städte sind dann vom beginnenden 15. Jh. ab zu gemeinsamen Versammlungen und zu Beratungen über Landesangelegenheiten zusammengetreten. 1418 schlossen Ritterschaft und Städte eine Einung, die urkundlich fixiert wurde und die der Herzog anerkannte. Die Einung sicherte sich einen Anteil bei der Bestimmung der Nachfolge dieses Herzogs, Reinalds IV., der kinderlos starb. Sie wählte 1423 den Nachfolger, der sich verpflichtete, den Ständen Einfluß und Mitbestimmungsrecht zuzugestehen.

In geistlichen Fürstentümern nahmen naturgemäß das Domkapitel und andere Kapitel in der Ständebewegung einen führenden Platz ein. Als Beispiel sei Utrecht erwähnt, wo der Bischof 1355 mit den 5 große Kapiteln seines Bistums einen Vertrag abschloß, der ihnen ein gewisses Mitbestimmungsrecht zusicherte. Da das Utrechter Fürstentum geographisch in zwei nicht miteinander verbundene Teile geteilt war, das Oberstift und das Niederstift, kam es auch zur Ausbildung zweier Ständegremien. Im Niederstift bildete sich bald nach dem genannten Vertrag das sogenannte Generalkapitel, das aus den 5 Kapiteln, den Städtevertretern und den Adeligen bestand. Im Oberstift kam es damals nur zu einem gemeinsamen Handeln der 3 Städte Deventer, Kampen und Zwolle.[56]

Sicherlich konnten sich nur Stände in einem Territorium mit einem gewissen Umfang ausbilden. In Deutschland gab es aber – bedingt durch die Reichsgeschichte (s. u. S. 266 ff.) – eine Fülle von Reichsprälaten, Reichsgrafen, Reichsrittern und Reichsstädten mit zu kleinem oder zu zerstreut gelegenem Territorium, so daß hier eine Ständebildung unterblieb. Im übrigen ist das Spätmittelalter als Zeit ganz unterschiedlicher Veränderungen anzusehen. In einigen größeren Territorialstaaten,

---

[56] C. A. Rutgers, Jan van Arkel. Bisschop van Utrecht (1970).

Österreich und Bayern, kam es zu einer fortschreitenden Ausdifferenzierung der Stände, indem sich Kurien des höheren und niederen Adels voreinander trennten, während in anderen Staaten, wie Württemberg und Würzburg, die Stände schrumpften und am Ende der Adel aus den Landständen ausgeschieden war.

Eine gewisse Vergleichbarkeit mit Ständeversammlungen besitzen in unabhängigen Stadtstaaten Bürgerversammlungen, die sich dort bildeten, wo sich der Rat kooptierte, d. h. nicht aus breiteren Bevölkerungskreisen gewählt wurde. Schon in der Mitte des 14. Jh. erbat der Hamburger Rat in bestimmten Situationen *consilium et consensum magistrorum officiorum mechanicorum ac universitatis dicti opidi*. Ab 1410 gibt es einen 60er Ausschuß, der aus je 15 gewählten Vertretern der 4 Kirchspiele besteht. 1483 wird beschlossen, daß im Falle des inneren Unfriedens die „erbgesessenen Bürger" in ihrer Gesamtheit geladen werden sollen.[57]

*

3. Die Entwicklung des H e e r e s w e s e n s ist einerseits bedingt von der Ausbildung der Staaten, andererseits von der Veränderung des Kriegswesen. Im Hochmittelalter hatte sich mehr und mehr ein adeliges Fehderecht (o. S. 15) ausgebildet. Die spätmittelalterlichen Staaten übernahmen vielfach seine Formen und die darin enthaltene Möglichkeit, einen gerechten Krieg zu führen. Gleichzeitig sahen sie sich als Vertreter des alten Landfriedensgedanken und konnten von dort die adligen Fehdepartner von früher auf den Stand von Friedensbrechern hinabstufen. In der Organisation des Heereswesens ist es wiederum Frankreich, das als Vorbild für die staatliche Entwicklung des späten Mittelalters diente. Denn in Frankreich wurde die Institution des stehenden Heeres am vollkommensten ausgebildet. Durch eine Ordonnance von 1445 schuf der französische König 15 Kompanien von je 600–700 Leuten, genannt die Ordonnancekompanien. Es war eine Reiterei von freiwilligen Adeligen, die sich in einem dauernden Soldverhältnis befanden. Jede Kompanie umfaßte 100 solcher Adeliger, die jeweils an der Spitze einer Lanze

---

57 R. A. Westphalen, Hamburgs Verfassung und Verwaltung in ihrer allmählichen Entwicklung bis auf die neueste Zeit 2 Bde. (1841).

standen. Die Lanze war eine damals allgemein übliche Untereinheit der Reitertruppe, die im deutschen Bereich auch Gleve oder Spieß genannt wurde. Sie umfaßte außer dem schwerbewaffneten adeligen Reiter 2–3 Bogenschützen, einen Messerträger und 2 Kammerjungen. Wenn der Kampf begann, gingen alle mit Ausnahme des adeligen Reiters vom Pferde herunter und die Kammerjungen hüteten die Pferde. Die Bogenschützen kämpften zu Fuß und der Messerträger begleitete seinen Reiter, um den von ihm vom Pferde gestoßenen Feinden die Kehle durchzuschneiden. Dieses System wurde 1471 vom Herzog von Burgund nachgeahmt. In anderen Staaten kam man über die vorübergehende Einstellung von Soldkompanien zu besonderen Anlässen nicht hinaus. Solche Soldkompanien standen zur Verfügung und boten sich dem jeweiligen Kriegführenden an. Die Kompanieführer waren gewissermaßen Unternehmer, die mit den Landesherrn Verträge abschlossen. Dabei war überall in Europa die vorhin genannte Lanze eine Berechnungseinheit für den pauschal gezahlten Sold. Das europäische Söldnertum, das sich gewerbsmäßig ohne Rücksicht auf nationale und staatliche Gefühle vermietete, war eine treibende Kraft bei der Standardisierung der Soldverträge und gleichzeitig dadurch gewisser Bereiche eines europäischen Kriegsrechtes (s. u. S. 276).

Alle Staaten hatten Möglichkeiten zu einer Dauerbeschäftigung von Söldnern. Die Gewährung von Geleit für Kaufleute auf den Handelsstraßen gehörte zu den territorialen Hoheitsrechten, die zusätzliche Einnahmen ermöglichten. Die Messestadt Frankfurt schloß z. B. mit den Fürsten der Umgebung Geleitsverträge ab, wonach die Stadt selbst das Geleit von bestimmten Orten ab durchführte, aber jenseits dieser Linie den Schutz des regelmäßig fließenden Handelsverkehrs den Landesfürsten gegen hohe Gebühren überließ. Die Kaufleute wurden zu Karawanen zusammengefaßt und etwa von Soldrittern des Erzbischofs von Mainz geschützt.[58] Eine andere Daueraufgabe war die Burgenhut in landesherrlichen Burgen, soweit diese nicht als Dienstlehen ausgegeben waren, sondern von besoldeten und befristet tätigen Pflegern oder Amtleuten bewohnt wurde. Solche Amtleute, z. B. wiederum des Erzbischofs von Mainz oder des Herzogs von Bayern, hatten auf ihrer Burg eine kleine Zahl von adeligen Söldnern des Landesherren.

---

[58] A. Dietz, Frankfurter Handelsgeschichte I (Nachdruck 1970) S. 41–45.

Das große Vorbild der Territorialfürsten bei der Anstellung von Söldnern waren die Städte. Die Städte unterhielten zunächst und in einigen Fällen fortdauernd Bürgerwehren, die aus Bürgern zusammengesetzt waren, deren Wehrpflicht auf ihrem Bürgerrecht und dem Bürgereid beruhte. Viele Bürger ließen sich durch Söldner vertreten oder kauften sich gegenüber der Stadtregierung durch eine Ersatzabgabe von der Wehrpflicht frei. Von den einkommenden Geldern konnten die Städte adelige und nichtadelige Soldtruppen unterhalten. Daneben geht das Söldnerwesen aber auch auf das Lehenswesen zurück, gehörte der Wehrdienst doch zu den ursprünglichsten Pflichten des Lehensmannes gegenüber dem Lehensherrn. Die Territorialherren zogen besonders die Lehensleute, die aus der Ministerialität oder Dienstmannschaft hervorgegangen waren, zu Kriegsdiensten heran. Aber dieser Heranziehung waren hier weitere, dort engere Grenzen gesetzt. Durch zusätzliche Soldzahlungen wurde die Verfügbarkeit der Lehensleute stabilisiert und aufgebessert.

Die allgemeine Wehrpflicht frühmittelalterlicher Reiche, wie sie auch noch in karolingischen Quellen bezeugt ist (s. o. S. 92 f.), war im Hochmittelalter stark zurückgedrängt worden, gerade weil die Lehensleute sich das Kriegswesen weitgehend reservierten. Trotzdem hat es fortdauernd das Volksaufgebot gegeben, vor allem in Gegenden, die vom Lehenswesen nicht voll erfaßt wurden, und in verstärktem Maße wieder im Rahmen der kommunalen Bewegung in Stadt und Land. In einigen Fällen zogen auch die spätmittelalterlichen Territorialherren ein Volksaufgebot auf der Basis einer allgemeinen Wehrpflicht für ihr Heer heran. In Württemberg gab es im 15. Jh. eine landesherrliche Reiterei, die fallweise aus den adeligen Lehensleuten des Landes mit militärischer Dienstpflicht gegen Soldzahlung gebildet wurde. Auswärtige Adelige wurden zusätzlich als Söldner geworben. Aus dem Kammergut des Grafen und wohl auch aus dem Kirchengut, in dem er die Vogtei wahrnahm, wurden die Bauern und Bürger im Rahmen einer allgemeinen Wehrpflicht herangezogen. Der Graf ließ aufgrund dieser Wehrpflicht von seinen Beamten die geeigneten Leute der Untertanenschaft auswählen und gegen Sold im Kriegsfall zum Dienst verpflichten. In einer Anordnung an die Vögte von 1481 wird ihnen aufgetragen, auf die Ausbildung ausgewählter Schützen Wert zu legen. Systematisch werden in den Vogteidörfern Schützenfeste und Schützenzünfte organisiert.

*

4. Die Kirche lehrte die Fürsten vom frühen Mittelalter an, daß der Staat nicht allein für sie, sondern auch für die Untertanen da sei. Das Schwergewicht seiner Aufgaben für die Untertanen verlagerte sich deutlich vom spirituellen auf das irdische Feld. Wie wir schon bei Machiavelli sahen, gab es im Spätmittelalter auch unabhängig von der Kirche eine Staatstheorie, die das Wohl der Untertanen nicht unberücksichtigt ließ. In den staatstheoretischen Abhandlungen, die in der Zeit um 1300 in der Umgebung des französischen Königs Philipp des Schönen verfaßt wurden, betonte man allerdings sehr stark die Souveränität des Fürsten. Immerhin lehrte Johannes Quidort in Paris: „Die Fürstenherrschaft ist die zum gemeinen Besten eingerichtete Herrschaft von einem über die Menge."[59] Etwas später sagte der Theoretiker Marsilius von Padua, der sich in der Umgebung des deutschen Kaisers Ludwigs des Bayern befand, sinngemäß: Die vollendete *civitas* erwächst aus dem naturhaften Streben nach der *sufficientia vitae*.[60] Mit diesen Philosophien konnte am ehesten die Politik von Stadtregierungen übereinstimmen. In den Städten gab es wegen der kommunalen Regierungsorganisation nicht dieselbe Identität von Staatsvermögen und Privatvermögen wie in den Fürstentümern. Im Unterschied zu Fürsten und Adel drückte sich für die Bürger Besitz und Vermögen mehr im Geld als in Grund und Boden aus und deswegen fehlte für die städtische Politik weitgehend das Motiv der territorialen Erweiterung. Sicherlich dachten auch die Stadtregierungen zuerst an das Wohl der an der Regierung beteiligten Kreise. Aber dieses ließ sich oft nicht fördern, ohne daß das Wohl breiterer Kreise davon profitierte. Das Interesse, z. B. Steuern und Konsumpreise niedrig zu halten, hatten die regierenden Kreise mit anderen Teilen der Stadtbevölkerung gemeinsam.

Die Fürsten dachten, wenn sie wirtschaftlich dachten, sicherlich zuerst an das Hausvermögen, in dem Staats- und Privatvermögen zusammenkamen. Die englischen Könige stellten die einheimischen Kaufleute manchmal schlechter als die fremden, weil sie mit den fremden wichtige Kreditbeziehungen unterhielten oder weil sie sie im Rahmen einer

---

[59] De potestate regia et papali, ed. J. Leclercq, Jean de Paris et l'ecclésiologie du XIIIᵉ siècle (1942) S. 176.
[60] Defensor pacis. MGH Fontes iuris germanici antiqui 1. Teil, 4. Kap. bes. S. 19.

Kriegsstrategie brauchten. So wurden die Deutschen 1347 verschont, als ein neuer Exportzoll von allen anderen Kaufleuten, auch von den einheimischen, gefordert wurde. Einen besonderen Ausdruck fand das fürstliche Wirtschaftsdenken in der staatlichen Monopolpolitik, die sich z. B. auf das Bergregal stützte (s. o. S. 203 ff.), in deren Rahmen aber der Deutsche Orden in Preußen auch ein Monopol des Bernsteinhandels und der französische König eines des Salzverkaufs (s. o. S. 239) durchsetzten. In England wurde an der Wende zum 15. Jh. der Wollexport einer kleinen Monopolkompanie übergeben. Auch an dieser Entwicklung war der König beteiligt und interessiert, denn so konnte er eine exzessiv hohe Zollbelastung des Wollexports technisch durchsetzen. Spätestens seit dem 13. Jh. haben kirchliche Theoretiker unter Verwendung spätrömischer Texte Monopole im allgemeinen und damit auch staatliche Monopole für unmoralisch erklärt und abgelehnt. Diese kirchliche Wirtschaftstheorie beeinflußte, wie auch die Kritik an Handelsgesellschaften (s. o. S. 181 f.), Strömungen der öffentlichen Meinung. Von einem größeren Einfluß solcher Theorien auf die Fürsten kann man nur dann sprechen, wenn starke andere Kräfte, etwa die Stände, in dieselbe Richtung drängten.

Kirchliche Theoretiker, wie Nicholas Oresme (1320–1382), forderten z. B. eine Münzpolitik, die nicht in erster Linie auf Staatseinnahmen ausgerichtet war. Dessen Traktat De moneta wurde am burgundischen Herzogshof gelesen, wo seit dem ausgehenden 14. Jh. eine Münzpolitik gemacht wurde, die auf staatliche Münzgewinne weitgehend verzichtete. In der Präambel einer grundlegenden Münzordonnance von 1433 heißt es, einer der wesentlichen Punkte einer guten Politik „surquoy le bien publique tant du prince comme du peuple est fondé" sei eine „monnoye ferme et durable"[61]. Tatsächlich waren es die Stände, die viel mehr als solche Gedanken die entsprechende Münzpolitik erzwangen und die hier, wie an anderen Stellen, für ein stabiles Geld eintraten, weil ihre fixierten Zinseinnahmen sonst im Wert zurückgingen. Das größere Interesse der Zinspflichtigen lag demgegenüber bei der Geldabwertung. Dieser Zusammenhang dürfte vielen bekannt gewesen sein. Deswegen

---

[61] P. Spufford, Monetary problems and policies in the burgundian Netherlands 1433–1496 (1970) S. 138 f.

konnte man, wenn man überhaupt aufrichtig war, nur in einem sehr
eingeschränkten Sinn von *bien publique* sprechen.

Trotz solcher Begrenzungen, die auch in der von der Kirche geförderten
Theoriebildung noch erkennbar sind, und trotz aller Hemmungen
durch die wirtschaftliche Interessenlage wuchs der moderne Staat mehr
und mehr in eine wirtschaftliche Wohlfahrtspolitik für alle Untertanen
hinein. Nicht selten konnten sich mehrere Gruppen desselben Staates
mit unterschiedlichen Interessen artikulieren und schon dadurch wurde
der Staat dazu gebracht, eine allgemeinere Wirtschaftspolitik zu treiben. Fürsten eines Landes, das in starkem Maße auf einen Wirtschaftszweig ausgerichtet war, begriffen, daß es galt, diesen Wirtschaftszweig
zu fördern. Davon profitierte die Eisenproduktion in Innerösterreich
im 15. Jh. Die Produktionsanteile wurden verteilt, der Rhythmus der
Produktion der einzelnen Produktionsglieder wurde harmonisiert. Die
Holz- und Lebensmittelversorgung der Produzenten wurde geordnet.
Die Politik schlug sich in Berg- und Hüttenordnungen nieder, die teilweise im Zusammenwirken mit den Produzentengruppen erlassen wurden.[62]

*

5. Das spätmittelalterliche Staatsbewußtsein hatte die beiden alternativen Möglichkeiten, sich entweder mehr auf das Prinzip der Einung der
Stände untereinander und mit dem Fürsten oder das des absoluten
Fürsten zu stützen. Beide Möglichkeiten waren fast überall im Spiele,
die eine kam hier mehr zum Ausdruck, die andere dort. Beide tragen
auch die Gesetzgebung der spätmittelalterlichen Territorien. Zusammenhängende Gesetzeswerke sind vielleicht der höchste Ausdruck der abstrakten Institutionalität eines Staates. Auf diesem Gebiet
wurden die kleineren italienischen Staaten das Vorbild der Entwicklung. Der Liber constitutionum Sancte Romane Ecclesie war das 1357
vom Regenten, dem Kardinal Egidius Albornoz, und einem Parlament
zusammen erlassene Gesetzbuch des Kirchenstaats. Die Constitutiones
Patriae Foriiulii wurden 1366 im Patriarchat von Aquileia im Zusammenwirken zwischen dem Patriarchen und einem Parlament von Friaul

---

[62] R. Sprandel, Das Eisengewerbe (u. S. 301) bes. S. 354 f.

erlassen. Das Schwergewicht liegt in dieser Sammlung auf dem Prozeßrecht. Im 14. Jh. wurde auch in 3 Redaktionen die Kompilation der
Statuta Mediolani zusammengestellt. Sie basieren auf Erlassen der Signoren von Mailand und erhielten in dem zum Territorium der Signorie
gehörigen abhängigen Städten subsidiäre Geltung.

Außerhalb Italiens wurde die systematische Geschlossenheit solcher
Gesetzeswerke nicht erreicht. Für die anderen Gegenden ist vielmehr
Frankreich typisch, wo es das Nebeneinander einer langen Serie könig-
licher Ordonnances und landschaftlicher Coutumes gibt. Die ersten
betrafen die Verfassung im Großen und die Zentralverwaltung im enge-
ren Sinn. Die Coutumes wurden, wie die deutschen Rechtsspiegel in
Privatarbeiten, aber von kompetenten Persönlichkeiten aufgeschrieben.
Die Coutumiers, die jeweils landschaftlich begrenzt waren, hatten viel
Einfluß auf die Gerichte. 1454 gab der französische König Karl VII. in
der Ordonnance von Montils-les-Tours den Befehl, die verschiedenen
Coutumiers in einer großen offiziellen Sammlung zusammenzufassen.
Dadurch wurden sie alle zusammen gewissermaßen geltendes Recht des
französischen Königreiches. Die Redaktionsarbeit erstreckte sich allerdings bis weit in das 16. Jh. hinein. In Südfrankreich galten in einer
starken Tradition von Spätantike und Frühmittelalter her zahlreiche
Einzelnormen des römischen Rechts. Deswegen nannte man diese Gegend im Spätmittelalter das Land des geschriebenen Rechtes. Unter
geschriebenem Recht verstand man das römische Recht. Die französischen Könige legten Wert auf die Feststellung, daß das römische Recht
im Süden ihres Reiches auch nur als Coutumes galt. 1312 erklärte
Philipp der Schöne, die Vorschriften des römischen Rechtes sind Coutumes, die mit Billigung des Königs nach dem Bilde des geschriebenen
Rechtes geformt wurden. Solche Zeugnisse verraten das Bestreben, das
im Reich geltende Recht trotz aller inhaltlichen Verschiedenheiten als
ein formal zusammenhängendes und von der obersten politischen Gewalt abhängiges System zu begreifen.

Ein anderer konkreter Ausdruck der Institutionalität des Staates ist die
Residenz. Der Vorsprung, den Länder wie England und Frankreich in
der Ausbildung des modernen Staates gegenüber anderen Ländern hatten, zeigt sich nicht zuletzt daran, wie früh und unbestritten hier London und Paris die Stellung von Residenz- und Hauptstädten einnahmen.
Im deutschen Raum war das Ringen um den Territorialstaat manchmal

zugleich ein Ringen um eine Residenz. Wegen der oft oppositionellen Stellung von Stadt und Fürst waren es vielfach nicht Städte oder wenigstens nicht die bedeutendsten Städte, die zu Residenzen wurden, sondern zunächst Burgen und Schlösser, an die sich dann langsam und im Laufe der Zeit neue Städte angliederten. Selbst Fürsten, die sich im Hochmittelalter eine Stadt als Residenz schufen, oder deren Residenz gleichsam natürlicherweise in einer Stadt lag, wie es bei den Bischöfen der Fall war, mußten im Spätmittelalter die Stadt räumen, da sie von den Bürgern ihrer Residenzstadt hinausgedrängt wurden. Dann entstanden neue kleinere Residenzen in der Nähe dieser Städte. Territoriale Teilungen ließen neue Residenzen entstehen, Zusammenlegungen alte abkommen. Geographische Verschiebungen eines Territoriums brachten frühere Residenzen in eine Randlage und veranlaßten die Verlegung der Residenz.

Auf diese Weise wurde nicht Köln die Residenz eines Territorialfürsten, sondern Brühl, nicht Braunschweig, sondern Wolfenbüttel und auf diese Weise wurde die Residenz der Landgrafen von Thüringen von der Wartburg nach Gotha und schließlich nach Weimar verlegt. Eine Residenz oder Hauptstadt mußte ebenso repräsentativen wie praktischen Verwaltungsfunktionen dienen. Der mit 200 Säulen gezierte Palast der Wartburg galt im 13. Jh. als der aufwendigste deutsche Profanbau. An den Residenzen sammelte sich das Material der schriftlichen Verwaltung. Vor allem Rechnungsbücher wurden geführt und aufbewahrt. Auf der Burg Tirol und seit 1420 in Innsbruck, den Mittelpunkten des Landes Tirol, wurden die Raitbücher geführt, von denen 30 Bände erhalten sind. In den Kirchen der Residenzen hatten die Fürsten oft ihre Grablege. Die Grabdenkmäler sind seit dem 14. Jh. auf Wirkung berechnet. Die Landgrafen von Hessen haben sich nicht in einer stillen Kirche, sondern in der von Pilgern überlaufenen Elisabeth-Kirche von Marburg bestatten lassen. Die Residenzen waren der Ort einer prächtigen Hofhaltung, in der die burgundischen Herzöge wohl das Vorbild für alle anderen Höfe in Europa wurden. Die Residenzen erlebten Augenblicke außerordentlicher Steigerung der Prachtentfaltung. So sah man bei der Hochzeit Herzog Johanns von Sachsen mit einer mecklenburgischen Prinzessin 1500 die 5 wettinischen Fürsten mit rund 1500 Reitern in Rot, den Herzog von Braunschweig mit 478 Reitern in Gelb usw. erscheinen. Für das kulturelle Leben an den Höfen und das wachsende Staatsbewußtsein ist die Hofchronistik wichtig geworden. Andreas von Regensburg verfaßt im Auftrag des Herzogs Ludwig von Bayern in Ingolstadt die Chronik der bayrischen Fürsten auf lateinisch und deutsch. Die Reihe der österreichischen Landeschroniken ist bereits bedeutend. Einer ihrer Verfasser ist Thomas Ebendorfer. Er war Ratgeber mehrerer Habsburger und Rektor der Universität Wien. In der Mitte des 15. Jh. verfaßte Ludwig von Eyb, ein Hofmeister in Ansbach, die Denkwürdigkeiten der Hohenzollern. Im 15. Jh. entstand ein Chronicon Holsatiae. Zur Aufwertung und Stabilisierung der Staatenbildungen dienten auch die Gründung von Universitäten und Obergerichten, beide manchmal, aber nicht immer in den Residenzen und Hauptorten eines Landes. Obergerichte werden in den deutschen Territorialstaaten verhältnismäßig spät genannt. 1483 tauchen ein kursächsisches Obergericht und 1499 ein Hofgericht in Hannoversch-Münden für eines der welfischen Herzogtümer auf.[63]

*

6. In hohem Maße wurde die staatliche Entwicklung durch dynastische Territorialteilungen entsprechend einem privaten Erbrecht gefährdet. National- und Territorialstaaten unterschieden sich dadurch, daß bei den letzteren im Unterschied zu den ersteren die Teilungsgewohnheiten fortdauerten, die aus frühmittelalterlichen Reichen bekannt sind und die von der Ansicht legitimiert werden, daß Territorien persönlicher Besitz der Dynasten seien. Die Möglichkeit, die Territorialteilungen einzuschränken, war von zwei Seiten her gegeben. Einerseits war es das Ziel dynastischer Hausgesetze (s. o. S. 164) mit der Familie auch das Familiengut zusammenzuhalten. Diese Tendenz und diese Gesetze kamen einem Staat zugute, wenn es sich um ein fürstliches Haus handelte. Andererseits waren es oft die Stände, die ihren Fürsten in der Ausbildung einer Einheits- und Unteilbarkeitsidee vorangingen. In der (o. S. 246) erwähnten Einung von Geldern von 1418 sicherten sich Ritter und Städte zu, nach dem Tode des gegenwärtigen Herzogs

---

[63] J. Merkel, Der Kampf des Fremdrechts mit dem einheimischen Rechte in Braunschweig-Lüneburg (1904).

dafür zu sorgen, daß das Land eine Einheit bleibe. Sie wollten sich gemeinsam auf der Basis eines Mehrheitsbeschlusses an der Auswahl eines Nachfolgers beteiligen. Bei der Teilung Bayerns 1392 unter mehrere Mitglieder des Hauses Wittelsbach mußten die Fürsten einem der sich – wie wir wissen – ablösenden bayerischen Ständeausschüsse versprechen, nichts von ihren Ländern oder Gütern zu versetzen oder zu verkümmern, vertauschen oder verkaufen. Die Landstände traten hier als Garanten und Wahrer des Territoriums und seiner Einheit auf. Immer häufiger wurden auch die Fälle, wo fürstliches Haus- und Staatsdenken und ständisches Einheitsstreben zusammenwirkten. 1418 ließ sich Herzog Adolf von Kleve von seinen Ständen zusichern, daß sie sich nach seinem Tode dafür einsetzen würden, daß das Land an seinen ältesten Sohn oder, wenn er keinen Sohn nachlassen würde, an seine älteste Tochter als Einheit kommen würde.

Eine der Fürstenpersönlichkeiten, die ganz von diesen Tendenzen erfaßt waren, ist Eberhard im Barte, der 1462 die Grafschaft Württemberg übernahm und erreichte, daß sie 33 Jahre später zu einem Herzogtum erhoben wurde. Bei Regierungsantritt mußte Eberhard die Grafschaft zunächst mit seinem Onkel Ulrich teilen. Als eine neue Teilung unter den Söhnen dieses Ulrich drohte, schloß er mit ihm 1473 einen Hausvertrag ab, der dieses verhinderte und zudem vorsah, daß die beiden Teile beim Aussterben des jeweiligen Erben wiedervereinigt werden sollten. 1482 schloß er einen neuen Vertrag mit Ulrichs Sohn, Eberhard dem Jüngeren, und ließ die Stände Württembergs den Vertrag garantieren. Durch diesen Vertrag wurde die Wiedervereinigung vollzogen und eine zukünftige Teilung ausgeschlossen. Der Jüngere erhielt eine Rente und das Recht der Thronfolge, das er später auch noch für einige Jahre aktualisieren konnte.

Zu Gemeinschaftsformen und Normen führte das von Fürsten und Ständen gleicherweise ausgehende, darüberhinaus von einer breiteren Schicht des Adels getragene Einheitsstreben in der Gründung von höfischen Ritterorden im 14. und 15. Jh. Den Anfang machte wohl die Stiftung des Hosenbandordens 1348 auf Schloß Windsor, der den englischen König und 25 Ritter in lebenslanger Treue und Freundschaft aneinander binden sollte. Der Gedanke dieser Orden war von den kirchlichen Ritterorden entlehnt worden und deswegen waren sie nicht von vornherein auf Staatsgrenzen ausgerichtet. Sie ließen sich aber vorzüglich zur Integration der Adelsgesellschaft in einer Fürstenherrschaft verwenden und wurden dazu verwandt. Der französische König Johann gründete 1351 den Sternenorden. Die Ritter des Sternenordens mußten sich verpflichten, andere Orden, denen sie etwa angehörten, zu verlassen. Am berühmtesten war wohl der 1430 vom Herzog von Burgund gestiftete Orden vom Goldenen Vlies. Dieser Orden hatte nicht nur Mitglieder, sondern auch Organe, nämlich einen Kanzler, einen Schatzmeister, einen Sekretär und andere. Dem burgundischen Beispiel folgte man 1440 in Brandenburg mit der Gründung des Schwanenordens.

*

7. Die im Zusammenwirken von Landesgeschichte und Volkskunde vornehmlich in Deutschland durchgeführten Untersuchungen über Kulturströmungen (s. o. S. 17) dienten dem Ziel, die historische Genese der geographischen Verteilung von Kulturerscheinungen in der Neuzeit zu ermitteln. Man kam dabei zu dem Ergebnis, daß die Ausbildung und Ausbreitung von Dialektformen, bäuerlichem Brauchtum u. a. gerade im Spätmittelalter in starkem Maße von Territorialstaatsgrenzen beeinflußt wurde. Die Schwergewichte dieser Forschung lagen im Rheinland und in Sachsen. Für das erstere stellte man die große kulturraumbildende Bedeutung der Nord- und Südgrenze der im breiten Rheintal nebeneinanderliegenden Staatengruppe Jülich, Köln und Berg fest (Abb. 11). Südlich dieser Gruppe ist das Kurfürstentum Trier bestimmend gewesen. Im Trierer Bereich sagt man dialektmäßig Haus und aus. Nördlich der Ahrmündung sagt man hus und us. Südlich sagt man auch dorf, nördlich dorp. Volkskundlich hat man u. a. die Gemeinschaftsdichtungen, die Dorflieder untersucht. Südlich und nördlich der Ahr hat man jeweils ganz verschiedene Typen von Liedern an den Marienkäfer gefunden. Diese Forschung zeigt, welchen Einfluß die territorialstaatlichen Institutionen, etwa das Gerichtswesen und das Abgabenwesen, und die gesellschaftlichen Möglichkeiten eines Territorialstaates auf die Zusammenhänge der Kommunikation ausübten.
In einigen Fällen werden auch die Kommunikationsbarrieren an Staatsgrenzen mit Sanktionen versehen. 1478 schließen die Grafen von Nassau und die Grafen von Sayn-Wittgenstein einen Vertrag darüber ab, daß die in ihren Ländern geübte Eisentechnik nicht über die Grenzen

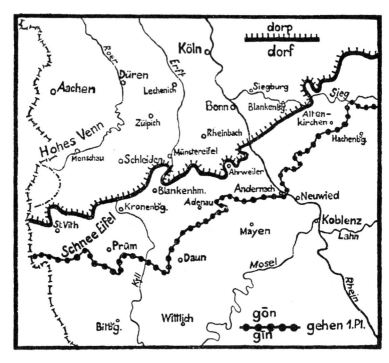

Abb. 11 Kulturgrenze an der Ahr. (Aubin-Frings-Müller, Kulturströmungen
und Kulturprovinzen in den Rheinlanden, Bonn, 1926)

hinausdringen solle. Jeder Meister solle sich verpflichten, seine Kunst
nicht über die Grenzen der beiden Länder hinauszutragen.[64]
Die Markierung oder gar Befestigung einer konkreten Grenze im Gelände, deren Übertretung verboten worden wäre, gab es in der Regel
noch nicht. Immerhin kamen solche Befestigungen vor, wenn ein Staat
seinen Nachbarn für lange Zeit oder gar strukturell als seinen Feind
ansah. Dieses gilt besonders für Stadtstaaten, die sich mit einem Territorium zu Defensivzwecken umgeben hatten. Schwäbisch-Hall z. B. besaß ein ansehnliches Territorium und beschloß 1401, dieses Territorium
mit Wall und Graben zu umgeben. Die Reichsstadt Rothenburg folgte

---

[64] H. Schubert (o. S. 206) S. 145 f.

1430 dem Beispiel. Es war aber eine ausgesprochene Ausnahme, daß die Nordgrenze der Grafschaft Württemberg 1473 durch einen Graben befestigt wurde. In Württemberg dürfte der Staat einen besonders starken Einfluß auf die Bewußtseinsbildung ausgeübt haben. Nicht nur die Ämterverfassung zeichnete sich hier in der zweiten Hälfte des 15. Jh. durch Einheitlichkeit und Systematik aus, sondern es gab auch eine das ganze Land erfassende gräfliche Wirtschaftspolitik. In Württemberg waren im 14. Jh. aufgrund des Bevölkerungs- und Wirtschaftsrückgangs, der hier wie in anderen Gegenden Europas damals eintrat, viele Wüstungen entstanden. Im 15. Jh. wurden nun über die ganze Grafschaft hinweg 40 landesherrliche Schäfereien gegründet und das wüste Land gleichmäßig an diese aufgeteilt. Daneben wurden Schweighöfe

(Viehhöfe) und Sägemühlen gebaut. Es begann eine intensive und gleichmäßige Omnipräsenz des Staates im ganzen Gebiet.

*

8. Obwohl es verhältnismäßig schwierig ist, den Begriff der Nation zu definieren, verbindet sich mit ihm doch eine recht eindeutige Vorstellung. Diese Vorstellung wird von den konkreten Nationen des 19. und 20. Jh. geprägt. Es gibt eine Vorgeschichte der Nationen, eine Nationswerdung, die zu den konstanten Themen der Geschichtswissenschaft gehört. Spätestens im Hochmittelalter bildete die deutsche Sprache, ebenso wie die englische und die französische, den Rahmen für die Ausbildung eines Nationalbewußtseins. Außer der Sprache sind die Sitten und gemeinsame Ideale die Integrationsmerkmale einer Nation. Ein Nationalstaat unterscheidet sich von anderen Staaten dadurch, daß seine Bevölkerung entweder mit einer Nation identisch ist, oder daß die Ausdehnung des Staatsgebietes über alle Angehörigen der Nation zu den wichtigsten Zielen des Staates gehört. In diesem Sinne hat es zwar einen englischen und französischen Nationalstaat im ausgehenden Mittelalter, aber keinen deutschen gegeben. Das trotzdem streckenweise recht lebhafte deutsche Nationalgefühl trug dazu bei, der Reichsidee und den Reichsinstitutionen eine Fortdauer über das Mittelalter hinaus durch die ganze Neuzeit hindurch zu verschaffen (s. u. S. 264 f.). Das Reich hatte wohl eine nationale wie eine übernationale Entwicklungsmöglichkeit. Es lag nahe, daß die Gegner der letzteren die erstere förderten. Dem entspräche es, daß, wie neuere Forschungen wahrscheinlich gemacht haben, den *theutonici* von Italien aus, insbesondere von der römischen Kurie aus, ihre nationale Besonderheit bewußt gemacht worden ist. Genauso scheinen es Papsttum und Kirche gewesen zu sein, die entscheidend dazu beitrugen, daß der Francia-Begriff auf Frankreich angewandt wurde. Dadurch wurde darauf geantwortet, daß die deutschen Kaiser den übernationalen Herrschaftsbereich, den sie beanspruchten, manchmal mit der Formel *regnum Francorum* ausdrückten. Und dadurch wurde gleichzeitig dem französischen König, der bis zum 12. Jh. in effektiver Weise nur über die alte Provinz Francia, d. h. die Gegend von Paris herrschte, die Möglichkeit gegeben, seinen Staat über

ganz Frankreich auszudehnen und sich zahlreiche kleinere Fürsten, deren Macht der Kirche abträglich war, zu unterordnen.

Somit war in den Anfängen der nationalen Begriffsbildung bereits eine komplexe politische Programmatik enthalten. Die Ideen des Papstes und der Kirche wurden vom französischen König aufgenommen, vom deutschen nicht. Allerdings entfaltete sich das französische Nationalbewußtsein im Spätmittelalter nicht in der deutsch-französischen Gegnerschaft, sondern in der englisch-französischen. Obwohl im 13. und 14. Jh. der Papst und der französische König mehrmals gegen den deutschen König und Kaiser verbündet waren, stellte dieser deutsche König für Frankreich kein machtpolitisches Problem dar. Anders war das englisch-französische Verhältnis. Aufgrund der dynastischen Entwicklungen und einiger für Frankreich unglücklicher Auseinandersetzungen in ihrem Gefolge gehörte in der Mitte des 14. Jh. nahezu halb Frankreich dem englischen König. Es war damals für die Bewohner der westlichen Gebiete Frankreichs die Frage, ob sie zu einem dynastischen Herrschaftsgebilde gehören sollten, wie es etwa in den nächsten Jahrhunderten die übernationale Habsburger Monarchie sein würde, oder ob sie Angehörige eines Nationalstaates werden würden. Im 100jährigen Krieg zwischen England und Frankreich zeigte es sich nun, daß durch das Nationalgefühl bereits starke verpflichtende Werte in der französischen Bevölkerung entstanden waren. Man sagt, in diesem Kriege haben die Franzosen die meisten Schlachten verloren, aber den Krieg gewonnen. Dabei wirkte sich auch eine Art passiver Widerstand aus, den die Bewohner der westfranzösischen Gebiete gegen die englische Herrschaft leisteten. Zahlreiche Briefe aus diesen Gebieten sind erhalten, in denen die Bewohner den französischen König anflehen, sie doch nicht der englischen Herrschaft preiszugeben. Im 15. Jh. wurde Johanna von Orléans das Symbol einer Sammlung um den französischen König.[65]

Neben der inhaltlichen Bestimmung der Staatsziele hat das Nationalgefühl noch einen anderen Einfluß auf die staatlichen Institutionen ausgeübt. Auch der andere Einfluß ist am spätmittelalterlichen Frankreich zu erläutern. Wir hörten schon, daß sich Propagandisten des Sohnes und Nachfolgers des Königs Karl VI. auf die Stände beriefen, die das Recht

---

[65] G. Grosjean, Le sentiment national dans la guerre de cent ans (1927).

des Landes und somit auch sein Thronfolgerecht garantieren würden. In dieser Richtung ging nun 1405 Johann Gerson, ein Kanzler der Universität von Paris, noch einen Schritt weiter, indem er eine berühmte Staatsrede und darin einen Lobpreis auf Karl VI. hielt. Die Feinde des Königs werden nicht nur als schlechte Untertanen, sondern auch als schlechte Christen bezeichnet. Die Herrschaft des Königs wird das *domus Franciae* genannt. Die Herrschaft des Königs von Frankreich sei die christlichste auf Erden. Sie sei schöner und stabiler als alle anderen Herrschaften in der Christenheit. Die Franzosen verhielten sich zu den übrigen Christen wie die Christen zu den Heiden.[66] Durch solche Ausführungen wurde Treue und Gehorsam gegenüber dem König zu einer nationalen Pflicht gemacht. Die Verbreitung des Nationalgefühls konnte damals die Staatsautorität steigern.

Nationsbildung und die Entstehung von Kulturräumen im Rahmen von Territorien sind Prozesse der Gemeinschaftsbildung, die sich überlagern und dabei auch gegenläufig wirksam werden können. Nationen, wie die französische und die deutsche, bildeten sich in Anlehnung an ausgedehnte Sprachgrenzen, die viele Dialekte einbegriffen. Die Fortdauer oder Verschiebung dieser Grenzen wurde sicherlich nur zu einem Teil von staatlicher Politik und Abgrenzung beeinflußt. Zum anderen Teil wirkten sich dabei alte Traditionen, die bis auf die Siedlungsvorgänge in der Völkerwanderungszeit zurückgingen, aus. Die deutsch-französische, bzw. flämisch-französische Sprachgrenze ging im ausgehenden Mittelalter quer durch mehrere Territorialstaaten hindurch. Weder wurde die Sprachgrenze durch die kulturraumbildende Kraft der Territorialstaaten aufgehoben, noch hat die Sprachgrenze die Territorialstaaten zerschnitten. Aber die Situation war Anlaß dafür, daß die französischen Könige fortgesetzt ein Programm staatlicher Ausdehnung in den deutsch-französischen Grenzraum hinein hatten. Sie knüpften Lehensbeziehungen mit den Fürsten dieses Raumes.[67] Die Sprachgrenze war eine Kommunikationsgrenze, die sich quer durch Fürstentümer wie das Herzogtum Brabant und das Bistum Lüttich hindurchzog und die zu erheblichen Strukturunterschieden innerhalb dieser Fürstentümer führ-

---

[66] F. Schoenstedt, Der Tyrannenmord im Spätmittelalter (1938).
[67] W. Kienast, Die deutschen Fürsten im Dienste der Westmächte 2 Bde. (1924 u. 1931).

te. Z. B. wurde für die zweite Hälfte des 15. Jh. beobachtet, daß Braban-
ter Märkte für Agrarprodukte, die verhältnismäßig nahe beieinanderla-
gen, aber durch die Sprachgrenze voneinander geschieden waren, eine
völlig unterschiedliche Preisentwicklung hatten. Nördlich der Grenze
war das Land dichter besiedelt als südlich. Südlich war das Land vielfach im Besitz von Bürgern, die es auf Zeit verpachteten. Nördlich der
Grenze gehörte das Land verhältnismäßig freien Bauern, die es selbst
bewirtschafteten.[68] Das alles mußte einen erheblichen Rückhalt für eine
französische Ausdehnungspolitik nach Osten bedeuten. Da jedoch Teile
Burgunds und der niederländischen Fürstentümer in den letzten Jahrzehnten des 15. Jh. zu dem Staatenkomplex kam, der sich unter dem
Hause Habsburg ansammelte, erreichte das Königreich Frankreich im
Mittelalter nicht mehr seine gewissermaßen nationalen Grenzen.

Die Beeinflussung durch kirchliche Theoretiker bei der Formulierung
von Staatszielen und die Ausbildung eines teilweise religiös akzentuier-
ten National- oder Territorialbewußtseins gehen nebeneinander her und
führen dazu, daß sich die Fürsten verstärkt um die Kirche ihres Landes
kümmern, Schwächen der Papstkirche ausnutzen und sich personelle,
finanzielle, ja sogar dogmatische Anteile an der Kirchenführung si-
chern. Die Papstkirche hatte durch die Ansiedlung in Avignon (1309),
das Schisma von 1378 und die großen Konzile von Konstanz und Basel
(bis 1449) ihren ökumenischen Einfluß stark eingebüßt und kam aus
dieser Krise nur durch die Anerkennung der Ansätze von Landeskir-
chentum, einer Art Herrschaftsteilung mit den neuen Staaten, heraus.

6. Überstaatliche Zusammenschlüsse und Institutionen

Das römische Reich deutscher Nation hat nicht an der Entwicklung
moderner Staaten teilgenommen, blieb aber im Spätmittelalter ein staa-
tenübergreifender Verband mit vielen Institutionen und verpflichten-
den Werten.

---

[68] M. R. Thielemans, Une source d'histoire rurale. Les comptes de confiscations
de biens des sujets du prince-évêque de Liège dans les états bourguignons (1468–
1477), in: Histoire économique (o. S. 189).

Wie bedeutend die I d e e n   d e s   R e i c h e s noch für die Menschen aller Schichten war, ist daran erkennbar, daß immer wieder Chroniken verfaßt wurden, in denen die Reichsidee eine zentrale Rolle spielte. Die Chronisten knüpften an die hochmittelalterliche Weltchronik an und sprachen von der heilsgeschichtlichen Abfolge der Weltreiche oder sie begannen die Chronik erst mit Karl dem Großen und legten dadurch den Akzent innerhalb eines zugleich universalen und deutschen Reichsgedankens mehr auf das Deutsche, ohne allerdings den universalistischen Anspruch für das Reich aufzugeben. Zu den letzteren gehörte Hermann Korner, der Lehrer und Lesemeister an dem Dominikanerkloster in Lübeck war und dort 1438 starb. Auch in der Behandlung des Verhältnisses zwischen Kaiser und Papst geben die Chronisten ihre Reichsidee zu erkennen. Jacob Twinger von Königshofen z. B. betont, daß Päpste, Bischöfe und alle Geistlichen ihre weltliche Würde von den Kaisern und Königen haben.[69] Jacob war bürgerlicher Herkunft und Mitglied eines geistlichen Stiftes in Straßburg. Er verstarb 1420. Unter den Italienern, die am römisch-deutschen Kaiserhof weilten und in ihren Schriften die Reichsidee reflektierten, war wohl Enea Silvio Piccolomini der bedeutendste. Enea verfaßte eine Schrift über den Ursprung und die Autorität des Kaisertums und verwertete in ihr römisch-rechtliche Argumente. Außerdem ist von ihm u. a. eine Beschreibung eines Reichstags von 1454 erhalten. Er betont darin die Bedeutung, die die Reichstage für eine kaiserliche Politik haben, insbesondere für die der Christenheit aufgegebene Pflicht der Türkenbekämpfung.

Die Reichsidee war die Vorstellung von einer Gemeinschaft mit Aufgaben und Kompetenzen, die sich einerseits auf einen Raum mit bestimmten Grenzen, eben das Reichsgebiet, bezogen, andererseits einer universalen Mission gleichkamen. An der Spitze der Gemeinschaft in dem einen und dem anderen Sinn stand der deutsche König, der von den Kurfürsten gewählt wurde und der im Laufe seiner Regierungszeit meistens vom Papst die Kaiserwürde erhielt. Die universale Mission des Königs und Kaisers wurde jenseits der Grenzen des Reiches in sehr unterschiedlichem Maße anerkannt. Gelegentlich wurde der Kaiser als Schiedsrichter für zwischenstaatliche Streitigkeiten jenseits der Reichs-

---

[69] Chroniken der deutschen Städte 8 (1870) S. 403, 409, 436.

grenzen angerufen. Aber in dieser Funktion trat er sicherlich nicht häufiger in Erscheinung als andere angesehene und mächtige Persönlichkeiten. Ähnlich verhält es sich mit dem Recht, bestimmte Institutionen zu gründen, Ämter zu verleihen und Statusveränderungen vorzunehmen, nämlich Könige zu erheben, Universitäten zu gründen und uneheliche Kinder zu legitimieren. Einige Kreise des Spätmittelalters wollten dem Kaiser in diesem Bereich eine Monopolstellung zugebilligt wissen. Aber die genannten Rechte wurden auch von anderen wahrgenommen. Das gleiche gilt von der sogenannten kleinen und großen Comitiva. Die kleine Comitiva enthält das Recht, Notare, Doktoren und Dichterkönige zu ernennen, die große das Recht, die kleine Comitiva zu verleihen und in den Adelsstand zu erheben. Die große Comitiva konnte nach der Ansicht bestimmter Kreise nur der Kaiser verleihen und er verlieh sie z. B. 1425 an König Erich von Dänemark. Besonders in Westeuropa wurde diese ganze Rechtskonstruktion nicht anerkannt. Hier war die Nobilitierung nicht eine Sache der Fürsten, sondern der Heroldskönige (s. u. S. 275).

Dagegen wurde auch in Westeuropa vielfach ein Vorrang des Kaisers vor anderen Königen im Rahmen der Rittergesellschaft und der Regeln, mit denen diese untereinander verkehrte, anerkannt. Es gibt Wappenrollen, in denen als erstes das Wappen des Königs von Jerusalem, dann das des Kaisers von Rom und danach das anderer Könige aufgeführt wird.[70] Auch eine Reichsidee hatte außerhalb des Reiches schon deswegen einen gewissen Boden, weil man die Kaiserwürde nicht unbedingt an den deutschen König gebunden glaubte. Besonders die Franzosen schlossen im beginnenden 14. Jh. eine Übertragung der Kaiserkrone auf den französischen König nicht aus. In Deutschland und in einigen Kreisen Italiens dachte man allerdings in dieser Hinsicht anders. Es gab die Lehre der *translatio imperii*, nach der das Reich in seiner heilsgeschichtlichen Bedeutung von den Römern auf die Franken und von den Franken auf die Deutschen übertragen worden war. Alexander von Roes lehrte 1281–1288, in einer Dreiteilung der Weltaufgaben durch Gott sei das *sacerdotium* nach Italien, das *studium* nach Frankreich und das *imperium* im Sinne eines *dominium mundi* definitiv auf die Deutschen übergegangen.

---

[70] A. R. Wagner (o. S. 133) S. 50.

Für einen deutschen Kaiser, wie Sigismund, verband sich mit der Kaiseridee vor allem die universale Aufgabe, sich um die richtige Entwicklung der Kirche, insbesondere die Kirchenreform zu kümmern. So präsidierte Sigismund bei der Eröffnung des Konstanzer Konzils 1414. In dem Begriff der Reichsreform verbinden sich oft die Reformen der kirchlichen und der weltlichen Ordnung miteinander. Im 15. Jh. entstand eine Literaturgattung, die man Reichsreformschriften nennt. Die meisten Reformschriften sind im Zusammenhang mit dem Konzil von Basel (1431–1449) entstanden. Aber eine frühere kleinere Reformschrift gehört bereits dem Konstanzer Konzil an. Der berühmteste Verfasser einer Reichsreformschrift ist der Theologe Nikolaus von Kues. Am bekanntesten wurde die von einem anonymen Verfasser kommende Reformatio Sigismundi. In ihr werden nicht nur weitgehende verfassungspolitische Vorschläge gemacht, sondern gleichzeitig wird eine Analyse der Ursachen bestehender Mißstände versucht. Die Hauptursache ist für den Verfasser im wesentlichen moralischer Art und deswegen fordert er von allen Menschen, insbesondere von den Großen der Welt, eine moralische Änderung, eine Verbesserung des Gesamtverhaltens im christlichen Sinn.

*

Abgesehen von den Plänen, die die Reichsreformschriften mit dem Reich in seinen festen geographischen Grenzen hatten, war dieses 1. ein Lehensverband mit dem König und Kaiser als oberstem Lehensherrn und 2. ein Friedensverband, in dem der König und Kaiser die Aufgabe und Kompetenz hatte, den Landfrieden zu verwirklichen, der seit einer großen Landfriedensordnung Kaiser Friedrich II. von 1235 grundsätzlich fortgesetzt galt.[71] Innerhalb des Reichsgebietes wuchsen die Territorialstaaten empor. Kaiserliche Landfriedenspolitik war Politik der Vermittlung zwischen diesen Staaten. Außerdem gab es noch gewissermaßen staatsfreie Räume, besonders in Südwestdeutschland, in denen sich kleine Reichsstädte und kleine Reichsritter mühsam zu Bünden zusammenschlossen. Hier war die Landfriedenspolitik besonders drin-

---

[71] MGH Konstitutionen II Nr. 196.

gend. Zu den Institutionen, auf die sich der Kaiser dabei stützen konnte, gehörte zunächst der Kurverein. Zu seinen Tagungen, die in großen Abständen stattfanden, kamen jene Fürsten zusammen, die zur Wahl des Königs berechtigt waren. Bedeutsamer war sicherlich der Reichstag, ein Gremium, in dem alle quasi souveränen Kräfte des Reiches mitwirkten. Die zeremoniellen Formen des Reichstags sind in der Goldenen Bulle, einem Gesetz Karl IV. von 1356, im einzelnen geregelt worden. Eine Geschäftsordnung und die Gliederung nach Ständen sind aber erst im 16. Jh. ausgearbeitet worden. Verschiedenartige Quellen, so die Korrespondenz zu den Reichstagen, sind in den Reichstagsakten ediert worden. Bei Abstimmungen setzte sich seit Ende des 13. Jh. das Mehrheitsprinzip durch. Beschlüsse, die die Interessen der Territorialmächte nicht berücksichtigten, hatten aber kaum Chancen auf Verwirklichung. Immerhin stieg die Bedeutung des Reichstags in der 2. Hälfte des 15. Jh. Dieses wird mit der fortschreitenden Edition der Reichstagsakten immer sichtbarer.

Neben dem sehr alten Reichshofgericht, das bis etwa 1450 existierte, tauchte in der Mitte des 14. Jh. bereits ein kaiserliches Kammergericht auf, weil sich Streitparteien unter Umgehung des Hofgerichts oft direkt an den Kaiser wandten. Aus diesem kaiserlichen Kammergericht wurde 1495 das Reichskammergericht gebildet, das vornehmlich das römische Recht verwandte und zu dessen Rezeption auch in den Territorien beitrug. In der zweiten Hälfte des 14. Jh. treten in Südwestdeutschland die kaiserlichen Landgerichte hervor, deren Ursprung im dunkeln liegt. Manchmal sind sie mit einem Stadtstaat verbunden, wie dem von Rottweil oder Ulm, wirken aber über das Territorium eines Stadtstaates weit hinaus. Ihre Kompetenzen sind unterschiedlich. Einerseits vermutet man, daß sie auf alte königliche Domänengerichte zurückgehen, andererseits ist auch eine gewisse institutionelle Kontinuität von Volks- und Grafengerichten des Frühmittelalters her nicht ausgeschlossen.

Der Erneuerung, Einschärfung und Steigerung des Landfriedensgebotes sollten auch Beschlüsse von Reichstagen, wie jene des Reichstages von 1442, die sogenannte Reformation Kaiser Friedrich III., dienen.[72] Dieses Reformgesetz blieb ebenso wirkungslos wie der Reichslandfriede von

---

[72] Reichstagsakten, ältere Reihe XVI Nr. 209.

1486, der für 10 Jahre die Fehde bei Strafe der Reichsacht grundsätzlich verbot. Größere Bedeutung hatten die Anordnungen, die auf dem Wormser Reichstag 1495 unter dem Sohn Friedrichs III., Maximilian, aber mehr von den Kräften aus dem Fürstenstand veranlaßt, erlassen wurden.[73] Sie leiten den Übergang von der kleinstaatlichen Fehde zu dem innerdeutschen Prozeßkrieg ein, der neben den großen Religionskriegen den deutschen Raum in der frühen Neuzeit kennzeichnet.

Eine Reaktion auf unzureichende Friedenswahrung auch innerhalb vieler Territorien war die Ausbildung eines Verbandes strafgerichtlicher Selbsthilfe, der Veme. Das älteste Zeugnis eines Vemeprozesses ist von 1360. Vemeprozesse fanden vor Freigrafen und Freischöffen, vornehmlich in Westfalen, statt. Die Kompetenz, die sich diese Gerichte anmaßten, erstreckte sich räumlich jedoch bis in den deutschen Osten. Städte wie Elbing wurden genauso vorgeladen wie Münchner Bürger. Die Todesurteile, die in Straffällen verhängt wurden, wurden durch die Freischöffen selbst heimlich vollstreckt. In der Mitte des 15. Jh. soll es in Deutschland über 100 000 Vemegenossen als Freischöffen gegeben haben. Dazu gehörten Kaiser und Fürsten, Erzbischöfe und ganze Domkapitel. Neben den Straffällen griff die Veme im Laufe der Zeit auch viele Schuldprozesse auf. Die Undurchsichtigkeit dieses Gerichtssystems löste Abwehrmaßnahmen, vor allem von seiten der Städte aus, die ja innerhalb ihrer Mauern die vollkommenste Friedensordnung des spätmittelalterlichen deutschen Raumes verwirklicht hatten. Man begann auch Bündnisse gegen die Veme zu schließen. Schon 1428 erwarben 20 schwäbische Städte vom Papst die Befreiung vom Vemegericht. Später erteilte auch Kaiser Friedrich III. Befreiungsprivilegien. Gegen Ende des 15. Jh. war die Geltung der Veme im wesentlichen zusammengebrochen.

Trotz aller Einschränkungen ist die Friedensförderung, die wichtigste verfassungsgeschichtliche Funktion des Reiches, die das Mittelalter an die Neuzeit weitergibt. Dieses wird noch einmal dadurch unterstrichen, daß nur durch die Fortdauer des Reiches eine Fülle von nichtstaatlichen

---

[73] In diesem Reichstag kulminierten die spätmittelalterlichen Reichsreformbemühungen. Er hatte neben den eben angedeuteten Erfolgen auch große Mißerfolge zu verzeichnen, so bei dem Versuch, ein Reichssteuersystem einzuführen, vgl. P. Schmid, Der Gemeine Pfennig von 1495 (1989).

Institutionen, auf die hier an verschiedenen Stellen eingegangen wird, Lebensfähigkeit behielten: Kleine Reichsstädte, Reichsritter. Nicht alle Reichsgrafen und geistlichen Fürstentümer hatten Territorien staatlichen Charakters. Mit Ausnahme der Reichsritter, die eine unmittelbare Beziehung zum Kaiser gewannen, waren die Inhaber der anderen genannten Institutionen alle Mitglieder des Reichstages, sei es persönlich, sei es durch Repräsentanten.

*

Die festesten Bindungen, die sich über Europa im ausgehenden Mittelalter erstreckten, waren jene, die die Bischöfe und Äbte der katholischen Kirche zusammenhielten (s. o. S. 223 bis 225). Dieser Zusammenhalt ist bis zum Ausbruch des Schismas 1378 durch die Herrschaft des Papstes über die Kirche gekennzeichnet. Danach gab es 2 Oboedienzen, eine westeuropäische (ohne England, aber mit Süditalien) und eine für das übrige Europa. Das Schisma dauerte zunächst bis 1417. In der folgenden Zeit der großen Konzile (bis 1442) trafen sich die Kirchenfürsten ganz Europas jeweils in einer Stadt, in Konstanz 1414–1418 und in Basel, Ferrara und Florenz 1431–1442. Danach bestimmte wieder stark der Papst die Kirche, aber nicht mehr in der alten Weise, sondern in einer Zusammenarbeit mit den inzwischen stärker gewordenen Königen und Territorialfürsten, mit denen Konkordate abgeschlossen wurden. Das Konkordat mit Frankreich war die sogenannte Pragmatische Sanktion von Bourges von 1438, in der die alten päpstlichen Rechte für den französischen Raum drastisch beschränkt wurden. In dem Wiener Konkordat von 1448 mit dem Kaiser für das Reich behielt der Papst verhältnismäßig viele Rechte, soweit der Kaiser sie ihm konzedieren konnte, denn die Territorialfürsten machten teilweise ihren eigenen Vertrag mit dem Papst. So erhielt z. B. der Kaiser selbst für seine österreichischen Hausländer schon 1446 das Nominationsrecht für eine Reihe von Bistümern, sowie für die Besetzung von 100 niederen Pfründen. Ein ähnliches Nominationsrecht erhielt der brandenburgische Kurfürst 1447.

Im Hochmittelalter und beginnenden Spätmittelalter beanspruchten einige Päpste in theoretischen Äußerungen und einzelnen praktischen Maßnahmen eine Befehlsgewalt auch gegenüber weltlichen Königen

und in weltlichen Fragen. Am meisten treten in dieser Hinsicht Innozenz III. (1198–1216) und Bonifaz VIII. (1294–1303) hervor. Es war
nicht mehr in erster Linie das Lehensrecht, das hierfür herangezogen
wurde, sondern theologische Gedanken. Innozenz III. sprach von der
plenitudo potestatis, die dem apostolischen Stuhl von Gott gegeben sei.
Innozenz sagt: „Der Herr hat Petrus nicht nur die gesamte Kirche,
sondern auch die ganze Welt zur Regierung überlassen."[74] Der Papst sei
der Herr und Vorgesetzte aller Fürsten und Könige, weil sein Amt ihm
gebiete, Sünder zur Rechenschaft zu ziehen und Sünden zu strafen.
Bonifaz VIII. formulierte in einer feierlichen Urkunde, daß beide
Schwerter, das geistliche und das weltliche in der Hand des Papstes
lägen.[75] Damit nahm er Veränderungen auf, die von kirchlichen Theore-
tikern seit dem 12. Jh. mit altkirchlichen Formulierungen vorgenommen worden waren. Früher hatte es geheißen, das geistliche Schwert
befände sich in der Hand des Papstes, das weltliche in der des Kaisers.
Den Höhepunkt in den praktischen Auswirkungen erlebte diese Theorie ebenfalls unter Innozenz III., der 1200/1201 in einem Streit um den
deutschen Königsthron richtete. Nur noch sehr abgeschwächte prakti-
sche Auswirkungen hatte die Theorie nach der Gefangennahme Bonifaz VIII. 1303 in Anagni, die zu der Übersiedlung der Päpste nach
Avignon von 1309-1377 führte. Es kamen dem Papst die Interessen der
Staaten entgegen (s. o. S. 145 f.), wenn er fortgesetzt von Dänemark,
Schweden, Norwegen und Polen den sogenannten Peterspfennig erhielt,
dessen Verständnis zwischen einer Devotionsabgabe und einem Aner-
kennungszins der Lehensabhängigkeit dieser Königreiche vom Papst
schwankte. Die Regeln für den Peterspfennig, die vom Papst 1375 stärker formalisiert wurden, waren: Abgabe von jedem Haus 1 Pfennig,
Einsammlung durch den Bischof und seine Organe. In einer gewissen
übergeordneten Gerichtsbarkeit konkurrierte der Papst ebenfalls weiterhin mit dem Kaiser. Das Papstgericht konnte immer dann als kompe-
tent angesehen werden, wenn die Streitfrage nur entfernt das Kirchenrecht berührte, wenn z. B. ein Kreuzzugsgelübde oder eherechtliche

---

[74] J. Haller, Das Papsttum. Idee und Wirklichkeit III (1952[2]) S. 320.
[75] In der Bulle Unam sanctam, vgl. W. Ullmann, Die Bulle „Unam sanctam".
Römische Historische Mitteilungen (1974) S. 45–77.

Fragen im Spiele waren. Solche Bezüge ließen sich bei Streitigkeiten zwischen Fürsten leicht konstruieren. Daneben übte der Papst eine Schiedsgerichtsbarkeit. Manchmal wandten sich die Parteien an beide, an den Kaiser und an den Papst. Im Streit des Deutschen Ritterordens gegen seine im preußischen Bund zusammengefaßten Stände, wandten sich beide Parteien 1452 zunächst an den Kaiser. Der Bund erwarb gegen erhebliche Summen vom Kaiser günstige Privilegien. Der Orden erwarb demgegenüber Tilgungsurkunden von der päpstlichen Kanzlei. Schließlich gelang es dem Orden, auch am Kaiserhof günstige Privilegien zu erwerben.[76]

Ein gemeinsames Handeln von Kaiser und Papst läßt sich aus religiösen Antrieben heraus gegenüber Arabern, Türken und Ketzern feststellen. Die Ketzer umfaßten alle, die im Bereich christlicher Staaten wohnten und nicht zur römischen Kirche gehörten. Dieser sehr weite Begriff umfaßte nicht nur die Ketzer im engeren Sinn (s. o. S. 234 f.), sondern die Hexen, und in gewissen Hinsichten die Juden und Griechen. Weltliche Herrscher führten im kirchlichen Auftrag Kreuzzüge gegen Ketzer durch und übernahmen die Exekution von Gerichtsurteilen über Ketzer und Hexen, die kirchliche Gerichte gefällt hatten.

Die Juden wurden von den Christen unter zwei Aspekten gesehen: 1. als Ketzer, gegenüber denen man die Bekehrungspflicht hatte und 2. als sogenannte ernsthafte Juden, von denen die Christen heilsgeschichtlich vorübergehend getrennt waren. Mit ihnen war nach dem heilsgeschichtlichen Schema in der Endzeit eine Wiedervereinigung zu erwarten. Im Hochmittelalter war eine erhebliche Animosität zwischen Christen und Juden entstanden (s. o. S. 115). Die Juden waren Verfolgungen ausgesetzt, die vielfach nicht als illegitim galten. Die Inhaber staatlicher Gewalt hatten aber die Möglichkeit, die Juden in ein Schutzverhältnis zu nehmen.

Im 11. Jh. behauptete der Papst die Zugehörigkeit der griechischen Kirche zum römischen System. Die Weigerung der Griechen, sich dem Anspruch des Papstes zu unterwerfen, beantworteten die römischen Legaten 1054 mit der Verfluchung. Die Angehörigen der griechischen

---

[76] E. Weise, Das Widerstandsrecht im Ordensland Preußen und dem mittelalterlichen Europa (1955) S. 172 ff.

Kirche wurden damit zu Ketzern erklärt. Die Verfluchung ist mit einer
kurzen Unterbrechung im 15. Jh. aufrechterhalten worden. Von dorther
war es möglich, daß die Kreuzfahrer um 1200 vorübergehend Byzanz
eroberten und einen Kreuzfahrerfürsten als byzantinischen Kaiser einsetzten (s. o. S. 151 f.). Die Kreuzfahrerfürsten mußten sich zu Lehensleuten des lateinischen Kaisers von Ostrom machen. In die gleiche
lehensherrliche Stellung gegenüber Kreuzfahrern und Kreuzfahrersta-
ten war bereits einmal, nämlich 1097, der griechische Kaiser gelangt, der
von Kreuzrittern einen entsprechenden Eid forderte, als sie sein Land
durchziehen wollten.

Die Kreuzzüge gegen den Islam waren im Hochmittelalter eine Europa
zusammenschließende Bewegung. Man vermutet, daß im 12. und 13. Jh.
über 1 Million Laien in den Vorderen Orient zog. Der Kreuzzugsfriede,
die Friedenspflicht gegenüber jedermann, der sich auf einem Kreuzzug
befand, wurde überall als Norm anerkannt. Die umfassenden Kreuzzüge gegen den Islam hörten in der Mitte des 13. Jh. auf. Es gab nur
noch kleinere Unternehmungen von den unmittelbaren Nachbarn in
der östlichen Mittelmeerhälfte, insbesondere von dem lateinischen König von Zypern. Die Pflicht, einen großen Kreuzzug gegen den Islam zu
planen, wurde vom Papst und von vielen anderen aber weiterhin empfunden. Im 14. Jh. wurde vor allem vom Papst eine sehr lebhafte Frie-
densvermittlung betrieben, die das ausschließliche Ziel hatte, die christlichen Staaten zu einem gemeinsamen Krieg gegen die Türken zusam-
menzubringen. Es gab auch eine große Propandaliteratur zugunsten
eines Kreuzzuges gegen Türken und Araber. Sie dauert im 15. Jh. an,
verändert sich aber, indem sie jetzt nicht mehr nur die allgemeine
Verurteilung der Araber und Türken als Söhne des Teufels enthält,
sondern deren Eigenschaften genauer beschreibt und nach den Ursachen für ihre Erfolge sucht. Diese Veränderung hängt mit den ersten
Anfängen einer gewissen Relativierung der christlichen Kultur zusammen, die die Basis wurde für Vertragsabschlüsse mit Nichtchristen und
für die ersten Ansätze eines über Europa hinausgreifenden Völker-
rechts.

Spätestens im 15. Jh. mußte man auch von der Planung von Kreuzzügen
im früheren Sinn zu der Organisation eines Widerstandes gegen die
türkische Expansion übergehen. Als die türkische Expansion in der
Mitte des 15. Jh. einen Höhepunkt erreichte, schlossen die Ungarn 1443

mit den Türken den Frieden von Szegedin. Der Papst lehnte diesen
Frieden ab. Ein päpstlicher Legat eilte nach Ungarn und entband den
ungarischen König formell von dem Eid, der bei dem Friedenschluß
geleistet worden war. Aber auch die Haltung des Papsttums gegenüber
den Türken war damals in Bewegung. Unter dem Druck inneritalieni-
scher und innereuropäischer Schwierigkeiten versuchten die Päpste
1461 sogar die Türken als Bundesgenossen zu gewinnen. Damals galt
für sie allerdings die Voraussetzung einer vorhergehenden Bekehrung
des Sultans, die vergebens versucht wurde. 3 Jahrzehnte später gab es
Abmachungen zwischen dem Papst und den Türken ohne diese Voraussetzung.

*

Nach Reich und Kirche ist nun als dritte übergreifende Gemeinschaft
das Rittertum nennen. Neuere wissenschaftliche Stellungnahmen
möchten mit dem Begriff Rittertum allerdings keine soziale, überhaupt
schon keine institutionelle Wirklichkeit verbinden, sondern sehen in
ihm ein sozialpädagogisches Ideal der schönen Literatur. Soweit Ritter
eine Gemeinschaft bildeten, waren sie die Dienstmannschaft eines Fürsten. Vor diese Ritter wurde nun ein Programm hingestellt, das einerseits stark kirchlich gedeutet wird. Die Ritter sollen den „Stand" darstellen, der die Kirche schützt (*Reuter*). Andererseits wird auf den for-
malistischen, den utopischen, märchenhaften und den multiformen
Charakter des Programms hingewiesen (*Borst*). Das Ideal eines Ritters
ist von Gegend zu Gegend verschieden, entweder das eines Haudegens,
das eines galanten, eines höfischen oder eines christlichen Ritters. Überall wird die Forderung nach einer Ausgeglichenheit des ritterlichen
Lebens gestellt. Darin sieht man ein Zeichen der Seelenlage der ange-
sprochenen Kreise, die Unruhe erschütterter Strukturen. Diese beiden
Deutungen ergänzen sich, wenn man nicht die Hypothese *Reuters*, das
Ritterideal stamme nicht von Rittern, sondern von der Kirche, über-
zieht, sondern anerkennt, daß es eine von der Kirche stark geprägte,
teilweise sogar geschaffene Stimme des Rittertums gegeben haben kann.
Aber unabhängig davon, wer das sozialpädagogische Programm vertre-
ten hat, muß man, da die Verkündung breit und andauernd war, mit
Wirkungen rechnen, die zu Handlungs- und Einstellungsnormen mit

landschaftlichen Unterschieden und europäischen Gemeinsamkeiten führten. Diese Wirkungen traten um so eher ein, da im hohen und späten Mittelalter mit einem fortschreitenden Prozeß der Arbeitsteilung zu rechnen ist, der gleichzeitig mit der Entstehung des Rittertums auch einen neuen Begriff des Bauern geschaffen hat, eines Mannes, der ausschließlich auf die agrarwirtschaftliche Arbeit spezialisiert ist.

Können wir nun über dieses sehr allgemeine Ergebnis hinaus, das der gegenwärtige Forschungsstand aus der schönen Literatur des Mittelalters, die sich mit den Rittern beschäftigt, abzuleiten erlaubt, Normen und Institutionen eines europäischen Rittertums ermitteln? Die ersten und wichtigsten Ansätze zur Ausbildung solcher Institutionen lagen sicherlich in den Territorial- und Nationalstaaten. Aber schon durch die Ähnlichkeit, mit der sich diese Staaten entwickelten, kam ein die Staaten übergreifender, europäischer Zug in die Institutionen hinein. Werfen wir einen Blick auf ein Beispiel, das Fürstbistum Münster.

Jeder Bischof von Münster schrieb am Anfang seiner Regierung Lehenstage aus. Alle Lehensleute mußten auf ihnen erscheinen, ihr Lehen benennen und empfangen und ihrem Herrn huldigen. Das erste erhaltene Register eines Lehenstages im Fürstbistum Münster stammt von 1379/80. Außerdem gab es Lehensgerichte. Dort führte ein Lehensrichter den Vorsitz, der entweder vom Lehensherrn oder von den Lehensleuten bestellt wurde. Neben dem Vorsitzenden stand der Urteilsfinder, der regelmäßig ein nicht unmittelbar am Prozeß beteiligter Lehensmann war. Er hatte sich bei der Urteilsfindung mit dem Umstand der anderen Lehensleute zu beraten. Wurde das Urteil nicht gescholten (angefochten), erklärte es der Richter für rechtskräftig.[77] Praktisch hatte dieses Verfahren integrierende Wirkung auf die Lehensleute und bedeutete eine weitgehende Autonomie in den rechtlichen Fragen.

In größeren Staaten, wie England, kam es noch zu einer weiteren Ausdifferenzierung, indem neben dem Lehensgericht ein Rittergericht konstituiert wurde. Vor diesem wurden Fragen des ritterlichen Fehdewesens, z. B. des Lösegeldes, und Turnier- und Wappenprobleme entschieden. Zunächst wurden offenbar spezielle Sitzungen eines Hofgerichtes für Ritterfragen reserviert. Das Zusammensein der Ritterschaft eines

---

[77] G. Theuerkauf, Land und Lehenswesen vom 14. bis zum 16. Jh. (1961).

Fürsten bei Belagerungen bot Gelegenheit für solche Sitzungen. Bei der englischen Belagerung von Calais 1346-1347 trat das Hofgericht König Eduards III. zusammen und urteilte in einem Wappenstreit. 1408 wird dagegen ausdrücklich der Court of the Constable and Marshal von England als Court of Chivalry bezeugt. Dort urteilte man in einer Wappenfrage entsprechend dem Wappenrecht, das damals in England üblich war.

Zu solchen Rittergerichten gehörte die Institution der Herolde, die ursprünglich zum fahrenden Volk, den Vaganten, den Jongleuren und Ministrels, gerechnet wurden und einen fürstlichen Herrn zu Hunderten begleiteten, mit seinem Wappen geschmückt, seinen Ruhm weit verkündeten. Unter den Herolden erfuhren dann besonders die Herolds- oder Wappenkönige im 14. und 15. Jh. eine starke soziale Aufwertung. Ein Fürst kreierte unter Einhaltung feierlicher Formen unter seinen Herolden einen Heroldskönig. Heroldskönige trugen ein Siegel mit 3 Kronen. In größeren Reichen, wie England, gab es mehrere Heroldskönige, die jeweils die Jurisdiktion über alle Herolde der verschiedensten Herrn in einer Provinz besaßen. Zunächst waren die Heroldskönige wegen ihrer Sachkenntnis wichtige Zeugen in allen Prozessen, in Ritter- und besonders Wappensachen. In Westeuropa ist dann darüber hinaus die Nobilitierung, die überall mit der Wappenverleihung eng verbunden war, eine Sache der Heroldskönige geworden. In einer englischen Reformation and good government in the office of the arms von 1417–1420 wird festgestellt, daß die Heroldskönige Wappenregister führen und die Wappen im Zusammenhang mit der Registereintragung ausgeben. Solche Wappenregister befinden sich in der Nähe zur wappentheoretischen Literatur, die von Herolden verfaßt wurde, so zu den 7 Antworten des Heroldskönigs des Anjou von etwa 1400. Die Wappen waren ein starkes Integrationsmittel für die ritterlichen Lehensleute eines Fürsten. Für die hochmittelalterliche Heraldik unterscheidet man die Sonderwappen und die leeren Wappen. Die letzteren waren die mit den Wappen des Lehensherrn bezeichneten Ritterschilde. Im Spätmittelalter strebten alle nach Sonderwappen. Aber auch die Sonderwappen legten oft Zeugnis von der Zugehörigkeit eines Lehensmannes zu einem Lehensherrn ab, indem Elemente aus dem Wappen des Lehensherrn aufgenommen wurden.

Das Wappenwesen war nur ein Teil des Turnierwesens, mit dem sich ein

umfängliches Regelsystem verband, für das als Sachkundige ebenfalls
überall die Heroldskönige zuständig waren. In ihren Traktaten werden
deswegen auch die Turnierfragen behandelt. Die berühmteste Turnier-
beschreibung des Spätmittelalters stammt aber von René von Anjou,
dem König der Provence, 1450. Die Turnierregeln überschneiden sich
unter gegenseitiger Beeinflussung mit dem Fehderecht. Das Fehderecht
entwickelte sich mit großer Ähnlichkeit über Europa hin. Seine Über-
schreitung war vor allem dann mit Sanktionen verbunden, wenn es
Bestandteil von Landesrecht wurde. Zu den Fehdenormen gehören die
mündlichen oder schriftlichen „Absagen". Absagebriefe müssen bei
Friedensschluß zurückgegeben werden: „Tötbriefe" müssen bei Friedensschluß ausgetauscht werden, wenn der Fehdebrief nicht mehr vorhanden ist. In ihnen sind feststehende Formeln über die Bewahrung der
Ehre und anderes enthalten. Die gängigen Mittel der Fehdeführung sind
Gefangennahme und Freilassung gegen Lösegeld, daneben Brand und
Raub in den Dörfern des Feindes. Auch bei letzterem mußten be-
stimmte Regeln, z. B. bestimmte Immunitäten, anerkannt werden.
Nach italienischen Zeugnissen bestand dort zwischen den Rittern die
Regel, die vollen Jahreseinnahmen eines Gefangenen als Lösegeld von
ihm zu fordern. Beim Zahlungsverzug wird immer wieder die Verdoppelung des Lösegeldes vorgenommen. Im übrigen herrschte in diesem
Bereich die Vertragsfreiheit.
Die Ähnlichkeit der Normen in den eben aufgezählten Rechtskomple-
xen von Land zu Land und Staat zu Staat führte dazu, daß sich die Ritter
der verschiedenen Staaten untereinander verstanden. Man konnte z. B.
die Herrschaft tauschen, ohne daß es großer Anpassungsprozesse bedurfte. Die Ähnlichkeit der Normen führte auch dazu, daß sie im
zwischenstaatlichen Bereich gebraucht wurden. Staaten traten in eine
bündnisartige Verbindung, indem ihre Fürsten eine Lehensbeziehung
knüpften. Besonders in Zonen, in denen die Ausbildung der Staaten
unabgeschlossen war, gab es auch Überlagerung von Herrschaften, indem die Ritter mehrfache Lehensbindungen knüpften, indem sie auf
Zeit in das Soldverhältnis eines anderen Herrn traten, indem sie an
Turnieren und anderen Hofveranstaltungen eines anderen Herrn teilnahmen und indem sie Rechtsstreitigkeiten mit den Rittern anderer
Herrschaften und Staaten vor dem Gericht dieser anderen Herrschaften
oder gar Dritter austrugen.

Im Zusammenhang mit der Entfaltung des Rittertums entstand im hohen Mittelalter eine Unterscheidung zwischen adelig und nichtadelig, die erheblich stärker und klarer war, als im früheren Mittelalter. Sie ersetzte in der sozialen Bedeutung die frühere Unterscheidung zwischen frei und unfrei. Die Unterscheidung zwischen adelig und nichtadelig wird in den verschiedenen Landschaften anders begründet. In der einen hat die Hausbauweise, das „feste Haus" große Bedeutung. In der anderen ist die Eintragung in ein Stände- oder Lehensregister oder auf einer Wappenrolle das wichtigste. In den meisten Ländern, aber zum Beispiel nicht in England, gehörte zum Adel, wer vom Adel – und zwar väterlicher- wie mütterlicherseits – abstammte. Daraus ging der Zwang hervor, den Ehepartner in demselben Stand zu suchen (Konnubiumsgemeinschaft, s. o. S. 160 f.). Der Kreis konnte durch Nobilitierung ergänzt werden. In Deutschland und in Italien wurden seit der Zeit Karls IV. Adelsbriefe verliehen. In diesen Dokumenten heißt es, das Wappentragen sei ein Privileg der Adeligen. Im Spätmittelalter konnte nur, wer adelig war, zum Ritter geschlagen werden.

Der so oder so abgegrenzte Adel entwickelte eine starke Exklusivität in allen Bereichen, z. B. bei den Turnieren. Lange Zeit wurde der Kriegsdienst zu Pferde als ein Privileg des Adels verstanden. Unter Sachzwängen ging diese Unterscheidung allerdings verloren. Im ausgehenden Mittelalter mischten sich unter die eigentlichen Ritter sogenannte Einspänner, leichte Reiter, die nichtadeliger Herkunft sind. In Burgund werden 1485 Adelige zu Fuß als Doppelsöldner, d. h. Fußsöldner mit doppeltem Sold, verwandt. Ein starker Motor bei der Abgrenzung des Adels waren materielle Vorteile: die Reservierung zahlreicher kirchlicher Pfründen (Stiftsplätze) für den Adel. Eine Folge der Exklusivität war die Schrumpfung des Standes. In der Grafschaft Oldenburg hat man berechnet, daß von rund 200 Adelsfamilien des Spätmittelalters dort um 1600 herum noch rund 30 erhalten waren.[78] Die Schrumpfung wurde durch die zahlreichen, auch familienpolitisch bedingten geistlichen Zölibatäre des Adels beschleunigt.

Die Schrumpfung des Adels wurde offenbar durch die Nobilitierung, die hauptsächlich Bürgerlichen zuteil wurde, nicht ausgeglichen. Der

---

[78] M. Last, Adel und Graf in Oldenburg während des Mittelalters (1969) S. 81.

Zustrom hatte aber in Mitteleuropa, wo scheinbar die Exklusivität größer war als in Westeuropa, die Wirkung, daß sich der Adel zweiteilte. Es entstand der höhere Adel, der eigene Turniere und den Adelshelm als Wappenzeichen für sich reservierte. Nürnberger Patrizier, die zwar adelig wurden, aber beim höheren Adel nicht turnierfähig waren, organisierten für sich eigene „Gesellenstechen", was den höheren Adel verdroß. Eine weitere innere Standesgrenze durchschnitt den höheren Adel. Hier unterschied man nach Sachsen- und Schwabenspiegel im 13. Jh. zwischen Edelfreien und dem übrigen Adel. Die Lehensregister etwa der Bischöfe von Münster unterscheiden zwei Gruppen: die Vasallen und die Dienstmannen. Die ersteren waren mit den Territorialherren ursprünglich gleichrangige Grundherren und wurden erst während des Prozesses der Territorienbildung untergeordnet. Die Dienstmannen – oft ursprünglich Unfreie – waren mit einem Dienstgut aus der Grundherrschaft des Territorialherren ausgestattet worden. Mit den Lehensgütern der einen oder anderen Gruppe verbanden sich unterschiedliche Pflichten, die aber dem Prozeß der Verdinglichung unterlagen. Güter, die z. B. ein Dienstmann innegehabt hatte, konnten auf einen Vasallen übergehen, ohne daß sich deswegen die Pflichten änderten, die von dem Gut her zu leisten waren. Die Unterscheidung zwischen den beiden Personengruppen wurde dadurch aber nicht verwischt oder aufgehoben. In den edelfreien Adel konnten im deutschen Raum z. B. nur jene wenigen Ministerialenfamilien eindringen, denen es gelang, ein reichsunmittelbares Territorium aufzubauen. Entsprechend unterlag die Gruppe der Edelfreien einem Schrumpfungsvorgang, der noch rascher und stärker war als bei dem Adel im ganzen. Schon im Laufe des 13. Jh. starben in Bayern fast alle edelfreien Geschlechter aus. Um 1100 wurden noch 100 gezählt, 1180: 35, 1200: 27, 1250: 12, 1300: 6, 1400: 1, nämlich die Ortenburger. Es gab berühmte Klöster und Stifte, die den Edelfreien reserviert waren, die aber im Laufe des 15. Jh. vor der Gefahr der Verödung sich anderen Ständen öffnen mußten. So empfand es die Reichenau als schweren Abstieg, daß man nach 1427 den übrigen Adel, nach 1516 sogar Bürgerliche, aufnehmen mußte.
In Gebieten einer besonders unfertigen Territorialstaatenentwicklung bildeten sich Ritterbünde, die sich von den oben (S. 256 f.) erwähnten durch die Autonomie unterschieden. In Hessen ging 1371 die Grün-

dung eines solchen Bundes vom Landgrafen aus, der glaubte, einen seinen eigenen Herrschaftsbereich weit überschreitenden Ritterbund benutzen zu können, um sein Territorium auszuweiten. Er gründete den Sternerbund, der seinen Namen vom Stern im Wappen des Grafen von Ziegenhain, des ersten Bundeshauptmanns oder Bundeskönigs, führte. Der Bund sammelte nach Angaben zeitgenössischer Chronisten 2000 Ritter und Knappen, darunter 350 Besitzer von Burgen aus Hessen, der Wetterau, dem Rheinland, Thüringen, Sachsen und Westfalen. Der Bund bestand nur wenige Jahre, wurde aber von ähnlichen Gebilden abgelöst und war durchaus nicht in erster Linie ein Werkzeug hessisch-landgräflicher Politik. 1407 gründete sich in Schwaben der Ritterbund vom St. Jörgenschild, der etwa 100 Mitglieder zählte, darunter auch den Herzog Friedrich IV. von Österreich. Dieser Ritterbund geht zeitweise mit Kaiser Sigismund zusammen, der in seinem engeren Rat Bundesmitglieder hat, bewahrt im ganzen aber eine unabhängige Stellung. Der schwäbische St. Jörgenschildbund schloß sich 1430 mit ähnlichen Bünden in Franken und Bayern zusammen. Kaiser Sigismund verfolgte zeitweise den Plan, diese Bünde zusammen mit Städtebünden zu neuen Trägern von Königtum und Reich zu machen. Die Interessengegensätze verhinderten aber Zusammenschlüsse von Rittern und Städten. Nur in der kleinen Landschaft des Hegau kam es einmal vorübergehend zu einem solchen Zusammenschluß. In Franken, Schwaben und am Mittelrhein läuft die Geschichte der Ritterbünde um 1500 auf die Entstehung der Kantone der Reichsritterherrschaft hinaus. Die Territorialgeschichte an der Wende zur Neuzeit brachte eine neue Differenzierung in das Rittertum hinein. Die Reichsritterschaft trennte sich gesellschaftlich weitgehend vom landsässigen Adel und verhinderte die Entstehung eines Neuadels in dem von ihr dominierten Raum.

In der Forschung wurde viel von einer Krise des Rittertums am Ende des Mittelalters gesprochen. Wenn wir hier von einer etwaigen wirtschaftlichen Dimension absehen, meinte man damit einen Funktionsverlust durch die Veränderung des Kriegs- und Heerwesens (s. o. S. 247 ff.) und den Autonomieverlust durch den Aufbau der Territorialstaaten. Inzwischen nuanciert man mehr und betont die Behauptungsfähigkeiten, die gerade die Reichsritterschaft beweist. Aber auch der landsässige Adel besaß große Anpassungsfähigkeiten. Man hat auch auf Strukturveränderungen hingewiesen, etwa die Bildung großer Familienklans, die Verminderung der Zahl der Familien zugunsten größerer Familien, was offensichtlich der Behauptung durch die Zeiten zugute kam.

*

Die letzten hier zu betrachtenden überstaatlichen Gemeinschaftsformen sind die Städtebünde und das mit ihnen in Verbindung stehende Kaufmanns- und Seerecht. Die Geschichte der Städtebünde beginnt in Westdeutschland mit dem rheinischen Städtebund von 1254. Zahlreiche deutsche Städte lagen damals untereinander in Fehde, weil sie entweder der staufischen oder antistaufischen Partei angehörten. In dieser Situation schlossen Mainz und Worms ein Bündnis auf 10 Jahre, wobei Worms die Partei wechselte, d. h. die staufische Partei verließ. Zu dem Zweck, den Frieden untereinander zu verbürgen, kam die Absicht hinzu, sich gegen Dritte zu unterstützen, vor allem neue Zollforderungen benachbarter Territorialherrn zu verhindern. Rasch dehnte sich der Bund auf andere Städte aus und umfaßte schon 1256 über 70 Mitglieder, worunter sogar einige Fürsten waren. Nach diesem Vorbild wurde 1331 ein Bund schwäbischer Reichsstädte gegründet. Er umfaßte 22 Städte. Da solche Bündnisse auch eine Emanzipation vom deutschen Königtum bedeuteten, ging dieses mehrfach mit Verboten gegen die Bündnisse vor. So enthält auch das Reichsgesetz Karls IV. von 1356, die Goldene Bulle, ein Verbot von Städtebündnissen. Trotzdem schlossen sich 1376 wieder 14 schwäbische Städte unter der Führung Ulms zu einem Bund zusammen. Sie machten die Huldigung für den gerade gewählten deutschen König Wenzel davon abhängig, daß sie nicht an eine der entstehenden Territorialgewalten ausgeliefert würden. Darauf wurden sie vom König geächtet, schlugen aber den Grafen von Württemberg, als er die Acht vollziehen wollte, im Gefecht bei Reutlingen 1377. Der Bund wuchs auf 89 Städte an.

Die weitere wechselvolle Geschichte dieses und ähnlicher Städtebünde soll hier nicht verfolgt werden. Statt dessen richten wir den Blick auf einen anderen Ansatzpunkt, das Bündnis von Lübeck und Hamburg im Jahre 1241. In dem Bündnis wird vereinbart, daß die Städte auf gemeinsame Kosten den Schutz vor Beraubungen ihrer Bürger in dem Gebiet zwischen Trave und Elbmündung übernehmen wollen.[79] Das Bündnis

---

[79] Hamburgisches Urkundenbuch I (1907) Nr. 525.

war auf konkrete vorliegende Gefahren bezogen und wurde später durch andere ähnliche Bündnisse zwischen diesen und anderen norddeutschen Städten abgelöst, mündete dann in eine Städtesolidarität ein, die man als die Hanse der deutschen Städte bezeichnet (Abb. 12). Eine Reihe von Städten, in deren Mitte Lübeck stand, übernahm die Rechts- und Besitznachfolge der Kaufleutegemeinschaft der Gotlandfahrer, die in der Tradition der fahrenden Gilden des Frühmittelalters stand (s. o. S. 69 f.). Dadurch erhielt diese Städtegruppe eine ganz eigentümliche und Jahrhunderte wirkende Integrationsmöglichkeit. Die entscheidende Etappe des Übergangs von der fahrenden Gilde zu der Städtegemeinschaft war die Anerkennung des Rates von Lübeck 1293 als Appellationsgericht für Streitigkeiten im Peterhof von Novgorod, einer Niederlassung der eben genannten Gilde.[80]

Lübeck war auch für viele norddeutsche Städte Appellationsinstanz, weil das lübische Stadtrecht wie das magdeburgische und andere Stadtrechte bei der Gründung neuer Städte verliehen oder gewählt worden war. Unklare Fragen, die sich im Rechtsleben einer Stadt auftaten, wurden gewohnheitsmäßig dadurch gelöst, daß man sich an die Mutterstadt einer Stadtrechtsfamilie wandte. Durch die Initiative der Gotlandfahrergilde und einzelner Städte waren außer in Novgorod noch in anderen fremden Städten Niederlassungen deutscher Kaufleute entstanden. Sie wurden alle den seit 1356 regelmäßig zusammentretenden Hansetagen unterstellt. Zu den Hansetagen schickten die Hansestädte ihre Vertreter. Die Beschlüsse der Hansetage banden zwar immer nur die Städte, deren Vertreter zugestimmt hatten, aber die anderen Städte setzten sich im Fall des Widerstandes der Gefahr der Verhansung aus, d. h., sie wurden von dem Besuch der Niederlassungen ausgeschlossen oder sogar durch Seekriegsmaßnahmen am Seehandel gehindert. Die Niederlassungen in London, Brügge, Bergen und Novgorod waren im Besitze von Privilegien durch die Fürsten ihrer Gastländer. Die Privilegien beinhalteten Zollerleichterungen, Prozeßvorteile u. a. In den Genuß der Privilegien kamen die Mitglieder der Niederlassung, die von den früheren Mitgliedern aufgenommen wurden und einen Eid geleistet hatten. Die Niederlassungen hatten Organisationen mit Vorständen,

---

[80] Hansisches Urkundenbuch I (1876) Nr. 1131 f.

Abb. 12 Die Hansestädte und ihre Niederlassungen. (Ph. Dollinger, Die Hanse, Stuttgart 1989⁴)

Älterleuten und anderen Organen. Der Erlaß von Satzungen und andere wichtige Entscheidungen bedurften der Genehmigung durch die Hansetage. In der Regel waren die Mitglieder der Niederlassungen Gesellschaftspartner von Handelsfirmen in den Hansestädten. Handelsgesellschaften und Städtebund verknüpften sich hier.

Vergleichbar mit der deutschen Hanse ist die Hanse der 17 flämischen Städte, die zum erstenmal 1230 erwähnt wird und die das Ziel hatte, die Bürger dieser Städte auf den Messen der Champagne zu schützen. Davon ist die flämische Hanse in London zu unterscheiden, die zum erstenmal 1241 genannt wird und aus der Verschmelzung einiger einzelstädtischer Niederlassungen in London hervorgegangen ist. Diese Hanse hatte u. a. die Absicht, den flämischen Handel mit England auf ihre Mitglieder zu beschränken.[81] Auf Handelsverträgen zwischen italienischen Städten und dem Grafen von Flandern, bzw. den Herzögen von Burgund beruht die Existenz der italienischen Kolonien in Brügge. 1395 wurde ein solcher Vertrag für die Genuesen abgeschlossen. Darin wird u. a. vereinbart, daß die Genueser Firmenvertreter, die wenigstens ein Jahr in Flandern leben, jährlich einen *massier* wählen, der die Kolonie zu leiten hat und gleichzeitig als diplomatische Zwischeninstanz zwischen Genua und Flandern fungiert. Die Nation der Florentiner in Brügge wurde erst 1427 organisiert. Sie unterstand einem Konsul, der von Florenz aus eingesetzt wurde. Außerdem hatten noch Venedig seit 1322 und Lucca seit 1478, schließlich auch Mailand in Brügge eine Niederlassung.

Mit Verträgen zwischen England und Brabant sowie Flandern hängt die eigentümliche Kaufleuteorganisation der Engländer auf dem Kontinent zusammen. Am Ende des 13. Jh. erhielten englische Kaufleute für ihren Aufenthalt in Antwerpen Privilegien vom Herzog von Brabant. Sie durften Versammlungen abhalten, Streitigkeiten nach heimischem Recht untereinander schlichten und einen *mayor* aus ihrer Mitte wählen. Diesen Engländern in Antwerpen hatte der englische König das Monopol des Wollexports auf dem Kontinent gegeben (Wollstapel). Der Stapel wurde später verlegt und war meistens in Calais. Nach dem Vorbild dieser Wollexporteure bekam 1353 eine andere Gruppe engli-

---

[81] H. van Werveke, Das Wesen der flandrischen Hansen. Hansische Geschichtsblätter 76 (1958) S. 7–20.

scher Kaufleute Privilegien vom Grafen von Flandern für Brügge. Das waren Tuchexporteure (= Merchant adventurers). Sie erhielten das Recht, in Brügge Versammlungen abzuhalten und einen *governor* aus ihrer Mitte zu wählen. Auch diese Gesellschaft verlegte mehrmals ihren Sitz und festigte sich durch verschiedene Statuten. Im Anschluß an die Kreuzzüge entwickelten sich Handelsniederlassungen italienischer Städte im Gebiet des östlichen Mittelmeers und Vertragsbeziehungen zwischen diesen Städten und islamischen Staaten.

*

Wenn sich Seefahrer im früheren Mittelalter im Mittelmeer begegneten, galten unter ihnen vielfach die Rechtssätze eines alten griechischen Seerechts von Rhodos. Daneben wurde das römische Recht angewandt. Gerichte, die sich mit Streitfragen des Handels- und Seerechts beschäftigten, tauchen im 12. und 13. Jh. auf. Es sind die Gerichte am Seehandel beteiligter Städte, wie das lübische Gericht, oder Spezialgerichte in solchen und unter der Kontrolle solcher Städte, wie die Vorsteher der Kaufleutegilden. Auch größere kaufmännische Auslandsniederlassungen, wie die hansische Niederlassung in Brügge, bildeten eine anerkannte Gerichtsbarkeit aus. Das Recht, das dabei zugrunde gelegt wurde, waren die Handels- und Seerechtskapitel, die sich auf der Basis der älteren Rechtstraditionen im Zusammenhang mit dem Vertragsrecht und dem übrigen Stadtrecht ausbildeten. Unter den Weinschiffern der französischen Westküste galt das Seerecht von Oléron, das aus dem 13. Jh. überliefert ist. Im 14. Jh. wurde es unter dem Namen Vonnesse van Damme ins Flämische übersetzt. Danach wurde es ins Niederdeutsche übertragen und vereinigte sich mit dem hamburgischen Seerecht. Diese Kombination wurde als Waterrecht in Nord- und Ostsee sehr bekannt. Sie nahm auch den Namen eines gotländischen Wasserrechtes an, da offenbar der Rat von Wisby häufig als Seegericht in Erscheinung trat und dieses Recht anwandte. Im Mittelmeer wurde das Consolat del Mar von Barcelona (1370) ein Begriff. In solchen Texten finden sich Verfahrensregeln für Havarien und für Streitigkeiten der Schiffsführung mit den Besatzungen.

Über die beim Handel in den Städten geltenden Gewohnheiten unterrichten vornehmlich die Gewohnheits-(Usancen-)bücher italienischer

Kaufleute. Im ausgehenden 15. Jh. ist ein solches Buch auch im Hause des süddeutschen Kaufmanns Fugger entstanden.[82] In diesen Büchern finden sich Angaben über Maße und Gewichte, Messezeiten und anderes. Man wird die Errichtung großer Messen und Märkte zu den Institutionen des europäischen Fernhandels zählen müssen. Am Ende des 13. Jh. waren die berühmtesten die der Champagne, auf denen vornehmlich flandrisches Tuch von den Italienern gekauft wurde. Sie fanden an 4 verschiedenen Orten der Champagne statt. Am Tage nach Neujahr begann die Messe in Lagny a. d. Marne. Dann zog man auf der Straße von Paris nach Italien weiter nach Süden und hielt am Dienstag vor Mitfasten die Messe in Bar-sur-Aube, am Dienstag vor Christi Himmelfahrt die nächste Messe in Provins, am 3. Dienstag nach dem Johannistage jene in Troyes, am 14. September war man wieder in Provins und am Totentage, dem 2. November, noch einmal in Troyes. Alle 6 Messen begannen mit einer Vorwoche, dann folgten 10 Tage Tuchmesse und schließlich 2 Zahlwochen, in denen alle Bezahlungen, die bis dahin gestundet waren, durchgeführt wurden. Auf den Messen gab es Messegerichte. Das Recht, das sie sprachen, wurde, wie das Recht, das andere See- und Handelsgerichte sprachen, von den jeweiligen städtischen und staatlichen Obrigkeiten mit Zwangsgewalt unterstützt.

Mit dem bisher geschilderten See- und Handelsrecht überschneidet sich als dritter Komplex das Fremdenrecht. Soweit nicht Verträge zwischen staatlichen und städtischen Obrigkeiten die Stellung eines Fremden gesondert regelten, bildete sich in Europa durch den Kontakt der Gerichte untereinander ein Fremdenrecht aus, das von Land zu Land viele Ähnlichkeiten aufwies. Es zeigte die beiden entgegengesetzten Tendenzen einer scharfen Benachteiligung des Fremden und einer Begünstigung des Fremden. So war ein Fremder, wenn nicht Verträge oder Privilegien vorlagen, nicht testierfähig. Seine Verwandten hatten keinen Anspruch auf seinen in der Fremde zurückgelassenen Nachlaß. Dieser fiel vielmehr an den Territorialherrn oder die Stadtobrigkeit. Seefahrer, die Schiffbruch erlitten und deren Gut an einen Strand trieb, verloren

---

[82] K. O. Müller, Welthandelsbräuche 1480–1540. Deutsche Handelsakten des Mittelalters und der Neuzeit V (Nachdruck 1962). Die Zuweisung zu Fugger: Th. G. Werner, Repräsentanten der Augsburger Fugger und Nürnberger Imhoff . . VSWG 52 (1965) S. 21, 23 und 40.

aufgrund des Strandrechtes dieses Gut an die Strandbewohner, bzw. deren Herren. Das gleiche gilt für Landreisende, die mit ihren Wagen zu Bruch gingen. Umgekehrt bildete sich der Grundsatz aus, daß ein Fremder nur vor seinem heimischen Gericht beklagt werden konnte. Das Schöffengericht von Frankfurt, dessen Frühjahrs- und Herbstmesse vom 14. Jh. ab in der Bedeutung die der Champagne ablösten, hatte das Privileg, in Marktsachen unabhängig von dem persönlichen Gerichtsstand des Beklagten Schnellurteile fällen zu dürfen. Hier und in anderen Städten konnte gegen fremde Schuldner, die zahlungs- oder leistungsunwillig waren, der Personalarrest oder Sacharrest angewandt werden. Durch solch einen Arrest konnte der Arrestierte gezwungen werden, sich dem zuständigen Gericht zu stellen und dort die gegen ihn gerichtete Klage entscheiden zu lassen. Wenn der Betreffende flüchtig war, konnte ein Repressalienarrest gegen einen oder mehrere seiner Gerichtsgenossen angewandt werden. Durch diese Mechanismen konnten bis zu einem gewissen Grade die Schwierigkeiten überwunden werden, die durch die kleinräumigen staatlichen Verhältnisse den Fernverbindungen entgegenstanden.

Die überstaatlichen normativen Zusammenhänge in Europa sind auf verschiedenen Ebenen durch das Reich, die katholische Kirche, das Rittertum, Städtebünde, Handelsverträge sowie das See- und Kaufmannsrecht gegeben. Auf keiner dieser Ebenen erfassen die Zusammenhänge im ausgehenden Mittelalter alle Regionen und sozialen Milieus. Obwohl Europa nicht von einem großen Reich wie im Frühmittelalter beherrscht wird, sind die Zusammenhänge dennoch auf das Ganze gesehen eng und zwingend genug, um von einer europäischen Gesamtordnung sprechen zu können.

*

Am Schluß sei mit einem Ausblick in die Neuzeit die Frage gestellt, wieweit es gerechtfertigt ist, eine Verfassungsgeschichte um 1500 abbrechen zu lassen. Es gibt Stimmen in der Forschung, die der Zeit um 1500 die Bedeutung einer großen Wende absprechen. Auch sie können natürlich nicht an den großen Veränderungstatsachen vorübergehen, voran Reformation und Humanismus, dann aber auch den Erfindungen, die bei der Nautik, z. B. die überseeischen Entdeckungen und im

Bergbau den „Silbersegen" und mit ihm den Frühkapitalismus ermöglicht haben. Nun gehören diese Veränderungstatsachen sicherlich nicht eigentlich zur Verfassungsgeschichte, auch nicht in dem weiten hier angewandten Rahmen. Aber trotzdem hatten sie den größten Einfluß auf die Verfassungsgeschichte. Am raschesten wurde er sichtbar bei den hier gerade besprochenen überstaatlichen Zusammenschlüssen und Institutionen. Ab 1517, Luthers Thesenanschlag in Wittenberg, gab es die katholische Einheit des staatlichen und gesellschaftlichen Europas nicht mehr. Gleichzeitig hatte die Reformation erhebliche Bedeutung für die Territorial- und Nationalstaaten, bekamen doch die Ansätze zu einem landesherrlichen Kirchenregiment (s. o. S. 263) jetzt einen ganz neuen Stellenwert. Trotzdem wird man jenen Recht geben, die sagen, daß für die Territorial- und Nationalstaaten die entscheidende Weichsenstellung im Hochmittelalter eintrat und daß um 1500 nur eine Entwicklungsverstärkung zu beobachten ist, bei der sich neben der Reformation etwa auch der Humanismus und der Frühkapitalismus auswirkten. Überwiegend scheinen die mittelalterlichen Tendenzen im Verfassungsbereich weitergegangen zu sein, wobei sich ihr Verhältnis zueinander verschob, die einen die anderen ausschalteten oder verstärkten. Zentralismus und Autoritarismus unterdrückten bald die aus dem Mittelalter kommende Ständebewegung. Die Zahl der Freien und Reichssstädte nahm ab. Die vielfältigen Stadtverfassungen vereinheitlichten sich zu autoritären Ratsregimenten, aber die Zünfte behielten eine starke Stellung. Über Kontinuität und Wandel beim Adel wurde schon gesprochen (o. S. 279 ff.).

Blicken wir noch einmal auf das Reich. Dieses war seit 1438 faktisch wieder ein Erbreich – eine große Veränderung, die aber einer Staatlichkeit des Reiches nicht mehr zugute kam. 1519, vor der Wahl Karls V., gab es noch einmal einen dramatischen Versuch der Kurfürsten, den Habsburgern zu entgehen. Aber diese ließen sich nicht mehr verdrängen. Sie betrachteten das deutsche König- und Kaisertum als eine notwendige Absicherung ihres großen europäischen Herrschaftskonglomerats. Die Habsburger waren in Spanien, im Burgund, in den Niederlanden, in Südwestdeutschland, in Böhmen, Ungarn, Oberitalien und Österreich. Die Methoden, mit denen sie dahin kamen, entsprachen ganz und gar den mittelalterlichen dynastischen Heirats- und Erbschaftsgewohnheiten. Aber die Resultate waren im Umfang ganz neuartig. Wie war diese quantitative Steigerung möglich gewesen? Die Antwort geben schon die Umstände der ersten Erwerbung, der Burgunds durch die Heirat Maximilians mit der Erbtochter Maria 1477. Die Stände, die in den burgundischen Ländern noch im Aufschwung begriffen waren, fürchteten sich mehr vor dem frühabsolutistischen Frankreich, als vor Maria und ihren Erben. Als auch Maximilian die Stände einzuschränken begann, gab es ein hin und her, Konspirationen mit Frankreich, Aufstände. Schließlich setzte sich Maximilian, der die neuen militärischen Mittel glänzend einsetzen konnte, auf dem Schlachtfeld durch.

Literaturverzeichnis

Anregungen für weitere Lektüre

Die zu dem Buch gehörige Forschungsliteratur ist einerseits außerordentlich umfassend, nahezu unübersehbar, andererseits leicht zugänglich insbesondere durch das seit 1977 im Erscheinen begriffene Lexikon des Mittelalters, sowie durch zahlreiche neuere Hand- und Taschenbücher, Gesamtdarstellungen und Bibliographien. Das folgende beschränkt sich auf einige Empfehlungen für eine ergänzende und vergleichende Lektüre. Die bereits oben im Text genannte Literatur wird nicht wiederholt.

I. Was ist Verfassung?

1. Die Forschung

E. W. Böckenförde, Die deutsche verfassungsgeschichtliche Forschung im 19. Jh. Zeitgebundene Fragestellungen und Leitbilder (1961).

Heinrich Mitteis nach hundert Jahren (1889–1989), hg. v. P. Landau u. a. (1991).

Gegenstand und Begriffe der Verfassungsgeschichtsschreibung. Beiheft zu „Der Staat" 6 (1983).

N. Luhmann, Rechtssoziologie (1972).

R. Sprandel, Mentalitäten und Systeme (1972).

2. Die Quellen

Amira-Eckhardt, Germanisches Recht I (Quellen) (1960).

H. Coing, Handbuch der Quellen und Literatur der neueren europäischen Privatrechtsgeschichte I Mittelalter (1100–1500). Die gelehrten Rechte und die Gesetzgebung (1973), enthält mehr als die Titel versprechen, eine nahezu erschöpfende Quellenkunde der Verfassungsgeschichte in einem weiteren Wortsinn.

W. W. Ullmann, Law and Politics in the Middle Ages. An Introduction of the Sources of Medieval Political Ideas (1975), enthält auch eine ausführliche Quellenkunde zum römischen, kanonischen und nicht-römischen weltlichen Recht.

Typologie des Sources du Moyen âge occidental, hg. von L. Genicot, erscheint seit 1972 im einzelnen Faszikeln, umfaßt u. a. Urkunden (Actes publics), Urteilssammlungen (Jurisprudence) weltlicher Gerichte und Kirchenrechtssammlungen. Eine besondere Bedeutung hat in unserem Zusammenhang Faszikel 22: L. Genicot, La loi (1977) a. a. mit einem Überblick über die bisherigen Definitionen von „loi" im Mittelalter.

*

Recht und Schrift im Mittelalter. Vorträge und Forschungen XXIII (1977).

Simboli e simbologia nell'alto medioevo. Settimane di Studio del Centro italiano di studi nell'alto medioevo 23 (1976).

J.-Cl. Schmitt, Die Logik der Gesten im europäischen Mittelalter (deutsch 1992).

*

G. L. Soliday, History of Family and Kinship. A Select Bibliographie (1980).

J. Gaudemet, Le mariage en occident. Les moeurs et le droit (1987).

A. Sapori, Le Marchand Italien au Moyen Age (1952), enthält eine gute Quellenkunde der italienischen Wirtschaftsgeschichte einschließlich vieler Verfassungsprobleme.

R. H. Bautier et J. Sornay, Les sources de l'histoire économique et sociale du Moyen Age. Provence-Comtat Venaissin-Dauphiné-États de la maison de Savoie 2 Bde. (1968/1971), vermittelt eine Ahnung davon, was in begünstigten Gegenden noch in den Archiven ruht, z. B. in der Provence Comptes d'amendes des 15. Jh., verschiedene Gerichtsregister seit dem 13. Jh. usw.

II. Die Ordnungen des frühen Mittelalters

1. Haus, Familie und Verwandtschaft

P. Koschaker, Die Eheformen bei den Indogermanen, in: Deutsche Landesreferate zum II. internationalen Kongreß für Rechtsvergleichung im Haag (1937).

Y. Bessmertny, La vision du monde et l'histoire démographique en France aux IXe–XVe siècles (1991) mit neuerer Literatur.

K. O. Amira, Erbenfolge und Verwandtschaftsgliederung nach den altniederdeutschen Rechten (1874).

K. Kroeschell, Söhne und Töchter im germanischen Erbrecht, in: Gedächtnisschrift für W. Ebel (1982) S. 87 ff.

F. Genzmer, Die germanische Sippe als Rechtsgebilde. ZRG Germ. Ab. 67 (1950).

A. Schultze, Zur Rechtsgeschichte der germanischen Brüdergemeinschaft. ZRG Germ. Abt. 56 (1936).

*

H. Nehlsen, Sklavenrecht zwischen Antike und Mittelalter I (1972).

W. Grönbech, Kultur und Religion der Germanen 2 Bde. (deutsch 1954⁵), enthält die Auswertung der nordischen Sagen.

E. Kaufmann, Zur Lehre der Friedlosigkeit im germanischen Recht, in: Gedächtnisschrift für H. Conrad (1979) S. 23–57.

H. Brunner, Sippe und Wergeld nach niederdeutschen Rechten. ZRG Germ. Abt. 3 (1882).

2. Die Grundherrschaft

Agricoltura e mondo rurale in occidente nell'alto medioevo. Settimane di Studio del Centro italiano di studi sull'alto medioevo XIII (1966).

W. Rösener (Hg.), Die Strukturen der Grundherrschaft im frühen Mittelalter (1989).

W. Janssen u. D. Lohrmann (Hg.), Villa-Curtis-Grangia. Landwirtschaft zwischen Loire und Rhein von der Römerzeit bis zum Hochmittelalter. Beihefte der Francia 11 (1982).

L. Kuchenbuch, Bäuerliche Gesellschaft und Klosterherrschaft im 9. Jh. Studien zur Sozialstruktur der Familie der Abtei Prüm (1978).

C. Violante, La società milanese nell'età precomunale (1953), grundlegend auch über die agrarischen Verhältnisse Oberitaliens im Frühmittelalter.

G. Tabacco, Der Zusammenhang zwischen Macht und Besitz im fränkischen und langobardischen Reich. Saeculum (1973) S. 220–240.

Entstehung und Verfassung des Sachsenstammes, hg. v. W. Lammers. Wege der Forschung 50 (1967).

Zur Geschichte der Bayern, hg. v. K. Bosl. Wege der Forschung 60 (1965).

Zur Geschichte der Alemannen, hg. v. W. Müller. Wege der Forschung 100 (1975). Diese drei Bücher enthalten Aufsätze über die Besiedelung, Besitzverteilung und Überschichtung in den deutschen Landschaften.

F. Quarthal (Hg.), Alemannien und Ostfranken im Frühmittelalter (1984).

M. Kroell, L'immunité franque (1910).

Les liens de vassalité et les immunités. Recueils de la Société J. Bodin I (1958[2]); darin besonders der Aufsatz von F. L. Ganshof S. 171 ff.

3. Nachbarschaftsordnungen

E. Ennen, Frühgeschichte der europäischen Stadt (1953), betont die Kontinuität romanischer Elemente in der mittelmeerischen Stadtkultur.

G. Dilcher, Die Entstehung der lombardischen Stadtkommune (1967), stellt die Reduzierung der Romanen durch die Langobarden in den Vordergrund.

F. Vercauteren, Étude sur les civitates de la Belgique seconde (1934).

A. Dupont, Les cités de la Narbonnaise première depuis les invasions germaniques jusqu'a l'apparition du consulat (1942).

D. Claude, Topographie und Verfassung der Städte Bourges und Poitiers bis in das 11. Jh. (1960), auch allgemein über die gallischen Städte im Frühmittelalter.

E. Pitz, Europäisches Städtewesen und Bürgertum. Von der Spätantike bis zum hohen Mittelalter (1991).

*

K. S. Bader, Das mittelalterliche Dorf als Friedens- und Rechtsbereich (1957), über die frühmittelalterlichen Vorläufer einer bäuerlichen Gemeindebildung.

H. Jankuhn u. a. (Hg.), Das Dorf der Eisenzeit und des frühen Mittelalters. Siedlungsform – wirtschaftliche Funktion – soziale Struktur (1977).

G. P. Fehring, Frühmittelalterliche Wehranlagen in Südwestdeutschland. Château Gaillard V (1972) und andere Aufsätze des Jahrbuchs Château Gaillard mit den unterschiedlichen Standpunkten zur Burgenfrage.

J. Herrmann, Zwischen Hradschin und Vineta. Frühe Kulturen der Westslawen (1971) u. a. über slawische Burgen.

H. Meyer, Gerüft, Handhaftverfahren und Anefang. ZRG Germ. Abt. 37 (1916).

G. v. Oberg, Freie, Nachbarn und Gefolgsleute (1983).

4. Gefolgschaften und Bruderschaften

A. K. G. Kristensen, Tacitus' germanische Gefolgschaft (1983).

L. Weiser-Aall, Altgermanische Jünglingsweihen und Männerbünde (1927).

O. Höfler, Kultische Geheimbünde der Germanen (1934).

F. Rörig, Magdeburgs Entstehung und die ältere Handelsgeschichte, in: F. Rörig, Wirtschaftskräfte im Mittelalter (1971[2]).

Gilden und Zünfte. Kaufmännische u. gewerbliche Genossenschaften im frühen und hohen Mittelalter. Vorträge und Forschungen XXIX (1985).

K. Düwel u. a. (Hg.), Untersuchungen zu Handel und Verkehr der vor- und frühgeschichtlichen Zeit in Mittel- und Nordeuropa (1987).

J. A. Agus, Urban Civilisation in Pre-Crusade Europe (1965).

*

F. Prinz, Frühes Mönchtum im Frankenreich. Kultur und Gesellschaft in Gallien, den Rheinlanden und Bayern am Beispiel der monastischen Entwicklung (1965).

A. Poeschl, Bischofsgut und „mensa episcopalis" I (1908), über Klerikergemeinschaften.

M. Rouche, La matricule des pauvres, in: M. Mollat (Hg.), Études sur l'histoire de la pauvreté (1974).

5. Reichsverfassungen

La monocratie II. Recueils de la Société Jean Bodin 21 (1969). Gouvernés et Gouvernants II, Haut Moyen Age. Ebendort 23 (1968). Les grandes empires. Ebendort 31 (1973).

R. Wenskus, Stammesbildung und Verfassung. Das Werden der frühmittelalterlichen gentes (1961).

F. Graus, Deutsche und slawische Verfassungsgeschichte? HZ 197 (1963).

K. Zernack, Die burgstädtischen Volksversammlungen bei den Ost- u. Westslawen (1967).

*

Das Königtum. Seine geistigen und rechtlichen Grundlagen. Vorträge und Forschungen III (Nachdruck 1963).

J. M. Wallace-Hadrill, Eearly Germanie Kingship in England and on the Continent (1971).

E Hoffmann, Die heiligen Könige bei den Angelsachsen und den skandinavischen Völkern. Königsheiliger und Königshaus (1975).

P. Classen, Die Verträge von Verdun und von Coulaines 843 als politische Grundlagen des westfränkischen Reiches. HZ 196 (1963).

K. Schmid, Die Thronfolge Ottos des Großen. ZRG Germ. Abt. 81 (1964).

P. E. Schramm, Die Krönung in Deutschland bis zum Beginn des salischen Hauses. ZRG Kan. Abt. 55 (1935).

R. Schmidt, Königsumritt und Huldigung in ottonisch-salischer Zeit. Vorträge und Forschungen VI (1961).

*

R. Sprandel, Dux und comes in der Merovingerzeit. ZRG Germ. Abt. 74 (1957), über Schwierigkeiten in der regionalen Verfassung des fränkischen Reiches.

D. Claude, Untersuchungen zum frühfränkischen Comitat. ZRG Germ. Abt. 81 (1964), betont demgegenüber eine fortdauernde Bedeutung des dux- und comes civitatis-Amtes.

M. Heinzelmann, Bischofsherrschaft in Gallien. Zur Kontinuität römischer Führungsschichten vom 4. bis zum 7. Jh. (1976).

G. Tellenbach, Vom karolingischen Reichsadel zum deutschen Reichsfürstenstand, in: Herrschaft und Staat im Mittelalter. Wege der Forschung II (1956) über die karolingischen und nachkarolingischen Herzöge.

W. Kienast, Der Herzogstitel in Frankreich und Deutschland (1968).

H. Maurer, Der Herzog von Schwaben (1978).

E. Hlawitschka, Lothringen an der Schwelle der deutschen Geschichte (1968).

H. Hirsch, Die hohe Gerichtsbarkeit im deutschen Mittelalter (^{2}1958).

J. Weitzel, Dinggenossenschaft und Recht (1985).

G. Duby, La société aux XIe et XIIe siècles dans la région mâconnaise (1953).

R. Sprandel, Gerichtsorganisation und Sozialstruktur Mainfrankens im früheren Mittelalter. Jahrb. f. fränkische Landesforschung 38 (1978) S. 7–38.

*

F. Prinz, Klerus und Krieg im früheren Mittelalter. Untersuchungen zur Rolle der Kirche beim Aufbau der Königsherrschaft (1971).

R. Kaiser, Bischofsherrschaft zwischen Königtum und Fürstenmacht. Studien zur bischöflichen Stadtherrschaft im westfränkisch-französischen Reich im frühen und hohen Mittelalter (1981)

Ordinamenti militari in occidente nell'alto medioevo. Settimane di Studio del Centro italiano di studi sull'alto medioevo 15 (1968).

G. Tellenbach. Römischer und christlicher Reichsgedanke in der Liturgie des frühen Mittelalters. Sitzungsberichte der Heidelberger Akademie der Wiss. Phil.-Hist. Kl. 1934/1935 1. Abh.

R. Sprandel, Der merovingische Adel und die Gebiete östlich des Rheins (1957), für die Fortdauer des römischen Reichsgedankens in der Merowingerzeit. Neuerdings:

Ders., Kilian und die Anfänge des Bistums Würzburg. Würzburger Diözesange-schichtsblätter 8 (1992). Die andere Position u. a. schon bei

H. Aubin, Der Anteil der Germanen am Wiederaufbau des Abendlandes nach der Völkerwanderung, in: H. Aubin, Vom Altertum zum Mittelalter. Absterben, Fortleben und Erneuerung (1949) und später bei

R. Butzen, Die Merowinger östlich des mittleren Rheins (1987). Für eine Datierung des Ausgriffs der Franken nach Osten in frühkarolingische Zeit aber auch

G. Pfeiffer, Wie die Mainlande fränkisch wurden. Colloquium historicum Wirsbergense. Geschichte am Obermain 9. (1974/ 1975) S. 23–48.

W. Schlesinger, Zur politischen Geschichte der fränkischen Ostbewegung vor Karl dem Großen, in: Ders. (Hg.), Althessen im Frankenreich (= Nationes 2, 1975) S. 9–61 (kompromißartig).

J. le Goff, Culture cléricale et traditions folkloriques dans la civilisation mérovingienne. Annales 22 (1967) S. 780 ff. (Wiederabdruck in: Ders., Pour un autre Moyen Age. Temps, travail et culture en Occident: 18 Essais [1977] S. 223–235).

6. Die katholische Christenheit

F. L. Ganshof in: Histoire des relations internationales hg. v. P. Renouvin, I Le Moyen Age (1953).

J. Fischer, Oriens-Occidens-Europa. Begriff und Gedanke „Europa" in der späten Antike und im frühen Mittelalter (1957).

R. Folz, L'idée d'empire en occident du Ve au XIVe siècle (1953).

H. H. Anton, Fürstenspiegel und Herrscherethos in der Karolingerzeit (1968).

H. Löwe, Von den Grenzen des Kaisergedankens in der Karolingerzeit. DA 14 (1958).

K. G. Cram Iudicium belli. Zum Rechtscharakter des Krieges im deutschen Mittelalter (1955).

W. Goez, Translatio imperii (1958).

K. F. Werner, Das hochmittelalterliche Imperium im politischen Bewußtsein Frankreichs (10.–12. Jh.). HZ 200 (1965) S. 1–60.

*

A. C. De Clercq, La législation religieuse franque de Clovis à Charlemagne 507–814 (1936), de Louis le Pieux à la fin du IXe siècle, 814–900 (1958).

J. Semmler, Reichsidee und kirchl. Gesetzgebung bei Ludwig d. Fr. Zeitschrift für Kirchengeschichte 71 (1960).

G. Tellenbach, Die Bedeutung des Reformpapsttums für die Einigung des Abendlandes. Studi Gregoriani 2 (1947).

J. Chèlini, Les laics dans la société ecclésiastique carolingienne, in: I laici nella „societas christiana" dei secoli XI e XII. Atti della terza Settimana internazionale di Studio. Mendola (1968).

*

G. Tellenbach, Zum Wesen der Cluniacenser. Saeculum 9 (1958).

Il monachesimo nell'alto medioevo e la formazione della civiltà occidentale. Settimane di Studio del Centro italiano di studi sull'alto medioevo IV (1957).

Le chiese nei regni dell'Europa occidentale e i loro rapporti con Roma sino all'800. Ebendort VII (1960).

R. Regout, La doctrine de la guerre juste de Saint Augustin à nos jours (1934).

W. Berges, Reform und Ostmission im 12. Jh., in: Heidenmission und Kreuzzugsgedanke. Wege der Forschung VII (1963) S. 317–336.

III. Der Verfassungswandel

1. Der Aufschwung der Städte

E. Le Roy Ladurie, Times of feast, times of famine. A history of climate since the year 1000 (1971).

P. Brimblecombe, Climate Conditions and Population Development in the Middle Ages. Saeculum 39 (1988) S. 141–148.

D. Herlihy, Outline of Population Developments in the Middle Ages, in: B. Herrmann/R. Sprandel (Hg.), Determinanten der Bevölkerungsentwicklung im Mittelalter (1987).

L. Genicot, Sur les témoignages d'accroissement de la population en Occident du XIe–XIIIe siècle. Cahiers d'histoire mondiale I (1953).

P. Rückert, Landesausbau und Wüstungen des hohen und späten Mittelalters im fränkischen Gäuland (1982), berechnet eine Verdoppelung der Siedlungsfläche im Altsiedelland durch die hochmittelalterliche Binnenkolonisation.

*

Y. Barel, La ville médiévale. Système social, système urbain (1975), durchdenkt die Stadt in anregender Weise von systemtheoretischen Ansätzen aus.

Les libertés urbaines et rurales du XIe au XIVe siècle. Colloque international 1966. Actes. Pro Civitate. Collection Histoire 19 (1968), sowie andere Bände derselben Reihe.

Recueils de la Société Jean Bodin. La Ville VI Institutions administratives et judiciaires (1954); VII Institutions économiques et sociales (1955); VIII Le droit privé (1957).

H. Keller, Adelsherrschaft und städtische Gesellschaft in Oberitalien (9.–12. Jh.) (1979).

E. Sestan, La città comunale italiana dei secoli XI–XIII . . ., in: Comité international des sciences historiques. XIe congrès international des sciences historiques. Stockholm 1960, Rapports III S. 75–95.

G. Salvemini, Magnati e popolani in Firenze dal 1280 al 1295 (1899).

G. Miccoli, Chiesa gregoriana (1966) S. 101 ff. über die Pataria.

*

F. L. Ganshof, Études sur le developpement des villes entre Loire et Rhin au Moyen Age (1943).

W. Stein, Handels- und Verkehrsgeschichte der deutschen Kaiserzeit (Nachdruck 1967).

R. Sohm, Die Entstehung des deutschen Städtewesens (1890), vertrat die sogenannte marktrechtliche Theorie.

K. W. Nitzsch, Ministerialität und Bürgertum im 11. und 12. Jh. (1859), demgegenüber die hofrechtliche Theorie.

K. Schulz. Ministerialität und Bürgertum in Trier (1968), mit der Herausarbeitung der Bedeutung von Ministerialen bei der Stadtentwicklung.

*

W. Ebel, Der Bürgereid als Geltungsgrund und Gestaltungsprinzip des deutschen und mittelalterlichen Stadtrechts (1958).

W. Ebel, Lübisches Recht I (1971).

W. Ebel, Bursprake, Echteding, Eddag in den niederdeutschen Stadtrechten. Festschrift für Hans Niedermeyer (1953).

J. Bolland, Hamburgische Burspraken 1346–1594 2 Bde. Veröffentlichungen aus dem Staatsarchiv der Freien und Hansestadt Hamburg VI (1960).

W. Schultheiß, Satzungsbücher und Satzungen der Reichsstadt Nürnberg aus dem 14. Jh. (1965).

E. Pitz, Schrift- und Aktenwesen der städtischen Verwaltung im Spätmittelalter (1959).

*

L. Dasberg, Untersuchungen über die Entwertung des Judenstatus im 11. Jh. Études Juives 11 (1965).

A. Haverkamp (Hg.), Zur Geschichte der Juden im Deutschland des späten Mittelalters und der frühen Neuzeit (1981).

Y. Renouard, Études d'histoire médiévale (1968), darin besonders die Aufsätze: Les relations économics franco-italiennes à la fin du moyen Age (über Lombarden) und Les Cahorsins, hommes d'affaire francais du XIIIe siècle (über Kawertschen).

B. Nelson, The Idea of Usury. From Tribal Brotherhood to Universal Brotherhood (1969[2]).

*

C. Haase, Die Entstehung der westfälischen Städte (1965[2]).

H. Stoob, Forschungen zum Städtewesen in Europa I (1970).

J. Kejr, Die Anfänge der Stadtverfassung und des Stadtrechts in den Böhmischen Ländern, in: Die deutsche Ostsiedlung des Mittelalters als Problem der europäischen Geschichte. Vorträge und Forschungen XVIII (1974) S. 439–470.

Les origines des villes polonaises. École pratique des Hautes Études. VIe section. Congrès et Colloques II (1960).

Die Zeit der Stadtgründung im Ostseeraum. Acta Visbyensia I (1965).

2. Die Anfänge des modernen Staates

J. R. Strayer, On the medieval origins of the modern state (1970, deutsch 1975).

H. Quaritsch, Staat und Souveränität I (Grundlagen) (1970).

J. Fried, Der Regalienbegriff im 11. u. 12. Jh. DA 29 (1973) S. 450–528.

G. Post, Studies in medieval legal thought (1964).

W. Mager, Zur Entstehung des modernen Staatsbegriffs. Abh. d. geistes- u. sozialwiss. Kl. d. Akad. d. Wiss. u. Lit. in Mainz (1968) 9.

R. Sprandel, Ivo von Chartres und seine Stellung in der Kirchengeschichte (1962), über regalia im Investiturstreit, die Trennung von Kirchenrecht und Laienrecht und die Entwicklung in Frankreich.

A. Waas, Vogtei und Bede 2 Bde. (1919–1923), über die Vogtei als Nachfolger der Eigenkirchenherrschaft. Gegen die Verabsolutierung dieser Vorstellung und mit einem Hinweis darauf, daß die Vogtei schließlich auf eine Beamtenposition zurückgeht u. a.:

E. Wisplinghoff, Der Kampf um die Vogtei des Reichsstifts Essen im Rahmen der allgemeinen Vogteientwicklung des 10.–12. Jh., in: Aus Geschichte und Landeskunde. Franz Steinbach-Festschrift (1960) S. 308–332.

R. Scheyhing, Eide, Amtsgewalt und Bannleihe. Eine Untersuchung zur Bannleihe im hohen und späten Mittelalter (1960).

R. Harrer, Der kirchliche Zehnt im Gebiet des Hochstifts Würzburg im späten Mittelalter (1992), greift in das Hochmittelalter zurück.

*

K. Lamprecht, Deutsches Wirtschaftsleben im Mittelalter 4 Bde. (1885–1886).

A. Dopsch, Herrschaft und Bauer in der deutschen Kaiserzeit (1964[2]).

S. Epperlein, Bauernbedrückung und Bauernwiderstand im hohen Mittelalter (1960).

J. Gernhuber, Die Landfriedensbewegung in Deutschland bis zum Mainzer Landfrieden von 1235 (1952).

E. Wadle, Frühe deutsche Landfrieden, in: R. Kottje/H. Mordek (Hg.), Quellen und Forschungen zum Recht im Mittelalter 4 (1986) S. 71–92.

H. Hoffmann, Gottesfrieden und Treuga Dei (1964).

H. W. Goetz, Gottesfriede und Gemeindebildung. ZRG Germ. Abt. (1988) S. 122–144.

F. Hartung, Herrschaftsverträge und ständischer Dualismus in deutschen Territorien. Schweizer Beiträge zur allgemeinen Geschichte X (1952), der stärker als Brunner (o. S. 15) die auf die Staatsentwicklung abträgliche Wirkung der Stände herausarbeitet.

*

J. E. A. Jolliffe, The constitutional history of medieval England (1961[4]).

W. Stubbs, Select charters and other illustrations of english constitutional history (Nachdruck 1966).

J. C. Holt, Magna Carta (1969[2]).

J.-F. Lemarignier, Le gouvernement royal aux premiers temps capétiens (1965).

H. Gravier Essai sur les prévots royaux du XIe au XIVe siècle. Nouvelle Revue Historique du Droit français et étranger 27 (1903).

Ch. H. Haskins, Norman Institutions (Nachdruck 1960).

I Normanni e la loro espansione in Europa nell'alto medioevo. Settimane di Studio del Centro italiano di studi sull' alto medioevo 16 (1969), auch zu Süditalien.

B. Schneidmüller, Nomen Patriae. Die Entstehung Frankreichs in der politisch-geographischen Terminologie (10.–13. Jh.) (1987), ergänzt die Ausführungen über das Landeswappen.

*

W. Schlesinger, Zur Gerichtsverfassung des Markengebiets östlich der Saale im Zeitalter der deutschen Ostsiedlung, in: W. Schlesinger, Mitteldeutsche Beiträge zur deutschen Verfassungsgeschichte des Mittelalters (1961) S. 48–132.

H. K. Schulze, Territorienbildung und soziale Strukturen in der Mark Brandenburg im hohen Mittelalter, in: Herrschaft und Stand. Untersuchungen zur Sozialgeschichte im 13. Jahrhundert. Veröffentlichungen des Max-Planck-Instituts für Geschichte 51 (1977) S. 254–276.

H. Fichtenau, Von der Mark zum Herzogtum (1965[2]).

E. v. Schwind und A. Dopsch, Ausgewählte Urkunden zur Verfassungsgeschichte der deutsch-österreichischen Erblande (1895).

E. Bamberger, Die Finanzverwaltung in den deutschen Territorien des Mittelalters 1200–1500. Zeitschrift für die gesamte Staatswissenschaft 77 (1922/23).

*

E. Ewig, Zum lothringischen Dukat der Kölner Erzbischöfe, in: Aus Geschichte und Landeskunde. F. Steinbach-Festschrift (1960); dort zu Jülich S. 215.

G. Droege, Lehnrecht und Landrecht am Niederrhein und das Problem der Territorialbildung im 12. und 13. Jh., ebendort bes. S. 303 f.

H. Schadek/K. Schmid, Die Zähringer. Anstoß und Wirkung (1986).

L. Génicot, Études sur les principautés lotharingiennes (1975).

*

M. Lintzel, Die Entstehung des Kurfürstenkollegs, in: M. Lintzel, Ausgewählte Schriften II (1961).

R. Reisinger, Die römisch-deutschen Könige und ihre Wähler 1198–1275 (1977).

E. Klingelhöfer, Die Reichsgesetze um 1220, 1231/2 und 1235 (1955).

*

H. Conrad, Die mittelalterliche Besiedlung des deutschen Ostens und das deutsche Recht (1955).

H. Helbig, Die ungarische Gesetzgebung des 13. Jahrhunderts und die Deutschen, in: Die deutsche Ostsiedlung (o. S. 297) S. 509–526.

Corona regni. Studien über die Krone als Symbol des Staates im späteren Mittelalter, hg. v. M. Hellmann. Wege der Forschung 3 (1961) – fast ganz auf Osteuropa beschränkt.

Th. Riis, Les institutions politiques centrales du Danemark 1100–1332 (1977).

R. Menéndez Pidal, La España del Cid (1956[5]).

IV. Die Ordnungen des späteren Mittelalters

1. Haus, Familie, Verwandtschaft

O. Brunner, Neue Wege der Verfassungs- und Sozialgeschichte (1968[2]) u. a. mit einem Aufsatz über: Das „ganze Haus" und die alteuropäische „Ökonomik", wo in anregender Weise das Haus der vorindustriellen Zeit dem der nachindustriellen gegenübergestellt wird.

W. Kieß, Die Burgen in ihrer Funktion als Wohnbauten. Studien zum Wohnbau in Deutschland, Frankreich, England und Italien vom 11.–15.Jh. Diss. TH Stuttgart (1961).

H. M. Maurer, Die Entstehung der mittelalterlichen Adelsburg in Südwestdeutschland. ZGO 117 (1969).

F. K. Alsdorf, Untersuchungen zur Rechtsgestalt und Teilung deutscher Ganerbenburgen (1980).

E. Osenbruggen, Der Hausfrieden (Neudruck 1968).

J. Heers, Le clan familial au Moyen Age. Étude sur les structures politiques et sociales des milieux urbains (1974).

K. Hauck, Haus- und sippengebundene Literatur mittelalterlicher Adelsgeschlechter von Adelssatiren des 11. und 12. Jh. aus erklärt. Mitteilungen des Instituts für österreichische Geschichtsforschung 62 (1954) und in: Geschichtsdenken und Geschichtsbild im Mittelalter hg. v. W. Lammers. Wege der Forschung 21 (1961).

H. Patze, Adel und Stifterchronik. Blätter für deutsche Landesgeschichte 101 (1965).

G. Duby, Structures de parenté et noblesse, in: Miscellanea Mediaevalia in memoriam J. F. Niermeyer (1967) S. 149–165.

Ders., Lignage, noblesse et chevalerie au XIIe siècle dans la région mâconnaise. Annales 27 (1972).

Deutscher Adel 1430–1555, hg. v. H. Rössler. Schriften zur Problematik der deutschen Führungsschichten in der Neuzeit I (1965).

S. Freiherr v. Pölnitz, Stiftsfähigkeit und Ahnenprobe im Bistum Würzburg, in: Herbipolis Jubilans. 1200 Jahre Bistum Würzburg (1952) – von allgemeiner Bedeutung.

J. Keim, Alte Straubinger Landtafeln. Jahrbuch des histor. Vereins Straubing 63 (1960).

H. Meyer, Die Anfänge des Familienfideikomisses in Deutschland, in: Festgabe für R. Sohm (1914).

H. Schulze, Das Erb- und Familienrecht der deutschen Dynastien des Mittelalters (1871).

R. Sprandel, Die Ritterschaft und das Hochstift Würzburg im Spätmittelalter. Jahrb. f. fränkische Landesforschung 36 (1976) S. 117–143 mit Beispielen für Stammgüter, Hausverträge u. a. aus dem fränkischen Bereich.

*

R. Mols, Introduction à la démographie historique des villes d'Europe du XIVe au XVIIIe siècle (1954–1956) II S. 131 ff. über die Verhältnisse von Haus und Familie in den Städten.

A. Haverkamp (Hg.), Haus und Familie in der spätmittelalterlichen Stadt (1984).

J. Goody u. a. (Hg.), Family and Inheritance. Rural Society in Western Europe 1200–1800 (1976).

W. Brauneder, Typen des mittelalterlichen Erbrechts in ihrer Bedeutung für die Bevölkerungsentwicklung. Saeculum 39 (1988) S. 154–172.

R. Sprandel, Die Diskriminierung der unehelichen Kinder im Mittelalter, in: J. Martin/A. Nitschke (Hg.), Zur Sozialgeschichte der Kindheit (1986) S. 497–502.

*

W. Ebel, Die Rechtsstellung der Kauffrau. Forschung zur Geschichte des lübischen Rechts I (1950).

F. v. Martitz, Das eheliche Güterrecht des Sachsenspiegels und der verwandten Rechtsquellen (1867).

D. Willoweit, Die Ungleichbehandlung der Frau im mittelalterlichen Recht, in: Mann und Frau – Frau und Mann. Hintergründe, Ursachen und Problematik der Geschlechterrollen. 5. Würzburger Symposium (1992) S. 300–314.

P. Knetsch, Frauen im Mittelalter I. Frauenarbeit im Mittelalter (1983).

*

W. Reininghaus, Die Entstehung der Gesellengilden im Spätmittelalter. VSWG Beiheft 71 (1981).

K. Schulz, Handwerkergesellen und Lohnarbeiter. Untersuchungen zur oberrheinischen und oberdeutschen Stadtgesch. des 14. bis 17. Jhs. (1985).

W. Ebel, Quellen zur Geschichte des deutschen Arbeitsrechts (bis 1849). Quellensammlung zur Kulturgeschichte 16 (1964).

E. Schmieder, Geschichte des Arbeitsrechts im Mittelalter I (1939).

W. Weber und T. Mayer-Maly, Studium zur spätmittelalterlichen Arbeitsmarkt- und Wirtschaftsordnung. Jahrbücher für Nationalökonomie und Statistik 166 (1954).

U. Hergemöller (Hg.), Randgruppen in der spätmittelalterlichen Gesellschaft (1990).

J. Hamesse/C. Muraille-Samaran (Hg.), Le travail au moyen âge. Une approche interdisciplinaire (1990).

A. Doren, Studien aus der Florentiner Wirtschaftsgeschichte II. Das Florentiner Zunftwesen vom 14. bis zum 16. Jh. (1908).

G. Espinas, La draperie dans la Flandre française au Moyen Age (1923).

R. Sprandel, Das Eisengewerbe im Mittelalter (1968).

G. Fagniez, Documents relatifs à l'histoire de l'industrie et du commerce en France (1898–1900).

E. Perroy, Wage Labour in France in the later Middle Ages. Econom. Hist. Review (1956).

*

H. Samsonowicz, Remarques sur la comptabilité commerciale dans les villes hanséatiques au XVe siècle, in: Finances et comptabilité urbaines du XIIIe au XVIe siècle. Pro civitate. Collection Histoire 7 (1964).

W. Frhr. Stromer von Reichenbach, Das Schriftwesen der Nürnberger Wirtschaft vom 14. bis zum 16. Jh. in: Beitr. zur Wirtschaftsgeschichte Nürnbergs, hg. v. Stadtarchiv Nürnberg II (1967), mit einem Überblick über die Gattung der Kaufmannsbücher.

J. Lestocquoi, Patriciens du Moyen Age. Les dynasties bourgeoises d'Arras du XIe au XVe siècle, in: Mémoires de la Commission départementale des Monuments du Pas-de-Calais V, 1 (1945).

W. Schmidt-Rimpler, Geschichte d. Kommissionsgeschäftes in Deutschland I (1915).

M. M. Postan, Partnership in English medieval commerce, in: M. M. Postan, Medieval Trade and Finance (1973) S. 65–91.

R. Sprandel, Die Konkurrenzfähigkeit der Hanse im Spätmittelalter. Hansische Geschichtsblätter 102 (1984).

R. de Roover, Money Banking and Credit in medieval Bruges (1948) – insbesondere über Filialgesellschaften.

J. Höffner, Wirtschaftsethik und Monopole im 15. und 16. Jh. (Nachdruck 1969).

R. de Roover, La pensée économique des scolastiques (1971).

2. Grundherrschaft, Dorf und ländliche Genossenschaft

Die Grundherrschaft im Spätmittelalter 2 Bde. Vorträge und Forschungen 27 (1983).

D. Rödel, Das erste Salbuch des Hochstifts Würzburg (1987), als Beispiel für ein „Kammergut" (Typ a) in Deutschland.

G. Aubin, Zur Geschichte der gutsherrlich-bäuerlichen Verhältnisse in Ostpreußen (1910).

J. J. Menzel, Jura ducalia. Die mittelalterlichen Grundlagen der Dominialverfassung in Schlesien. Quellen und Darstellungen zur schlesischen Geschichte 11 (1964).

J. Schultze, Das Landbuch der Mark Brandenburg von 1375. Veröffentlichung der historischen Kommission für die Provinz Brandenburg VIII, 2 (1940).

Die Anfänge der Landgemeinde und ihr Wesen. Vorträge und Forschungen 7/8 (1964).

D. Werkmüller, Über Aufkommen und Verbreitung der Weistümer nach der Sammlung von J. Grimm (1972).

D. Willoweit, Gebot und Verbot im Spätmittelalter. Vornehmlich nach südhessischen und mainfränkischen Weistümerr. Hessisches Jahrb. f. Landesgesch. 30 (1980) S. 94–130.

R. H. Hilton und H. Fagan, The english rising of 1381 (1950).

P. Blickle, Bäuerliche Erhebungen im spätmittelalterlichen deutschen Reich. Zeitschr. für Agrargesch. und Agrarsoziologie 27 (1979)

*

K. Frölich, Goslarer Bergrechtsquellen des früheren Mittelalters, insbesondere das Bergrecht des Rammelsberges aus der Mitte des 14. Jh. (1953).

M. Unger, Stadtgemeinde und Bergwesen Freibergs im Mittelalter (1963).

K. Schwarz, Untersuchungen zur Geschichte der deutschen Bergleute im späteren Mittelalter. Freiberger Forschungshefte, Kultur und Technik D 20 (1958).

R. Dietrich, Untersuchungen zum Frühkapitalismus im mitteldeutschen Erzbergbau und Metallhandel. Jahrbuch für die Geschichte Mittel- und Ostdeutschlands 7 (1958) S. 141–206; 8 (1959) S. 51–119; 9/10 (1961) S. 127–194.

R. Willecke, Die deutsche Berggesetzgebung von den Anfängen bis zur Gegenwart (1977).

3. Stadt und Zunft

D. Waley, Die italienischen Stadtstaaten (1969).

L. Marini, Per una storia dello stato estense (1973).

L. Simeoni, Le Signorie 1313–1559 2 Bde. (1950).

J. Heers, Gênes au XVe siècle. Activité économique et problèmes sociaux (1961).

P. Herde, Politische Verhaltensweisen der Florentiner Oligarchie 1382–1402, in: Geschichte u. Verfassungsgefüge. Frankfurter Festgabe für W. Schlesinger (1973).

A. Renaudet, Machiavel (1956[2]).

*

J. Favier, Une ville entre deux vocations: la place d'affaires de Paris au XVe siècle. Annales (1973) S. 1245–1279.

B. Geremek, Les marginaux parisiens aux XIVe et XVe siècles (1976).

M. Mollat / P. Wolff, Ongles bleus, Jacques et Ciompi. Les révolutions populaires en Europe aux XIVe et XVe siècles (1970).

A. Dirsch-Weigand, Stadt und Fürst in der Chronistik des Spätmittelalters (1991).

*

Altständisches Bürgertum. Wege der Forschung 317 (1978).

F. Keutgen, Ämter und Zünfte (1903).

E. Maschke, Verfassung und soziale Kräfte in der deutschen Stadt des späten Mittelalters, vornehmlich in Oberdeutschland. VSWG 46 (1959) S. 289–349, 433–476.

A. Laube, Wirtschaftliche und soziale Differenzierung innerhalb der Zünfte des 14. Jh. dargestellt am Beispiel mecklenburgischer Städte. Zeitschrift für Geschichtswissenschaft 5 (1957).

H. Haberland, Der Lübecker Renten- und Immobilienmarkt in der Zeit von 1285–1315 (1974).

R. Sprandel, Die Bedeutung der Korporationen für die Unterschichten insbesondere hansischer Seestädte, in: O. Pickl-Festschrift (1987) S. 571–578.

R. Barth, Argumentation und Selbstverständnis der Bürgeropposition in städtischen Auseinandersetzungen des Spätmittelalters (1974).

F. Furger, Zum Verlagssystem als Organisationsform des Frühkapitalismus im Textilgewerbe (1927).

E. Maschke und J. Sydow (Hg.), Städtische Mittelschichten. Veröffentlichungen der Kommission für Geschichtliche Landeskunde in Baden-Württemberg Reihe B, 69 (1972).

*

H. Rössler (Hg.), Deutsches Patriziat 1430–1740. Schriften zur Problematik der deutschen Führungsschichten in der Neuzeit 3 (1968).

Beiträge zur Wirtschaftsgeschichte Nürnbergs 2 Bde. (1967) u. a. Mit Aufsätzen über das Verlagswesen, die Zunftverfassung und das Patriziat.

A. Wolf, Die Gesetze der Stadt Frankfurt a. M. im Mittelalter (1969) mit einem Beiheft Gesetzgebung und Verfassung. Typologie und Begriffssprache mittelalterlicher städtischer Gesetze am Beispiel Frankfurts a. M. (1968).

F. Lerner, Die Frankfurter Patriziergesellschaft Alten Limpurg und ihre Stiftungen (1952).

*

4. Kirchliche Gemeinschaften

E. Pitz, Die römische Kurie als Thema der vergleichenden Sozialgeschichte. Quellen und Forschungen aus italienischen Archiven und Bibliotheken 58 (1978), erläutert die „Regierungsweise" des Papstes und verteidigt seine Sicht derselben gegen Kritiker.

Le istituzioni ecclesiastiche della „societas christiana" dei secoli XI–XII. Diocesi, pievi e parrocchie. Atti della sesta Settimana internazionale di Studio. Milano 1–7 settembre 1974 (1977).

Ph. Hofmeister, Bischof und Domkapitel nach altem und neuem Recht (1931).

K. Frölich, Die Rechtsformen der mittelalterlichen Altarpfründen. ZRG Kan. Abt. 51 (1931).

J. Rautenstrauch, Die Kalandsbruderschaften, das kulturelle Vorbild der sächsischen Kantoreien (1903).

F. Rapp, Réformes et réformation à Strasbourg, Église et société dans le diocèse de Strasbourg (1450–1525) (1974): eine beispielhafte Betrachtung über die Organisation einer Diözese.

G. Fouquet, Das Speyerer Domkapitel im späten Mittelalter (1987): als Beispiel der neueren deutschen Domkapitelforschungen.

*

K. Hallinger, Gorze-Kluny. Studien zu den monastischen Lebensformen und Gegensätzen im Hochmittelalter 2 Bde. (1950/1951).

L'Eremitismo in Occidente nei secoli XI et XII. Atti della seconda Settimana internazionale di Studio. Mendola (1962).

B. Schneidmüller, Verfassung und Güterordnung weltlicher Kollegiatsstifte im Hochmittelalter. ZRG Kan. Abt. 72 (1986).

G. Mlynarczyk, Ein Franziskanerinnenkloster im 15. Jh. Edition und Analyse von Besitzinventaren aus der Abtei Longchamp (1987) als Beispiel für ein Frauenkloster.

H. Grundmann, Religiöse Bewegungen im Mittelalter. Untersuchungen über die geschichtlichen Zusammenhänge zwischen der Ketzerei, den Bettelorden und der religiösen Frauenbewegung im 12. und 13. Jh. und über die geschichtlichen Grundlagen der deutschen Mystik (Nachdruck 1961) mit einem Anhang: Neue Beiträge zur Geschichte der religiösen Bewegungen im Mittelalter.

H. Herbst, Die Anfänge der Bursfelder Reform. Zeitschrift der Gesellschaft für niedesächsische Kirchengeschichte 36 (1931).

G. Bordonovc, La vie quotidienne des Templiers au XIIIe siècle (1975).

M. Tumler, Der Deutsche Orden im Werden, Wachsen und Wirken bis 1400 mit einem Abriß . . . bis in die neueste Zeit (1955).

Die geistlichen Ritterorden Europas. Vorträge und Forschungen 26 (1980).

F. van den Borne, Die Anfänge des franziskanischen Dritten Ordens (1925).

E. W. Me Donnell, The Beguines and Beghardes in the medieval Culture (1954).

A. Mischlewski, Grundzüge des Antoniterordens bis zum Ausgang des 15. Jahrhunderts (1976).

W. Berger, Das St.-Georgs-Hospital zu Hamburg (1972).

U. Knefelkamp, Das Heilig-Geist-Spital in Nürnberg vom 14.–17. Jh. (1989) als Beispiele der neueren Spitalforschung.

M. D. Lambert, Medieval Heresy. Popular Movements from Bogomil to Hus (1977).

A. Borst, Die Katharer. Schriften der Monumenta Germaniae historica 12 (1953).

Bernard Gui, Manuel de l'inquisiteur, hg. v. G. Mollat 2 Bde. (1926).

*

H. Grundmann, Vom Ursprung der Universität im Mittelalter (1960^2).

J. Verger, Les universités au moyen âge (1973).

Schulen und Studium im sozialen Wandel des hohen und späten Mittelalters. Vorträge und Forschungen 30 (1986).

F. Rexroth, Deutsche Universitätsstiftungen von Prag bis Köln. Die Intentionen des Stifters und die Wege und Chancen ihrer Verwirklichung im spätmittelalterlichen deutschen Territorialstaat (1992).

5. Der Territorial- und Nationalstaat

J. B. Henneman, Royal taxation in fourteenth century France. The development of war financing 1322–1356 (1971).

G. Schanz, Englische Handelspolitik 2 Bde. (1881).

N. S. B. Gras, The early english customs system (1918).

R. W. Kaeuper, Bankers to the crown. The Riccardi of Lucca and Edward I (1973).

E. K. Winter, Rudolf IV v. Österreich (1934–1936).

.H.-G. Krause, Pfandherrschaften als verfassungsgeschichtliches Problem. Der Staat 9 (1970) S. 387–404, 515–532.

R. Sprandel, Die territorialen Ämter des Fürstbistums Würzburg im Spätmittelalter. Jahrbuch für fränkische Landesforschung 37 (1977) S. 45–64 mit der
Betrachtung von Verpfändungsurkunden als Gattung.

*

Étude sur l'histoire des assemblées d'états. Publication de la section française de
la Commission Internationale pour l'Histoire des Assemblées d'États . . . Travaux et Recherches de la Faculté de Droit et des Sciences économiques de
Paris. Série „Sciences historiques" 8 (1966).
Zur Ständegeschichte sind mehrere Bände der Reihe Études presentées a la
Commission internationale pour l'Histoire des Assemblées d'États heranzu-
ziehen, besonders 9 (A. Marongiu), 14 (J. S. Roskell), 16 (mit der Edition der
englischen Denkschrift aus der 1. Hälfte des 14. Jh.: The Manner of holding
parlament), 19 (F. L. Carsten) 23 (vgl. o. S. 196; darin auch K. Koranyi, Zum
Ursprung des Anteils der Städte an den ständischen Versammlungen und
Parlamenten im Mittelalter)
R. Folz, Les assemblées d'état dans les principautés allemandes (Fin XIIIᵉ – début
XVIᵉ siècles), in: Schweizer Beiträge zur allgemeinen Geschichte 20 (1962/
1963) S. 167–187.
W. J. Alberts, Die Entstehung der Stände in den weltlichen Territorien am Nie-
derrhein, in: Aus Geschichte und Landeskunde. Franz Steinbach-Festschrift
(1960) S. 333–349.

*

V. Schmidtchen, Kriegswesen im Spätmittelalter. Technik, Taktik,. Theorie
(1990).
Ph. Contaminr, Guerre, État et Société à la fin du Moyen Age. Études sur les
armées des rois de France 1337–1494 (1972).
W. Schulze Die Gleve. Der Ritter und sein Gefolge im späteren Mittelalter.
Münchener Historische Abhandlungen Reihe 2, 13 (1940).
F. Redlich, The german military enterpriser and his work force. VSWG Beiheft
47/8 (1964/65).
A. Haferlach, Das Geleitswesen der deutschen Städte im Mittelalter. Hansische
Geschichtsblätter 20 (1914).
T. Reintges, Ursprung und Wesen der spätmittelalterlichen Schützengilden
(1963).
W. Hahlweg, Das Kriegswesen der Stadt Danzig I (1937).
G. Meißner, Das Kriegswesen der Reichsstadt Nordhausen 1290–1803 (1939).
H. Schnitter, Volks- und Landesdefension. Volkaufgebote, Defensionswerke,
Landmilizen in den deutschen Territorien vom 15. bis zum 18. Jh. (1977).

*

G. de Lagarde, La naissance de l'esprit laique au déclin du Moyen Age 4 Bde.
(1934–1942).
D. Willoweit, Rechtsgrundlagen der Territorialgewalt (1975)

The De moneta of Nicholas Oresme and English mint documents, transl. and noted by C. Johnson (1956).

Das Hauptstadtproblem in der Geschichte. F. Meinecke-Festschrift. Jahrbuch für Geschichte des deutschen Ostens I (1952).

Fürstliche Residenzen im spätmittelalterlichen Europa. Vorträge und Forschungen XXXVI (1991).

J. Huizinga, Herbst des Mittelalters. Studien über Lebens- und Geistesformen des 14. und 15. Jh. in Frankreich und in den Niederlanden (deutsch 1961[8]).

H. Kruse u. a. (Hg.), Ritterorden und Adelsgesellschaften im spätmittelalterlichen Deutschland (1991).

H. Aubin, Th. Frings und J. Müller, Kulturströmungen und Kulturprovinzen in den Rheinlanden (1926).

W. Ebert, Th. Frings u. a., Kulturräume und Kulturströmungen im mitteldeutschen Osten (1936).

Raumordnung im Aufbau des mittelalterlichen Staates. Forschungs- und Sitzungsberichte der Akademie für Raumforschung und Landesplanung 15, Historische Raumforschung 3 (1961).

*

E. Lemberg, Geschichte des Nationalismus in Europa (1950).

H. H. Jacobs, Studien zur Geschichte des Vaterlandsgedankens in Renaissance und Reformation. Die Welt als Geschichte 12 (1952).

M. Lugge, „Gallia" und „Francia" im Mittelalter (1960).

E. Müller-Mertens, Regnum Teutonicum. Aufkommen und Verbreitung der deutschen Reichs- und Königsauffassung im früheren Mittelalter (1970) – über den Anteil von Papst und Kirche an der Entstehung einer nationalen deutschen Bewußtseinsbildung.

A. Schröcker, Die deutsche Nation. Beobachtungen zur politischen Propaganda des ausgehenden 15. Jh. Historische Studien 426 (1974).

J. Ehlers (Hg.), Ansätze und Diskontinuität deutscher Nationsbildung im Mittelalter (1989).

H. Rankl, Das vorreformatorische landesherrliche Kirchenregiment in Bayern (1378–1526) (1971).

6. Überstaatliche Zusammenschlüsse und Institutionen

H. Schmidt, Die deutschen Städtechroniken als Spiegel des bürgerlichen Selbstverständnisses im Spätmittelalter (1958) über Reichsbewußtsein, wie auch

K. Runge, Die fränkisch-karolingische Tradition in der Geschichtsschreibung des späten Mittelalters (Diss. Hamburg 1965).

H. Schubert, Die deutschen Reichstage in der Staatslehre der frühen Neuzeit. Schriftenreihe der historischen Kommission bei der bayerischen Akademie der Wissenschaften 7 (1966) – mit Rückgriffen auf die theoretische Literatur des ausgehenden Mittelalters.

E. Schubert, König und Reich (1979).

F. Trautz, Die Könige von England und das Reich 1272–1377 (1961) über das Reich von außen gesehen, wie auch

A. H. Benna, Der Kaiser und der König von Frankreich im Recht des späteren Mittelalters. ZRG Germ. Abt. 68 (1951).

V. Niitemaa, Der Kaiser und die nordische Union bis zu den Burgunderkriegen (1960).

W. Holtzmann, Das mittelalterliche Imperium und die werdenden Nationen (1953).

E. Meuthen, Nikolaus von Kues (1964). Die Edition der Reformatio Sigismundi, in: MGH Staatsschriften 6 (1964).

H. Angermeier, Königtum und Landfrieden im deutschen Spätmittelalter (1966) – eine Arbeit, die für die neueren Bestrebungen, der Wirklichkeit des Reiches besser als früher gerecht zu werden symptomatisch ist. Wenn das Reich auch nicht als Staat anzusehen ist, so war es doch nicht etwa bedeutungslos, sondern vor allem in der frühen Neuzeit ein verhältnismäßig kräftiger Verband mit einer eigentümlichen Struktur.

Goldenen Bulle in: MGH Fontes iuris germanici antiqui 11 (1972).

Die Edition der Reichstagsakten, Altere Reihe reicht jetzt von 1376 bis 1445 (Band 17); dazu 19, 1, 1453–1454 (1969); 22, 1, 1468–1470 (1973); Mittlere Reihe 3,1 und 2, 1488–1490 (1972–1973); 5,1 und 2, 1495 (1981); 6, 1496–1498 (1979).

P. Moraw, Versuch über die Entstehung des Reichstages, in: H. Weber (Hg.), Politische Ordnungen und soziale Kräfte im alten Reich (1980) S. 1–36.

Ders., Zum königlichen Hofgericht im deutschen Spätmittelalter. ZGO N. F. 82 (1973).

R. Smend, Das Reichskammergericht (1911).

H. E. Feine, Die kaiserlichen Landgerichte in Schwaben im Spätmittelalter. ZRG Germ. Abt. 66 (1948).

F. Battenberg, Reichsacht- und Anleite im Spätmittelalter (1986).

J. P. Wurm, Veme, Landfrieden und westfälische Herzogswürde in der 2. Hälfte des 14. Jhs. Westfäl. Zeitschr. 141 (1991).

Th. Lindner, Die Veme (1888).

*

W. Ullmann, The growth of papal government in the middle ages. A study in the ideological relation of the clerical to lay power (1955).

K. A. Fink, Zur Beurteilung des großen abendländischen Schismas. Zeitschrift für Kirchengeschichte 73 (1962).

J. Miethke, Die Konzilien als Forum der öffentlichen Meinung im 15. Jh. DA 37 (1981).

W. Levison, Die mittelalterliche Lehre von den beiden Schwertern. DA 9 (1952).

F. Kempf (Hg.), Regestum Innocentii III papae super negotio Romani imperii. Miscellanea Hist. Pontif. 12 (1947).

E. Maschke, Der Peterspfennig in Polen und dem deutschen Osten (1933).

R. Kieckhefer, European Witch Trials 1300–1500 (1976).

P. Browe, Die Judenmission im Mittelalter und die Päpste (1942).

G. Kisch, Zur Rechtsstellung der Juden im Mittelalter. ZRG Germ. Abt. 81 (1964).

F. Graus, Pest, Geißler, Judenmorde. Das 14. Jh. als Krisenzeit (1987).

W. Norden, Das Papsttum und Byzanz (1903).

J. A. Brundage, Medieval Canon Law and the Crusader (1969).

A. S. Atiya, The Crusade in the later middle age (1965^2).

E. Reibstein, Völkerrecht. Eine Geschichte seiner Ideen in Lehre und Praxis I (1957).

L. de Mas-Latrie, Traités de paix et de commerce et documents concernant les relations des Chrétiens avee les Arabes . . . au Moyen Age 2 Bde. (1866/ 1872).

H. Pfeffermann, Die Zusammenarbeit der Renaissancepäpste mit den Türken (1946).

*

H. G. Reuter, Die Lehre vom Ritterstand. Neue Wirtschaftsgeschichte 4 (1971).

Das Rittertum im Mittelalter, hg. v. A. Borst. Wege der Forschung 349 (1976).

Wort und Begriff „Bauer", hg. v. R. Wenskus u. a. (1975), über die gleichzeitige Entstehung von Rittertum und Bauerntum.

G. Duby, Les trois ordres ou l'imaginaire du féodalisme (1978), schildert die Entstehung der Ritter-Ideologie im Rahmen alter Ordo-Lehren.

G. A. Seyler, Geschichte der Heraldik, in: J. Siebmachers Großes Wappenbuch, Band A (1890).

Das Ritterliche Turnier im Mittelalter. Veröff. d. Max-Planck-Institut f. Gesch. 80 (1985).

M. H. Keen, The laws of the war in the late middle ages (1965).

E. Orth, Die Fehden der Reichsstadt Frankfurt am Main. Fehderecht und Fehdepraxis (1973).

W. Goldinger, Die Standeserhöhungsdiplome unter König und Kaiser Sigismund. Mitteilung des Instituts für österreichische Geschichtsforschung 78 (1970).

A. Schulte, Der Adel und die deutsche Kirche im Mittelalter (1958^3).

H. Obenaus, Recht und Verfassung der Gesellschaften mit St. Jörgenschild in Schwaben (1961).

U. Andermann, Ritterliche Gewalt und bürgerliche Selbstbehauptung (1991).

R. Sprandel, Die Ritterschaft und das Hochstift Würzburg im Spätmittelalter. Jb. f. fränkische Landesforschung 36 (1976) S. 117–143: Strukturwandel statt Krise, dazu auch die beiden folgenden Titel.

J. Morsel, Crise? Quelle crise? Remarques à propos de la prétendue crise de la noblesse allemande à fin du Moyen Age. Sources. Travaux historiques 14 (1989) S. 14–42.

H.-P. Baum/R. Sprandel, Statistische Forschungen an den spätmittelalterlichen Lehenbüchern von Würzburg. Zeitschrift für Historische Forschung 17 (1990) S. 85–91.

*

E. Bielefeldt, Der Rheinische Bund von 1254, ein erster Versuch einer Reichsreform (1937).

E. Schreiber, Die politische Entwicklung der schwäbischen Reichsstädte vom Interregnum bis zur Gründung des Bundes vom Jahre 1331 (Diss. Göttingen 1940).

W. Vischer, Geschichte des schwäbischen Städtebundes 1376–1389. Forschungen zur deutschen Geschichte Il/III (1862/1863).

H. Blezinger, Der schwäbische Städtebund in den Jahren 1438–1445 (1954).

G. Schubart-Fikentscher, Die Verbreitung der deutschen Stadtrechte in Osteuropa. Forschung zum deutschen Recht IV, 3 (1942).

W. Ebel, Lübecker Ratsurteile 4 Bde. (1954–1967).

Die Magdeburger Schöffensprüche und Rechtsmitteilungen für Schweidnitz (1940), für den Oberhof Leitmeritz (1943), für die Hansestadt Posen u. a. Städte des Warthelandes (1944).

E. Power and M. M. Postan (Hg.), Studies in English trade in the fifteenth century (1933).

E. M. Carus-Wilson, Medieval Merchant Venturers. Collected Studies (1967[2]).

K. F. Krieger, Ursprung und Wurzeln der Rôles d'Oléron. Quellen und Darstellungen zur Hansischen Geschichte N. F. XV (1970).

K. H. Böhringer, Das Recht der Prise gegen Neutrale in der Praxis des Spätmittelalters (Jur. Diss. Frankfurt 1970).

F. Morel, Les iurisdictions commerciales au Moyen Age (Diss. Paris 1897). La foire. Recueils de la Société Jean Bodin V (1953).

L'étranger. Recueils de la Sociéte Jean Bodin X (1958).

R. Sprandel, Das mittelalterliche Zahlungssystem nach hansisch-nordischen Quellen des 13.–15. Jahrhunderts (1975), betrachtet die hauptsächlich von Kaufleuten geprägten Zahlungsgewohnheiten auch im außerkommerziellen, so im zwischenstaatlichen und im kirchlichen Verkehr, ein über Europa gespanntes Netz gemeinsamer, wenn auch vielfach ambivalenter oder flexibler Normen.

*

H. Wiesflecker, Maximilian I. (1991).

P. Kirn, Friedrich der Weise und die Kirche. Seine Kirchenpolitik vor und nach Luthers Hervortreten im Jahr 1517 (1926).

R. Wellens, Les États Généraux des Pays-Bas, des origines à la fin du règne de Philipp le Beau, 1464–1506 (1979).

O. Brunner, Souveränitätsproblem und Sozialstruktur in den deutschen Reichsstädten der frühen Neuzeit, in: Ders. Neue Wege der Verfassungs- und Sozialgeschichte ([2]1968) S. 294–321.

Namen- und Sachregister

(Begriffe, die im Inhaltsverzeichnis vorkommen, sind nicht
aufgenommen)

314 Namen- und Sachregister

UTB
FÜR WISSEN
SCHAFT

Auswahl Fachbereich
Geschichte

Isenmann:
Die deutsche Stadt
im Spätmittelalter 1250–1500
UTB-GROSSE REIHE
(Ulmer). 1988.
DM 78.–, öS 609.–, sFr. 78.–

58 Hildebrandt (Hrsg.):
Die deutschen Verfassungen des
19. und 20. Jahrhunderts
(Schöningh). 14. Aufl. 1992.
DM 24.80, öS 194.–, sFr. 25.30

119/120 Haberkern/Wallach:
Hilfswörterbuch für Historiker 1/2
(Francke). 7. Aufl. 1987.
jeder Band DM 26.80, öS 209.–,
sFr. 27.80

460 Bleicken:
Die Verfassung der
Römischen Republik
(Schöningh). 6. Aufl. 1993.
DM 28.80, öS 225.–, sFr. 29.80

461 Sprandel:
Verfassung und Gesellschaft
im Mittelalter
(Schöningh). 4. Aufl. 1991.
DM 28.80, öS 225.–, sFr. 29.80

838/839 Bleicken:
Verfassungs- und Sozialgeschichte
des Römischen Kaiserreichs Bd. 1/2
(Schöningh). 3. Aufl. 1989/
3. Aufl. 1994. Je Band DM 29.80,
öS 233.–, sFr. 30.80

882 Schlosser:
Grundzüge der neueren Privatrechts-
geschichte
(C. F. Müller). 7. Aufl. 1993.
DM 32.80, öS 256.–, sFr. 33.80

930 Menger:
Deutsche Verfassungsgeschichte
der Neuzeit
(C. F. Müller). 8. Aufl. 1993.
DM 26.80, öS 209.–, sFr. 27.80

1170 Faber/Geiss:
Arbeitsbuch zum Geschichtsstudium
(Quelle & Meyer). 2. Aufl. 1992.
DM 32.80, öS 256.–, sFr. 33.80

1181 Blickle:
Die Reformation im Reich
(Ulmer). 2. Aufl. 1992.
DM 24.80, öS 194.–, sFr. 25.30

1251 Hoensch:
Geschichte Polens
(Ulmer). 2. Aufl. 1990.
DM 34.80, öS 272.–, sFr. 35.80

1275 Buszello/Blickle/Endres
(Hrsg.):
Der deutsche Bauernkrieg
(Schöningh). 2. Aufl. 1990.
DM 36.80, öS 287.–, sFr. 37.80

1330 Bleicken:
Die athenische Demokratie
(Schöningh). 3. Aufl. 1991.
DM 32.80, öS 256.–, sFr. 33.80

1332 Gründer: Geschichte der
deutschen Kolonien
(Schöningh). 2. Aufl. 1991.
DM 34.80, öS 272.–, sFr. 35.80

1422 Schulze: Einführung in die
Neuere Geschichte
(Ulmer). 2. Aufl. 1991.
DM 29.80, öS 233.–, sFr. 30.80

Preisänderungen vorbehalten.

UTB
FÜR WISSEN
SCHAFT

Auswahl Fachbereich
Geschichte

1426 Kunisch: Absolutismus
(Vandenhoeck). 1986.
DM 26.80, öS 209.–, sFr. 27.80

1552 Niedhart: Internationale
Beziehungen 1917–1947
(Schöningh). 1989.
DM 28.80, öS 225.–, sFr. 29.80

1553 Opgenoorth: Einführung in das
Studium der neueren Geschichte
(Schöningh). 4. Aufl. 1993.
DM 29.80, öS 233.–, sFr. 30.80

1554 Theuerkauf:
Einführung in die Interpretation
historischer Quellen.
Schwerpunkt: Mittelalter
(Schöningh). 1991.
DM 29.80, öS 233.–, sFr. 30.80

1556 Klueting: Das
Konfessionelle Zeitalter 1525–1648
(Ulmer). 1989.
DM 39.80, öS 311.–, sFr. 40.80

1646 Dahlheim:
Die griechisch-römische Antike 1
(Schöningh). 2. Aufl. 1994.
Ca. DM 29.80, öS 233.–,
sFr. 30.80

1647 Dahlheim:
Die griechisch-römische Antike 2
(Schöningh). 1992.
DM 29.80, öS 233.–, sFr. 30.80

1674 Rusinek/Ackermann/
Engelbrecht (Hrsg.):
Einführung in die
Interpretation historischer Quellen
Schwerpunkt: Neuzeit
(Schöningh). 1992.
DM 29.80, öS 233.–, sFr. 30.80

1681 Kroeschell:
Rechtsgeschichte Deutschlands
im 20. Jahrhundert
(Vandenhoeck). 1992.
DM 26.80, öS 209.–, sFr. 27.80

1717 Walter: Einführung in die
Wirtschafts- und Sozialgeschichte
(Schöningh). 1994.
DM 29.80, öS 233.–, sFr. 30.80

1719 Goetz: Proseminar
Geschichte – Mittelalter
(Ulmer). 1993.
DM 29.80, öS 233.–, sFr. 30.80

1742 Peter/Schröder:
Einführung in das Studium
der Zeitgeschichte
(Schöningh). 1994.
Ca. DM 26.80, öS 209.–,
sFr. 27.80

1752 Pfetsch: Die Außenpolitik
der Bundesrepublik 1949–1992
(W. Fink). 2. Aufl. 1993.
DM 36.80, öS 287.–, sFr. 37.80

1788 Adams (Hrsg.), Hamilton/
Madison/Jay:
Die Federalist-Artikel
(Schöningh). 1994.
DM 39.80, öS 311.–, sFr. 40.80

Preisänderungen vorbehalten.

Das UTB-Gesamtverzeichnis erhalten Sie bei Ihrem Buchhändler oder direkt von UTB, Postfach 80 11 24, 70511 Stuttgart.

UTB
FÜR WISSEN
SCHAFT

Auswahl Fachbereich
Wirtschafts- und Sozialgeschichte

Isenmann: Die deutsche Stadt
im Spätmittelalter 1250–1500
UTB-GROSSE REIHE
(Ulmer). 1988.
DM 78.–, öS 609.–, sFr. 78.–

33 Pirenne: Sozial- und Wirtschafts-
geschichte Europas im Mittelalter
(Francke). 7. Aufl. 1994.
DM 24.80, öS 194.–, sFr. 25.30

145 Henning: Die Industrialisierung
in Deutschland 1800 bis 1914
(Schöningh). 8. Aufl. 1993.
DM 28.80, öS 225.–, sFr. 29.80

337 Henning: Das industrialisierte
Deutschland 1914 bis 1992
(Schöningh). 8. Aufl. 1993.
DM 29.80, öS 233.–, sFr. 30.80

398 Henning: Das vorindustrielle
Deutschland 800 bis 1800
(Schöningh). 4. Aufl. 1985.
DM 24.80, öS 194.–, sFr. 25.30

774 Henning: Landwirtschaft und
ländliche Gesellschaft in
Deutschland 2
(Schöningh). 2. Aufl. 1988.
DM 28.80, öS 225.–, sFr. 29.80

894 Henning: Landwirtschaft und
ländliche Gesellschaft in
Deutschland 1
(Schöningh). 2. Aufl. 1985.
DM 23.80, öS 186.–, sFr. 24.30

1267 Cipolla/Borchardt (Hrsg.):
Europäische Wirtschaftsgeschichte 1
Mittelalter
(Gustav Fischer). 1983.
DM 28.80, öS 225.–, sFr. 29.80

1268 Cipolla/Borchardt (Hrsg.):
Europäische Wirtschaftsgeschichte 2
16. und 17. Jahrhundert
(Gustav Fischer). 1983.
DM 34.80, öS 272.–, sFr. 35.80

1315 Cipolla/Borchardt (Hrsg.):
Europäische Wirtschaftsgeschichte 3
Die Industrielle Revolution
(Gustav Fischer). 1985.
DM 36.80, öS 287.–, sFr. 37.80

1316 Cipolla/Borchardt (Hrsg.):
Europäische Wirtschaftsgeschichte 4
Die Entwicklung der industriellen
Gesellschaften
(Gustav Fischer). 1985.
DM 39.80, öS 311.–, sFr. 40.80

1369 Cipolla/Borchardt (Hrsg.):
Europäische Wirtschaftsgeschichte 5
Die europäischen Volkswirtschaften
im 20. Jahrhundert
(Gustav Fischer). 1986.
DM 39.80, öS 311.–, sFr. 40.80

1493 Weber:
Gesammelte Aufsätze zur Sozial-
und Wirtschaftsgeschichte
(J.C.B. Mohr). 2. Aufl. 1988.
DM 37.80, öS 295.–, sFr. 38.80

1717 Walter: Einführung in die
Wirtschafts- und Sozialgeschichte
(Schöningh). 1994.
DM 29.80, öS 233.–, sFr. 30.80

Preisänderungen vorbehalten.

Das UTB-Gesamtverzeichnis erhalten Sie bei Ihrem Buchhändler oder
direkt von UTB, Postfach 80 11 24,
70511 Stuttgart.